NSKK-Aufmarsch vor der Weidenberger Schule am 7. August 1934

Projekt „MYRTEN FÜR DORNEN“
– Geschichte(n) aus Weidenberg 1919–1949

Alltagsleben und Kirchenkampf in einer oberfränkischen Marktgemeinde

Eine kirchen- und ortsgeschichtliche Chronik in den Zeiten von Pfarrer Georg Redenbacher

Folge 3:

„DER ANSTREICHER UND SEINE LEHRJUNGEN“ –

Braune Herrschaft in Weidenberg seit 1929

1. „Seit 1933 sind wir alle nicht mehr normal“
– Georg Rumler und der Aufstieg der Nazis in Weidenberg von 1929 bis zu ihrem Durchbruch 1933

2. „Bei mir ist niemand zu Schaden gekommen“
– Die Herrschaft der Nazis in Weidenberg und ihre Gegner

3. „Physicus und Pharmazeut“ – Weidenberger Gesundheitswesen bis in die erste Hälfte des 20. Jahrhunderts

ANHANG:

Thumbnails der befragten Zeitzeugen

Über den Verfasser und seine Bücher

Literatur- und Quellenliste „Myrten für Dornen“ Folge 3

Gesamtplan des Projektes „Myrten für Dornen“

Jürgen-Joachim Taegert

DER ANSTREICHER UND SEINE LEHRJUNGEN

Braune Herrschaft in Weidenberg seit 1929

Projekt „MYRTEN FÜR DORNEN“
– Geschichte(n) aus Weidenberg 1919–1949 –

Folge 3

Die Bücher dieser Folge:

Bibliografische Informationen der Deutschen Nationalbibliothek:
Die Deutsche Nationalbibliothek verzeichnet diese Publikation in der Deutschen Nationalbibliothek; detaillierte bibliographische Daten sind im Internet über http://dnb.dnb.de abrufbar.

Bearbeitung, Design und Layout:
Jürgen-Joachim Taegert, Kirchenpingarten

Verlag Eckhard Bodner – 92690 Pressath

ISBN: 978-3-947247-17-2

Herstellung: BoD – Books on Demand, Norderstedt

Vorwort

„Wem haben wir denn den Krieg zu verdanken, nur dem österreichischen Anstreicher." – Diese Spottbezeichnung Hitlers als *„Anstreicher"* und andere kritische mündliche Äußerungen gegen das Nazi-Regime sind es, die den Weidenberger Unternehmer CHRISTIAN DENNERT im Jahr 1944 vor den „Volksgerichtshof" der Nazis in BERLIN und letztlich in den Tod bringen.[1] Seit dem Desaster von STALINGRAD ab November 1942 reagierte das Regime auch an der Heimatfront äußerst empfindlich und rigide. Auch andere Kritiker, wie der Rittmeister WERNER KLEFFEL, wurden zu mit dem Tod bedrohten Justizopfern, weil sie solche Anspielungen wie „Anstreicher" zur Charakterisierung Hitlers verwendeten.

Bereits zu Anfang der 1930-er Jahre hatten agitierende Sozialisten und Kommunisten versucht, HITLER zu verhindern, indem sie ihn als Dilettanten, gescheiterten Künstler und lausigen Maler herabwürdigten. Sie spielten damit auch bewusst auf das Gerücht an, HITLER habe als Anstreicher bei einem Fassadenmaler gearbeitet, nachdem die renommierte Wiener Kunstakademie ihn bei seinen zwei Anläufen in den Jahren 1907 und 1908 nicht unter die Studierenden der „Allgemeinen Malerklasse" aufgenommen hatte.[2]

Auch der renommierte deutsche Dramatiker und Lyriker BERT BRECHT verwendete bereits seit dem Jahr 1930 und dann nach Hitlers Machtergreifung durchgängig in seinem Gesamtwerk die Metapher „anstreichen" als Wortspiel für „anschmieren", betrügen. Am 28. Februar 1933, dem Tag nach dem Reichstagsbrand, verließ BRECHT Deutschland. Im Sommer 1933 verfasste er in PARIS sein berühmtes „Lied vom Anstreicher Hitler", um darin Hitlers Ambitionen wie trügerischen Pfutsch am Bau zu charakterisieren. BRECHT verband aber mit dieser Vorahnung noch keine konkrete Vorstellung, wieviel Zerstörung und Krieg, Gewalt und Tod dieser Mann

---

[1] Vergl. dazu das erste Kapitel in dieser dritten Folge des Projektes ‚Myrten für Dornen' „Seit 1933 sind wir alle nicht mehr normal", sowie das Kapitel „Jenseits der Roten Linie" in der fünften Folge „Spuren der Opfer".

[2] Für den Kurs im Jahr 1907 hatte sich HITLER als einer von 112 Kandidaten beworben und war dann bei den 79 Ausgewählten, die zum Probezeichnen zugelassen wurden. Ihm wurden deutliche Fähigkeiten auf dem Gebiet des Architekturzeichnens bescheinigt; seine Figuren seien aber, wie er selbst zugibt, zu „hölzern". HITLER hat aber trotzdem weitergemalt und bis 1919 weit über 2.000 Zeichnungen, Aquarelle und Ölbilder geschaffen. Auch später entstanden noch Bilder und Aktzeichnungen. Von Experten wird insbesondere Hitlers Aquarellen ein „stiller Reiz, Geschick und Energie" bescheinigt, die unter anderen Vorzeichen durchaus eine „erfolgreiche Kunstkarriere" versprochen hätten. – Vergl. auch DOUG HARVEY, „Hübsche Ansichten. Hitler, Churchill und Eisenhower als Maler", in: Süddeutsche Zeitung, 26.5.2001.

HITLER tatsächlich anrichten würde. – Nach dem Krieg war es dann der Schriftsteller ERICH KÄSTNER, der rückschauend feststellte: *„Immer wieder kommen Staatsmänner mit großen Farbtöpfen des Weges und erklären, sie seien die neuen Baumeister. Und immer wieder sind es nur Anstreicher.“*

Der Titel dieser Folge „DER ANSTREICHER UND SEINE LEHRJUNGEN“ knüpft bewusst an diese seinerzeit unter Hitlergegnern weit verbreitete Spottbezeichnung für HITLER an, die auch in der internationalen Presse und Kulturszene ihren Niederschlag fand, wie die nebenstehende Karikatur zeigt. Solcher Spott war aber für deutsche „Volksgenossen“ lebensgefährlich. Der Titel der Folge will die zunehmende blindwütige Reizbarkeit des Regimes beschreiben, die auch für das Handeln von Hitlers Gefolgsleuten bezeichnend war. Den Abhängigen gegenüber regierten diese Vasallen wie absolutistische Provinzfürsten; HITLER gegenüber waren sie aber stets nur „Lehrjungen“ und wollten sich als solche besonders bei ihrem Meister hervortun. Seit Hitlers Machtergreifung im Januar 1933 musste auch in WEIDENBERG jedermann mit Denunziation und willkürlichen Reaktionen dieser „Amtswalter“ und Teilhaber an Hitlers Herrschaft rechnen, sobald jemand wagte, die unsichtbar gezogenen roten Linien zu überschreiten.

Mit der dritten Folge des Projektes ‚Myrten für Dornen‘ über die Weidenberger Kirchen- und Ortsgeschichte 1919-49 soll das Emporkommen der Nationalsozialisten in WEIDENBERG und ihr erster Durchbruch im Jahr 1929 zur Sprache kommen. Welches waren die Initiatoren, wer die Helfer? Wie entwickelte sich „braune Herrschaft“ am Marktort? Welche Spuren zeigten sich im Alltag der Menschen?

Bei den gewählten Methoden der „Geschichtsschreibung von unten“ und der geschichtlichen Längsschnitte in der Form von Lebensbildern lassen sich Wiederholungen von Inhalten oder veranschaulichenden Bildern nicht immer ganz vermeiden. Dafür bitte ich um Verständnis. Ich gehe aber ohnehin davon aus, dass die Folgen eher blockartig nach thematischen Gesichtspunkten und nicht durchgängig gelesen werden und möchte auch für diesen Lesestil die notwendigen Informationen bereitstellen.

Jürgen Taegert
Kirchenpingarten 2018

Inhaltsübersicht:

DRITTES BUCH:

ANHANG:

DER ANSTREICHER UND SEINE LEHRJUNGEN
Braune Herrschaft und Alltag in Weidenberg seit 1929

1. „SEIT 1933 SIND WIR ALLE NICHT MEHR NORMAL“ – Georg Rumler und der Aufstieg der Nazis in Weidenberg von 1929 bis zu ihrem Durchbruch 1933

BILDMOTIV: GEORG RUMLER als Ortsgruppenleiter (Montage)

ERSTES BUCH:

„Seit 1933 sind wir alle nicht mehr normal“

Georg Rumler und der Aufstieg der Nazis in Weidenberg von 1929 bis zu ihrem Durchbruch 1933

INHALT

PROLOG

Ein Täter, der sich als Gutmensch sieht

Ein Opfer klagt an

„Seit 1933 sind wir alle nicht mehr normal."

„Wem haben wir denn den Krieg zu verdanken, nur dem österreichischen Anstreicher."

„Seit der Führer an der Macht ist, sind wir nur Sklaven."

„Wir haben ja seit 1933 keine Ehre mehr." –

Es sind solche deutlichen und kritischen mündlichen Äußerungen wie diese, die den Weidenberger Unternehmer CHRISTIAN DENNERT im Jahr 1944 vor den „Volksgerichtshof" der Nazis in Berlin und letztlich in den Tod bringen.

Weidenbergs erster Nazi, der seinerzeitige Bürgermeister und NSDAP-Ortsgruppenleiter GEORG RUMLER, ist für diesen Tod seines Ortsbürgers mit verantwortlich. Neben den politischen Verleumdungen, die DENNERT durch Arbeitskollegen und -kolleginnen an seinem Arbeitsplatz im Metallwerk TABEL in CREUßEN widerfuhren und den darauf fußenden Anzeigen, die sein dortiger Chef CARL TABEL persönlich gegen ihn bei der Gestapo NÜRNBERG erstattete, war die vernichtende politische Beurteilung durch RUMLER das dritte Standbein, auf dem Reichsanwalt LAUTZ am 10. Dezember 1943 seine Anklage gegen CHRISTIAN DENNERT vor dem Volksgerichtshof in Berlin aufbaute.[3]

NSDAP-Kreisleiter FRICKE zeichnet damals das Gutachten über die „politische Zuverlässigkeit" von DENNERT ab. Der Bayreuther Kriminalsekretär MICHAEL LOCHMÜLLER, der seinerzeit mit den Recherchen der Gestapo beauftragt war, hatte im November 1943 bei der NSDAP-Kreisleitung BAYREUTH-ESCHENBACH ein solches Gutachten angefordert. Es sollte die politische Persönlichkeit Dennerts schildern und sein Verhältnis zum Nazi-Regime beleuchten und wurde als Grundlage für die Anklageerhebung gegen DENNERT vor dem Nazi-Volksgerichtshof und für die Urteilsfindung als wesentlicher Baustein mit herangezogen.

---

[3] Vergl. die vollständige Beschreibung dieses Falles im Kapitel „Jenseits der Roten Linie" – Ein Weidenberger in den Klauen von Gestapo und Volksgerichtshof: Die Akte Dennert-Weidenberg 1930-1944 in der Folge 5 des Projektes ‚Myrten für Dornen': „Spuren der Opfer".

Nationalsozialistische Deutsche Arbeiterpartei
Gau ~~Bayerische Ostmark~~ Bayreuth

Kreisgeschäftsstelle: Bayreuth, Ludwigstraße 20
Fernsprecher Nummer 3651 und 3652
Bank-Konto: Kreissparkasse Berneck-Bayreuth Konto Nr. 380
Postscheckkonto Amt Nürnberg Nr. 12235

Tageszeitung des Gaues: „Bayerische Ostmark"
Geschäftsstelle und Hauptschriftleitung für alle Zeitungen:
Gauverlag Bayerische Ostmark GmbH
Bayreuth, Gen. Ludendorff-Str. 22, Fernruf 2351

Kreisleitung Bayreuth-Eschenbach
B/D.

Tgb.-Nr.: .... Akt.-Z. ....
Ohne diese Angaben erfolgt keine Beantwortung

Der Kreisleiter

Bayreuth, den 15.11.1943

An die
Kriminalpolizei,
Bayreuth

Betrifft: Politische Beurteilung des Christian Dennert, Weidenberg.

Dennert kann politisch nicht als zuverlässig bezeichnet werden. Er war Mitglied der Partei von 1931 – 1932 und mit dem Ortsamt für Technik in Weidenberg betraut, wozu er sich als Ingenieur besonders eignete. Er war in der Zeit des Marxismus ein wütender Gegner dieser Weltanschauung. Seine Arbeit erledigte er zur Zufriedenheit, bis im Jahre 1932 auf Grund eines Rundschreibens die soziale Einstellung aller Betriebsführer im Ortsgruppenbereich beobachtet und gemeldet werden sollte. Dennert erklärte erregt, daß ein solches Gebaren fast gleichbedeutend mit Werkspionage und Denunziantentum sei und erklärte sofort seinen Austritt aus der Partei.
Dennert wird von seinem zuständigen Hoheitsträger als unverbesserlich bezeichnet. Er ist krankhaft von der Richtigkeit seiner Ansicht überzeugt, selbst wenn alle Tatsachen dagegen sprechen. In der Zeit vor dem Krieg hat Dennert alle vier Wochen das Wirtshaus aufgesucht und seinen inneren Groll mit Alkohol hinuntergespült. Bei solchen Anläßen hat er sich dann gegen alles aufgelehnt, was irgendwie mit seinem Dasein zusammenhing. Nur mit Rücksicht auf seine kinderreiche Familie wurde von einer Einweisung in das Konzentrationslager abgesehen. Mit der Zeit hat sich Dennert immer mehr von der Welt abgeschlossen, er gab auch dann zu keinen Klagen mehr Anlaß.

Dennert, der im Weltkrieg eine Kopfverletzung davon getragen hat, bzw. verschüttet war, kann meines Erachtens nicht als voll geistig zurechnungsfähig angesprochen werden. Insbesondere fällt auf, daß sich die von ihm geäußerten abfälligen Bemerkungen in gewissen Abständen wiederholen, ~~während er sich in~~ der Zwischenzeit vollständig von der Außenwelt abschließt.

Dennert stammt aus sehr guten Verhältnissen. Es ist bedauerlich, daß er seine ablehnende Haltung auch seiner ganzen Familie aufgezwungen hat. Er ist sich selbst nicht gut und auch mit sich selbst unzufrieden. Dennert war zu Beginn des Polenfeldzuges eingezogen. Als er einmal auf Urlaub kam und sich beim Ortsgruppenleiter meldete, grüßte er mit "Heil Hitler"! Als der Hoheitsträger darüber erstaunte, erklärte Dennert: "Sie wundern sich Herr Bürgermeister, aber beim Militär lernt man alles, schließlich weil man muß."

Die politische Zuverlässigkeit kann Dennert nicht zugesprochen werden. Es wird auch schwer ein Mittel zu finden sein, um ihn auf einen besseren Weg zu bringen.

Heil Hitler!

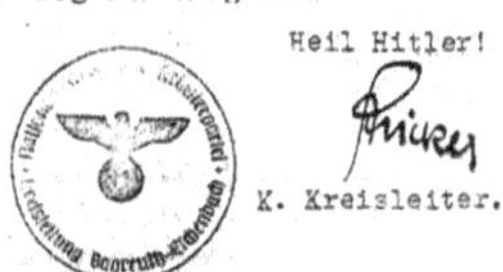

K. Kreisleiter.

„Politisch nicht zuverlässig" im Gestapo-Akt:
Verhängnisvolle Beurteilung von CHRISTIAN DENNERT durch GEORG RUMLER, abgezeichnet vom Kreisleiter 15. Nov. 1943

Der Weidenberger NSDAP-Ortsgruppenleiter RUMLER hatte den kompromittierenden Text entworfen. Er wurde dann am 15. Nov. 1943 mit Schreibmaschine auf zwei Geschäftsbögen der Kreisleitung BAYREUTH-ESCHENBACH des Gaues Bayreuth der NSDAP übertragen, mit der Unterschrift des Kreisleiters versehen und über die Kriminalpolizei BAYREUTH dem Volksgerichtshof in BERLIN zugeleitet. Die Original-Dokumente finden sich in dem über 100 Seiten umfassenden und als „geheim" klassifizierten Akt, den die Gestapo und die Nazi-Rechtspflege damals über den „Fall Dennert" angelegt hatten. Die Papiere haben unerwarteterweise den Krieg überdauert und waren bis zur Wende 1989 in Obhut von DDR-Behörden. Sie werden heute im Bundesarchiv in Berlin verwahrt.

RUMLER hatte in dieser Vorlage aus seiner Sicht das Leben des verhafteten Ingenieurs und früheren Rechenschieberfabrikanten CHRISTIAN DENNERT in Weidenberg geschildert und den Verdächtigten als „politisch nicht zuverlässig und geistig als nicht voll zurechnungsfähig" bezeichnet; er hatte ihn als unverbesserlichen Regimegegner dargestellt, der eigentlich schon länger ins KZ gehört hätte.

DENNERT sei krankhaft von der Richtigkeit seiner Ansichten überzeugt, selbst wenn alle Tatsachen dagegen sprechen. In der Zeit vor dem Krieg habe DENNERT alle vier Wochen das

Wirtshaus aufgesucht und seinen inneren Groll über das Leben im Dritten Reich und sein eigenes deprimierendes Erleben mit Alkohol hinuntergespült. Bei solchen Anlässen habe er sich dann gegen alles aufgelehnt, was irgendwie mit seinem Dasein zusammenhing. Nur mit Rücksicht auf seine kinderreiche Familie sei bislang von einer Einweisung in das Konzentrationslager abgesehen worden (sic!). Mit der Zeit habe sich DENNERT immer mehr von der Welt abgeschlossen.

Angeklagt vor dem Volksgerichtshof: *CHRISTIAN DENNERT im Februar 1944 (Montage)*

RUMLER weist in seinem Gutachten darauf hin, dass DENNERT als freiwilliger junger Soldat im Ersten Weltkrieg eine Kopfverletzung davongetragen habe bzw. verschüttet war, und gibt seiner Vermutung Raum, dass wohl von daher seine angebliche Unzurechnungsfähigkeit herrühre. Sie äußere sich in abfälligen Bemerkungen gegen das Hitlerregime, die sich in gewissen Abständen wiederholten. RUMLER „bedauert", dass DENNERT seine ablehnende Haltung „auch seiner ganzen Familie aufgezwungen" habe.

RUMLER schämt sich in diesem Zusammenhang auch nicht, von einem Vorfall zu Beginn des Zweiten Weltkriegs zu berichten, der auch ihn selbst im Zwielicht erscheinen lässt. Trotz Dennerts schwerer Kriegsverwundung und seines fortgeschrittenen Alters hatte RUMLER ihn nämlich, in seiner Machtvollkommenheit als Ortsgruppenleiter, zu Beginn des Polenfeldzuges nochmals als Soldat einziehen lassen. Er wollte, was er hier verschweigt, ein Exempel statuieren und ihn wegen seiner Gegnerschaft zum Hitlerregime bewusst demütigen. Als DENNERT einmal von diesem Einsatz auf Heimaturlaub gekommen sei und sich beim Ortsgruppenleiter gemeldet habe, habe er mit „Heil Hitler!" gegrüßt, was RUMLER angesichts von Dennerts Aufmüpfigkeit nicht erwartet hatte. Dem erstaunten „Hoheitsträger" RUMLER habe DENNERT erklärt: „Sie wundern sich, Herr Bürgermeister, aber beim Militär lernt man alles, schließlich, weil man muss."

RUMLER beendet sein schriftliches Gutachten mit dem Hinweis, es würde „schwer ein Mittel zu finden sein“, um diesen politisch Unzuverlässigen auf einen besseren Weg zu bringen. Rumler betrachtet also DENNERT als einen politisch hoffnungslosen Fall und regt damit implizit die Verurteilung Dennerts durch den Volksgerichtshof an. Jedermann wusste, dass ein solches Urteil die Todesstrafe nach sich ziehen konnte.

Neben Rumlers Gutachten bediente sich die Anklage auch anderer belastender Quellen. So ist auch ein Bericht des damalige Gendarmeriepostens und Nazi-Propagandaleiters in WEIDENBERG HEINRICH WAGNER in den Gestapo-Akten erhalten geblieben. Auch er beurteilt Dennerts allgemeines Verhalten ähnlich vorurteilsbehaftet.

Bei Kriminalsekretär LOCHMÜLLER in BAYREUTH laufen belastenden Unterlagen zusammen. Er hat inzwischen auch 24 Zeugen in und außerhalb des Metallwerks TABEL in CREUßEN akribisch befragt.

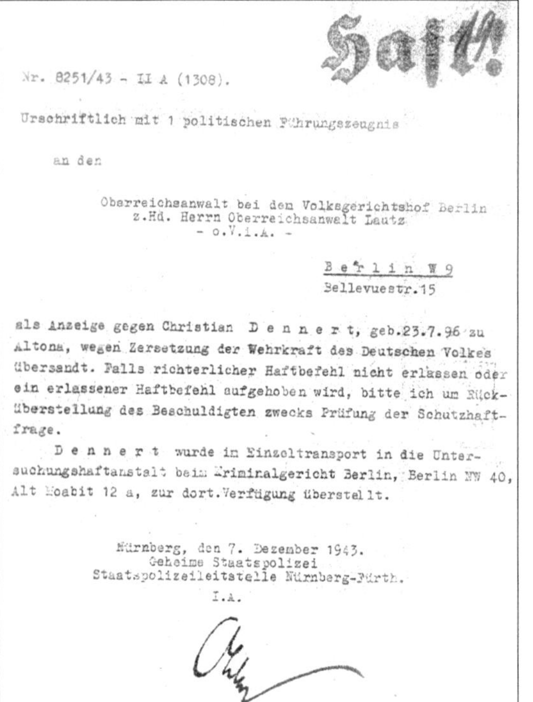

Haft!

Nr. 8251/43 - II A (1308).

Urschriftlich mit 1 politischen Führungszeugnis

an den

Oberreichsanwalt bei dem Volksgerichtshof Berlin
z.Hd. Herrn Oberreichsanwalt Lautz
- o.V.i.A. -

Berlin W 9
Bellevuestr. 15

als Anzeige gegen Christian Dennert, geb. 23.7.96 zu Altona, wegen Zersetzung der Wehrkraft des Deutschen Volkes übersandt. Falls richterlicher Haftbefehl nicht erlassen oder ein erlassener Haftbefehl aufgehoben wird, bitte ich um Rücküberstellung des Beschuldigten zwecks Prüfung der Schutzhaftfrage.

Dennert wurde im Einzeltransport in die Untersuchungshaftanstalt beim Kriminalgericht Berlin, Berlin NW 40, Alt Moabit 12 a, zur dort. Verfügung überstellt.

Nürnberg, den 7. Dezember 1943.
Geheime Staatspolizei
Staatspolizeileitstelle Nürnberg-Fürth.
I.A.

„Haft!“: *Anzeige der GESTAPO NÜRNBERG gegen CHRISTIAN DENNERT beim Volksgerichtshof*

Als LOCHMÜLLER am Freitag dieser schicksalsbestimmenden Woche, dem 12. November 1943, die Ergebnisse seiner Untersuchungen für die Gestapo zusammenfasst und in einer Strafanzeige gegen DENNERT bündelt, weiß auch er genau, was sein Tun für Folgen haben kann, denn auf die angezeigten Tatbestände steht die Todesstrafe: Er beschuldigt CHRISTIAN DENNERT der *„Anreizung zum Hochverrat“* und der *„Beschimpfung der deutschen Wehrmacht.“* Seine umfangreichen Recherchen von insgesamt 28 mit Schreibmaschine eng geschriebenen Blättern leitet LOCHMÜLLER der Kriminalpolizeileitstelle der Gestapo NÜRNBERG-FÜRTH zu; die Beurteilung Dennerts durch RUMLER, welche die Kreisleitung der NSDAP abgetippt und unterzeichnet hat, reicht er in der folgenden Woche nach.

Die nächste Stufe der Kriminalisierung des „Falles Dennert“ vollzieht Kreisinspektor OHLER von der Geheimen Staatspolizei in NÜRNBERG: Er versieht den gesamten Akt am 7. Dezember 1943 mit dem dicken Stempel „Haft!“

und lässt ihn als Anzeige gegen CHRISTIAN DENNERT *„dem Oberreichsanwalt Lautz oder Vertreter im Amt am Sitz des Volksgerichtshofs Berlin“*, Bellevuestraße 15, zugehen.

Der verschärfte Vorwurf der Gestapo lautet nun nicht mehr „Beschimpfung“, sondern *„Zersetzung der Wehrkraft des Deutschen Volkes“*. OHLER fügt die Bitte an, DENNERT an die Gestapo NÜRNBERG zurückzuüberstellen, falls man in BERLIN gegen DENNERT keinen richterlichen Haftbefehl erlasse oder einen solchen aufhebe; dann wolle man die „Schutzhaftfrage“ prüfen, d.h. DENNERT womöglich tatsächlich in ein KZ einweisen.

Der Star-Anwalt des Volksgerichtshofs ERNST LAUTZ, einer der zahlreichen mächtigen und blutigen Vollstrecker Hitlers unter den Juristen, erhält die Unterlagen bereits zwei Tage später. Er hat anscheinend gerade Muße und will sich profilieren. Der Volksgerichtshof sah es ja nicht als seine Aufgabe an, Recht zu sprechen, sondern er war als eines der Hauptwerkzeuge konzipiert, die Gegner des Hitler-Regimes zu vernichten. LAUTZ setzt sich also sofort hin und formuliert die gesammelten Erhebungen und Vorwürfe der Gestapo zu einer Anklage gegen CHRISTIAN DENNERT aus. Aus eigenem willkürlichen Ermessen fügt er noch einen weiter verschärfenden Zusatz bei, von dem er weiß, dass er im Kriege in jedem Fall tödlich ist: *„Feindbegünstigung“*.

Der Canossagang der Irmgard Dennert zum Ortsgruppenleiter

Von all diesen Vorgängen im Hintergrund weiß die 47-jährige Ehefrau des Angeklagten, IRMGARD DENNERT, nichts. Aber sie ahnt, dass für ihren Mann Gefahren heraufziehen, und sie ist in großer Sorge. Noch freilich trägt sie die Hoffnung, dass Rettung möglich ist. Als Schlüsselfigur dafür betrachtet sie mit einem gewissen Recht den Ortsgruppenleiter.

So macht sie sich die in den Januartagen des Jahres 1944 auf ihren Canossa-Gang zum Alten Schloss, in dem der Weidenberger Ortsgruppenleiter RUMLER seit 1937 stolz und standesgemäß, wie er es sieht, residiert. Sie will ihn um die Ausstellung einer entlastenden Erklärung für ihren Mann bitten. Sie weiß nichts von dem vernichtenden Gutachten, das RUMLER zwei Monate zuvor für die Kreisleitung zur Weiterleitung an den Volksgerichtshof verfasst hat. Sie vertraut Rumlers selbst erdachtem Image als Helfer und Retter seiner Mitmenschen, das der Ortsgruppenleiter insbesondere auch an Stammtischen gern von sich verbreitet.

RUMLER war ein innerlich unsicherer Mensch, der sich stets gern im Urteil der Bevölkerung abzusichern versuchte. Er wollte in Weidenberg als Gut-Mensch wahrgenommen werden. Schon in der Vergangenheit hatte er sich immer wieder gern als vermeintlicher „Retter“ gegen die Fehler und Missstände des Nazi-Systems feiern lassen, so schon, als DENNERT im Jahr 1939 zum ersten Mal inhaftiert wurde. Da war dieser seit jeher aufmüpfige Geschäftsmann wegen regimekritischer Worte in die Militärarrest-Anstalt Bayreuth erstmals eingesperrt worden, aber bereits nach elf Tagen von seinem Arrest wieder freigekommen; RUMLER ließ seitdem in Weidenberg verbreiten, dass er es gewesen sei, der sich für DENNERT eingesetzt habe.

Geschickt hatte es RUMLER schon damals verstanden zu vertuschen, dass er in Wahrheit schon bei dieser ersten Verhaftung Dennerts die treibende Kraft gewesen war: In seiner Machtvollkommenheit als Ortsgruppenleiter und damit verlängerter Arm Hitlers hatte er Dennerts ortsbekannte Kritik am Nazisystem dadurch zu zügeln versucht, dass er ihm, wie oben schon gezeigt, trotz seines fortgeschrittenen Alters als Warnschuss im Vorfeld des Zweiten Weltkrieges zwei Einberufungen zum Militärdienst verpasst hatte. Er hatte diese Willkürmaßnahme auch bei den militärischen Stellen durchsetzen können, obwohl dort bekannt gewesen sein musste, dass DENNERT zu diesem Zeitpunkt zum Wehrdienst absolut untauglich war. Denn die schwere Kopfverletzung, die er im Ersten Weltkrieg erlitten hatte, als er sich als Schüler freiwillig zum Militär gemeldet hatte, hatte ihn seitdem physisch und psychisch stark beeinträchtigt. Das war ja RUMLER bekannt und er hatte es selbst beschrieben.

Tapfere Ehefrau: *IRMGARD DENNERT um 1929*

Natürlich kannte RUMLER als langjähriger Parteifunktionär gut genug die Schwächen dieses menschenfeindlichen Hitler-Systems. Aber als überzeugter Nazi hielt er es doch für seine Pflicht, die Feinde dieses Systems zu verfolgen. Nach dem damals verbreiteten und bei der breiten Masse gern geglaubten Motto: HITLER ist gut, nur sein Bodenpersonal ist manchmal mies, versuchte RUMLER seine Solidarität zu HITLER zu rechtfertigen und brachte sich selbst auf diese Weise ständig ins Zwielicht.

Doch dass das intrigante Verhalten des Weidenberger Bürgermeisters und Ortsgruppenleiters RUMLER so weit gehen würde, dass er mit seinen Ortsbürgern in Wahrheit ein doppelbödiges Spiel treiben würde, das konnten sich weder DENNERT selber, noch seine idealistisch eingestellte und mutige Ehefrau IRMGARD vorstellen.

Es ist sehr kalt draußen, und es liegt viel Schnee, doch zuversichtlich macht sich IRMGARD DENNERT auf den rutschigen Weg von ihrem Haus gegenüber der Scherzenmühle die Kantorsgasse und Wolfskehle hinauf zum Alten Schloss am Weidenberger Obermarkt.

NSDAP-Zentrum und Wohnung des Ortsgruppenleiters: *Altes Schloss in Weidenberg 1935*

In diesem einst künsbergischen Schloss, das der lutherische Reichsritter in schwedischem Dienst WOLF-ERNST V. LINDENFELS nach dem 30-jährigen Krieg erworben und wieder hergerichtet hatte, und das zuletzt Sitz des Amtsgerichts gewesen war, residierten seit Mitte der 30-er Jahre die Nazis. Es war ihr multifunktionales Parteigebäude, mit Treffpunkten für SA, HJ, BdM, NS-Frauenschaft, Schulungen der Kreisleitung und NSV-Kindergarten. Hier hatte sich im gesamten Obersten Geschoss auch Ortsgruppenleiter RUMLER seit 1937 seine großzügige Wohnung eingerichtet. Seit 1939 wohnte hier auch seine katholische Ehefrau JOHANNA, die er in diesem Jahr standesamtlich geheiratet hatte. Das Paar war aber nicht kirchlich getraut, wie das damals auf dem Land noch üblich war.

Unten am Haus überraschte den Besucher ein Wildtiergehege. Fasanen und Rehe, derer sich besonders die Ehefrau annahm, warteten auf ihre Fütterung. Aber auch RUMLER selbst galt bei Menschen, die ihn noch nicht so genau kannten, als sanfter Vogelliebhaber und Tierfreund und als einer, „der eher selten in Uniform kommt".

IRMGARD DENNERT läutet an der Schlosstür neben dem künsbergischen Wappen. Wie sie gehofft hatte, wird sie von RUMLER persönlich und sehr höflich empfangen. RUMLER konnte im direkten Kontakt sehr angenehm und umgänglich sein und glich darin seinem großen Vorbild ADOLF HITLER. Dieses Image eines vermeintlichen Menschenfreundes wird RUMLER dann auch nach dem Krieg gezielt einsetzen, um sich bei seiner Verteidigung in den mehrfachen Spruchkammerprozessen als harmloser und stets wohlmeinender „Kümmerer" darzustellen.

Seine bescheidenen 168 cm Körperlänge ließen den Brillenträger wohl etwas größer erscheinen, als Hitlers Propagandaminister JOSEF GOEBBELS, den die Gegner gern als „Schrumpfgermanen" verspotteten; RUMLER war aber doch 8 cm kleiner als sein Idol HITLER selbst, der ja auch nicht gerade das propagandistisch beschworene Urbild eines blonden und groß gewachsenen Ariers war.

Seit 1939 ein Paar: *NS-Ortsgruppenleiter Georg Rumler mit Ehefrau Johanna, geb. Popp*

Mit der eingefallenen Oberlippe, die immer den Eindruck vermittelte, als fehlte die obere Zahnreihe, und den schmalen hängenden Schultern machte RUMLER äußerlich nicht viel her. Außerdem wirkte er stets ein bisschen ungepflegt. Auch die braune oder schwarze Uniform, die er als Nazi-„Hoheitsträger" bei offiziellen Anlässen gern trug, half nur wenig zu beeindruckenderem Aussehen, sie erschien immer eine Nummer zu groß.

An diesem Tag ist RUMLER aber in Zivil. Scheinbar freundlich geleitet er IRMGARD DENNERT in das obere Geschoss des Schlosses hinauf, das ganz von Rumlers Wohnung ausgefüllt wurde. Von den weitläufigen Räumlichkeiten aus, hoch über den Dächern Weidenbergs, konnten RUMLER und seine Gäste den ganzen Obermarkt überblicken. Fast auf Augenhöhe schauten sie hinüber auf die stattliche evangelische ST. MICHAELSKIRCHE aus der Zeit des Markgrafen-Barock und weiter bis zum weitläufigen Rügersberger Hang, der an diesem Tag eingerahmt ist vom winterlich verschneiten Fichtelgebirge im Hintergrund.

Auch die Ehefrau JOHANNA RUMLER ist in der Wohnung; sie begrüßt IRMGARD DENNERT flüchtig. Mit dieser gut aussehenden Tochter des einstigen Weidenberger, später Bayreuther Oberamtsrichters POPP war RUMLER nun vier Jahre verheiratet. Alle im Ort nannten sie nur „das Mädel". Kinder waren ausgeblieben. Über das Warum machte sich die Bevölkerung manche Gedanken.

Am wenigsten verfänglich war sicher der Hinweis auf das schon vorgerückte Alter des Paares. Andere spekulierten aber auch, dass es vielleicht Befürchtungen um einen erbgesunden Nachwuchs gegeben haben könnte. Johannas Mutter litt unter schweren Depressionen und war zu der Zeit in Bayreuth in stationärer Behandlung, aus der sie nicht mehr heimkam. Solche Leiden, mit denen die Psychologie in Deutschland damals nicht umgehen konnte, brachten Betroffene leicht ins Schussfeuer der Nazipropaganda, sie wurden als Belastung des gesunden Volkskörpers angesehen und waren deshalb mögliche Kandidaten für eine „Euthanasie", eine vorsätzliche Patiententötung.

Darüber wurde freilich in der Bevölkerung nur gemunkelt, denn die Euthanasieprogramme seit 1939 liefen verdeckt ab und waren wegen der gewählten Mord-Methoden nur schwer nachweisbar. So fragte auch niemand weiter nach, als RUMLERS Schwiegermutter in der stationären Behandlung in Bayreuth blieb und dort an „Bronchopneumonie" starb. Dieser mysteriöse Befund kommt seit der Kindereuthanasie des Jahres 1939, mit der die Nazis ihr breit angelegtes Tötungsprogramm von Behinderten begannen, auffällig oft in den Krankenakten der einschlägigen psychiatrischen Anstalten bei psychisch Kranken vor.

Die Tochter JOHANNA selbst versah zu dieser Zeit das Amt der Weidenberger NS-Frauenschaftsleiterin, beteuerte aber später, sie sei gegen ihren Willen von der damaligen Kreisfrauenschaftsleiterin dazu bestimmt worden und habe auch keinerlei Funktionen ausgeübt. Ob sie auch Mitglied der NSDAP war, was bei der Ehefrau eines Ortsgruppenleiters wegen der Vorbildfunktion nahe liegen würde, lässt sich aus ihrem persönlichen Meldebogen für die Spruchkammern nicht beweiskräftig klären; dazu müsste man vielmehr Einsicht nehmen in die Kartei der Parteimitglieder, die jetzt im Bundesarchiv in Berlin liegt.[4]

Denn kurz vor Kriegsende haben viele Ortsgruppenleiter, so auch GEORG RUMLER, Manipulationen an den örtlichen Parteilisten vorgenommen, um die loyalen Mitglieder der NSDAP unverdächtig erscheinen zu lassen. RUMLER hat dann die Weidenberger Parteilisten im Jahr 1945 zunächst in seinem Elternhaus im Textilgeschäft am Obermarkt „sichergestellt" und anschließend vor dem Einmarsch der Amerikaner bei auswärtigen Verwandten verstecken lassen. Aber nachdem die NSDAP-Zentralkartei kurz nach Kriegsende eher zufällig von den Amerikanern aufgefunden wurde und heute in Bundesbesitz ist, sind Manipulationen nachprüfbar. Jedenfalls hat JOHANNA RUMLER seinerzeit in ihrem verpflichtenden Meldebogen keine Parteizugehörigkeit angegeben.

Ein großspuriger Tüftler, der gern Eisenbahn spielt

Gern ließ RUMLER seine Besucher auch einen Blick auf seine elektrische Modelleisenbahn werfen, die einen Teil seiner Räumlichkeiten einnahm. Dieses Hobby war für den Tüftler und „Ingenieur der Elektrotechnik", wie er sich selbst ein wenig hochtrabend bezeichnete, ein besonderes Herzensanliegen, denn wer konnte sich damals schon diese mit Strom fahrenden großen Fahrzeuge der Spur 0 leisten? Das elektrische Stellpult und die sechs eingebauten Weichen dirigierte RUMLER wie ein Feldherr. – Solche Modellbahnen gab es auch damals schon lange; Namen wie „Märklin" hatten bereits an der Wende zum 20. Jh. einen besonderen Klang. Sie

[4] Mehr dazu unten im Kapitel „Eine Mitgliederkartei verschwindet"

waren aber erst seit der großen Eisenbahnausstellung im Jahr 1935 in Nürnberg zum 100. Jubiläum der ersten deutschen Eisenbahn bei den Bessergestellten richtig in Mode gekommen. Weitere bekannte Namen wie „Trix" waren damals hinzugekommen, ihre innovativen jüdischen Eigentümer STEPHAN BING und SIEGFRIED KAHN waren aber aus Deutschland vertrieben worden.

Im Marktort WEIDENBERG hatte Rumlers Märklin-Eisenbahn damals eine Zeit lang Einmaligkeitsrang, bis sich dann auch sein Rivale und Erzfeind, der Granitwerkbesitzer CHRISTIAN SCHILLER eine solche Modellbahn in noch größerem Stil leistete und in seinem schicken neuen Haus im geräumigen Parkgrundstück nördlich des Bahnhofs aufstellte.

Nicht nur dieses Hobby, sondern auch manche Großspurigkeit in seinem Auftreten ließen RUMLER in den Augen vieler Mitbürger als „Angeber" erscheinen; viele mochten ihn deshalb auch nicht, obwohl die Familie RUMLER mit ihrem Textilgeschäft, aus dem GEORG stammte, sonst im Ort recht angesehen war.

Insbesondere sein jüngerer Bruder HEINRICH, der als Nachfolger des Vaters GEORG RUMLER senior das Textilgeschäft am Obermarkt mit Muster- und innovativem Ansichtskartenverlag übernommen und weiter geführt hatte, war bei den Mitbürgern beliebt. Wie GEORG war auch HEINRICH in der NSDAP. Die Mutter der beiden hatte sich bei der NS-Frauenschaft aktiv gemeldet.

Der Geschäftsgründer GEORG RUMLER sen., der tragischerweise im besten Alter zur Zeit des Ersten Weltkriegs an Krebs starb, war nicht einfach nur der sprichwörtliche Schneider gewesen, obwohl er durchaus mit der Nadel in der Hand auf dem Tisch sitzend beim Nähen anzutreffen war. Er besaß aber darüber hinaus auch eine Begabung als Modedesigner, pflegte sie durch internationale Reisen und brachte sie in den Betrieb mit ein. Sein Sohn HEINRICH, der acht Jahre jünger war als GEORG, war im Betrieb der eigentliche Erbe; er war der praktisch veranlagte handwerkliche Schneider, den man ebenfalls noch im „Schneidersitz" beobachten konnte. Er hatte, nach „Wanderjahren" zu Anfang der 20-er Jahre als Schneider, in MÜNCHEN auch eine kaufmännische Ausbildung gemacht und war so eigentlich der ideale Betriebsführer.

HEINRICH war am Marktort durch seine offene und kommunikative Art sehr beliebt. Mit seinem älteren Bruder GEORG und anderen Weidenbergern zusammen war er Mitglied des Sportvereins und bei dessen Gründung beteiligt. Nach seiner aktiven Zeit fungierte er als Schiedsrichter.

Auch pflegte er, anders als GEORG, die traditionelle Kirchlichkeit der Familie. HEINRICH war gewähltes Mitglied im evangelischen Kirchenvorstand. Auch bei der Organisation des geselligen Lebens am Marktort beteiligte er sich gern. Er scheute sich nicht, beim beliebten „Wiesenfest“ die Rolle des Spaßmachers zu übernehmen, während sein eher humorarmer Bruder GEORG gesellschaftlich doch mehr am Rande stand. GEORG kam auch in den Vereinen nicht so gut an wie sein Bruder, wie weiter unten noch zu zeigen sein wird. Erst nach Hitlers Machtergreifung 1933 trat GEORG als Ortsgruppenleiter mit seinen Propagandareden öffentlich mehr in Erscheinung. Für ihn bedeutete der Beitritt zur Nazipartei eine Ichstärkung und vermeintliche Ansehenshebung, wie sie ja auch für viele andere Funktionäre dieser Ebene typisch und wichtig war: Zur eigenen Ich-Vergrößerung schlossen sie ihren Pakt mit dem Satan.

Besuch bei der Familie: *Fronturlauber HEINRICH RUMLER auf Besuch im Jahr 1940 vor dem elterlichen Textilgeschäft*

HEINRICH war aber seit 1940 als Soldat eingezogen, und die Familie war um ihn in großer Sorge. In diesen Januartagen des Jahres 1944 stand die geschlagene Deutsche Armee nach dem Verlust von Kaukasus und Ukraine wieder an den Reichsgrenzen, wo sie zweieinhalb Jahre zuvor zum „Unternehmen Barbarossa“ aufgebrochen war. Der Krieg war – für jedermann erkennbar – zu diesem Zeitpunkt verloren. Heinrichs Einheit sollte den verlustreichen Rückzug decken, sie wurde aber eingekesselt. Die Soldaten fielen den Russen in die Hände. – Für die Familie galt HEINRICH RUMLER zunächst als „vermisst“. Er erkrankte in russischer Gefangenschaft wohl schwer an Typhus und wurde, weil er nicht zu schwerer Arbeit taugte, schon kurz nach Kriegsende entlassen. In vollkommen hoffnungslosem Zustand wurde er in das Krankenhaus in MARBURG eingeliefert. Dort starb er an den Folgen der Erkrankung ein halbes Jahr nach Kriegsende am 9. November 1945. Er wurde zunächst in MARBURG bestattet, aber später auf Wunsch der Familie exhumiert und in WEIDENBERG beigesetzt.

Die tief getroffene Ehefrau führte das Textilgeschäft zunächst allein weiter. Ihre drei jugendlichen Töchter halfen ihr und lernten dabei selbst alles Notwendige, sodass sie dann nach dem Erwachsenwerden mit in den Betrieb einsteigen konnten. In dunklen Stunden ihrer Trauer warf die Familie später dem Onkel GEORG RUMLER manchmal vor, dass er trotz seiner Machtvollkommenheit als Ortsgruppenleiter die Einberufung seines Bruders nicht verhindert habe und damit letztlich an seinem Tode mit schuldig sei. Demgegenüber argumentierte RUMLER aber stets, dass seine „Gerechtigkeit" gegenüber Freund und Feind es ihm nicht erlaube, Verwandten oder Freunden Vorteile einzuräumen.

Eigentümlicherweise war GEORG RUMLER selbst aber nie Soldat gewesen. Von seinem Alter her wäre er als 21-Jähriger eigentlich im Ersten Weltkrieg wehrpflichtig gewesen. War der unerwartete Tod seines Vaters 1915 ein Grund für eine Zurückstellung? Während der Aufrüstung in Hitlerdeutschland nutzte RUMLER dann natürlich, wie viele andere Nazi-„Hoheitsträger" auch, die Chancen zur eigenen Freistellung vom Militärdienst, die ihm das Regime gewährte. Und zu Beginn des Zweiten Weltkrieges konnte er ja auch „guten Gewissens" behaupten, mit nun 46 Jahren zu alt für den Krieg zu sein.

Eine nur scheinbar gutmütige Kobra

So klafften bei RUMLER Worte und Taten manchmal auseinander. Einerseits erschien er vielen als Großsprecher, der sich gern ins rechte Licht setzt. Andererseits wirkte er im Allgemeinen eher phlegmatisch und antriebsschwach und ließ sich gern von anderen zu Handlungen drängen, für die er die Verantwortung dann auch bewusst den anderen zuschob.

So beobachten wir z.B. am Höhepunkt des deutschen Hitlerwahns im Jahr 1938, dass RUMLER den Überfall der aufgebrachten Weidenberger Nazis auf die beiden Geistlichen von KIRCHENPINGARTEN, wie er selbst zugibt, „zuließ und persönlich begleitete". Nachdem das Hitler-Plebiszit nach dem Anschluss Österreichs in der Frankenpfalz so peinlich missglückt war, hatten sich viele Weidenberger Bürger von den Unmutsäußerungen der örtlichen SA anstecken lassen und waren neugierig mit Auto, Fahrrad oder zu Fuß zum nächtlichen „Show-down" in die Frankenpfalz hinaufgezogen. Seine Urheberschaft versuchte Rumler dann aber anderen Sündenböcken zuzuschieben, so etwa seinem Parteipropagandisten, dem Polizisten HEINRICH WAGNER oder seinem Intimfeind CHRISTIAN SCHILLER.[5]

Wegen dieser Zögerlichkeit im Handeln, die stets auf Impulse anderer wartete,

[5] Vergl. dazu das Kapitel „Als Hitlers Gottheit infrage stand – Der Widerstand der Frankenpfälzer und der Überfall der Weidenberger Nazis nach den Hitlerwahlen 1938", in der 4. Folge des Projektes ‚Myrten für Dornen': „Christsein am Scheideweg".

unterschätzten ihn auch viele und nahmen ihm sein scheinbares Gutmenschentum ab; denn sie meinten, er sei „für Untaten eigentlich zu bequem gewesen, er habe sich alles von anderen machen lassen", wie vertraute Zeitzeugen sagen.

Sich selbst bezeichnete RUMLER gern als „gutmütig" und wollte auch von anderen so gesehen werden. Doch dann, nach dem verlorenen Krieg und dem Ende des Nationalsozialismus, lässt er diese Maske fallen: In einem Brief an seine Frau schwört er, dass er seinen bislang scheinbar noch zu milden „heroischen Kampf" nun mit offenem Visier weiterführen und seine „nur zu gut bekannte Gutmütigkeit ein für allemal" ablegen wolle.

In der Tat gelang es RUMLER stets, seine zahlreichen Untaten, von denen in dieser Folge noch an den entsprechenden Stellen im historischen Ablauf die Rede sein wird, so verdeckt auszuführen, dass ihn damals kaum jemand verdächtigt hat und dass auch bis heute kaum jemand ihn als Urheber dahinter vermuten würde.

Auch sein größter Gegner mit Fortschreiten der Nazizeit, sein anfänglicher Verehrer, der Granitwerkbesitzer CHRISTIAN SCHILLER, ohne dessen sorgfältige Erwähnung man die Geschichte Rumlers im Dritten Reich nicht angemessen beschreiben kann, hatte es bei den Spruchkammerverfahren nach dem Krieg nicht leicht, genügend Zeugen beizubringen, die bereit waren, gegen RUMLER auszusagen. Die einen hielten RUMLER kaum für fähig, Böses zu tun; die anderen, die es anders wussten, hielten lieber den Mund, weil sie teilweise selber in diese Untaten verstrickt waren. Viele fürchteten sich auch vor Rumlers Insiderwissen, das ihm große Macht über das Schicksal anderer Menschen gab, auch weit über das Kriegsende hinaus.

Man konnte RUMLER also leicht unterschätzen, denn er war eigentlich kein typischer „Kämpfer", sondern er ging Streitigkeiten eher aus dem Wege. Aber in die Enge getrieben, konnte er angriffslustig werden wie eine gefährliche Kobra; er versuchte dann zielstrebig und mit vielschichtiger Raffinesse, seine Verteidigung bis zur psychischen und physischen Vernichtung des Gegners zu betreiben.

Rumlers raffinierte Suche nach Entlastungszeugen

Zu denen, die RUMLER das Böse nicht zutrauten, sondern in ihm den menschenfreundlichen Helfer sehen, gehört in diesen Januartagen 1944 auch IRMGARD DENNERT. Sie weiß nichts davon und kann es sich auch nicht vorstellen, dass RUMLER persönlich daran beteiligt war, dass ihr Mann zum Opfer von Gestapo und Volksgericht geworden ist. Sie wird es auch bis an ihr Lebensende niemals erfahren. Denn erst die originalen Gestapo-Dokumente, die im Projekt „Myrten für Dornen" vorgestellt werden, belegen Rumlers unselige Rolle im Fall DENNERT und sein Doppelspiel, das der gutmütigen Ehefrau verborgen bleibt.

Diese Beweisstücke geben uns einen tiefen Einblick in das alltägliche Funktionieren des NS-Unrechtssystems. Sie waren weder den Gerichten bei der Entnazifizierung noch den Lokalhistorikern bekannt und wurden bislang auch noch nirgends vorgestellt. Wir verdanken ihre Kunde vielmehr der Initiative eines betroffenen Zeitzeugen, dem Enkel des Opfers, der sie im Bundesarchiv in Berlin aufgespürt hat. Diese Akten werfen auch ein klares Licht auf den damaligen Weidenberger Ortsgruppenleiter. Hatte RUMLER nicht an jedem Stammtisch geprahlt, dass er für seine anvertrauten Ortsbürger immer nur Gutes bewirkt habe?

Mancher hielt Rumler damals für einen Ehrenmann. Nichts ahnend und vertrauensselig hatte sich also IRMGARD DENNERT damals auf den Weg gemacht, um RUMLER für ihren Mann um Hilfe zu bitten. Nun war RUMLER bekannt dafür, dass er, ganz wie sein Idol HITLER, eine Schwäche hatte für schöne und selbstbewusste, starke Frauen. Ihnen gegenüber gab er sich gern als Gentleman, wenn sie Hilfe suchten.

Natürlich wusste RUMLER, wie jeder damals in WEIDENBERG auch, von der zwischenzeitlichen Verhaftung Dennerts durch die Gestapo und von der tödlichen Bedrohung, die nun in BERLIN auf den Inhaftierten lauerte. Außerdem war dem Amtsträger natürlich das ausführliche zweiseitige Gutachten für Kreisleitung und Gestapo, das er ja selbst zwei Monate zuvor entworfen und das zur Verhaftung und Anklage Dennerts geführt hatte, noch in frischer Erinnerung. Er wusste sehr genau, dass es seine ehrenrührigen Zeilen waren, die DENNERT in so ungünstigem Licht erscheinen ließen und die ihm das lebensgefährliche Verfahren vor dem obersten Ankläger des Volksgerichtshofes eingebracht hatten.

Hauptschuldig an dieser Anklage war zwar CARL TABEL, der Chef des Metallwerks TABEL in CREUßEN, wo DENNERT damals zuletzt angestellt war, TABEL hatte mit seinem ausführlichen Schreiben an die Gestapo das ganze Unheil ins Rollen gebracht, und seine naiven Mitarbeiterinnen hatten ihn mit ihren unbedachten Zeugnissen unterstützt. RUMLER aber hatte seine maßgebliche Sicht als Parteiverantwortlicher beigesteuert. Er hatte in diesem Gutachten DENNERT als „unverbesserlich" bezeichnet und ihm einen krankhaften Starrsinn unterstellt, für den nur „schwer ein Mittel zu finden sei", um ihn auf einen besseren Weg zu bringen.

Was erwartet also IRMGARD DENNERT von RUMLER? In Unkenntnis seines vernichtenden Erstgutachtens bittet sie ihn um ein Schreiben, das ihren Mann vor dem Volksgerichtshof entlasten soll. Das Wort eines Ortsgruppenleiters hat auch vor dem höchsten Nazigericht Gewicht, so denkt sie mit Recht.

In den Augen dieser Frau war der Ortsgruppenleiter beileibe keine Witzfigur, als die viele im Ort ihn gern gesehen hätten, sondern er amtierte als das höchste Polizeiorgan, als der verlängerte Arm Hitlers in der Gemeinde; alle waren dem Ortsgruppenleiter als dem örtlichen Repräsentanten des allgegenwärtigen „Führers" Rechenschaft schuldig. Er hatte Einblick in alle Häuser, und er forderte durch seine Helfer, insbesondere durch die Beigeordneten und die Mitglieder des gleichgeschalteten Marktgemeinderates, aber auch durch die von ihm abhängigen Ortspolizisten, laufende Informationen über das gesamte Leben seiner Bürger. RUMLER war faktisch der mächtigste Mann, der *Big Brother* im Ort, der für den entrückten, gottgleichen Diktator ADOLF HITLER alles im Auge behielt, und als so einen allmächtigen Mittler sieht IRMGARD DENNERT ihn auch.

Tatsächlich lässt RUMLER sich bewegen. Am 29. Januar 1944 fertigt der Weidenberger Ortsgruppenleiter für CHRISTIAN DENNERT ein zweites, viel kürzeres, dafür aber diesmal positives Gutachten aus.

Darin bestätigt er die Ausstellung seines ersten Gutachtens, das er 10 Wochen zuvor für die Voruntersuchung verfasst hat, ohne freilich auf dessen vernichtenden Inhalt einzugehen. Aber nun, im zweiten Gutachten, preist er CHRISTIAN DENNERT plötzlich, ganz anders als vorher, als einen hilfsbereiten und anständigen Menschen, „der zu jeder Hilfe selbst unter großen persönlichen Opfern bereit war." Nun ist auch plötzlich mit keiner Zeile mehr von Dennerts Nazi-Gegnerschaft die Rede, sondern scheinheilig wird ihm stattdessen Wohlverhalten gegenüber Hitlers Volksgemeinschaft attestiert. DENNERT besäße „Fähigkeiten und Talente, die, immer wieder unter der Voraussetzung des zeitgerechten Einsatzes, Erhebliches zu schaffen vermögen". Nun schwächt der Schreiber auch Dennerts klar hitlerkritische Haltung zu einer „periodenweise auftretenden Gereiztheit" ab.

Was veranlasst RUMLER zu diesem plötzlichen radikalen Sinneswandel? Vielleicht hatte diese Frau ihn mit ihrem Besuch beeindruckt: Eine hübsche Frau, die mit Zähigkeit und Charme um ihren Mann kämpft; eine Frau, die bereit ist, als Bittstellerin zum politischen Gegner ihres Mannes zu gehen! Vielleicht bewunderte er sie auch: Von der attraktiven Ehefrau seines erniedrigten Opfers DENNERT um Hilfe gebeten zu werden, kam seiner Eitelkeit entgegen. Oder war es sein „gutes Herz", das den Täter zur Einsicht brachte?

Die Wahrheit ist viel profaner: RUMLER lässt sich in diesem Moment, als er tatsächlich auf die Bitte dieser Frau eingeht, nur von einem innerlichen Kalkül leiten, seinem natürlichen Selbsterhaltungstrieb. Inzwischen zeichnet sich nämlich die Katastrophe für Deutschland als unausweichlich ab. Da kann ein positives Gutachten für ein verfemtes Opfer nichts schaden.

RUMLER muss jetzt selbst nach Rettungsmitteln Ausschau halten, aus reinem Überlebensinstinkt. Bereits im Jahr zuvor, im fünften Kriegsjahr 1943, nach der aufsehenerregenden Katastrophe von Stalingrad, hatte Hitlers Propagandaminister und rechte Hand JOSEF GOEBBELS seinem Tagesbuch anvertraut, dass er den Krieg für Deutschland als verloren ansehe. Als Konsequenz für sich und seine Frau hatte er schon zu diesem frühen Zeitpunkt einen folgenreichen Beschluss gefasst, nämlich einen „erweiterten Suizid": Die ganze Familie sollte ihrem Leben ein Ende machen. Es ist allein der Gedanke an die unwissenden fünf kleinen Kinder, der die Erwachsenen der Familie GOEBBELS dieses Vorhaben dann bis fast zum letzten Kriegstag aufschieben lässt. Auch HITLER selbst ist bereits seit diesem Jahr 1943 für den Fall der Niederlage zum Selbstmord entschlossen. Er hofft freilich immer noch auf eine Wende durch die bisher so großzügige „Vorsehung".

Doch nicht nur die Führung beurteilt mit dem Fortschreiten des deprimierenden Jahres 1943 die Lage so skeptisch. Ähnlich tut es auch das nachgeordnete Personal der Nazis. Die meisten dieser kleinen Funktionäre wissen, dass die Katastrophe seit der Kriegserklärung der Amerikaner im Dezember 1941 unausweichlich ist. Aber sie sind nicht bereit, in den Trümmern Walhalls mit unterzugehen, wenn es für Hitlers Gottheit dämmert. Vielmehr sinnen sie auf Mittel und Wege, wie sie ihre Haut retten und ihr persönliches Leid minimieren können.

RUMLER selbst will zwar nach außen hin noch bis zuletzt einen Schein von Führertreue zeigen. Er wird deshalb noch im März 1945, nachdem WEIDENBERG bereits durch die Amerikaner eingenommen ist, an seine Mitbürger markige Durchhalteparolen ausgeben; von der Schulhaustreppe aus wird er mit der Pistole in der Hand seine letzte feurige Rede halten. In Wahrheit sieht aber auch RUMLER bereits in diesen ersten Januarwochen des Jahres 1944, als ihn IRMGARD DENNERT besucht, längst die Katastrophe über Hitlers maßlosen Traum hereinbrechen. Sie könnte auch ihn mit in den Abgrund reißen.

Und so erscheint es auch ihm, wie den meisten anderen bis dahin allmächtigen „Hoheitsträgern" nützlich, Menschen vorweisen zu können, die für ihn ein positives Zeugnis abgeben. Wenn diese Welt

Weidenberg,den 29.Januar 1944. 20

Jn Ergänzung meines in der Voruntersuchung bereits abgegebenen Gutachtens über
Christian Dennert geb.23.7.96.,erkläre ich noch folgendes:

Dennert war,wie bereits im Gutachten erwähnt,zwischen den Zeiten seiner periodenweise auftretenden Gereiztheit ein hilfsbereiter und anständiger Mensch,der zu jeder Hilfe selbst unter grossen persönlichen Opfern bereit war.

Er besitzt auch Fähigkeiten und Talente,die,immer wieder unter der Voraussetzung des zeitgerechten Einsatzes,erhebliches zu schaffen vermögen.

Rumler
Ortsgruppenleiter und
Bürgermeister

Nachträglicher Lobpreis auf das Opfer im Gestapo-Akt:
Rumlers zweites Gutachten für CHRISTIAN DENNERT vom 29. Jan. 44

untergeht und jeder vor dem Richterstuhl erscheinen muss, ist es gut, Fürsprecher an seiner Seite zu haben. Das positive Gutachten, das RUMLER hier nachträglich im zweiten Anlauf für DENNERT ausstellt, ist sein wichtigster „Persilschein". Er nützt zwar diesem Opfer nichts mehr, gut ¼ Jahr später wird DENNERT tot sein, im Willkürgefängnis Tegel unter „unerklärlichen Umständen" gestorben, wie es vielsagend in der Todesnachricht dann heißen wird. Aber RUMLER kann doch nun schwarz auf weiß beweisen, dass er sich für dieses Naziopfer „bis zuletzt" eingesetzt hat.

Und genau das tut RUMLER dann auch nach dieser Katastrophe: Als sich die riesigen Heerscharen von Menschen, die sich in Deutschland in die Naziherrschaft verstrickt hatten, nach dem Krieg aufmachen, um sich angesichts der ihnen drohenden Vergeltung durch die Sieger „Persilscheine" zu besorgen, Zeugnisse, mit denen sie sich von Mitschuld rein waschen können, da macht sich auch RUMLER, trotz der Einschränkungen durch seine Inhaftierung im Internierungslager der Amerikaner in HAMMELBURG, auf den Weg nach WEIDENBERG, um sich solche Dokumente zu besorgen. Er will DENNERT und auch seine anderen Opfer benutzen, um seine eigene Weißwäsche zu betreiben. Er geht davon aus, dass es besonders überzeugend wirkt, wenn solche Zeugnisse nicht von Gleichgesinnten, also alten Nazis, stammen, sondern von politischen Gegnern, am besten von Opfern des Hitlerregimes bzw. ihren Hinterbliebenen.

Nur wenige durchschauen Rumlers Spiel

Von solchem schamlosen Kalkül hat sich der intelligente RUMLER bei seinem Weg nach oben stets leiten lassen. Und diese Rechnung geht für ihn auch diesmal voll auf. Als er in den zwei Jahren Lagerzeit in alliierter Haft in HAMMELBURG viermal Ausgang bekommt, da nutzt er diese vier Urlaube konsequent für die Zeit „danach". Als er per Bahn zu seinem Heimatort WEIDENBERG fährt, hat er zwei strategische Ziele: Zum einen will er sein politisches Netzwerk unter den veränderten politischen Bedingungen neu knüpfen. Zu diesem Zweck biedert er sich in der neu entstehenden Parteienlandschaft der CSU an und liefert ihr Zündstoff zur verdeckten Agitation gegen die alten politischen Nazi-Gegner SPD und KPD.[6] Zum anderen erscheint er als Bittsteller insbesondere bei solchen Menschen, die ihrerseits in der Hitlerzeit als Bittsteller bei ihm erschienen waren und die ihn noch als „Gutmenschen" in Erinnerung haben.

---

[6] Mehr dazu im Kapitel „Mit Ost-Spionen und alten Seilschaften zum neuen Aufbruch? – Die Entnazifizierung 1946-48 und der holperige Neustart der Parteien-Demokratie in Weidenberg" in der 6. Folge des Projektes ‚Myrten für Dornen': „Untergehen und Aufstehen – Der Alltag unter Kriegsbedingungen und das Danach".

Mit Fingerabdrücken und Unterschrift: *Kennkarte des Lagers Hammelburg für GEORG RUMLER*

So kreuzt RUMLER auch bereits im Herbst des letzten Kriegsjahres 1945 am Haus von IRMGARD DENNERT unten im ehemaligen Fabrikgebäude an der Steinach auf, also nur 18 Monate, nachdem diese Frau ihren Canossagang zu ihm unternommen hat, und nur eineinviertel Jahre nach dem schrecklichen Tod ihres Mannes.

Die Frau erschrickt, als sie RUMLER wiedersieht und hereinbittet. Er wirkt um Jahre gealtert. Seine blau-grauen Augen sind matt, die Mundwinkel sind weiter eingefallen, seine Gesichtshaut ist fahl und faltig, seine Gestalt gebeugt. Er erscheint noch schmächtiger als in jüngeren Jahren, sein Gang ist schleppend, seine Stimme brüchig. Das dürftige Leben im Lager und die epidemischen Krankheiten dort haben RUMLER offenbar zugesetzt. Doch er weiß, was er will und fädelt sein Ansinnen raffiniert ein.

RUMLER sondiert zunächst vorsichtig, ob IRMGARD DENNERT vom Inhalt seines vernichtenden Erstgutachtens, mit dem er DENNERT seine politische Unzuverlässigkeit bescheinigt hat, irgendetwas weiß. Und als er aufatmend feststellt, dass sie ahnungslos ist, erinnert er sie dann an sein zweites, in ihren Augen einziges, positives Gutachten, das er im Januar 1944 auf ihre Bitte hin ausgestellt hat. Jetzt bittet er sie um eine Gegenleistung.

Tatsächlich erklärt sich die nichtsahnende Witwe zu Gefälligkeiten bereit, die für sie eine selbstverständliche Geste der Mitmenschlichkeit sind. So wird sie zunächst einmal beim amerikanischen „Counter Intelligence Corps" CIC in HAMMELBURG ein schriftliches Wort für ihn einlegen. Darüber hinaus erklärt sie sich grundsätzlich bereit, auch in kommenden Spruchkammerverfahren für ihn zu bürgen.

Dem ersten Adressaten von Irmgard Dennerts menschenfreundlichem Handeln, dem CIC – dem amerikanischen Nachrichtendienst für Gegenspionage – ging es nach dem Krieg nicht nur darum, Nazi-Kriegsverbrecher aufzuspüren. Sondern dieses „Counter Intelligence Corps" hatte auch Ziele im Sinn von „America first" im

Auge. Unter Absehen von politischen Einschränkungen, wie ehemaliger Parteizugehörigkeit, wollte man auch solche Nazis für sich zu rekrutieren, die für die amerikanische Rüstung, Forschung oder Wissenschaft von Nutzen sein konnten. Außerdem wollte man sich politisch gegen die Kommunisten munitionieren, nachdem sich der kommende „Kalte Krieg" zwischen den „Westmächten" und dem sowjetrussisch gelenkten „Ostblock" schon sehr früh abzeichnete. So durften damals die kooperationsbereiten Helfer Hitlers also bei ihrem ehemaligen Gegner, den Amerikanern, mit einer gewissen Milde rechnen.

So tritt also tatsächlich genau der Sachverhalt ein, den sich RUMLER in seinem weitsichtigen Kalkül zurechtgelegt hat: Er findet wichtige einstige Opfer und Gegner, die tatsächlich bereit sind, zu seinen Gunsten auszusagen. IRMGARD DENNERT ist die Erste, die als weitere Dankestat für den ehemaligen Ortsgruppenleiter nichtsahnend einen solchen „Persilschein" ausstellt. Wenn bei den anstehenden Verfahren vor den Spruchkammern Rumlers Nazi-Vergangenheit zur Sprache kommt, dann wird er fast triumphierend jenes Dokument vorlegen, das die Ehefrau des Opfers im ausgestellt hat. Und er wird das Gericht bitten, diese Frau als Zeugin zu laden. Sie wird dann bestätigen, dass der Ortsgruppenleiter sich „ohne Rücksicht auf seine Stellung" „immer wieder", so zum Jahreswechsel 1943/44, für ihren Mann eingesetzt habe.

Diese gutgläubige Ehefrau des Opfers CHRISTIAN DENNERT wird nie etwas von dem doppelten Spiel dieses Nazi-Hoheitsträgers hinter den Kulissen erfahren, bei dem ihr Mann in Wahrheit von Anfang an politisch verfolgt, unterdrückt und schließlich zum todgeweihten Opfer des Volksgerichts wurde. Vielmehr war sie wirklich dankbar und voll Hoffnung für ihren Mann gewesen, als sie im Januar 1944 das oben erwähnte kleine, mit dem Stempel der NSDAP-Ortsgruppe Weidenberg gesiegelte Schreiben abgeholt hatte, das RUMLER für sie aufgesetzt hatte; sie hatte dem kräftigen Lob und der positiven Bewertung Rumlers für den Nazi-Gegner CHRISTIAN DENNERT, ihren Mann, vertraut. Gutgläubig und aus Dankbarkeit hat sie ihn deshalb beim amerikanischen Geheimdienst CIC in Schutz genommen. Und bereitwillig bürgt sie für ihn 1946 vor der Spruchkammer. – Woher wissen wir das alles so genau?

Eine pikante Fundsache der „Wende"

Alle diese Informationen sind in den schon genannten umfangreichen Akten des Bundesarchivs gesammelt, von deren Existenz weder die Verwandten Rumlers, noch die Weidenberger Mitbürger, noch die damaligen Spruchkammern etwas wussten. Deshalb hatten auch viele Mitbürger nach dem Krieg gemeint, RUMLER in einem milderen Licht sehen zu müssen.

Diese Akten werfen nun ein ganz eigenes Licht auf den ehemaligen Weidenberger Nazi-Ortsgruppenleiter und diesen befremdlichen intriganten Sachverhalt. Das alles kam erst zufällig im Jahr 2011 im Zusammenhang mit den umfassenden Recherchen für mein Projekt durch Weidenberger Kirchen- und Ortsgeschichte „Myrten für Dornen" erstmals ans Tageslicht. Der Enkel des Opfers CHRISTIAN DENNERT suchte nach Spuren für das zwar bekannte, aber noch nicht erforschte Schicksal seines Großvaters. Den meisten Weidenbergern war das tragische Los dieses Mannes schon in der Zeit des „Dritten Reichs" bekannt; es erschütterte viele tief. Jeder war voll Bedauerns, denn die Dennerts mit ihren drei Kindern waren eine bekannte und angesehene Familie. Für seine Widerständigkeit machte man dem Ehemann nie Vorwürfe, höchstens, dass man seinen „Leichtsinn" bedauerte.

Was im Hintergrund wirklich geschah, das ist in dem umfangreichen Originalvorgang gesammelt, den die Gestapo und die Beamten des Volksgerichtshofs seinerzeit mit preußischer Sorgfalt angelegt haben; dieser Akt wird in Folge 5 dieses Projektes „Spuren der Opfer" im Kapitel „Jenseits der Roten Linie" eingehend aufgearbeitet.

Diese erschütternden Dokumente galten mit der alliierten Bombardierung des Berliner Volksgerichtsgebäudes kurz vor Kriegsende als verschollen und vermeintlich verbrannt. Bei diesem Bombardement fand auch der berüchtigte Nazi-Blutrichter ROLAND FREISLER sein Ende. Die Akten waren aber in Wahrheit in Tresoren gut gesichert. Sie fielen den Sowjetrussen bei ihrem Einmarsch in Berlin in die Hände. Später übereignete diese Besatzungsmacht die Dokumente den DDR-Archiven. Dort schlummerten sie unbemerkt, bis sie nach der Wende 1989 überraschend entdeckt, ans Licht gebracht und in Bundesbesitz überführt wurden.

Der Enkel des Opfers hat diese Akten dem Verfasser zugänglich gemacht; sie sind für die Folge 17 der „Seinerzeit"-Reihe „Myrten für Dornen" unter der Überschrift „Jenseits der Roten Linie" ausgewertet worden.

Diese umfassende Sammlung von Dokumenten liefert das erdrückende Beweismaterial über die bis heute oft geleugnete oder verharmloste Rolle der Täter, in diesem Fall auf der Ebene der Ortsgruppenleitung. Diese Partei-Funktionäre betrachteten sich als Abbilder des „Führers" auf der Ortsebene; sie verstanden ihre Handlungen als vorauslaufende Erfüllung des Führerwillens auch ohne besondere Anweisung. Dazu standen ihnen nicht nur der Machtapparat der gleichgeschalteten Ortspolizei, sondern auch die Zusammenarbeit mit der Gestapo und den anderen Ämtern und Ebenen der Naziherrschaft sowie die Mitarbeit der örtlichen „Gliederungen", wie SA, NSKA, NSV, HJ usw. zur Verfügung. Sie nutzten ihre Macht, um harmlose Mitmenschen dem Nazi-System gefügig zu machen oder sie anderenfalls zu eliminieren. Die Akten lassen erkennen, wie tief auch in WEIDENBERG die örtlichen Nazis in das Unrecht verstrickt waren.

„Persilscheine" auch von Nazi-Gegnern

IRMGARD DENNERT ist nicht das einzige Opfer, das RUMLER damals bei seiner Suche nach Entlastungszeugen auf den Leim geht. Bei einem seiner weiteren Opfer, dem Steinmetzmeister JOHANN EISENHUT, gelingt RUMLER der gleiche Coup.

Wegen unbedachter Äußerungen hatte RUMLER diesen Mitarbeiter im GRANITWERK SCHILLER, welcher der verbotenen kommunistischen Linken zugerechnet wurde, bereits 1936/37 wegen „Hochverrats" vor ein Sondergericht gebracht. Auf nachdrückliches Betreiben von Eisenhuts Chef, CHRISTIAN SCHILLER, möglicherweise von SCHILLER sogar bestochen, hatte RUMLER dann aber in dem Nazi-Gerichtsverfahren gegen EISENHUT plötzlich für den Angeklagten „gut ausgesagt" und ihn dadurch, wie RUMLER dann in seinem eigenen Spruchkammerverfahren nach dem Krieg behauptete, angeblich vor dem sicheren KZ bewahrt; EISENHUT „durfte" die Strafe, die trotz dieser Interzession gegen ihn verhängt wurde, als „Entgegenkommen" in einem „normalen" Gefängnis absitzen.

Als „Gegenleistung" hatte RUMLER aber nun auch von EISENHUT für sein eigenes Spruchkammerverfahren einen „Persilschein" eingefordert. Es sollte eine entlastende Erklärung sein, die ihn auch im Fall EISENHUT als Gutmenschen erscheinen lassen sollte. Der Realität widersprechend, wollte RUMLER also auch hier als jemand gelten, der sich voll und ganz für seine Mitbürger einsetzt, auch für solche, die nicht auf der Parteilinie stehen oder sogar, wie in diesem Fall, einer kommunistischen Einstellung verdächtigt wurden, also zu den erklärten Gegnern des NS-Regimes gehörten.

A b s c h r i f t !

Johann Eisenhut

Görschnitz Nr. 24, den 25.1.1946.
bei Weidenberg/Oberfranken

Eidesstattliche Erklärung!

Ich, Johann Eisenhut, geb. am 30.[illegible].1898 erkläre an Eides statt:

Im Dezember 1936 wurde ich von der Gendarmerie Weidenberg wegen angeblicher Vorbereitung zum Hochverrat verhaftet. Ich wurde mit 7 Monaten Gefängnis bestraft. Die Strafe wurde durch Untersuchungshaft abgebüsst.

Schon bei der Gerichtsverhandlung gegen mich vor dem Sondergericht München, wozu der ehemalige Bürgermeister und Ortsgruppenleiter von Weidenberg, herr Georg R u m l e r, geb. am 8.4.1893, als Zeuge geladen war, sagte dieser so gut für mich aus und setzte sich so voll und ganz für mich ein, dass das Urteil nur über 7 Monate lautete. Als ich nach Abbüssung der Strafe in das KZ-Lager Dachau gebracht werden sollte, hatte ich es nur der persönlichen Initiative des Herrn Georg Rumler zu verdanken, dass dies nicht geschah. Herr Rumler fuhr eigens zu diesem Zweck nach München und verhinderte bei der Gestapo auf Grund seiner Aussagen über mich meine Einlieferung in das KZ-Lager.

gez.: Johann Eisenhut.

„Persilschein" des Naziopfer EISENHUT *vom 25. Januar 1946 für GEORG RUMLER, vom Evang. Pfarramt gesiegelt: „... setzte sich ganz für mich ein"*

Nur wenige durchschauten Rumlers intrigantes Doppelspiel, neben Rumlers

Rivalen SCHILLER auch der damalige evangelische Gemeindepfarrer GEORG REDENBACHER. Dieser war, nach kurzem anfänglichen Interesse für die Nazis, mit jedem Jahr nach der Machtergreifung ein umso überzeugterer Nazi-Gegner geworden und profilierte sich entsprechend klar in der Leitung des kulturell wichtigen, eigenständigen und bis zuletzt nicht gleichgeschalteten „Verschönerungsvereins Weidenberg". Aber obwohl RUMLER am 21. Juli 1941 aus ideologischen Gründen als einer der ganz wenigen Weidenberger ostentativ aus der Kirche ausgetreten war, blieb REDENBACHER ihm gegenüber dennoch gutmütig und wohlmeinend. Er machte seinem gesteigerten Ärger über HITLER und die Nazis nur vor engsten Freunden Luft, dies aber manchmal lautstark und bei geöffnetem Fenster, sodass sich mancher um sein Wohlergehen in diesem Willkürstaat Sorgen machte.

Diesem in der Gemeinde sehr beliebten Pfarrer widerfährt bald nach dem Krieg die gleiche Zumutung, wie vor ihm IRMGARD DENNERT und JOHANN EISENHUT. Der bis zuletzt überzeugte Nazijünger RUMLER besitzt die Unverfrorenheit, denselben Weidenberger Pfarrer GEORG REDENBACHER, dem er 1941 so klar seine Verachtung für die Kirche erklärt hat, jetzt nicht nur um das pfarramtliche Siegel auf den von IRMGARD DENNERT und JOHANN EISENHUT erstellten Persilscheinen zu bitten, sondern auch um eine ergänzende positive Beurteilung und Beglaubigung.

Abschrift!

Weidenberg 5.4.46.

Wie ich schon vor Monaten an die C I C, Bayreuth schrieb, hat sich unser ehemaliger Bürgermeister und Ortsgruppenleiter, Herr Georg R u m l er nach besten Kräften schriftlich und mündlich für meinen Mann, Christian Dennert, der am 3.11.43 verhaftet wurde und am 4. Mai 1944 als politischer Häftling des Volksgerichtshofes an Lungenentzündung starb (Berlin) ohne Rücksicht auf seine Stellung eingesetzt, jederzeit!

Gezeichnet Irmgard Dennert.

Ich bestätige hiemit, dass Frau D e n n e r t in den letzten Jahren mir öfters mitgeteilt hat, dass Herr Georg R u m l e r die oben geschilderte Stellungnahme eingehalten hat.

Weidenberg, den 5.4. 46

Redenbacher, Pfarrer

Von Pfarrer Redenbacher kommentiert und gesiegelt:
„Persilschein" von IRMGARD DENNERT für GEORG RUMLER, ausgestellt am 5. April 1946

Auch diese Erklärung des Pfarrers präsentiert RUMLER stolz vor der Spruchkammer. Aber man spürt den unterkühlten Zeilen des Pfarrers doch heute noch an, mit welch süß-säuerlicher Miene er sie damals, rd. ein Jahr nach Kriegsende, am 5. April 1946 verfasst hat:

Ich bestätige hiermit, dass Frau Dennert in den letzten Jahren mir öfters mitgeteilt hat, dass Herr Georg Rumler die oben geschilderte Stellungnahme eingehalten hat. Redenbacher, Pfarrer.

Ein Jahr später gelingt es RUMLER sogar, den gutmütigen Pfarrer REDENBACHER zu einer weiteren entlastenden Erklärung zu überreden. Zur Begründung „erinnert" RUMLER den Pfarrer daran, dass er als Ortsgruppenleiter zur Zeit des Kirchenkampfs die Aufstellung der Evangelischen Marter der MARGARETE SCHILLING an der Bocksleite oberhalb WEIDENBERG geduldet habe; in ihren Sockel sind ja alttestamentliche Bibelzitate eingemeißelt, die er hätte beanstanden können. Das dort angebrachte Profetenzitat „Myrten für Dornen" ist ja das Thema für diese historische Schriftreihe.

Ferner habe er als Ortsgruppenleiter auch Redenbachers Parteiaustritt hingenommen, ohne ihm deswegen nachzustellen. Auch habe er REDENBACHER in seiner Amtsführung als Pfarrer nie behindert oder belästigt.

Ganz anders bewerteten im Jahr 1946 die Mitglieder des „Aktionsausschuss der politischen Parteien" in WEIDENBERG damals die gleichen Vorgänge. RUMLER sei keineswegs so harmlos und verständnisvoll gegenüber der Kirche gewesen, wie er angibt. Pfarrer REDENBACHER sei sehr wohl angefeindet worden, „insbesondere von der Ortsgruppenleitung", weil er Gegner der „Deutschen Christen" gewesen sei,

Auch Bürgermeister WILL stellte am 27. September 1946 fest: *„Der Pfarrer Redenbacher war Gegner der Deutschen Christen und wurde deshalb von der Parteileitung scharf beobachtet."*

Trotz solcher negativen Erfahrungen ist REDENBACHER nicht nachtragend. Vielmehr schreibt er für den ehemaligen Weidenberger Bürgermeister und Ortsgruppenleiter GEORG RUMLER am 26. Mai 1947 folgende anerkennende Bestätigung:

1. Frl. Margarete Schilling, Bayreuth, Moritzhöfen 11, hatte in der Zeit der Anfeindungen des Bekenntnisses zum Alten Testament außerhalb des Friedhofes, an einem öffentlichen Weg, ein Denkmal für ihre verstorbene Schwester aufstellen lassen, das heute noch steht, welches auf seinen vier Flächen nur alttestamentliche Sprüche trägt. Wenn GEORG RUMLER trotzdem seine bürgermeisterliche Genehmigung erteilt hat, ohne irgendwie zu beanstanden, so darf dies als Erweis von Toleranz gelten, mit der er Kirche und öffentliches kirchliches Bekennen gewähren ließ.[7]

2. Wegen meines Austrittes aus der Partei (1936 oder 37) hat Georg Rumler mir keinerlei zivile Schwierigkeiten in den Weg gelegt.

3. Auch in Ausübung meines Amtes – ich hatte auch die 1. Pfarrstelle Weidenberg mit zu versehen – erinnere ich mich nicht, von ihm je behindert worden zu sein. Georg Redenbacher, Pfarrer.

---

[7] Dieser Vorgang wird ausführlich besprochen im Kapitel „Tannen für Hecken und Myrten für Dornen – Das evangelische Bekenntnismarterl der Margarete Schilling 1937 auf der Weidenberger Bocksleite" in der 1. Folge dieses Projektes ‚Myrten für Dornen': „Am Vorabend der Urkatastrophe(n) – Quellen zur Weidenberger Geschichte".

Wer also war dieser GEORG RUMLER, der gemeint hat, so mit Menschen spielen zu können? Wer waren seine Freunde, insbesondere aus den emporgekommenen Nazis, die seinerzeit gemeint haben, mit ihm gemeinsame Sache machen und damit HITLER dienen zu sollen?

Und wer waren andererseits die Menschen, die wiederholt versucht haben, sich diesem Nazi-Amtsträger in den Weg zu stellen? Unter ihnen sticht ja insbesondere sein späterer Dauerrivale CHRISTIAN SCHILLER besonders hervor, der mit RUMLER in Zuneigung und Hass ein Leben lang fast so eng verbunden war wie ein siamesischer Zwilling dem anderen?

Und von allgemeinem Interesse für das Verständnis der damaligen Zeitumstände ist sicher auch die Erörterung der Fragen:

Wie ist RUMLER überhaupt mit dem Nationalsozialismus in Berührung gekommen, den er dann in Weidenberg so konsequent durchgesetzt hat? Wer oder was hat ihn zum Durchhalte-Fanatiker bis zum letzten Tag und sogar noch darüber hinaus gemacht? Welche innere Beziehung hatte RUMLER wirklich zu HITLER und seinem Führerstaat? Diese Fragen will die Folge „DER ANSTREICHER UND SEINE LEHRJUNGEN – Braune Herrschaft in Weidenberg seit 1929“ in ihrem ersten Buch unter dem Zitat klären, das CHRISTIAN DENNERT damals den Tod brachte: „SEIT 1933 SIND WIR ALLE NICHT MEHR NORMAL – Georg Rumler und der Aufstieg der Nazis in Weidenberg von 1929 bis zu ihrem Durchbruch 1933“.

1. Georg Rumler – Zeitgenosse von Adolf Hitler

Als am Samstag nach Ostern 1893, dem 8. April, im Textilgeschäft RUMLER am Weidenberger Obermarkt mit Hilfe der Hebamme ein Sohn geboren wird, freuen sich mit den Eltern auch die Verwandten und Nachbarn. Keiner ahnt, welchen dramatischen Verlauf die deutsche Geschichte in den nächsten 60 Jahren nehmen wird und welche zweifelhafte Rolle dieses Kind als Erwachsener für Weidenberg und seine Umgebung einmal spielen wird.

In der Evangelischen Kirche ST. MICHAEL auf dem Gurtstein wird der junge Erdenbürger von dem milden und freundlichen Pfarrer GEORG LAUBMANN getauft und nach dem Namen seines Vaters „GEORG" RUMLER sen. benannt. Die Eltern sind voller Erwartungen. Nach zwei Totgeburten und der Geburt der kränklichen ältesten Tochter „Jette" im Jahr 1885 ist dies nun der lang erwartete erste Sohn, der einmal auch das mühsam aufgebaute und in weiterer Expansion befindliche Textilgeschäft am Eck des Obermarktes übernehmen soll.

Textilgeschäft am Marktplatzeck: *Obermarkt mit Brunnen vor 1914*

Rumlers Zeitgenosse Hitler und dessen frühkindliche Prägung zum Hass

Zu dieser Zeit lebt im österreichischen BRAUNAU am Inn in einer Mietwohnung des Braugasthauses DAFNER der gerade vierjährige Knabe ADOLF HITLER mit seinen Eltern. Sein unehelich und arm geborener, früh verwaister Vater ALOIS HITLER hat es vom Handwerker zum gehobenen Zollbeamten gebracht; er ist stolz auf diese bürgerliche Anerkennung, führt aber zu Hause ein despotisches Regiment. Leidtragende sind seine dritte Ehefrau KLARA und seine Kinder, insbesondere der ungebärdige Sohn ADOLF.

Die Augen der Mutter: *Der Säugling ADOLF HITLER und seine verehrte Mutter KLARA*

KLARA HITLER, geb. PÖLZL, ist zugleich die Enkelin von Alois' mutmaßlichem leiblichem Vater JOHANN HIEDLER. Der Knabe ADOLF HITLER ist also möglicherweise Ergebnis eines Inzests, falls er nicht, wie ebenfalls schon damals als weitere Möglichkeit diskutiert wurde, Ergebnis eines Seitensprungs seiner Großmutter ANNA SCHICKLGRUBER mit einem jungen Grazer Juden ist, bei dem sie im Haushalt gearbeitet hat. Immerhin hat diese Großmutter 14 Jahre lang von jener jüdischen Familie FRANKENBERGER unwidersprochen Alimente kassiert. Später, als Diktator des Großdeutschen Reiches, wird HITLER bis fast zu seinem letzten Lebenstag alles daran setzen, diese Spuren seiner unklaren Herkunft vertraulich recherchieren zu lassen und energisch zu tilgen.

Schon seit seiner Kindheit fällt HITLER anderen dadurch auf, dass er etwas Besonderes sein will. Er entwickelt sich zu einem frechen unbotmäßigen Rüpel und zum selbstbewussten Leitwolf unter den Nachbarskindern und später unter den Mitschülern. Diesem fordernden kindlichen Ansinnen setzt der reizbare Vater ALOIS HITLER von Anfang an seine strenge autoritäre Erziehung entgegen. Er demütigt den Knaben fast täglich mit unerbittlichen Prügeln. Von seiner ganzen Familie fordert er die absolute Unterwerfung, der sich auch die viel sanftere Mutter KLARA fügen muss. Sie ist wohl der einzige Mensch im Leben von ADOLF HITLER, den er über die Maßen liebt und verehrt.

Um sich von der überstrengen Erziehung des Ehemanns abzusetzen und ADOLF in Schutz zu nehmen, hat KLARA eine Neigung entwickelt, ihren Sohn überzubehüten; sie liest ihm Zeit ihres Lebens jeden Wunsch von den Augen ab. In dieser mütterlichen Verwöhnung hat vielleicht auch Hitlers spätere auffallende Eigenschaft ihre Wurzeln, sich von Frauen bewundern und versorgen zu lassen. Vielen solchen wohlmeinenden Verehrerinnen verdankt er die angenehmen Seiten seiner Karriere.

Aber auch die strengen Forderungen seines Vaters nach Disziplin, Ordnung und Gehorsam hat das Kind ADOLF HITLER verinnerlicht, ebenso den ständig sich steigernden Hass auf seinen Erzeuger. Aber der junge HITLER lässt diesen Hass nicht zum Selbsthass werden, wie manche anderen gedemütigten Kinder, sondern er wendet ihn später konsequent nach außen. Hier formt sich schon früh eine Antriebskraft, die ihn später bereit machen wird zu eigenem diktatorischem und blutigem Handeln und zu mitleidlosen Gewalttaten gegen andersdenkende Menschen.

Allerdings wäre es sicher überzogen, wenn man diese zwiespältige Erziehung Hitlers zwischen Gewalt-Erfahrung und Verwöhnung allein verantwortlich machen würde für seine spätere Entwicklung zum Diktator und zum menschlichen Ungeheuer, der so viele Menschen auf sein Gewissen lädt, wie außer ihm wohl nur STALIN. Vielmehr wird man in seiner Biografie auch die anderen irritierenden Einflüsse wahrnehmen müssen, welche die Seele eines Menschen so nachhaltig abstumpfen lassen, dass in ihm die Fähigkeit zur Empathie erlischt und er jedes Empfinden für Gut und Böse verliert.

Ein schlagender Vater: *Zollbeamter ALOIS HITLER*

Zu diesen charakterbildenden Momenten gehört sicher die bittere Erfahrung bei der Aufnahmeprüfung für die Akademie der Künste in WIEN, wegen zu geringer Begabung, abgelehnt zu werden. Welches Unheil wäre der Welt wohl erspart geblieben, wenn die Jury ein wenig hellsichtiger gewesen wäre!

Unverarbeitet blieb auch der schreckliche Krebstod seiner geliebten Mutter, den Hitler als 18-jähriger Halbwaise erlebte. Bestimmend wurden für Hitler sechs weitere emotional bedrängende „Urerfahrungen“: das durchlebte tödliche Grauen als

Botengänger in den Schützengräben Flanderns im Ersten Weltkrieges; die erschreckende Erfahrung der eigenen Erblindung durch Giftgas zu Ende dieses Krieges; seine Wut über den vermeintlichen „Dolchstoß“ der Linken beim verlorenen Krieg; sein Zorn über den Vertrag von Versailles und die horrenden Kriegsfolgen; ein sich allmählich ausbildender unendlich tiefer Judenhass, der die Juden für alles Böse dieser Welt verantwortlich macht; und schließlich die Vision einer besonderen persönlichen göttlichen Berufung.

Demgegenüber zeigt sich HITLER nach seiner gefühlsbestimmten Berufungsvision und seinem Beschluss „Politiker zu werden“ bald als auffallend zielbewusst und pragmatisch agierende Persönlichkeit. Zu solchen pragmatisch anvisierten Zielen, die Hitler nach früher Benennung in seiner Propagandaschrift „Mein Kampf“ und unter den ersten Weggefährten über Höhen und Tiefen hinweg unerbittlich verfolgt, werden insbesondere die Unterwerfung von ganz Mittel– und Osteuropa als Lebensraum für die Deutschen und die Ausrottung der Juden im deutschen Herrschaftsbereich. Zur Durchsetzung dieser Herrschaft benötigte er freilich eine breite Basis von Jüngern, die bereit waren, ihm bedingungslos zu folgen. Ein solcher Jünger wurde dann auch der vier Jahre jüngere GEORG RUMLER in WEIDENBERG.

Doch alle diese Jünger mussten erst einmal gewonnen werden. Dazu verhalfen HITLER, neben seiner anpassungsfähigen Zielstrebigkeit, vor allem seine überwältigende Rhetorik und seine geradezu magische Ausstrahlung. Beide Begabungen entdeckte HITLER in ihrer Wirkung auf andere erst nach und nach – und war selbst überrascht.

Hitlers durchdringender Blick, der später unzählige Menschen oft gegen ihren erklärten Willen hypnotisierte, verdankte sich den blauen Basedow-Augen, die er von seiner Mutter geerbt hatte. Sie werden, wie seine Rhetorik, seine Instrumente sein, mit denen er seine Bewunderer zu willenlosen Werkzeugen seiner Willkür machen wird, so auch bei dem bis dahin eher unpolitischen Menschen GEORG RUMLER gut 40 Jahre nach dessen erstem Schritt ins Leben. Nicht anders ergeht es viele anderen bis dahin scheinbar ganz „normalen“ Menschen in WEIDENBERG und Umgebung. Hitlers zugleich unwiderstehliche und gewaltsame Ausstrahlung wird die Hauptursache dafür sein, dass Opfer des Naziregimes, wie der Weidenberger CHRISTIAN DENNERT, kopfschüttelnd und aus ehrlicher Betroffenheit und unter Inkaufnahme von Nachstellungen bekennen: *Seit 1933 sind wir alle nicht mehr normal ...*

Hineingeboren in den Optimismus zu „Kaisers Zeiten“

Zu jener Zeit, als HITLER seine zwiespältige frühe Kindheit erlebt und RUMLER in WEIDENBERG zur Welt kommt, wird Deutschland von dem Preußenkönig WILHELM II. als Deutschem Kaiser in der Staatsform einer föderalen konstitutionellen

Erbmonarchie regiert, und nichts deutet darauf hin, dass sich an diesem mühsam errungenen und gerade erst gut 20 Jahre alten Symbol deutscher Einheit so bald etwas ändern wird. Der seither herrschende Optimismus in Deutschland ist zwar in der „Gründerkrise" durch Börsenturbulenzen zeitweilig etwas gedämpft worden und hat eine seitdem deutlich anschwellende antisemitische Strömung hervorgebracht, die für alles Misslingen die Schuld bei den Juden sucht. Aber Deutschland befindet sich in dieser Zeit doch im Allgemeinen in einem rasanten und erfolgreichen Strukturwandel von einer agrarischen zur Industrie- und Dienstleistungsgesellschaft, und diesen Wandel kann man damals auch in WEIDENBERG allenthalben deutlich spüren.

Überall entstehen auch hier, in diesem einst armseligen Marktort der „Gaasla", durch rührige Neugründer kleine und größere „Etablissements", Firmen und Geschäfte, in denen die bisher arme bäuerliche Bevölkerung Arbeit findet. Und die Gemeinde wagt erstmals in ihrer Geschichte sogar, über den Tellerrand zu blicken und sich vorzustellen, einmal ein erfolgreicher Fremdenverkehrsort, ja vielleicht sogar ein Kurort im Vorland des herben, waldgrünen Fichtelgebirges zu werden.[8]

Der Bürgermeister, Zeugschmied und Eisenwarenhändler MICHAEL SCHRECK, der am nördlichen Obermarkt eine Werkstatt neben der Apotheke am Aufgang zur Michaelskirche aufgemacht hat, tut sich zu dieser Zeit mit dem Granitschleifer JOHANN SCHILLER sen. zusammen, der eine Werkstatt am Dammweiher am südlichen Ende des Obermarktes betreibt, um ein neues Granitwerk aufzubauen. Sie wollen aber die Bevölkerung und die erwarteten Fremdenverkehrsgäste nicht mit Lärm und Staub belästigen und errichten deshalb im Jahr 1890 ihre erste große Fabrikhalle am Untermarkt, ein Stück entfernt von der damaligen Wohnbebauung und ganz in vorteilhafter Nähe zur neuen Bahnlinie, die sich samt Bahnhof und Gütergleis gerade in Errichtung befindet.

Aus dieser neuen Firma entwickelt sich binnen zweier Generationen der erfolgreichste Industriebetrieb Weidenbergs, das auch international tätige und renommierte Schiller'sche Granitwerk.[9] In der Familie von JOHANN SCHILLER jr. wird dann 13 Jahre später der zukünftige Rivale des neugeborenen Rumler-Kindes und sein „siamesischer Zwilling" CHRISTIAN SCHILLER geboren. Seit dieser als 17-jähriger Jugendlicher im Jahr 1929 erstmals bei Rumler vorstellig wird, um in die NSDAP

---

[8] Vergl. das Kapitel „Als Weidenberg Kurort werden wollte – Pfarrer Redenbacher und der Verschönerungsverein Weidenberg" in der 2. Folge des Projektes ‚Myrten für Dornen': „Licht und Schatten der neuen Zeit – Alltags-Erleben und Kirche in Weidenberg in der Vorahnung der Katastrophe.

[9] Vergl. das Kapitel „Arbeit, Wohlstand und Armut bei den „Gaasla – Soziales Leben, Beruf und Gewerbe in Weidenberg bis 1919" in der genannten Folge.

einzutreten, verbindet die beiden über das Ende des Zweiten Weltkrieges hinaus eine rätselhafte gegenseitige Abhängigkeit und Hass-Liebe wie Hund und Katze.[10] Doch verfolgen wir zuerst einmal weiter die Lebensgeschichte von GEORG RUMLER und fragen zunächst nach seiner Herkunft.

Ein unvollständiger Ariernachweis

Hitlers krudes Menschenbild und sein rassistisches Gedankengut hatten von Anfang an ihren festen Platz in der Rhetorik und Programmatik der Nazipartei. Seit Hitlers Machtergreifung 1933 war es nun für alle NSDAP-Mitglieder, sowie für Mitarbeiter im öffentlichen Dienst, Juristen, Ärzte usw. verpflichtend, einen „Ariernachweis" zu erbringen. Er sollte beweisen, dass unter den eigenen Vorfahren keine Juden sind.

Der „kleine Ariernachweis", der als Minimum für eine Mitgliedschaft in der NSDAP Voraussetzung war, reichte bis zu den Urgroßeltern zurück. Wer höhere Parteiämter übernehmen oder Mitglied in bestimmten Partei-Gliederungen wie der SS werden wollte, musste den „Großen Ariernachweis" erbringen, also eine nicht-jüdische Vorfahrenreihe bis in die Barockzeit zurück nachweisen.

Im selben Jahr 1937, in dem sich auch HITLER selbst mit großem Einsatz von Geheimpolizei und Genealogen um die Klärung seiner eigenen diffusen Herkunft bemüht, reisen seinerzeit ganze Heerscharen von Deutschen, meist bürgerlicher Herkunft, quer durch Deutschland, um in alten Kirchenbüchern nach Spuren ihrer Ahnen zu forschen. Sie wollen als „rassereine Deutsche" ihre Chance zu höheren Posten im Hitlerreich absichern.

Viele Stammtafeln, die heute noch stolz im Internet zur Familienforschung präsentiert werden, haben ihren Ursprung in diesen Rassegesetzen, die die Nazis damals erlassen haben. Die Suche nach den „arischen Vorfahren" legte seinerzeit unbeabsichtigt den Grund für dieses Interesse an den Ahnen. Als „arisch" galt ein Vorfahr, wenn er christlich getauft war.

Die Mehrzahl der Suchenden kam seinerzeit bei ihren Recherchen vor allem in den sorgfältig geführten Kirchenbüchern der protestantischen Pfarrämter problemlos bis zum Dreißigjährigen Krieg, allerdings selten noch weiter zurück, weil in den Wirren dieser „Urkatastrophe für Mitteleuropa" naturgemäß viele Dokumente unwiederbringlich verloren gegangen waren.

Fragt man nach Vorfahren des 1893 geborenen GEORG RUMLER, so muss man sich mit einer eigentümlichen Situation vertraut machen: Es existiert als Quelle

[10] Mehr dazu unten im Abschnitt 7: „Christian Schiller – alerter Geschäftsmann mit kleinen Fehlern – Im Clinch mit dem Ortsgruppenleiter.

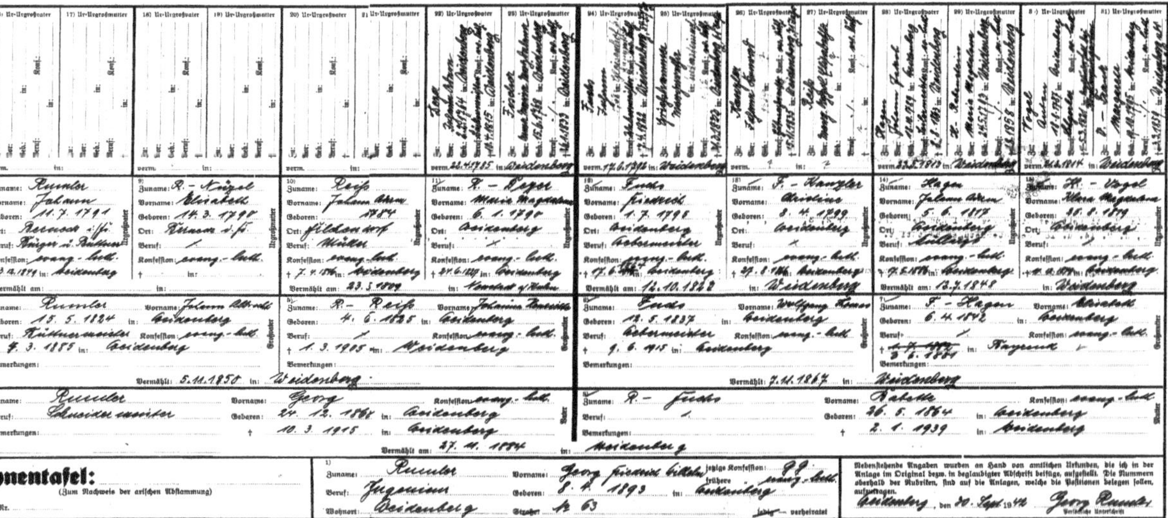

Zuname: Rumler, Vorname: Johann, Geboren: 11.7.1791
Zuname: R. - Knippel, Vorname: Elisabeth, Geboren: 14.3.1798
Zuname: Reiß, Vorname: Johann Adam, Geboren: 1784, Beruf: Müller
Zuname: R. - Deger, Vorname: Maria Magdalena, Geboren: 6.1.1790
Zuname: Fuchs, Vorname: Friedrich, Geboren: 1.7.1798, Ort: Weidenberg
Zuname: F. - Hanzler, Vorname: Christine, Geboren: 8.4.1799, Ort: Weidenberg
Zuname: Hagen, Vorname: Johann Adam, Geboren: 5.6.1817
Zuname: H. - Vogel, Vorname: Maria Magdalena, Geboren: 26.8.1819, Ort: Weidenberg
Zuname: Rumler, Vorname: Johann Albrecht, Geboren: 15.5.1824 in Weidenberg
Zuname: R. - Reiß, Vorname: Johanna, Geboren: 4.6.1825 in Weidenberg, † 1.3.1905
Vermählt: 5.11.1850 in Weidenberg
Zuname: Fuchs, Geboren: 18.5.1837, Konfession: evang.-luth., † 9.6.1915 in Weidenberg
Zuname: F. - Hagen, Vorname: Elisabeth, Geboren: 6.4.1842 in Weidenberg, Konfession: evang.-luth.
Vermählt: 7.11.1867 in Weidenberg
Zuname: Rumler, Beruf: Schneidermeister, Vorname: Georg, Konfession: evang.-luth., Geboren: 24.12.1861 in Weidenberg, † 10.3.1915 in Weidenberg
Zuname: R. - Fuchs, Vorname: Babette, Konfession: evang.-luth., Geboren: 26.5.1864 in Weidenberg, † 2.1.1939 in Weidenberg
Vermählt am: 27.11.1884 in Weidenberg

Ahnentafel: (Zum Nachweis der arischen Abstammung)

Zuname: Rumler, Vorname: Georg Friedrich Wilhelm, jetzige Konfession: evang.-luth.
Beruf: Ingenieur, Geboren: 8.4.1893 in Weidenberg
Wohnort: Weidenberg, Straße: Nr. 63

Nebenstehende Angaben wurden an Hand von amtlichen Urkunden, die ich in der Anlage im Original bzw. in beglaubigter Abschrift beifüge, aufgestellt. Die Nummern oberhalb der Rubriken, sind auf die Anlagen, welche die Positionen belegen sollen, aufzutragen.
Weidenberg, den 20. Sept. 1942 Georg Rumler
(Persönliche Unterschrift)

Handwerker als Vorfahren: *Ahnentafel von GEORG RUMLER; zu wenig Einträge für den großen „Ariernachweis“*

zwar noch sein „Ariernachweis“, doch der enthält keinerlei Angaben über Vorfahren der Rumler‘schen Linie, die über die Urgroßeltern hinaus zurückreichen. Seine Aufstellung genügt also gerade den Anforderungen des „Kleinen Ariernachweises“ für einfache Parteimitglieder bzw. untere Parteiämter. Weitergehende Nachweise, die zur Erfüllung der verschärften Bestimmungen des „großen Ariernachweis“ erforderlich waren, etwa die Benennung von „arischen“ Vorfahren bis mindestens zurück ins Jahr 1750, brachte RUMLER nie bei, obwohl die Beschaffung entsprechender Urkunden seiner in Polen beheimateten Vorfahren, insbesondere nach der Besetzung Polens 1939, kein Problem gewesen wäre.

Doch scheint es so, als ob RUMLER die weitere Herkunft seiner Vorfahren bewusst im Dunkel lässt, obwohl man davon ausgehen darf, dass er sie seinerzeit wohl wirklich recherchiert hat. Damit akzeptiert er, dass ihm ein weiterer Aufstieg in der Parteihierarchie von vornherein verbaut ist. Diese Tatsache des Verzichts auf höhere Parteiämter erwähnt er nach dem Krieg in seinen Spruchkammerverfahren, ohne ihn freilich zu begründen.

Rumlers Vorfahren kamen als Handwerker aus Polen

Wahrscheinlich kommen Rumlers Vorfahren aus der Woiwodschaft POSEN an der Warthe, die von einer polnisch-deutschen Mischbevölkerung besiedelt war. Diese Heimat hatten sie aber bereits um 1750 verlassen, vielleicht wegen Hungers nach Erntekatastrophen, vielleicht aber auch, weil die katholischen polnischen

Herrscher Druck auf die evangelische Minderheit im Land ausgeübt hatten.

Wohl in Franken hatten sie sich eine neue Heimat gesucht; jedenfalls sind die Rumlers im 18. Jh. als Büttner in BAD BERNECK nachzuweisen.

Auf weiter reichende Spekulationen, warum GEORG RUMLER seine früheren Vorfahren in Polen nicht hat aufführen lassen, sei an dieser Stelle bewusst verzichtet, da sachlich begründete Anhaltspunkte dafür fehlen. Er entstammt jedenfalls, so viel ist sicher, einer alten Handwerkerfamilie, über die noch folgendes herauszufinden ist:

Der evangelische Büttner JOHANN RUMLER ist 1791 bereits in BERNECK geboren. Er besitzt dort immerhin das Bürgerrecht, das möglicherweise bereits sein Vater beim Zuzug erworben hat, und er hat die 1790 ebenfalls dort geborene ELISABETH NÜZEL aus BERNECK geheiratet.

Offenbar sind JOHANN und ELISABETH RUMLER aber bereits vor dem Jahr 1824 nach WEIDENBERG gezogen, denn ihr Sohn JOHANN ALBRECHT ist 1824 bereits in diesem Marktort geboren und hier später, wie sein Vater, Büttnermeister geworden. Dieser Vater stirbt 1849 in WEIDENBERG.

Im folgenden Jahr 1850 heiratet JOHANN ALBRECHT RUMLER in WEIDENBERG die 1824 geborene HENRIETTE REIß, die aus einer evangelischen Weidenberger Bäcker- und Filchendorfer Müllerfamilie kommt. Sie erwerben zunächst am Untermarkt, in der heutigen Warmensteinacher Straße, ein kleines Haus. Es grenzt an das Eckhaus von CHRISTOPH SCHWENK, das an der Lindenkreuzung liegt und später den Viktualienladen der Witwe MEYER, dann FÜßMANN beherbergte.

Dann verkaufen sie dieses Haus und beziehen am Obermarkt das Haus Nr. 74 (heute Obere Marktstraße 21), das einst ELISABETH WENIG gehörte und das im Jahr 1841 neu erbaut worden war. Offenbar führen ihre Söhne WILHELM und FELIX RUMLER dort das Büttnerhandwerk weiter.

Eines ihrer Kinder ist der 1860 geborene GEORG RUMLER sen. Er ergreift das an sich wenig einträgliche Schneiderhandwerk und wird Meister. 1884 heiratet er die vier Jahre jüngere BABETTE FUCHS (+1939). Ihre Vorfahren stammen praktisch alle aus evangelischen Weidenberger Familien und waren als Weber, Gerber, Mühlarzt, Seiler oder Hutmacher tätig.

Obwohl RUMLER sen. noch beim Nähen seiner Sachen auf dem Tisch im klassischen Schneidersitz anzutreffen war, kann man ihn nicht mehr als den sprichwörtlichen „armen Schneider“ bezeichnen; er strebte vielmehr, wie viele andere seiner Zeitgenossen im einst armen WEIDENBERG, nach oben und erwies sich in seinem Handwerk als tüchtig und erfolgreich. Er reiste sogar nach PARIS und holte sich persönlich dort die neuesten modischen Schnitte. So kommt nicht nur die ländliche Bevölkerung in den Laden, um sich ihre Alltagskleidung zu kaufen. Auch die Damen der Bessergestellten im aufstrebenden Marktort gehen gern „zum Rumler“, um sich modisch einzukleiden. Da kann man dann aus dem Erlös der Schneiderei auch Geld zurücklegen, und die Familie kann es sich schließlich sogar leisten, an einen fürs Geschäft attraktiveren Standort umzuziehen.

GEORG RUMLER sen. erwirbt das stattliche, sechs Jahre nach dem Marktbrand von 1770 errichtete Eckhaus direkt am Obermarkt. Es ist aus Sandstein gebaut und im hübschen Markgrafenstil gehalten; seine „geohrten“ Fenster sind unterhalb der Sohlbänke mit eingemeißelten plastischen „Fensterschürzen“, dem bäuerlichen Sandsteinquader-Baustil, geziert, der für Oberfranken und speziell den Landkreis Bayreuth im Zeitalter des späten Rokoko typisch ist.

Dieses repräsentative Gebäude hat immer schon Geschäfte beherbergt, so die Handlung von PETER und BARBARA MUHLEIS mit Branntweinkonzession, das Geschäft für Gold- und Silberwaren von ELIAS LERNER und die Metzgerei von CHRISTOPH RODER.

Auslagen im Textilgeschäft Rumler am Obermarkt:
Bild mit Georg Rumlers Nichte HELMA 1939

Zu Werbezwecken betreibt GEORG RUMLER sen. neben seinem Musterverlag nach der Jahrhundertwende, dem Trend der damaligen Zeit entsprechend, auch einen Verlag für Ansichtskarten.[11] Diese Karten werden bis heute gern aufgehoben und bieten wertvolle Einblicke in die historische Bausubstanz Weidenbergs.

Im zweiten Jahr des Ersten Weltkrieges stirbt GEORG RUMLER sen. Er ist erst 54 Jahre alt und steht zu der Zeit am Höhepunkt seines Schaffens. Er hat in seinem Leben bereits den qualvollen Tod seiner ältesten Tochter BABETTE miterleben müssen, die im Jahr 1903 mit 18 Jahren einem Kropfleiden erlegen ist. Er hat sich aber auch am Aufwachsen einer weiteren, 1897 geborenen Tochter MARGARETHE und des jüngsten, 1901 geborenen Sohnes HEINRICH erfreuen können.

Dieser HEINRICH ist noch vor Kriegsbeginn 1914 als einer der Jüngsten seines

[11] Vergl. dazu in Folge 2 das erwähnte Kapitel: „Als Weidenberg Kurort werden wollte ...“

Jahrgangs mit 12 Jahren konfirmiert worden, zum Zeitpunkt des Todes seines Vaters ist er 13 Jahre alt. Er zeigt die stärksten praktischen Neigungen für den zukünftigen Schneiderberuf. Der älteste Sohn GEORG hat gerade seinen 22. Geburtstag gefeiert, tendiert aber beruflich zu der Zeit eher ins Pädagogische oder ins modische Elektrohandwerk. MARGARETHE steht im 18. Lebensjahr.

Die 51-jährige Mutter BABETTE RUMLER sieht sich in ihrer Sorge für die Firma und die Kinder nun ohne Partner; sie muss das Textilwarengeschäft zunächst allein führen und steht bis zu ihrem Tode im Jahr 1939 mit im Laden. Dann übernimmt die lebenspraktisch veranlagte Schwiegertochter MARGARETE, die den jüngsten Sohn HEINRICH heiratet, die Nachfolge. Sie stammt aus der Familie BÖHNER, die ihr Anwesen in den Resten des „Unteren Schlosses" haben, dem „Haus im Garten".

Enttäuschte Eltern

Bei Babettes Ältestem, GEORG jr., hat sich zu ihrer Enttäuschung inzwischen herausgestellt, dass seine Neigungen wohl eher auf technischem Gebiet liegen. Er hat für die feinen Arbeiten der Schneiderei ebenso wenig Geduld, wie für die Leitung eines Geschäftes, obwohl er die nötige Intelligenz besitzt.

GEORG RUMLER gilt in der familiären Rückschau überhaupt als einer, der anscheinend seine Eltern enttäuschte, weil er „nie richtig arbeitete". Stattdessen vertiefte er sich gern in Tüfteleien, die mit dem Siegeszug der Elektrizität in allen Lebensbereichen in Zusammenhang standen und damals viele faszinierten. Den Traum seiner Jugend, eine der frühen elektrischen Modellbahnen aufzustellen, wird er sich dann als Erwachsener erfüllen, nachdem er Nazifunktionär geworden ist.

Nicht die Beschäftigung mit Stoff, Nadel und Faden war also in der Jugend Rumlers Ziel, sondern der Umgang mit Strom, Generator und elektrischen Drähten. Auch dieses berufliche Ziel erfüllt sich in der Nazizeit.

Vieles in Rumlers Leben bleibt aber im Dunkeln; so fehlen auch genauere Angaben über seine Schulzeit. Sicher ist, dass er in WEIDENBERG die Grundschule besucht hat. Er erlebt seinen Unterricht seinerzeit noch im alten Schulhaus am Obermarkt, das die Marktgemeinde im Jahr 1834 bereits als Altbau angekauft hatte. Erst als RUMLER schon 17 Jahre alt ist, wird dieses baufällige Gebäude abgerissen und durch den Neubau im Jugendstil an gleicher Stelle ersetzt, der heute das Rathaus beherbergt. Diesen Neubau erlebt RUMLER also keinesfalls als Schüler dieser Schule.

Konfirmand im größten, aber auch meistgeprüften Jahrgang

GEORG RUMLER hatte gerade seinen 13. Geburtstag gefeiert, als er am „Weißen Sonntag" des Jahres 1906, dem Sonntag nach dem Osterfest, oder, wie das Kirchenbuch vermerkt, „Sonntag Quasimodogeniti" – „Wie die neugeborenen Kinder", in der ST. MICHAELSKIRCHE von Pfarrer OTTO HERATH konfirmiert wird. Weitere 43 Jungen und 35 Mädchen empfangen mit ihm zusammen erstmals das Abendmahl. Es ist mit insgesamt 79 jugendlichen Heranwachsenden der stärkste Jahrgang, der je in WEIDENBERG konfirmiert wird!

Ort von Rumlers Kindheit und Jugend: *Kirche St. Michael und Textilhaus RUMLER am Obermarkt (Hist. Aufnahme 1920)*

Bis in die Zeit des Ersten Weltkrieges hinein betragen die durchschnittlichen Jahrgangsstärken damals 62 Konfirmierte in jedem Jahr. Allerdings sind die Konfirmationsjahrgänge zwischen etwa 1904 und 1909 auch diejenigen, bei denen im Kirchenbuch bei den Jungen die meisten Kreuze nachgetragen sind. Sie zeigen eine Tragödie an: So viele dieser jungen Burschen haben dann im Ersten Weltkrieg ihr Leben verloren, eine auch heute noch erschütternde Statistik!

Der beliebte Geistliche, Pfarrer OTTO HERATH, bescheinigt RUMLER seinerzeit mit der Note I ein sehr gutes Betragen und auch entsprechende religiöse Kenntnisse, im Fleiß allerdings nur eine II-III, was schon dicht an der schlechtesten erteilten Note III liegt. Allerdings schneidet die Mehrzahl der Buben im Fleiß damals durchschnittlich eine Note schlechter ab als die Mädchen.

Ein handschriftlicher Nachtrag im Kirchenbuch der Konfirmanden vermerkt, dass RUMLER später aus seiner Kirche austritt, nämlich im Jahr 1941, weit nach dem Ende der Kirchenkampfzeit. Das fällt umso mehr auf, weil er der einzige seines Jahrgangs ist und darüber hinaus fast der einzige Weidenberger überhaupt in der Hitlerzeit, der diesen Schritt vollzieht, sehr zur großen Enttäuschung auch seiner Verwandtschaft. Aber das hatte damals seinen Grund nicht nur in ihm selbst, sondern auch in der fortschreitenden Fanatisierung durch einige kirchenfeindliche Exponenten des Hitlersystems.

Diese Kirchenfeindlichkeit war aber nicht typisch für alle Funktionäre oder gar die Führung. HITLER selbst verließ seine katholische Kirche nie, ebenso wenig GÖRING die evangelische. Auch die meisten Ausgetretenen wollten damals keineswegs als „Atheisten" gelten, sondern sahen sich weiterhin als „religiös"; sie ließen deshalb, wie auch RUMLER dies dann tat, den diffusen Begriff „gottgläubig" in ihre Unterlagen eintragen. Dies zeigt, dass sich der Nationalsozialismus, im Unterschied zu seinem atheistischen weltanschaulichen Gegner, dem Kommunismus, stets als „religiös“ verstand, auch wenn er sich von den verfassten Kirchen zunehmend entfremdete.

Andere Nazi-Führer blieben Zeit ihres Lebens bewusst ihrer Kirche treu und wollten sogar als praktizierende Christen gelten. Es ist die Begegnung mit einem dieser sich bewusst christlich gebenden Exponenten der Naziführung, dem Bayreuther Gauleiter HANS SCHEMM, die RUMLER 1929 zum Eintritt in die Nazipartei bewegen wird. Die Analyse dieser Begegnung ist auch deshalb für uns wichtig, weil sie bislang fast der einzige historische Anhaltspunkt ist, der uns über Rumlers weiteren Weg als Schüler nach dem Besuch der Grundschule in WEIDENBERG begründet spekulieren lässt.

2. Ein flatterhafter Schneidersohn auf der Suche nach Anerkennung

Schulische Begegnung mit einem frühen Nazi-Exponenten

Bei seiner Vernehmung durch die Lagerspruchkammer HAMMELBURG am 8. Mai 1947 berichtet RUMLER von der ersten Agitationsversammlung der Nazis in Weidenberg im Februar 1929; sie wird weiter unten als das „Urdatum“ der Weidenberger NSDAP-Ortsgruppe noch genauer zu besprechen sein. Die Versammlung wird vom damaligen Bayreuther Nazigauleiter HANS SCHEMM geleitet. Nach seiner Rede habe SCHEMM ihn persönlich begrüßt. SCHEMM habe RUMLER erkannt, weil er ein „Schulkollege“ von ihm gewesen sei.

Diese historische Notiz ist nur im ersten Moment schlüssig, gibt aber in Wahrheit viele Rätsel auf. Aus logischen Gründen würde man ja aus Rumlers Worten zunächst folgern, dass SCHEMM als Schüler selbst ein Gymnasium besucht hat und dass sich RUMLER und SCHEMM vielleicht als Klassen- oder Schulkameraden von daher kannten. SCHEMM war ja nicht nur seit 1920 Lehrer an der dann später nach ihm benannten Bayreuther Altstadtschule, sondern ein einflussreicher Nazi-Propagandist bei Lehrern und Pfarrern und seit 1933 auch Bayerischer Kultusminister.

Dieser Vermutung stehen aber viele Fakten entgegen. So muss man sich über den verblüffenden historischen Tatbestand klar werden, dass dieser erfolgreiche Nazi-Agitator SCHEMM als Schüler eigentlich nur Volksschulbildung genossen hat. Als Sohn eines Schumachers hatte er im Alter von vier bis sechs Jahren zunächst die „Kleinkinderschule“ Bayreuth, also den damalige Kindergarten, besucht und war dann bis zur sechsten Klasse auf die Bayreuther Altstadtschule gegangen.

Weil zu dieser Zeit bayernweit für die Ausbildung von Lehrkräften für die Volksschule geworben wurde, und weil offenbar Schemms Eltern bereits zu diesem Zeitpunkt eine pädagogische Befähigung bei ihrem Sohn zu erkennen glaubten, gaben sie den 12-Jährigen im Jahr 1903 für zwei Jahre auf die Seminarvorschule und anschließend von Sept. 1905 – Juli 1908 auf die Präparandenschule an der noch jungen Kgl. Lehrerbildungsanstalt in BAYREUTH. Dies ist der damals noch mögliche seminaristische Weg, um die Ausbildung als Volksschullehrer ohne Abitur und pädagogisches Studium zu absolvieren. Es ist dasselbe Gebäude, das dann im Jahr 1963 als „Markgräfin-Wilhelmine-Gymnasium“ zum „Musischen Gymnasium Bayreuth“ wird.

Heute musisches Gymnasium: *Kgl. Lehrerbildungsanstalt Bayreuth 1895*

Im Jahr 1895 war hier, um den enormen Ansturm an Volksschülerzahlen in den Gründerjahren zu bewältigen, die zweite Lehrerbildungsanstalt des Bezirks Oberfranken eröffnet worden. Während die alte, zu klein gewordene Anstalt in BAMBERG zukünftig ihr Einzugsgebiet stärker in der katholischen Bevölkerung haben sollte, war das neue Haus ausschließlich „sämtlichen oberfränkischen Schulamtszöglingen protestantischer Konfession“ aus den evangelisch geprägten Gebieten des nordöstlichen Franken vorbehalten. Die Kinder und Jugendlichen wurden dort seitdem im Geist der aufgeklärten Pädagogik von JOHANN FRIEDRICH HERBART (1776-1844) erzogen, die nicht nur Kenntnisse über inhaltliche Stoffe und Fertigkeiten vermitteln, sondern die Lehrer und Schüler auch zu charakterfesten und obrigkeitstreuen Dienern an „Thron und Altar“ erziehen sollte.

Die angehenden Seminaristen kamen zunächst aus den „Präparandenschulen“ in BAMBERG, KULMBACH und WUNSIEDEL und wurden in zwei aufeinander aufbauenden Kursen mit jeweils rd. 25 Seminaristen unterrichtet. Erst in den folgenden Jahren wurde Bayreuth zunehmend zur „Vollanstalt“ ausgebaut, indem je eine Präparandenschule für die Vorbildung der zukünftigen Lehrkräfte und eine Seminarschule mit Volksschulklassen zur praktischen Unterrichtserprobung angeschlossen wurden. Im Jahr 1902 lag die Zahl der auszubildenden Seminaristen bereits bei 146 und verdoppelte sich in den folgenden vier Jahren nochmals.

In dieser Zeit besuchte auch HANS SCHEMM zunächst als Schüler ab 1903 für zwei Jahre die Seminarvorschule, um dann nach einer strengen Prüfung zunächst in die „Präparande" aufgenommen zu werden. Die dreijährige Präparandenzeit sollte dem Schüler die über den Volksschulabschluss hinausgehende Bildung in den Volksschullehrfächern, wie Religion, Deutsch, Rechnen, Geografie, Geschichte, Zeichnen, Musik, Turnen usw. vermitteln. Nach wiederum bestandener strenger Aufnahmeprüfung traten die Schüler in die eigentliche, zwei Jahre dauernde Seminarausbildung ein. Hier kamen zu den bisherigen pädagogischen Fächern noch Unterweisungen in Landwirtschaft, Kunde in gemeindlichem Gesetz- und Schrifttumswesen, sowie Fremdsprachen, insbesondere Französisch, und Stenografie hinzu. Den eigentlichen Unterrichtsschwerpunkt des Seminars bildet aber die ausführliche Erziehungs- und Unterrichtskunde mit praktischen Hospitationen, „Meisterlehre" und eigenen Unterrichtsversuchen.

Vom Schusterssohn zum Lehrer und Naziagitator: *HANS SCHEMM (frühes Bild)*

In den zwei Jahren von 1908-1910 belegte SCHEMM die notwendigen Seminarkurse, um sich für seinen angestrebten Beruf als Volksschullehrer ausbilden zu lassen. Nach bestandenem Ersten Examen unterrichtet er dann zunächst im Jahr 1910 als Praktikant, Schuldienstexspektant und Hilfslehrer in WÜLFERTSREUTH im westlichen Fichtelgebirge und an verschiedenen Volksschulen in BAYREUTH. Von Ende 1910 bis August 1914 war er Lehrer an der Volksschule in NEUFANG bei BAYREUTH. Obwohl diese Ausbildung wesentlich mehr praktische Unterrichtsanteile erhielt als die heutige Lehrerausbildung, war SCHEMM mit dieser Art der Lehre offenbar unzufrieden, er wird sich deshalb später dafür einsetzen, dass auch Volksschullehrer ein akademisches Studium absolvieren müssen.

Seine Zeit im Beruf als Lehrer wird unterbrochen durch den Beginn des Ersten Weltkrieges.

SCHEMM wird zum Sanitätsdienst einberufen und dient bis 1916 als Krankenwärter im Reservelazarett in BAYREUTH, wo er, nach einer vorübergehenden Freistellung wegen seines allgemeinen Gesundheitszustandes, schließlich wegen Krankheit Ende August 1918 ganz aus dem Militärdienst entlassen wird. Von September 1916 bis Ende 1918 ist er wieder Lehrer an der Volksschule in NEUFANG und kann dort 1917 als entlassener Kriegsteilnehmer eine außerordentliche Anstellungsprüfung ablegen.

Von Januar – April 1919 ist SCHEMM Schulverweser an der Schule St.-Georgen, den Rest des Jahres Schulverweser an der Altstadtschule in BAYREUTH. In den revolutionären Wirren der ersten Nachkriegszeit meldet er sich im April/Mai 1919 zum knapp 600 Mann starken „Freikorps Bayreuth", das, mit dem Ziel völkisch rechter Politik, linksgerichtete Aufstände bekämpfen und die öffentliche Sicherheit und Ordnung garantieren soll.

Seit Januar 1920 sehen wir SCHEMM dann als vollamtlichen Volksschullehrer an der Altstadtschule in BAYREUTH, die in der Zeit des „Dritten Reichs" dann auch seinen Namen bekommt, unterbrochen von einem kurzzeitigen, erfolglosen Intermezzo in seinen Lieblingsfächern Chemie und Biologie als Laborant in einem bakteriologischen Institut in THALE am Harz.

Im Frühjahr 1923 hat SCHEMM dann erstmals Berührung mit der gerade entstandenen NSDAP-Ortsgruppe Bayreuth.

Schemm – ein früher Anhänger Hitlers in Wartestellung

SCHEMM tritt schon bald in BAYREUTH als Gastredner der NSDAP über sein Spezialgebiet Vererbung, Rassenlehre und Gesundheitswesen auf.

Er gehört wohl auch zu den rd. 5.000 Teilnehmern beim propagandistischen „Deutschen Tag", den rechtsgerichtete Verbände am 30. September 1923 in BAYREUTH ausrichten und hört Hitlers zündende Rede in der ehemaligen markgräflichen Reithalle.[12] Auch nimmt er wohl mit Interesse wahr, dass bei dieser Gelegenheit WINIFRED WAGNER ihre ersten erfolgreichen Kontakte mit HITLER knüpft und ihn bei dieser Gelegenheit in ihrer Villa Wahnfried empfängt und anschließend durchs Bayreuther Festspielhaus führt.

Hier erfüllen sich Hitlers Jugendträume, und er gewinnt eine lebenslange Verehrerin, die ihn bei dieser Gelegenheit wohl auch zu seinem Putschversuch zur Erlangung der Macht in Deutschland animiert. Als dieser Putsch im November des gleichen Jahres 1923 misslingt und HITLER verurteilt und in LANDSBERG inhaftiert wird, versorgt WINIFRED WAGNER ihn mit Lebensmitteln und Schreibmaterial. SCHEMM

---

[12] Vergl. dazu unten in dieser Folge den Abschnitt „Der Start der Nazis im Bayreuther Land beim Deutschen Tag 1923".

hingegen wartet erst einmal die weitere Entwicklung ab. Wie wird Hitler mit seiner Niederlage umgehen? Wie wird der Staat auf den Handstreich reagieren?

Es ist Ende Februar 1925, zwei Wochen, nachdem die Bayerische Regierung den Ausnahmezustand wieder aufgehoben hat, den sie nach Hitlers Putsch verhängt hatte. Die NSDAP kann nun wieder legal operieren. Eben ist an den Zeitungskiosken das Parteiblatt der Nazis, der *Völkische Beobachter* erstmals wieder erschienen. In einem langen Leitartikel unter dem Titel „Ein neuer Beginn“ hat sich HITLER, gewappnet mit neuer Energie, in der Öffentlichkeit zurückgemeldet. Er hat versprochen, seinen politischen Kampf um die Macht nun mit legalen Mitteln unter Achtung des parlamentarischen Systems fortzusetzen und will auch die Einheit der Partei nach innen, die von Anfang an durch Flügelkämpfe gefährdet war, notfalls durch Kompromisse sicherstellen. Anderseits will er der starke Mann und die Mitte der Partei sein, der unumstrittene „Führer“, um den sich alle zum Kampf gegen die erklärten Erzfeinde Marxismus und Judentum scharen.

Am Abend des darauffolgenden 27. Februar hatte sich HITLER erstmals auch wieder in der vertrauten Arena suggestiver Massenauftritte im Münchner Bürgerbräukeller gezeigt. Mit einem spektakulären Auftritt vor Tausenden von begeisterten örtlichen Zuhörern und seinen wichtigsten Vasallen aus dem ganzen Reich hatte er zur „nationalen Wiedergeburt“ unter ihm als „Führer“ aufgerufen. Damit hatte er auch öffentlich seinen totalitären Anspruch und die Grundlage seiner zukünftigen Herrschaft, das „Führerprinzip“, proklamiert.

Seine als demagogisch und staatsgefährdend erachtete Rede trug HITLER ein öffentliches Redeverbot für ganz Bayern ein, weil die Staatsregierung die Sicherheit des Staates bedroht sah. Sie bescherte ihm aber zahlreiche neue Parteigänger, die offenbar nur auf ein Lebenszeichen von ihm gewartet hatten.

Unter den erwartungsvollen Interessenten ist auch der inzwischen 34-jährige Lehrer HANS SCHEMM. Am Tage nach Hitlers erstem Wiederauftritt bei seiner Münchner Rede und zum selben Zeitpunkt, als HITLER sich im Hause WAGNER in BAYREUTH von seiner fürsorglichen Anhängerin WINIFRED beim Frühstück verwöhnen lässt, nachdem er die Nacht in ihrem Haus verbracht hat, tritt SCHEMM in Bayreuth in die örtliche NSDAP ein. Das ist noch fünf Monate *vor* Erscheinen von Hitlers Programmschrift *Mein Kampf.*

SCHEMM überzeugt die Parteigranden auf Anhieb durch seine Rhetorik und seine charismatische Persönlichkeit. Sein Ruf spricht sich rasch in der Partei herum. Der Lehrer übernimmt mit viel Elan und großem Erfolg die weitere politische Missionierung seiner Heimat Oberfranken. Die ganzen Jahre bis April 1928 bleibt er offiziell Volksschullehrer an der Bayreuther Altstadtschule und zugleich Referent an der

Volkshochschule in Bayreuth. Nach dieser Zeit behält er zwar weiter seine Anstellung als Volksschullehrer im Staatsdienst, lässt sich aber bei Weiterzahlung der Bezüge für seine „Partei-Ehrenämter“ beurlauben.

In dieser Zeit drängen die Nazis aufs Land. Im Februar 1929 gelingt es ihnen, in WEIDENBERG eine weitere Hochburg zu errichten. Dies ist der Anlass, wo RUMLER nach eigenen Angaben SCHEMM „wieder begegnet“ und sie sich „freundlich begrüßen“.

Man kann nun, in Kenntnis dieser genannten Fakten, genauer zu klären versuchen: Bei welcher Gelegenheit und zu welchem früheren Zeitpunkt im Rahmen einer schulischen Ausbildung könnte RUMLER seinen zukünftigen politischen Mentor und Förderer HANS SCHEMM erstmals kennengelernt haben?

Ein bleibendes „Lehrer-Schüler“-Verhältnis

Leider existieren über die schulische Ausbildung von GEORG RUMLER aber keine eigenen Angaben, es findet sich lediglich ein knapper Vermerk auf der Personalkarte des Gauschulungsamtes der NSDAP für RUMLER über seine Schulung als Kreisredner. Dort ist unter der Rubrik *allgemeine Schulbildung* angegeben: „Volksschule und Mittelschule“.

Ausgehend von der Tatsache, dass der am 6. Okt. 1891 geborene SCHEMM 1 ½ Jahre älter ist als RUMLER, bleiben eigentlich nur zwei Möglichkeiten, damit RUMLER seine Beziehung zu SCHEMM als die von „Schulkollegen“ beschreiben kann, wobei man dabei schon Rumlers Neigung zum Übertreiben mit ins Kalkül ziehen muss. Gehen wir davon aus, dass Rumlers Grundschulbesuch in WEIDENBERG von 1899-1903 dauerte und dass die Eltern dem intelligenten Jungen anschließend den Besuch an einer weiterführenden Schule in BAYREUTH ermöglicht haben, so hätte er dort wohl um 1909 die mittlere Reife erreichen können.

Synchronisiert man den oben dargestellten beruflichen Ausbildungsweg Schemms und diesen möglichen schulischen Weg Rumlers, so ergibt sich als einziger logischer Berührungspunkt Schemms Vorbereitungs- und Ausbildungsphase zum Junglehrer. Unter der Voraussetzung, dass Rumlers „Mittelschule“ identisch ist mit Schemms „Seminarvorschule“, können sie ab 1903 zwei Jahre lang Schüler derselben Schule, aber in unterschiedlichen Altersstufen gewesen sein. Ob sie sich bereits in dieser Phase kennengelernt haben, muss man dahingestellt sein lassen.

Immerhin spricht die Erinnerung der ältesten Nichte HENRIETTE dafür, das RUMLER tatsächlich Schüler in einer der Volksschulklassen des Bayreuther Lehrerbildungsseminars war. Als er nach seiner Rückkehr aus Hammelburg der 14-Jährigen bei den Hausaufgaben für die Handelsschule half, habe er ihr erzählt, dass er gern Lehrer geworden wäre, aber dann doch seinen technischen Neigungen gefolgt sei und diesen Weg ins Pädagogische nicht weiter verfolgt habe.

Eine weitere Möglichkeit wäre, dass RUMLER und SCHEMM sich aus einem späteren Ausbildungsabschnitt Schemms kennen. Wie schon gesagt, hospitierten die angehenden Lehrer während ihrer Ausbildung in regulären Schulklassen, um ihren „Meister" beim Unterrichten zu beobachten, oder sie unternahmen auch eigene praktische Unterrichtsversuche. Dann könnten sich die beiden um 1909 in BAYREUTH kennengelernt haben, zu einem Zeitpunkt also, als RUMLER etwa in der neunten Klasse und SCHEMM in seinem abschließenden Seminarkurs war.

Auf jeden Fall kann es sich beim Kennen von SCHEMM und RUMLER aber nur um ein „Lehrer-Schüler-Verhältnis" gehandelt haben. Somit wäre die Bemerkung Rumlers über den „Schulkollegen" SCHEMM auf jeden Fall ein wenig hoch gegriffen, würde aber in sein von vielen überliefertes Bild des Aufschneiders passen: Er wollte sich in den Glanz dieser Nazigröße zu stellen. Andererseits muss RUMLER, ob als 12- oder 16-jähriger Schüler, auch bei SCHEMM einen gewissen Eindruck hinterlassen haben, damit dieser ihn überhaupt persönlich wiedererkennt.

Unwidersprochen ist jedenfalls, dass SCHEMM spätestens seit der Wiederbegegnung 1929 regelmäßig als Gast im Hause RUMLER am Weidenberger Obermarkt verkehrt und dass er sich auch der bleibenden Erinnerung von Rumlers Verwandten im Haus eingeprägt hat; er stand ihnen als ein gut aussehender und geselliger Mann mit Ausstrahlung vor Augen. Auf diese Weise hielt der Nazi-Gauleiter engen und vertrauten Kontakt mit seinen Ortsgruppenleitern und konnte sich so von ihrer Zuverlässigkeit überzeugen und ihnen die aktuellen Parteidoktrinen nahelegen.

„Ingenieur" oder „Installateur"?

Der Mangel von Nachweisen über Rumlers Schulausbildung setzt sich auch für die Frage nach seiner Weiterbildung fort. Als einzige Quelle neben der genannten Personalkarte des Gauschulungsamtes ist Rumlers „Arbeitsbuch" von 1936 erhalten, ein handliches braunes Büchlein im früheren Reisepassformat, das Formularseiten für Personalangaben, Berufsausbildung und alle Beschäftigungsverhältnisse enthält. Das Büchlein ist im Jahr 1935 per Gesetz eingeführt worden und muss jeweils vom Arbeitsamt ausgestellt werden. Es soll die „zweckentsprechende Verteilung der Arbeitskräfte in der deutschen Wirtschaft ... gewährleisten". Zugleich ermöglicht es den Nazis die vollständige Kontrolle über alle Beschäftigungsverhältnisse auf dem Arbeitsmarkt. Dies war ihr großer Schritt zum „gläsernen Bürger". Sie konnten ihre angestrebte Politik der Vollbeschäftigung nun mit Zwangsmaßnahmen von oben durchsetzen. Seitdem musste ein Arbeitnehmer für jede Tätigkeit als Arbeiter oder Angestellter dieses Buch vorlegen und die Arbeitszeiten und –orte bescheinigen lassen. Wer Fehlzeiten aufwies, musste sich als „arbeitsscheu" diskriminieren lassen.

Rumlers Ausbildungsnachweis im Arbeitsbuch lässt unter „Berufsausbildung“ keine irgendwie geartete Schulausbildung oder Lehre erkennen; die Frage nach einem Lehrverhältnis oder Ausbildungsbetrieb ist mit einem Strich versehen. Lediglich ein Fachschul-Kurs „Technikum“ ist für den globalen Zeitraum 1915-17 eingetragen. Es ist die Zeit während des Ersten Weltkrieges, in der die meisten seiner Jahrgangskameraden bei der kaiserlichen Armee als Soldaten dienen; von ihnen verlieren viele, wie oben bereits angedeutet, auf den Schlachtfeldern des Krieges ihr Leben. Zu diesem Zeitpunkt ist RUMLER schon mehr als 22 Jahre alt.

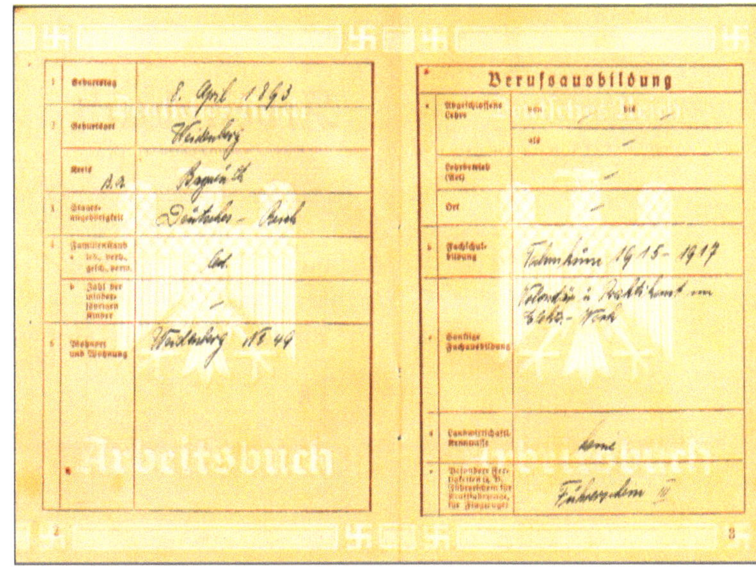

1	Geburtstag	8. April 1893
2	Geburtsort	Weidenberg
	Kreis B.A.	Bayreuth
3	Staatsangehörigkeit	Deutsches Reich
4	Familienstand a ledig, verh., gesch., verw.	led.
	b Zahl der minderjährigen Kinder	–
5	Wohnort und Wohnung	Weidenberg Nr 49

	Berufsausbildung	
a	Abgeschlossene Lehre	von – bis –
		als –
	Lehrbetrieb (Art)	–
	Ort	–
b	Fachschulbildung	Technikum 1915-1917
c	Sonstige Fachausbildung	Volontär u. Praktikant im Elektr.-Werk
d	Landwirtschaftl. Kenntnisse	keine
e	Besondere Fertigkeiten (z. B. Führerschein für Kraftfahrzeuge, für Flugzeuge)	Führerschein III

3

Späte Ausbildung: *Rumlers Arbeitsbuch*

Geht man davon aus, dass RUMLER um 1910 die Schule mit der Mittleren Reife abgeschlossen hat, dann wären wir für die folgenden fünf Jahre ohne sichere Nachweise für eine Weiterbildung. Es könnte sein, dass er in dieser Zeit als „Volontär und Praktikant im Elektrowerk“ gearbeitet hat, wie das Arbeitsbuch unter „sonstige Fachausbildung“ ohne Zeit- und Ortsangabe bescheinigt. Es könnte sich um ein vorbereitendes Praktikum bzw. eine Art „Lehrlingsausbildung“ für seine angestrebte Ausbildung im Bereich des praktischen und theoretischen Umgangs mit Elektrizität handeln, die ja das Jugendhobby dieses „Tüftlers“ war.

Allerdings erscheinen fünf Jahre für ein Praktikum reichlich lang. Möglicherweise hat er sich in dieser Zeit bis in den Ersten Weltkrieg hinein einfach nur treiben lassen. Das wäre insofern überraschend, als er ja seit 1911 eigentlich wehrpflichtig war und im Krieg 1914 hätte einberufen werden müssen. Wieso konnte er dieser Pflicht entkommen? Wir wissen es nicht wirklich. War der frühe Tod seines Vaters der Grund?

Dieser Verlust des Vaters im Jahr 1915 bedeutet allerdings auf jeden Fall einen Einschnitt in Rumlers Biografie, er ist nunmehr Halbwaise. Die ganze Familie steht vor großen Herausforderungen, denn das Geschäft muss ja nun ohne den kompetenten Gründer weitergeführt werden. Offenbar gedrängt von seiner entnervten Familie, die seines ziellosen Lebens überdrüssig war, ringt sich GEORG RUMLER jedenfalls in diesem Jahr zu einer Fachschulbildung am „Technikum" durch.

Welches der Ausbildungsort und das Ergebnis war, wissen wir nicht. Mit „Technikum" wurden seinerzeit die Ingenieurschulen (IS), aber auch vergleichbare Ausbildungseinrichtungen, wie die Höhere Technische Lehranstalt (HTL), Maschinenbauschule, Technische Mittelschule, Ingenieurakademie oder Technische Akademie bezeichnet. Sie alle hatten den Status einer höheren Fachschule. Zugangsvoraussetzung war ein Zeugnis der mittleren Reife und eine einschlägige abgeschlossene Berufsausbildung, letztere ist aus den vorhandenen Rumler-Dokumenten aber nicht ersichtlich.

Das Angebot umfasste Studiengänge in den klassischen Ingenieurwissenschaften, die anfangs nach einer vier- oder fünfsemestrigen Schulzeit mit der staatlichen Bezeichnung „Ingenieur" abgeschlossen wurden. Erst längere Zeit nach dem Zweiten Weltkrieg wurde die Zahl der Ausbildungssemester auf sechs erhöht und dem Prüfling die Abschlussbezeichnung „graduierter Ingenieur" zugestanden. Es könnte diese Ausbildung sein, die RUMLER später zur Führung des Titels „Elektro-Ingenieur" inspiriert, den er ab 1935 auch für seine Naziunterlagen beim Gau verwendet.

Delikaterweise taucht aber die Bezeichnung „Ingenieur" in Rumlers offiziellem Arbeitsbuch von 1936, für dessen Ausstellung das Arbeitsamt verantwortlich war, nicht auf. Stattdessen ist unter der Überschrift „Bisherige Beschäftigungsarten von längerer Dauer" eingetragen: „Selbstständig als Installateur von 1920-1927".[13] Könnte das Arbeitsamt die Begriffe „Ingenieur" und „Installateur" verwechselt haben? Das ist sehr unwahrscheinlich. Außerdem hätte RUMLER, der sich 1936 am Höhepunkt seiner Macht als Ortsgruppenleiter befand, schon aus Gründen der Peinlichkeit und seines Renommees sicher auf einer Korrektur bestanden.

Die Führung der Berufsbezeichnung „Ingenieur" war damals allerdings auch nicht besonders geschützt. In Wahrheit dürfte RUMLER seit seinem Technikum-Abschluss in den letzten beiden Jahren des Ersten Weltkrieges und in den Jahren der Inflationszeit nach dem Ersten Weltkrieg als selbstständiger Elektro-Handwerker tätig gewesen sein. Bis zum Jahr 1927 verdient er sich wohl mit Gelegenheitsarbeiten am Stromnetz, vornehmlich in Haushalten und Betrieben, sein Geld. Doch auch hier existieren keine weiteren Angaben zu Orten und Details.

Beruflich und finanziell war diese Zeit für viele Deutsche sehr schwierig; sie war

---

[13] Vergl. den Abdruck dieses Eintrages weiter unten im Abschnitt „Warum man später Hitler nicht mehr kennen darf …"

belastet vom verlorenen Ersten Weltkrieg und seinen notvollen Folgen. Eine interessante Information aus dieser Zeit zeigt RUMLER auf der Suche nach kreativen Auswegen. Ihm ging es wie vielen Deutschen, die sich damals eine neue Existenz aufbauen mussten. Der Krieg mit seinen hohen Verlusten an Menschen und Ressourcen hatte viele hoffnungsvolle Ansätze der wilhelminischen Gründerzeit zunichte gemacht.

Auch Rumlers späteres Idol HITLER hatte ja, gestählt durch die elementaren Erfahrungen von Kanonendonner und Schützengräben, nach einem kreativen Ausweg aus seiner verfahrenen Existenz gesucht. Inspiriert durch sein Erweckungserlebnis im Lazarett von PASEWALK hatte er beschlossen, „Politiker zu werden". Nach einer vorübergehenden Erblindung durch Giftgas war er durch ein persönliches Offenbarungserlebnis in diesem Fall „vom Paulus zum Saulus" geworden. Denn seine Trauer über die Niederlage des Deutschen Reiches und seine Wut über die sich epidemisch in Deutschland ausbreitende November-Revolution hatte ihn die Schuld für alles Unheil bei den Juden „entdecken" lassen. Seitdem bezichtigte HITLER „das Weltjudentum" im Verein mit den Marxisten der „Verschwörung".

Die auch finanziell lohnende Frucht seines Umdenkens war seine Pseudo-Biographie „Mein Kampf", die er in der Landsberger Haft begann. Sie wurde für seine Anhänger zum Lehrbuch für Antisemitismus und Menschenhass. Hier entfaltete HITLER erstmals seinen wirkungsvollen Fahrplan zur Judenverfolgung und zur Welteroberung, den er von nun an konsequent abarbeitete.

Von diesen umstürzenden Ideen war aber in den frühen 20-er Jahre noch nicht viel bis nach WEIDENBERG durchgedrungen. Kreativität sah hier zu dieser Zeit anders aus. Bei der Modernisierung des Lebens herrschte in diesem noch stark bäuerlich geprägten Marktort voll Ziegen und Kühen viel Nachholbedarf.

Aber die handwerklichen Betriebe und die Gemeindeverwaltung setzten bereits auf die Elektrizität als Kraftquelle der Zukunft und machten sich Gedanken über die dafür notwendigen Übertragungseinrichtungen. Eine unterirdische Verkabelung der Stromleitungen war damals noch nicht üblich. Vielmehr wurde der Strom über offene Leitungen auf Masten und Halterungen an den Straßen und über den Dächern an die jeweiligen Objekte herangeführt. Um Kurzschlüsse zu vermeiden, bedurfte es einer Unzahl von Isolatoren an den Masten und an Porzellansicherungen in den Häusern.

Für diese praktische Seite der Elektrizität interessierte sich RUMLER. Bereits im Jahr 1918 war in der Weidenberger Au eine Porzellanfabrik gegründet worden, die unter anderem solche Isolatoren und Sicherungspatronen herstellen sollte. Nach einer Zeitungsnachricht vom Juni 1921 soll RUMLER angeblich an einer finanziellen

Strommasten mit Porzellan-Isolatoren:
Stromleitung an der Au

Beteiligung an dieser Fabrik interessiert gewesen sein. Die Sache zerschlug sich aber in den Wehen der Inflation. Die Porzellanfabrikation kam nach SOPHIENTHAL, dort wurde dann als Schwerpunkt Geschirr hergestellt;[14] in das Haus in der Au zogen andere, u.a. das erste Weidenberger Kino,[15] ein. Dann übernahm CHRISTIAN DENNERT, das oben genannte spätere Naziopfer, das Fabrikgebäude, um hier seine Fertigung von Rechenstäben einzurichten.

RUMLER beginnt nach diesem Fehlschlag nun ein unstetes Wanderleben, Er versucht sich mit Gelegenheitsarbeiten durchzubringen. Erst nach etlichen Jahren, im Herbst 1927, wird es ihm gelingen, seine prekäre berufliche Situation zu beenden. Im September 1927 erhält er eine Festanstellung beim Elektrizitätswerk WEIDENBERG. Im Februar 1929 tritt er in die NSDAP ein und wird zum Ortsgruppenleiter bestimmt.

Ein rätselhaftes Wanderleben zwischen Weidenberg und Polen

Zu den vielen Ungereimtheiten und Merkwürdigkeiten in Rumlers Leben gehören seine diffusen Angaben darüber, wie und wo er diese 20-erJahre bis zu seiner beruflichen und politischen Wende zugebracht hat. Auch bleibt unklar, wann er tatsächlich das erste Mal mit dem Gedankengut der Nazis in Berührung gekommen ist.

Rumlers Interesse für den Nationalsozialismus dürfte jedenfalls schon in den frühen 20-er Jahren erwacht sein, doch den genauen Zeitpunkt und Anlass versucht RUMLER im Nachhinein stets zu verbergen. Es soll alles so erscheinen, als habe seine Beschäftigung mit Hitlers Ideen und Zielen erst 1929 mit der Initiative von HANS SCHEMM in WEIDENBERG begonnen.

---

[14] Vergl. den entsprechenden Abschnitt im oben genannten Kapitel „Arbeit, Wohlstand und Armut bei den ‚Gaasla' – Soziales Leben, Beruf und Gewerbe in Weidenberg bis 1919" in Folge2.

[15] Vergl. das Kapitel „Eis von der Oma, Kino vom Opa – Die Weidenberger Rosenau-Lichtspiele im Wandel der Zeiten 1926-1971" in Folge 4 des Projektes ‚Myrten für Dornen'.

Auch von Hitlers Biografie in „Mein Kampf" wissen wir ja, dass der Autor bei seinem Diktat vieles an den Fakten seines Lebens in der Rückschau zurechtbiegt, verklärt, verleugnet oder schönt. Aber HITLER nutzt zeitgleich die 20-er Jahre, um seine Zukunft nach den Zielen dieser eigenen Programmschrift konsequent vorzubereiten. Auch nach herben Rückschlägen entwickelt er seine Karriere stetig weiter. Währenddessen sehen wir RUMLER in der gleichen Zeit als ziellosen Wanderer. Er kommt erst zur Ruhe, als er Hitlers Konzeption vom Umbau Deutschlands und der Eroberung von Lebensraum im Osten kennenlernt und sich ihm dann 1929 mit Haut und Haaren zur Verfügung stellt.

Von seiner ziellosen Wanderschaft behauptet RUMLER später in seiner Selbstauskunft in der Sitzung der Spruchkammer Nürnberg am 19. Sept. 1949 lapidar: *„Von 1921-28 war ich in Polen, dann beim Elektrizitätswerk Weidenberg."* Der hier von RUMLER erwähnte Aufenthalt in Polen wird von verwandten Zeitzeugen bestätigt, aber mehr im Sinn eines Gerüchts, das in der Familie weitergegeben wurde. Zeugnisse darüber existieren nicht.

Ein Dandy mit Hut und Stöckchen: *Bild aus der Zeit von Georg Rumlers Wanderlebens 1925*

Nach dem Wortlaut dieser Selbstauskunft müsste man eigentlich annehmen, dass RUMLER die meiste Zeit seiner Wanderschaft in diesen Jahren in Polen gewesen ist. Doch dürfte dies eher eine Schutzbehauptung sein. Er will damit ausdrücken, dass er mit dem Nationalsozialismus vor 1929 nicht in Berührung gekommen sein kann und dass ihn die Aufforderung zum Parteieintritt und die Berufung zum Ortsgruppenleiter durch seinen angeblichen Schulkollegen SCHEMM im Februar 1929 praktisch überfallartig getroffen haben. Doch dieses schwallartige Kennenlernen des Nationalsozialismus auf einen Schlag nach den Jahren jungfräulicher Unschuld in Polen entspricht keineswegs der Wahrheit.

Über Ort und Zeit des Polenaufenthalts wissen Zeitzeugen nichts zu berichten, wohl aber, dass RUMLER dort mit einer Einwohnerin, wahrscheinlich einer Deutschen, eine Beziehung eingegangen sei, aus der ein uneheliches Kind hervorgegangen sei, sein einziges bekanntes Kind überhaupt. In dieser Zeit der 20-er Jahre waren in jener mutmaßlichen Heimat der Vorfahren Rumlers noch knapp ein Drittel deutschstämmig; vielleicht hätte sich auch RUMLER selbst vorstellen können, sich hier niederzulassen. Aber durch den Versailler Vertrag war Posen den Polen als Kernland ihres neu gegründeten Staates zugewiesen worden, und seit 1920 machten sie sich dieses Gebiet systematisch zueigen und vertrieben die Deutschen, sodass RUMLER hier wohl bald keine Chancen mehr sah. Die von ihm angegebene Verweildauer „bis 1928" überrascht vor diesem Hintergrund.

Auch für seine Parteiakten im Jahr 1935 macht RUMLER über seine Polenzeit keine weiteren Angaben, er erscheint in seinen Angaben als kinderlos und noch unverheiratet. Sein Kind, ein Junge, kommt nirgendwo in bekannten Akten vor, es muss wohl um 1922 geboren und als „deutsch" anerkannt worden sein; es wurde wahrscheinlich von RUMLER auch finanziell unterstützt, ist aber in WEIDENBERG nie gesehen worden und auch nirgends eingetragen.

Der Junge sei dann im Zweiten Weltkrieg um das Jahr 1940 wehrpflichtig geworden und als einer der Soldaten Hitlers eingezogen worden, so heißt es. Das ist möglich, denn 1939 überfiel HITLER Polen und machte das polnische Kernland Posen zum Zentrum des deutschen Reichsgaues Wartheland. Deutschstämmige Bürger wurden ins Deutsche Reich eingebürgert und mussten in Hitlers Armee dienen. Irgendwann im Verlauf des Zweiten Weltkrieges sei dieser Sohn Rumlers dann gefallen, so heißt es.

Über Rumlers eigene Zeit in Polen existieren also, außer seinen eigenen persönlichen, nachträglichen Kurzangaben, nur Gerüchte. Es bleibt dabei völlig offen, was RUMLER in Polen überhaupt wollte. Ging es darum, Verbindungen mit einstigen Verwandten zu knüpfen? Die obigen Überlegungen zu seinem Stammbaum legen ja die Vermutung nahe, dass die von RUMLER nicht erwähnten Vorfahren tatsächlich im Gebiet von West-Polen-Posen angesiedelt und beheimatet waren. Möglicherweise waren einige von ihnen polnischer oder jüdischer Herkunft und sollten deshalb später nicht in Rumlers Stammtafel auftauchen.

Auch dieser Gedanke, der hier völlig wertfrei geäußert wird, hat seinen Anhaltspunkt an Rumlers eigenen Aussagen. Ziemlich nachdrücklich, unverblümt und ein wenig trotzig erklärt RUMLER ja bei seiner Befragung vor der Spruchkammer 1949: *„Ich habe auch den arischen Nachweis nicht erbracht, infolgedessen war ich auch nicht [zum NS-Kreisleiter] ernannt worden".*

Vielleicht hat RUMLER, auf der frühen Suche nach seinen Wurzeln, hier in Polen – folgenreiche – Kontakte gesucht. Die Möglichkeit, dass er sich nur auf Arbeitssuche für sein Elektrohandwerk in diesem fernen und mit Deutschland damals nicht gerade in freundschaftlichem Einvernehmen verbundenen Land aufgehalten hat, erscheint eher unwahrscheinlich.

Dass aber GEORG RUMLER die ganze angegebene Zeit von 1921-1928 in Polen gewesen ist, wie er bei der Vernehmung nahelegen will, ist völlig ausgeschlossen. Denn es gibt zahlreiche Belege dafür, dass er in diesem Zeitraum auch mehrfach in WEIDENBERG war.

So nennt die Chronik des 1920 neu gegründeten Sportvereins WEIDENBERG GEORG RUMLER als Mitbegründer. In ihm sieht sie, neben dem amtierenden Vorstand FRITZ LOCHMÜLLER, den „größten Förderer des Fußballgedankens in Weidenberg".

Obwohl die Informationen aus diesem Verein in den ersten fünf Jahren sehr dürftig sind, taucht der Name GEORG RUMLER, wie noch zu zeigen sein wird, neben dem seines acht Jahre jüngeren Bruders HEINRICH, in Bildern und Erwähnungen über diese ganze Zeit hinweg immer wieder auf. Nicht zuletzt wurzelt hier auch seine heute peinlich erscheinende, aber nie zurückgenommene Ernennung im Jahr 1933 zum „Ehrenmitglied" dieses renommierten Weidenberger Vereins. So erscheint es auch sinnvoll, genauer nach der Geschichte dieses Sportvereins und nach der Rolle Rumlers in diesem Verein zu fragen.

3. Als der Sportverein SV Weidenberg 1920 gegründet wurde

Fußball und Turnen aus pädagogischer und revolutionärer Gesinnung

Sport treibende Vereine gab es in WEIDENBERG schon vor dem Ersten Weltkrieg. Insbesondere die Feuerwehr nutzte das Turnen zur Leibesertüchtigung für ihre Mitglieder und hatte schon 1871 in der Altung einen Turnplatz. Die Regierung unterstützte den Sport als gute Vorübung für den Wehrdienst. Doch stand den Weidenbergern der Sinn eigentlich mehr nach Spaß und Zerstreuung.

So beklagt um die Jahrhundertwende die Weidenberger Pfarrbeschreibung, dass Vereine aller Art, seien es nun Gesang- oder Turnvereine, sich im Marktort schwer täten, ihre Vereinsarbeit zum Blühen zu bringen, wenn sie nicht neben ihrem eigentlichen Vereinszweck auch Unterhaltung und Belustigung, wie Theater und Bälle, anböten.[16]

Auch die SPD, die im Jahr 1907 in WEIDENBERG durch den Schuhmacher HEIN-

[16] Vergl. die Pfarrbeschreibung, VI. Religiosität und Sittlichkeit des Gemeindelebens, insbesondere Anmerkung 266, abgedruckt in der 1. Folge dieses Projektes „Am Vorabend der Urkatastrophe(n) – Weidenberger Geschichtsquellen", S. 211.

RICH SEILER gegründet worden war, propagierte von Anfang an für ihre Mitglieder aus der Arbeiterschaft den Sport. Sie rief schon bald einen Arbeiterturnverein ins Leben, der für einen bewussten körperlichen Ausgleich zum harten 10-Stundentag mit seiner oft einseitigen Körperbelastung sorgen sollte.

Dieser Turnverein lebte nach dem Ersten Weltkrieg auch wieder auf. Das damals populäre Geräteturnen wird noch in den 20-er Jahren öffentlich bei großen Turnfesten im Pimmlergarten, aber auch auswärts in BAYREUTH, BINDLACH, WARMENSTEINACH oder FICHTELBERG gezeigt. Turnplätze mit Geräten sind seinerzeit eingerichtet im Au-Erlwald beim Scherzenmühlwehr und später auf der „Bummelwiese" in der Altung, auf der heute die Bauvereins-Wohnblöcke stehen. Auch die Wirtshaussäle des Gasthauses Post und später im Gasthaus Vogel waren zum Turnen hergerichtet und beherbergten Geräte und Sportutensilien.

Doch ein Fußballverein fehlt damals noch in WEIDENBERG, das Fußballspiel war erstaunlicherweise lange Zeit gerade bei der Arbeiterschaft verpönt. Denn beim gut eingeführten Turnen an den Geräten pflegte man Anstand und Würde zu zeigen, während die ersten Fußballspiele eher ein Gebolze ohne festes Regelwerk waren, das bei vielen Älteren Abscheu hervorrief; denn es glich oft eher einem wilden Getümmel als einem geordneten Spiel.

Bereits im Jahr 1874 hatte der Braunschweiger Gymnasiallehrer KONRAD KOCH seine Primaner als Ausgleich an Stelle von „Stubenhockertum", Kneipentouren und steifem Sitzen im Unterricht zum freiwilligen Sport motiviert. Zu diesem Zweck hatte er auch einen englischen Fußball besorgt und ihn einfach in die Mitte der Jungenschar geworfen, um zu schauen, was sie damit anstellen würden. Dann hatte KOCH ein Regelwerk verfasst und in seiner Heimatsstadt BRAUNSCHWEIG den ersten deutschen Fußballverein gegründet.

Damals durften die Bälle von den Spielern z. B. auch noch mit der Hand aufgenommen werden. Zum reinen „Fuß-Ball" wurde das Spiel erst im Jahr 1882, als man eine Variante für das Spiel draußen bei schlechtem Wetter suchte und vermeiden wollte, sich dabei die Hände schmutzig zu machen.

Während also Fußball bei der Gymnasialjugend, die meist aus „besseren Häusern" kam, Furore macht, verachten die Turner aus der Arbeiterschaft die neue Sportart und verspotteten sie als „Fußlümmelei" und „Englische Krankheit". Allein schon der neuartige, aus dem Englischen entlehnte Begriff „Sport" sorgt damals bei vielen für Unmut, denn er bedeutet in seinem ursprünglichen Sinn, nach dem vulgär-lateinischen Ausdruck „desportare", soviel wie „Vergnügen, Zeitvertreib und Spiel", während man das Turnen doch eher als eine ernsthafte Angelegenheit mit preußisch anmutender Haltung betrieb. Viele empfanden das neue Spiel auch als roh und sahen in ihm eine Provokation gegenüber den hergebrachten Sitten. Bis zum Jahr 1927 durften Schüler und Lehrer in Bayern deshalb offiziell gar nicht Fußball spielen, ihnen drohten sonst Strafen und Schulverweise.

Doch für die revolutionär gestimmte Jugend nach dem Ersten Weltkrieg ist der Fußball ein willkommenes Mittel, um ihr neues Selbstbewusstsein auch gegenüber der älteren Generation zum Ausdruck zu bringen. Die jungen Leute sehen das Wertesystem der Älteren mit dem Ende des Kaiserreiches ohnehin unwiederbringlich versinken.

Die tüchtige Gründergeneration hat den notorisch klammen Marktort Weidenberg um die Jahrhundertwende aus seiner Armut geholt. Doch so, wie sich in jeder Generation die Söhne neu von den Vätern emanzipieren müssen, wollen nun auch in Weidenberg die Erben dieser Gründer nach einem eigenen Profil suchen, ohne doch als „undankbar“ gegenüber den Älteren zu gelten. Da kommt der Fußball gerade recht, er findet gleich nach dem Ersten Weltkrieg im Markt beim gehobeneren Bürgertum seine ersten begeisterten Anhänger.

„Vulgäres Vergnügen“: *Frühe Spottzeichnung gegen den Fußball*

Es ist ein verständnisvoller Angehöriger der bereits etwas älteren Generation der Weidenberger, der damalige Tierarzt Dr. med. vet. FRITZ LOCHMÜLLER, der die frühen Anhänger dieses neuen Ballspiels um sich sammelt. Er lädt 1920 zu einer Gründungsversammlung in die Bierwirtschaft PONATER ein, die später zur Bäckerei ENGELBRECHT wird, und lässt sich dort zum ersten Vorsitzenden küren. Unter den Gründungsmitgliedern befinden sich auch der 27-jährige GEORG RUMLER und sein 19-jähriger Bruder HEINRICH.

Das älteste Foto dieses neuen Sportvereins Weidenberg stammt aus diesem Gründungsjahr 1920 und wurde auf dem ersten Fußballplatz, der Schröder-Wiese östlich des „Gasthauses zur Eisenbahn“ aufgenommen (im Bildhintergrund sieht man den Rügersberger Weg). Das Bild zeigt jeweils von links:

Nur die wenigsten dieser Gründergruppe werden später Nazis: *Frühes Foto des Weidenberger Sportvereins mit GEORG (obere Reihe links) und HEINRICH RUMLER (davor), aufgenommen 1920*

- hinten stehend: GEORG RUMLER, OTTO POPP, FRITZ LOCHMÜLLER (Gründer und erster Vorstand), FRITZ BLEIER;
- davor kniend: HEINRICH RÖTHEL, HEINRICH RUMLER, AUGUST HÖHNE, GEORG KÜNNETH, HANS HÜBNER, LEO FREY, HANS RÖTHEL;
- vorn sitzend: HANS GEBHARDT, MICHAEL SCHILLING, HEINRICH SCHRÖDER, ADAM HERRMANN, HEINRICH ANGERMANN, PAUL LOCHMÜLLER (mit Ball), PAUL ESCHBACH, H. KNÖRL (?), GEORG SCHWENK, GEORG FREY.

Die jungen Leute rekrutieren sich vornehmlich aus den Familien der neuen Weidenberger Mittelschicht der Angestellten und Geschäftsinhaber. Aus der gleichen Schicht kommen dann neun Jahre später die blutjungen Leute, die den Weidenberger Ortsverein der NSDAP gründen, sie sind aber bereits eine ganz andere jüngere Generation. Von den Gründern des SV schließt sich außer GEORG und HEINRICH RUMLER später kaum jemand der Nazipartei an.

Es drängt sich aber der Eindruck auf, dass die Beteiligten in beiden Fällen ihre Aktivitäten primär als Freizeitgestaltung für Jugendliche und junge Erwachsene verstanden haben, sei es im Sport, sei es für die Partei. Auch die Zielgruppe „männlich“ und „bürgerliche Mittelschicht“ ist in beiden Fällen praktisch gleich.

Dieser neu gegründete Sportverein von 1920 soll in erster Linie das Fußballspiel fördern, Leichtathletik und Turnen sollen nur nebenbei betrieben werden. An die Teilnahme von Frauen ist vorerst nicht gedacht.

Die neue Sportart Fußball findet auch in WEIDENBERG rasch begeisterte Anhänger. Es wird eifrig trainiert, um auch gegen andere Mannschaften von auswärts antreten zu können. Eine einheitliche Sportkleidung ist anfangs nicht vorgeschrieben, es fehlen dafür in den kargen Zeiten der Inflation die Mittel. So erscheinen die Weidenberger Fußballer zum Spiel auch auswärts in kurzen Hosen und sogar in langen Unterhosen und sorgen so für manche Erheiterung bei gastgebenden Mannschaften und bei Zuschauern der Umgebung, aber auch für manchen Spott.

Es war aber wohl nicht der Sportverein, sondern der Arbeiter-Turnverein, dem Weidenberg seinen Spottnamen ‚Gaasla' verdankt. Denn von ihm wird berichtet, dass er bei einer Einladung zum Turnfest 1923 in BINDLACH nicht korrekt gekleidet war. Als er beim Festzug durchs Dorf zog, hätten Bindlacher Bürger ihre Ziegen vor die Häuser gestellt und spöttisch „Gaasla" gerufen. Ob dies freilich wirklich der Anlass für den Scherznamen war, muss bezweifelt werden; die Gründe dafür dürften in Wahrheit wohl tiefer liegen und an die einstige Armut im Marktort erinnerm, die im Besitz von Ziegen ihr Symbol hatte.[17]

Die Plätze zum Training und für die Spiele des Sportvereins wechseln anfangs häufig. Das hat auch seinen Grund darin, dass die Grundstückseigentümer moralische Gefahren in der neuen Sportart wittern. Deshalb übersiedelt man vom ersten Platz hinter dem Bahnhof zunächst in die Altung auf die gemeindliche „Bummelwiese" gegenüber der Zimmerei Seiler, die davor schon die Turner genutzt hatten.

Dann spielt man auf den Rothe-Wiesen beim heutigen Eichendorff-Ring, dem damaligen „Feuereisen", dann auf dem späteren Standort der Webra-Fabrik. Als nächstes folgt das Fröbers-Feld am Fußweg nach

Training auf der Webereiwiese: *Mannschaft des SV Weidenberg vor der röm.-katholischen Kirche in Rosenhammer vor 1927*

[17] Vergl. dazu das Kapitel „Armut, Wohlstand und Arbeit bei den ‚Gaasla'" in Folge 2 des Projektes ‚Myrten für Dornen': „Licht und Schatten der neuen Zeit ..."

MENGERSREUTH, das später als Kiesgrube ausgebeutet wird. Auch die Weberei-Wiese hinter ROSENHAMMER links am Weg nach Waizenreuth muss eine Zeit lang als Spielfeld herhalten. Erst im Jahre 1927 kann es sich der Verein leisten, die Wiese in der Flur an der Warmensteinacher Straße als eigenen Sportplatz zu erwerben, sie dient dann bis nach dem Zweiten Weltkrieg als Spielfeld. Bei den umständlichen Platzwechseln helfen oft Spieler und Zuschauer gemeinsam, die Tore aufzustellen.

Bedeutende Vereinsgäste von auswärts

Viele Gastmannschaften, auch von weither und mit bedeutenden Namen, werden nach WEIDENBERG eingeladen, um dem Vereinsleben Glanz zu verleihen. Solche Begegnungen enden freilich manchmal mit spielerischen Katastrophen.

So geht der Verein einmal bei einem Spiel mit einer mitteldeutschen Mannschaft mit 0:22 Toren unter! Andererseits soll er Erzählungen zufolge auch einmal einen besonders glänzenden Erfolg errungen haben, als er als Gast die heute noch bekannten „Stuttgarter Kickers“ einlud, die im Jahr 1908 Deutscher Vizemeister geworden waren; über sie soll der Weidenberger Sportverein einen viel bestaunten 3:2-Sieg davongetragen haben.

Ob hier auch das Gerücht seinen Anhaltspunkt hat, welches RUMLER später bei seinen Angehörigen und Bekannten streut, er habe mit „Sepp Herberger gespielt?“ Oder ob es eine der Aufschneidereien dieses Schneidersohnes ist? SEPP HERBERGER ist in Deutschland nicht erst durch seinen Sieg als Bundestrainer bei der Weltmeisterschaft 1954 in BERN bekannt geworden, als die Deutsche Nationalmannschaft als Außenseiter unter seiner Leitung im Endspiel gegen den Favoriten Ungarn mit 3:2 gewann. Er war vielmehr schon ein bekannter Fußballspieler und Reichstrainer vor dem Zweiten Weltkrieg. Unmöglich ist die Begegnung von HERBERGER und RUMLER nicht, wenn man sich vorstellt, dass unter den Vereinen, die damals aus ganz Deutschland nach WEIDENBERG als Gäste eingeladen waren, auch Herbergers Verein aus seiner Mannheimer Zeit gewesen sein könnte.

Hat angeblich mit GEORG RUMLER Fußball gespielt:
SEPP HERBERGER

Betrachten wir dazu Herbergers Biografie, dann sehen wir, dass JOSEF „SEPP“ HERBERGER vier Jahre jünger war als RUMLER. Er tritt auch vier Jahre nach ihm in die NSDAP ein. Er entstammte einer armen Bauern- und Tagelöhnerfamilie im Badener Rheinland und war früh verwaist. Nach ersten

Anfängen seit 1911 in der damaligen Modesportart Fußball durfte er schon bald in MANNHEIM und WALDHOF in der ersten Mannschaft mitspielen. Im Ersten Weltkrieg war er von 1915-1919 zum Militär eingezogen. Nach dem Krieg ist Herberger erfolgreicher Stammspieler beim SV WALDHOF. 1920/21 scheitert seine Mannschaft in der Süddeutschen Meisterschaft am noch erfolgreicheren 1. FC NÜRNBERG, dem Deutschen Meister des folgenden Jahres.

1921 wird HERBERGER als erfolgreicher Stürmer zu Einsätzen in die Deutsche Nationalmannschaft gerufen. Mit dem VfR MANNHEIM wird er in den folgenden Jahren der „beste Mittelstürmer Deutschlands". Dann wechselt er nach BERLIN und spielt von 1926-30 erfolgreich bei Tennis Borussia, wo er seine aktive Laufbahn beendet.

HERBERGER wird in der Folgezeit Assistent des deutschen Nationaltrainers, lässt sich dann 1933 aus eigenem Antrieb in die NSDAP aufnehmen und wird 1938 nach dem Anschluss Österreichs Trainer der ersten „Großdeutschen Mannschaft", die nun aus Deutschen und Österreichern besteht; sie scheitert aber kläglich.

Nach dem Zweiten Weltkrieg wird HERBERGER 1950 bei seiner Entnazifizierung als „Mitläufer" eingestuft und kommt mit 500 DM Sühne davon. Im gleichen Jahr wird er der erfolgreiche Nationaltrainer der Bundesrepublik Deutschland, der dann 1954 zur Begeisterung eines allmählich wieder erwachenden Deutschland das „Wunder von Bern" vollbringt. Über seine Verstrickungen in der Nazizeit bewahrt man damals diskretes Stillschweigen.

Wo aber letztlich die Zusammenhänge zwischen HERBERGER und RUMLER sein sollen, die RUMLER und seine Angehörigen beschwören, bleibt freilich ein wenig rätselhaft. Ist es möglich, dass auch der VfR MANNHEIM einmal in WEIDENBERG aufgetreten ist? Das müsste ja dann irgendwann vor 1926 gewesen sein, in der Zeit, als RUMLER seinen Angaben zufolge eigentlich in Polen war. Die Chronik des Sportvereins für diese erste Zeit ist leider sehr lückenhaft. Oder hat HERBERGER bei der Gleichschaltung der Fußballvereine, die RUMLER 1933 auch in WEIDENBERG vollzog, irgendeine Rolle gespielt, die RUMLER dann übertreibend seinen Verwandten gegenüber als „Spielen mit Herberger" beschrieben hat?

Die Rolle, die GEORG RUMLER persönlich beim Weidenberger Fußball hat, ist ohnehin nicht so ganz klar, auch wenn die Vereins-Chronik ihn später, um ihm zu schmeicheln, zusammen mit seinem Bruder HEINRICH als „frühen Förderer" des Sportvereins bezeichnet und von seiner „Ehrenmitgliedschaft" seit 1933 berichtet. Es wird nicht klar, worin diese Förderung bestanden haben soll, außer in der Tatsache, dass beide Rumlers von Anfang an Mitglieder in diesem neuen Verein waren und vielleicht ihr Fahrgeld selber zahlten.

Als Sportvereinsvorsitzender abgelehnt

Der Sportverein sieht jedenfalls seinerzeit, trotz dieses Engagements der Rumlerbrüder, zumindest die Person des Älteren, GEORG, eher kritisch. Da führt z.B. die Generalversammlung des Vereins zum Jahresanfang 1925 Neuwahlen für den Vorstand durch. Der Gründer LOCHMÜLLER kandidiert nicht mehr, sondern fungiert nur noch als Ehrenvorsitzender, und auch sein Nachfolger KARL STENGLEIN tritt nicht mehr an. Beim Wahlvorschlag für den Ersten Vorsitzenden kommt RUMLER zwar mit auf die Liste, fällt aber glatt durch, ERNST ZELLER wird ihm vorgezogen.

Auch der nächste Vorschlag, ihn wenigstens zum Zweiten Vorsitzenden zu machen, misslingt, die Versammlung gibt dem Kaufmann ALOIS FELBINGER mehr Stimmen; dieser übernimmt auch noch das Amt des Schriftführers.

Damit taucht erstmals in der Leitung des Sportvereins ein Mann auf, der dann auch im Jahr 1929 zu den Weidenberger Nazis der ersten Stunde zählen wird. FELBINGER führt dann 1933 auch die Gleichschaltung des SV durch und wird am 12. August 1933 erster „Führer" des Vereins. Im Verein ist er der erfolgreiche Konkurrent und Gegenkandidat für RUMLER, was in Letzterem einigen bleibenden Groll erzeugt.

Als Vereinsvorsitzender abgelehnt: *GEORG RUMLER 1925*

Als man RUMLER schließlich als Trost das Amt des Jugendleiters anbietet, lehnt er gekränkt ab. An seiner Stelle springt HANS DUMBACH in die Bresche, der sich auch lange Jahre als strenger, respektierter Schiedsrichter anbietet. Immerhin darf RUMLER im Vereinsausschuss mitwirken. An diesem Tag, dem 3. Januar 1925, beschließt die Generalversammlung auch, dem Sportverein eine Rechtsform zu geben und ihn ins Vereinsregister eintragen zu lassen.

RUMLER ist über seine Zurücksetzung gekränkt. Bei der nächsten Ausschusssitzung am 6. Juni 1925, welche die Abhaltung eines großen Sportfestes planen soll, fehlt er. Immerhin zeigen alle diese Angaben aus dem Protokollbuch des Sportvereins, dass RUMLER in dieser auch für die weitere Ausbreitung der Nazi-Ideologie wichtigen Phase also keineswegs die ganze Zeit in Polen gewesen sein kann. Er dürfte wohl auch den „Deutschen Tag" im Jahr 1923 in Bayreuth miterlebt haben. Dieser könnte für ihn, wie auch für seinen späteren politischen Mentor HANS SCHEMM, der Ausgangspunkt gewesen sein für seine Hitler-Begeisterung.

Übrigens soll das oben genannte Fest des Sportvereins, das dann am 27. und 28. Juni 1925 stattfindet, wohl auch den Arbeiterturnverein düpieren, der bislang mit seinen Turndemonstrationen sein Ansehen in der Öffentlichkeit unterstrichen hat. Neben Fußball will der Sportverein nun auch mit leichtathletischen Wettkämpfen wie 100- und 500-Meter-Lauf, Kugelstoßen und Fußballweitstoß seine Arbeit ins rechte Licht rücken.

4. Das Vordringen der Nazis und ihr Start in Weidenberg

In den frühe Polarisierungen im Weidenberger Vereinsleben spiegelt sich die politische Großwetterlage seit Hitlers Emporkommen

Die konkurrierenden Planungen und Auffassungen von Arbeiterturnverein und Sportverein im Jahr 1925 zeigen, dass zu diesem Zeitpunkt längst auch eine politische Polarisierung innerhalb der Weidenberger Bevölkerung im Gange war. Der traditionell ausgerichtete Arbeiterturnverein hatte seine Anhänger mehr im linken Spektrum von SPD und KPD, während die jungen „fortschrittlichen" Leute im Sportverein klar dem rechten Spektrum der Deutschnationalen und der neuen Hitlerbewegung zuneigten. Auch andere örtliche Vereine zeigten sich dem rechten Spektrum verbunden und geben sich parteilich.

So hatte der 1874 gegründete Veteranen– und Kriegerverein WEIDENBERG bereits im Jahr 1891, den Aufforderungen seines Dachverbandes folgend, den Ausschluss von bekennenden Sozialdemokraten aus dem Verein beschlossen, obwohl eine reguläre SPD-Ortsgruppe in WEIDENBERG zu der Zeit überhaupt noch nicht bestand; sie wurde erst 1907 gegründet. Unter dem Leitmotiv *„Für Gott, König und Vaterland – Gegen die Sozialisten"* bekämpften die deutschen Kriegervereine die erstarkende Sozialdemokratie stets als einen inneren nationalen Feind, der Deutschlands Zerstörung vorantreibe. Darin waren sie reale ideologische Vorreiter der Nazis, an die Hitler dann nahtlos anknüpfen konnte.

Zwar hatte dann im Ersten Weltkrieg die Kriegskameradschaft über die Parteigrenzen hinweg diesen innerstaatlichen Konflikt eine Weile überdeckt, doch mit der November-Revolution 1918 und der Gründung der revolutionären KPD im Dezember 1919 hatte sich diese Polarisierung der Bevölkerung wieder neu vertieft und war dann seit den frühen 20-er Jahren in den Saal- und Straßenschlachten der radikalen Parteien zum politischen Alltag geworden.

Auch der Weidenberger Veteranenverein hatte aufgerüstet. Am 31. August 1919 hatte er beschlossen, 100 schießfähige Gewehre des Typs 98 zu bestellen. Diese millionenfach gefertigte Repetierbüchse der Firma Mauser aus OBERNDORF am Neckar war seit 1898 als Standardwaffe beim Deutschen Heer eingeführt und noch bis weit in die Hitlerzeit hinein in Gebrauch. Mit dieser Waffe sollte nun auch in WEIDEN-

BERG eine lokale Bürgerwehr ausgerüstet werden. Als lokaler Ordnungsdienst sollte diese paramilitärische Truppe im Zusammenwirken mit der örtlichen Polizei mögliche linke Aufstände in den Fabriken niederschlagen oder obskure „Spione“ fangen.[18] Über eine Reichszentrale sollte die neu geschaffene Einwohnerwehr direkt der Reichswehrführung unterstellt werden und so im Notfall auch als stille Heeresreserve dienen. Auf diese Weise unterlief man das Bewaffnungsverbot des Versailler Vertrages. Die Bayerische Regierung unterstützte diese Bürgerwehren noch bis zum Jahr 1921 und verweigerte ihre Auflösung.

Doch die Mittel und Methoden, welche die Reichswehr zur Stabilisierung der Nachkriegsordnung gedacht hatte, entpuppten sich eher als Spreng- und Brandsätze zur Beschleunigung ihres Untergangs binnen 14 Jahren, zu dem in diesen Tagen der Grund gelegt wurde.

Wie die Reichswehr die NSDAP-Gründung fördert

Nach Genesung von seiner Giftgaserkrankung, die ihm in einer Vision die völlige Veränderung seines Lebens beschert hatte und die nach eigenem Selbstbekunden verbunden war mit dem Beschluss, Politiker zu werden, war der Kriegsfreiwillige ADOLF HITLER am 21. November 1918, zehn Tage nach dem Waffenstillstand, aus dem Lazarett PASEWALK in die Kaserne auf dem Oberwiesenfeld in MÜNCHEN zurückgekehrt. Hier war seine Einheit, die 7. Ersatzkompanie des 2. bayerischen Infanterieregiments, stationiert.

HITLER wollte der angeordneten Demobilisierung der Reichswehr auf 100.000 Mann entgehen und meldete sich auf der Suche nach einer Beschäftigung bei seiner Dienststelle. Als einer von Unzähligen im Heer der desillusionierten und desorientierten Soldaten war er bereit, „von irgendjemandem einen Posten anzunehmen, der ihm freundlich gesinnt war“, wie seiner zukünftiger Chef MAYR in der Rückschau notierte. *„Er glich einem müden streunenden Hund, der nach einem Herrn suchte. Das deutsche Volk und sein Schicksal ließen ihn kalt."*

Diesem bewährten Generalstabsoffizier Hauptmann KARL MAYR unterstand damals die Nachrichtenabteilung im Reichswehrgruppenkommando Nr. 4 der Bayerischen Reichswehr.[19] In dieser Einheit war man seinerzeit zur Überzeugung ge-

---

[18] Vergl. dazu den Bericht von Dr. Fritz Lochmüller im Amtlichen Mitteilungsblatt des Marktes Weidenberg Nr. 8/74 v. August 1974.

[19] Vergl. dazu und zum Folgenden: v. Albertini, Dr., Rudolf, u.a., Hitlers Eintritt in die Politik und die Reichswehr, Dokumentation, in: Vierteljahrshefte für Zeitgeschichte, Jg. 7 (1959), Heft 2; http://www.ifz- muenchen.de/heftarchiv/1959_2_4_deuerlein.pdf. – Und: Hitlers Karrierestart – Vom V-Mann zum Massenmörder, in: Der Spiegel 25.11.2011, http://www.spiegel.de/ einestages/ hitlers-karrierestart-a-947399.html

kommen, dass die Truppe, die von zahlreichen weltanschaulichen Strömungen der Zeit erfasst war, der politischen Aufklärung bedürfe; nur auf diese Weise könnten die „bedenklichen" Vorstellungen, welche in die Einheiten des Übergangsheeres eingedrungen waren, zurückgedrängt werden.

Als V-Mann bei der Reichswehr: *HITLER (Pfeil) beobachtet am 26. Febr. 1919 die Kundgebungen bei der Beisetzung des ermordeten Bayerischen Ministerpräsidenten KURT EISNER.*

In Ermangelung anderer intakter Instanzen des Staates betrachtete es diese „Aufklärungseinheit“ der Reichswehr also als ihre Aufgabe, die politische Szene zu überwachen. Sie wollte Einstellungen bekämpfen, die für das zukünftige Staatswesen nach dem Ende der Monarchie angeblich gefährlich werden konnten. Deshalb bespitzelte sie politische Gruppierungen und infiltrierte sie gezielt. Der Feind, so schien es, stand links.

Doch um gegen ihn vorzugehen, brauchte es also sowohl Spione als auch redegewandte „Aufklärer“ und Agitatoren. Für den Aufbau eines solchen Agentennetzes standen enorme Geldmittel aus unbekannten Quellen bereit. Der kleine arbeitsuchende Gefreite Adolf HITLER schien für den Posten eines „Vertrauensmannes“ des Geheimdienstes besonders geeignet zu sein.

Diese V-Männern gehörten dem Unteroffiziers- und Mannschaftsstande an. Ihr Ausdrucksvermögen war aber oft primitiv. Anders bei HITLER, er verstand sich sowohl schriftlich, als auch mündlich klar und überzeugend auszudrücken. Er konnte den Kern der phrasenreichen und schwülstigen Reden, die zu jener Zeit bei Kundgebungen in Münchner Bierkellern gehalten wurden, knapp und anschaulich widergeben, sodass nicht nur die belehrten Soldaten, sondern auch andere höhere militärische Mitarbeiter die Ohren spitzten.

Spätestens seit dem Frühsommer 1919 bis zu seiner Entlassung aus der Reichswehr am 31. März 1920 arbeitete HITLER nun als V-Mann für die Dienststelle des

Hauptmanns MAYR. Seine Aufgabe war eine doppelte: Zum einen sollte er in entsprechenden Kursen den „bolschewistisch verseuchten" Truppen die „rechte Gesinnung“ beibringen. Zum anderen beauftragte MAYR ihn damit, kleine Parteien aus dem Getümmel radikaler Gruppierungen zu beobachten und ihm über deren Wirken zu berichten.

Eher zufällig wurde HITLER dabei zum Förderer und Führer seiner zukünftigen Jüngergruppe und der Trägerin seiner Ideen, der NSDAP: Am 12. Sept. 1919 hatte ihn sein Chef erstmals ins Sterneckerbräu in MÜNCHEN geschickt, um eine Versammlung der winzigen „Deutschen Arbeiterpartei“ (DAP) des Eisenbahnarbeiters ANTON DREXLER auszukundschaften. Hier hatte sich HITLER sogleich mit einem auffallenden Diskussionsbeitrag profiliert, der DREXLER Respekt abnötigte: *„Mensch, der hat a Gosch'n, denn kunnt ma braucha.“* Spontan bewog er Hitler zum Parteieintritt.

Den vollzog HITLER dann freilich erst im Oktober 1919 auf Zureden seines Vorgesetzten, denn ihn stieß die „Vereinsmeierei“ in dieser unbedeutenden Partei eigentlich ab. Doch in dieser Schwäche witterte der zukünftige Diktator gleichzeitig die Chance, denn eine kleine Gruppierung biete „dem Einzelnen die Möglichkeit einer wirklichen persönlichen Tätigkeit“ und die Perspektive, sie zu „beherrschen“.

Deutsche Arbeiter-Partei (D. A. P.)
Ortsgruppe München
Abteilung:
Mitgliedskarte
für Herrn Adolf Hitler
München, den 1. Jan 1920
Nr.
Für den Arbeitsausschuß:
Drexler
Diese Karte gilt als Ausweis bei geschlossenen Versammlungen

Gefälschte Mitgliedsnummer 7:
Hitlers Mitgliedskarte bei der NSDAP

HITLER wird Mitglied Nr. 55, nicht wie er später behauptet Nr. 7. Die Nummer ließ er nachträglich ausbessern, um seine Rolle aufzuwerten. Im Folgejahr 1920 lässt er sich zum Propagandaleiter dieser DAP machen, die sich am 20. Februar dieses Jahres in NSDAP, kurz NS, umbenennt.

Vor 2.000 begeisterten Zuhörern verkündet HITLER bereits vier Tage darauf im Münchner Hofbräuhaus, dem seitherigen Stammquartier der Partei, das „25-Punkte-Programm der NSDAP“. Es ist von nun an ein bewusst unverändert gedruckter Bestandteil im Parteibuch jedes neuen NS- Parteimitglieds. HITLER hat wohl zur redaktionellen Ausformulierung des Entwurfs beigetragen. Die Hauptpunkte fordern vor allem die „Aufhebung des Versailler Friedensvertrages“, den „Entzug der deutschen Staatsbürgerschaft von Juden“ und die „Stärkung der Volksgemeinschaft“.

Der 24. Punkt formuliert den Parteistandpunkt eines „positiven Christentums", der schon bald viele Christen anlocken wird.

HITLER macht sich in dieser Zeit das überhitzte politische Klima zunutze. Er wählt seinen Weg nach oben rücksichtslos und konsequent. Er verdient sich sein Geld jetzt als Propagandaredner und trägt mit seinen viel bestaunten fanatischen Reden bewusst zur politischen Polarisierung bei.

Der Hitlerismus zündet durch Rhetorik und Rabaukentum

Das Programm der NSDAP verfolgt antikapitalistische, antisemitische und nationalistische Ziele, hat aber als Papier nie die Bedeutung erreicht, die HITLER mit seinen stark emotional gefärbten und glänzend aufgebauten persönlichen Reden vor Publikum erreichte. HITLER sah darin keinen Widerspruch. Er war vielmehr stets davon überzeugt, dass das gesprochene Wort eingängiger ist und mehr Wirkung zeigt als jede noch so ausgefeilte schriftliche Botschaft und wies deshalb auch seine Vasallen an, bei allen sich bietenden Gelegenheiten öffentliche Reden zu halten.

Interessant ist, dass Hitler die Instrumente, die zur Verführung der Menschen nötig waren, stets deutlich benannte. Es waren vor allem die Schlichtheit der Sprache, die Ursprünglichkeit seiner Ausdrucksweise und die Verwendung von leicht zu verstehenden Beispielen der einfachsten Art.

Es ist somit nicht die Redegabe allein, die einen erfolgreichen Populisten ausmacht, sondern es ist auch die Einfachheit der Argumente. Diese werden aber nur dann erfolgreich geglaubt, wenn sie zwei Bedingungen erfüllen:

1. Es muss ein reales Bedürfnis im Volk vorliegen, in solchen schlichten Argumenten wirkliche Problemlösungen zu sehen. Dieses Bedürfnis nach einfachen Antworten kann natürlich künstlich gefördert werden, wenn es gelingt, dem Volk das Gefühl einer „Bedrohung" einzureden. Genau dieser populistischen Methode bedient sich die NSDAP, indem sie mittels eigener Hasspresse und durch den Terror auf der Straße das Klima schafft, in dem dann Hitler als „Messias", als alleiniger Retter in dieser Krise, inszeniert werden kann.

2. Weil solch eine Botschaft einfach ist, kann sie durch simple Wiederholung „gelernt" werden. Eine schlichte Botschaft muss ja nicht differenziert erfasst werden. Die Schulung der Redner für das gesprochene Wort gehört also zum Grundprogramm dieser Partei.

HITLER selbst wird bald zum brillantesten und meist beschäftigten Redner seiner Partei. Er kann sich für seine Auftritte zunehmend fürstlich bezahlen lassen. Als er zum 1. April 1920 aus dem Dienst der Reichswehr ausscheidet, kann er bereits aus den Einkünften seiner Parteireden gut leben. Er leistet sich zunehmend einen gehobenen Lebensstil. Er erwirbt zwar nie einen Führerschein, hat aber nun Luxusauto,

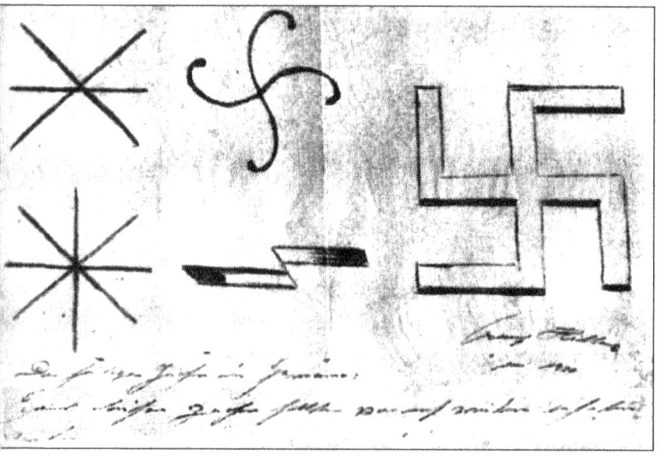

Von Hitler 1920 persönlich ausgesucht und unterschrieben: *„Die heiligen Zeichen der Germanen"*

Chauffeur und Zweitwohnung. Als Parteizeichen übernimmt HITLER im Jahr 1920 die aus vielen Kulturen bekannte „Svastika", das Hakenkreuzsymbol.

Er bezeichnet es als „heiliges Zeichen der Germanen". Bereits im 19. Jh. war die Svastika von Archäologen als Symbol einer mythischen prähistorischen Rasse der indogermanischen „Arier" gedeutet worden, die angeblich im Gegensatz zu den Juden gestanden und die Vor- und Frühgeschichte Europas bestimmt hätte. Eine Fülle von Literatur sollte die nordeuropäische Herkunft der Swastika und ihre Bedeutung als „Heilszeichen" der Arier unterstreichen. Mit diesem Parteiabzeichen wollen die Nazis ein Symbol der völkischen Einheit und Ganzheit und ein quasi-religiöses Kultobjekt schaffen. Auch die auffallenden Standarten mit den Hakenkreuzen für Machtdemonstrationen der Partei in Stadt und Land entwickelt HITLER.

Bei seinen Propagandaveranstaltungen erscheint HITLER zwar meist im hellen Trenchcoat, der bewusst an das erbärmliche Leben im Schützengraben erinnert, aber darunter martialisch umgürtet mit offen getragener und scharf geladener Pistole. Am Abend des Putsches am 8. November 1923 verschafft er sich damit auch akustische Aufmerksamkeit, indem er in die Decke schießt.

Gute Einnahmen als Parteiredner: *HITLER bei einem Auftritt mit SA-Gefolge in den frühen 20-er Jahren*

Hitler mit seiner selbst entworfenen Fahne: *mit NSDAP-Gruppe 1921*

HITLER setzt auch von Anfang an einen „Saalschutz" ein. Er will Gegner einschüchtern. Diese Schlägertruppe lässt er auch beim politischen Gegner agitieren, der seinerseits nicht zimperlich ist. Nach einer besonders gruseligen Saalschlacht mit Kommunisten im November 1921 vereinigt HITLER die Angehörigen seines frühen „Saalschutzes" und der „Box- und Sportabteilung" der NSDAP und benennt sie offiziell in „Sturmabteilung" SA um. Diese SA bildete nun den Kern seiner Rabaukentruppe, die sich als Speerspitze der nationalsozialistischen Revolution versteht und in der Folge Deutschland mit martialischen Auftritten auf den Straßen verunsichert.

Durchbruch beim Coburger Tag 1922

Groß aufgemachte Medienberichte tragen mit dazu bei, dass Hitlers Sache in ganz Deutschland rasch viel Aufmerksamkeit auf sich zieht. Auch nach Oberfranken dringen seine Ideen durch. Völkisch-nationale Kreise wollen ihn dort als Redner haben. Seit Herbst 1922 veranstalten sie in Franken „Deutsche Tage", zunächst am 14.-15. Oktober in COBURG.

Dank des massiven Auftritts von 650 Männern der SA läuft dieses Wochenende voll aus dem Ruder. Hakenkreuzarmbinden, Aufmärsche der SA und Schlägereien zwischen SA-Mitgliedern und Anhängern der sozialdemokratischen und sozialistischen Parteien beherrschen an diesem Wochenende das Coburger Straßenbild. Nächtliche Rollkommandos der Nazis verhaften willkürlich Gegner.

Veranstalter und Polizeibehörden versuchen mäßigend einzugreifen; doch Hitlers SA tritt militärisch gedrillt und gewaltbereit gegen jeden auf, der sich ihr in den Weg stellt. Die Polizei hat zwar das Marschieren durch die Stadt mit Fahnen und Musik verboten. Aber niemand wagt, sich HITLER und seiner martialischen

Zum Zuschlagen bereit: *HITLER (2. v. li.) mit Anhängern und SA-Leuten beim Deutschen Tag in Coburg*

SA-Truppe in den Weg zu stellen.

Erstmals tritt HITLER hier öffentlich außerhalb von MÜNCHEN auf. Am Samstagabend spricht er vor über 2.500 Personen im Hofbrauhaus, der zentralen Versammlungsstätte des Deutschen Tages. Am Sonntag setzt er sich über das Programm der Veranstalter hinweg und organisiert eigenmächtig, eine Stunde vor dem offiziellen Zug, einen SA-Aufmarsch zur Veste oberhalb der Stadt. Etwa 2.000 jubelnde Anhänger begleiteten ihn. Hier oben auf der Veste Coburg sucht HITLER bewusst das persönliche Gespräch mit dem einstigen Coburger Herrscher Herzog CARL EDUARD VON SACHSEN- COBURG UND GOTHA und kann ihn und seine Frau für die Anliegen der NSDAP als dauerhafte Unterstützer gewinnen.

Auch Kirchenleute treten auf. In einem Vortrag über „Deutsches Christentum" lässt der Berliner Pastor ERNST BUBLITZ die Katze aus dem Sack. Er bezeichnet die Kirche als Bundesgenossin der deutsch-völkischen Bewegung und ermahnt die Völkischen, die Macht der Kirche nicht zu unterschätzen. Die Kirche ihrerseits habe die Aufgabe, „deutsch" zu werden. Zugleich grenzt sich Bublitz deutlich zum Judentum ab, das er als nicht deutsch betrachtet, und betont die zukünftige Rolle der Kirche in der völkischen Bewegung.[20]

Nach der Abschlussveranstaltung ziehen HITLER und seine Meute nachts gegen 22 Uhr zum Bahnhof und treten die Rückreise an. In der Parteigeschichte wird COBURG zum mythischen Ort der frühen "Kampfzeit" verklärt. Hier hat die SA ihre Feuertaufe als Straßenkampfgruppe gefeiert. Das seit Sommer 1920 frisch zu Bayern

[20] Vergl. LIESA WEBER, Handlungsoptionen evang.-luth. Pfarrer und Gemeinden in der Zeit des Nationalsozialismus – Eine vergleichende Studie für die Evangelisch-Lutherische Kirche in Bayern anhand der oberfränkischen Dekanate Bayreuth und Coburg, 2019, im Teil 2.1 „Kirchliche Entwicklungen".

gekommene Coburger Land ist die erste wichtige Trittstufe zum weiteren Vordringen der Nationalsozialisten in Oberfranken und bald im ganzen Deutschen Reich. Anlässlich des zehnjähriges Jubiläum posaunt HITLER im Wahlkampf des Jahres 1932: Wie er 1922 COBURG aus der Herrschaft der „Roten" befreit habe, werde ihm dies nun auch mit Deutschland gelingen.

Im Frühjahr und Sommer 1923 folgen nach dem Coburger Muster weitere ähnliche vaterländische Veranstaltungen an verschiedenen Orten Frankens, so in MARKTBREIT, NENZENHEIM, auf dem oberfränkischen DÖBRABERG, in HERSBRUCK, MAINBERNHEIM, NEUSTADT-AISCH, KULMBACH und schließlich am 30. September in BAYREUTH.

Diese „Deutschen Tage" erregen durch öffentlichkeitswirksame Kundgebungen der Veteranen- und Wehrverbände durchwegs große Aufmerksamkeit, sodass man davon ausgehen kann, dass auch nach Orientierung Suchende wie GEORG RUMLER spätestens seit diesem Jahr 1923 auf den Nationalsozialismus aufmerksam werden und sich für ihn interessieren. Mit vaterländischen Reden, großen Aufmärschen und volksfestartigen Umzügen versuchen sich diese Kriegerverbände nach dem verlorenen Krieg neu zu profilieren.

Kriegervereine als Wegbereiter des völkischen Gedankengutes[21]

Allenthalben entstehen in dieser Zeit auf Initiative von vaterländisch geprägten Pfarrern und Veteranenverbänden Kriegergedenkstätten. Sie dienen damals der völkisch-moralischen Aufrüstung und bieten auch den Nazis in ihrer Orientierungsphase willkommene Anknüpfungspunkte.

So hat auch in WEIDENBERG, nach einer von Pfarrer JOHANNES HÖRNER geleiteten eindrücklichen Gedenkfeier, der örtliche Kriegerverein bereits im November 1919 den Beschluss gefasst, ein solches Kriegerdenkmal zu errichten; es soll bis 1924 fertig sein. Dem Denkmalsausschuss gehören die Pfarrer des Marktortes, alle Bürgermeister der beteiligten Umlandgemeinden, die einschlägigen Vereine und die Vertreter der Lehrerschaft an. Jedoch herrscht über die Zweckbestimmung eines solchen Zeichens in Zeiten des aufkommenden Pazifismus nach dem verlorenen Krieg keine Einmütigkeit. Lehrer HÖFER und Pfarrer HÖRNER, die sich gegen einen zu starken Einfluss des Kriegervereins wehren und sein revanchistisches Gedankengut ablehnen, treten zurück, der Verein löst sich schließlich auf.

Erst als Bürgermeister JOHANN SCHILLER im März 1923 dem Veteranen- und Kriegerverein die Alleinverantwortung für die Errichtung des Denkmals überträgt,

---

[21] Vergl. auch die Rubrik „Seinerzeit" im Amtlichen Mitteilungsblatt des Marktes Weidenberg Nr. 7/74 v. Juli 1974 und Nr. 10/74 v. Oktober 1974.

„Kriegerdenkmal" an der St. Michaelskirche: *Aufnahme 1925*

geht das Projekt voran. Diese Beauftragung ist auch damals nicht ohne Fragezeichen. Schon seinerzeit vertreten kritische Ortsbürger die Einschätzung, die heute auch maßgebliche Historiker teilen, dass diese Kriegervereine maßgeblich zur Militarisierung der Volksstimmung nach dem Ersten Weltkrieg beigetragen und damit dem Aufstieg des Nationalsozialismus Vorschub geleistet haben. Dieser Eindruck erhärtet sich auch bei genauer Betrachtung der Aussagen und Handlungen dieses Vereins in WEIDENBERG, wie weiter unten noch zu zeigen sein wird.

Doch sucht der Verein zunächst bewusst den gedanklichen Einklang mit der Kirche; es soll eine symbolische Verbindung mit dem Glauben hergestellt werden. So schließt der Vereinsvorstand mit dem Bayreuther Bildhauer MARTIN MÖSCH einen Vertrag, der das „Denkmal eines betenden Kriegers" gestalten soll. Mit dem Künstler vereinbart man, weil an diesem Höhepunkt der Inflationszeit die Mark nichts mehr wert ist, ersatzweise eine Bezahlung in Naturalien: 20 Zentner Gerste. Nach heutigem Preis wären das nur bescheidene 160 €, damals bedeuteten solche Lebensmittel freilich ein unschätzbares Vermögen.

MÖSCH ist vor dem Krieg schon mit Arbeiten zur Gestaltung der öffentlichen, repräsentativen Gebäude von Regierung und Justiz in BAYREUTH hervorgetreten. Doch diese früheren Bauwerke unterscheiden sich durch ihren klassizistischen Stil von seinem neuen Projekt. Er konzipiert seinen Entwurf im konzentrierten und schlichten Stil der „Neuen Sachlichkeit" und kann damit Eindruck machen. Als Material wählt er nicht den örtlichen rotbraunen Sandstein, sondern sucht bewusst den grauen Stein aus dem Steinbruch bei DONNDORF des Eckersdorfer Sandsteinproduzenten ZIMMERMANN. Für die Gestaltung des Sockels mit Solnhofner Platten erhält das Granitwerk SCHILLER statt Geld ebenfalls Naturalien, nämlich 20 Zentner Gerste. Auf diesem hellen Stein werden die Inschriften von 97 Gefallenen des Ersten Weltkrieges eingraviert.

Am 7. Oktober 1923 wird das neue Mahnmal enthüllt und der Obhut der Evangelischen Kirchenstiftung übergeben. Pfarrer HÖRNER formuliert auf der eingemauerten Urkunde die Zweckbestimmung mit vaterländischen, aber moderaten Worten, indem er Stichworte des Deutschlandliedes anklingen lässt: Das Denkmal sei gedacht als Zeichen der Dankbarkeit und Ehre der Kirchengemeinde WEIDENBERG für die Gefallenen und als Trost für die Hinterbliebenen. Es solle in der Jugend die Liebe zum Vaterland, den Entschluss zur Einigkeit und die Begeisterung für deutsches Recht und deutsche Freiheit wecken.

Der Start der Nazis im Bayreuther Land beim „Deutschen Tag“ 1923

In dieser Zeit deutsch-vaterländischer Erregung, die auch in WEIDENBERG ein deutliches Echo hervorruft, inszenieren vaterländischen Verbände die bislang größten „Deutschen Tage“, in NÜRNBERG am 1. und 2. September 1923 und eine Woche später in HOF. Sie leiten den „heißen Herbst“ ein. Besonders die Veranstaltung in NÜRNBERG mit ihrer Großkundgebung und einer martialischen „Heerschau" erregt Aufmerksamkeit. 100.000 Teilnehmern vaterländischer und völkischer Organisationen marschieren durch dicht gedrängte Zuschauermengen in der Innenstadt. Der kämpferische Aufmarsch dient den Nationalsozialisten später als Vorbild für ihre Reichsparteitage in derselben Stadt.

Formal als Erinnerung an die Schlachten von SEDAN (1. - 2. Sept. 1871) und TANNENBERG (17. Aug. - 2. Sept. 1914) getarnt, sollte die Feier in der „roten" Arbeiterstadt NÜRNBERG insbesondere die politische Linke provozieren und Begeisterung für die völkisch-revolutionäre Bewegung wecken. Auf dem Land gingen Parolen um, wonach es jetzt zur „großen Abrechnung mit den Novemberverbrechern", also den Revolutionären von 1918, käme, denen man mit Hilfe der „Dolchstoßlegende“ die Schuld am verlorenen Krieg zuschob. In den Reden wurden die „sechs gemeinsamen Feinde“ beschworen, die bekämpft werden sollten: der Parlamentarismus und das internationale Kapital, der Klassenkampf der Linken, der Pazifismus, der Marxismus und das Judentum.

In dieser aufgeheizten Stimmung wenige Wochen vor dem Hitlerputsch folgt am 30. September 1923, trotz Verbots durch den extra neu bestellten bayerischen Generalstaatskommissar GUSTAV Ritter VON KAHR, der nächste „Deutschen Tag“, den völkisch-nationalistische Kreise in der Stadt Bayreuth ausrichten wollen. Dort besteht bereits seit Januar 1923 eine Ortsgruppe der NSDAP, sie beteiligt sich tatkräftig an der Organisation.

Akademische Gesangvereine, Studentenverbindungen, Turn- und Schützenvereine, das Bayreuther Reichswehrbataillon und natürlich die NSDAP mit ihrer SA als Parteiarmee sind erschienen. Auch die Teilnahme der regionalen Kriegervereine

Mit der kaiserlichen Reichskriegsflagge:
„SA-Stoßtrupp Hitler" beim Deutschen Tag 1923 in Bayreuth

wird erwartet. Beim Rathaus hat die Bayerische Staatsbank anstelle der offiziellen schwarz-rot-goldenen Flagge der Weimarer Republik die republikfeindliche Fahne Schwarz-Weiß-Rot des vergangenen Kaiserreichs gehisst.

Dieser „Deutsche Tag" in Bayreuth 1923 muss als der eigentliche Zündfunke für den Beginn der Ausbreitung des Nationalsozialismus im Bayreuther Land angesehen werden. HITLER nutzt diesen Tag geschickt als Propagandaplattform und Brückenkopf für die weitere Expansion seines NS-Programms. Auch die Lokalzeitung „Bayreuther Tagblatt" gewährt dem rechten Gedankengut einen breiten Auftritt. Bereits im Vorbericht am 28. September dürfen die Veranstalter werben: Sie wollen *„allen undeutschen Elementen ... zeigen, dass die Zeit vorüber ist, wo man nicht bekennen durfte, dass man deutschen Sinn im Herzen und deutsches Blut in deutschen Adern trägt."*

Der eigentliche Tag der Kundgebung, der 30. September 1923, ist ein Sonntag. Die Festliturgie soll das ganze Gemüt ansprechen. Die evangelische Pfarrerschaft Bayreuths ist noch recht ahnungslos und lässt sich zur Abhaltung eines Feldgottesdienstes am Morgen auf der Leopoldshöhe vor den Toren der Stadt überreden; anschließend weihen die Geistlichen bereitwillig die Standarten der Vereine und versehen auch die Fahnen der Nazis und ihrer Schlägertrupps mit ihrem Segen. Weit mehr als 5.000 Menschen nehmen an dieser religiös verbrämten Morgenfeier der rechten Nationalisten teil.

Nachmittags versammeln sich alle zu einem großen Umzug durch die Innenstadt. Er verläuft im bürgerlichen BAYREUTH weitaus ruhiger und ungestörter, als knapp ein Jahr zuvor der vergleichbare Anlass in der von der Arbeiterschaft mit geprägten Residenzstadt COBURG. Nach mehreren Zwischenstationen beschwört man an der Spitalkirche die Schmach des Ersten Weltkriegs und gedenkt mit einer sentimenta-

Martialischer Aufmarsch: *Deutscher Tag 1923 in Bayreuth (Archiv Bernd Mayer)*

len Ehrung unter Glockengeläut der gefallenen „Kriegshelden". Vor dem Neuen Schloss nimmt General WILHELM VON WALDENFELS die martialische Parade ab, an der auch die uniformierte SA beteiligt ist. Dann zieht sich die Menge in die ehemalige markgräflichen Reithalle zurück, die heute Stadthalle ist. Es erklingt eine Reihe von nationalistischen Reden. Der bürgerlich-konservative Bayreuther Oberbürgermeister ALBERT PREU (1868-1944) macht in seiner Ansprache keinen Hehl aus seinen Sympathien für die völkische Bewegung.

Nach anderen völkischen Rednern darf auch HITLER das Rednerpult besteigen. Bei seinen Worten zwischen samtweicher Verführung und aggressiv donnerndem Staccato spitzen alle die Ohren. Das Tagblatt notiert für seine Montagsausgabe „nicht enden wollende Heilrufe und Beifall".

Die öffentliche Reaktion auf diese Veranstaltung reicht von entsetzter Abneigung bis zu verhaltener oder begeisterter Zustimmung. Oberfrankens damaliger Regierungspräsident OTTO VON STRÖßENREUTHER gehört mit zu denen, die in der anschließenden Berichterstattung der Nazi-Parteizeitung „Völkischer Beobachter" gelobt werden, weil er für die Veranstaltung große Sympathie habe erkennen lassen. Auf jeden Fall hat HITLER auf diese Weise bereits zu diesem frühen Zeitpunkt auch in Bayreuth seinen Fuß in der Tür.

Hitler privat auf dem Grünen Hügel

Dazu trägt die aufmerksam beobachtete erste Begegnung mit der Familie WAGNER bei, die der Hofer Anzeiger so kommentiert: Die Familie WAGNER habe am Rande des Umzuges „die innige Verbindung Wagnerschen Geistes mit deutschem Wesen" demonstriert, sie habe HITLER anschließend zum ausführlichen Treffen in die Villa Wahnfried eingeladen.

Diese Einladung war nicht nur eine Geste von Winifreds Hitlerverehrung, sondern auch ein geschäftlicher Schachzug. WINIFRED WAGNER wollte diesen Mann, in dem sie den Retter und zukünftigen Herrscher Deutschlands sah, auf den finanziell klammen Familienbetrieb am Grünen Hügel aufmerksam machen. Auch hatte sie gehört, dass er seit seiner Jugend ein glühender Verehrer der „Profetengestalt“ WAGNER war. Um ihre Werbung emotional zu unterbauen, empfing sie HITLER bewusst in den „heiligen Hallen“ von Wahnfried und stellte ihm die hier wohnende, inzwischen 86-jährige Witwe des Meisters, COSIMA, persönlich vor.

An diesem ereignisreichen Tag lernte der gesprächige und scheinbar kinderliebe Fremde auch Winifreds Kinder kennen: den sechsjährigen WIELAND, und die jeweils ein Jahr jüngeren FRIEDELIND, WOLFGANG und VERENA.

Wagnerverehrer und Sponsor: *ADOLF HITLER mit WINIFRED, WOLFGANG und WIELAND WAGNER in Bayreuth 1937*

Zu diesen Kindern entwickelte HITLER ein vertrauliches Verhältnis. Besonders gegenüber dem kecken WIELAND springt der Funke sofort über, er wird Adolf Hitlers Liebling. Später, als sich nach Hitlers Landsberger Haft die Kontakte häufen, nennt der Bub diesen HITLER seinen „Onkel Wolf“ und fällt ihm bei der Begrüßung gern um den Hals. Einmal soll er sogar gesagt haben: "Weißt', du solltest eigentlich unser Papi sein und der Papi der Onkel!"

Bei so viel Vertraulichkeit war es auch logisch, dass WIELAND als 16-Jähriger der Bayreuther Hitlerjugend beitrat. Zum 18. Geburtstag schenkte HITLER ihm einen silbergrauen Mercedes. Zum Dank portraitierte ihn WIELAND lebensgroß in Öl. Im Jahr 1938 trat dieser Wagner-Enkel in die NS-Partei ein. HITLER seinerseits stellte ihn vom Kriegsdienst frei und half ihm auch bei dem hausinternen Machtkampf auf dem Grünen Hügel. Ab 1944 bis Kriegsende konnte ihn sein Schwager BODO LAFFERENZ als zivilen Leiter bei einer Bayreuther Außenstelle des KZs FLOSSENBÜRG einschleusen und bewahrte ihn so vor dem Waffendienst. In Räumen der ehemaligen Baumwollspinnerei mussten etwa 60 Häftlinge an der Entwicklung einer „sehenden" Bombe arbeiten.

Vielleicht aus Schuldgefühl verschloss WIELAND nach dem Krieg sein Inneres fast völlig; er zog sich ganz hinter eine Barriere des Schweigens zurück. Auch sein „musikalisches Geschöpf" seit 1959, die junge Sängerin ANJA SILJA, konnte als seine Geliebte diese Mauer nur partiell aufbrechen.

Ganz anders ergeht es dem jüngeren WOLFGANG. Er steht, wie auch sein Vater SIEGFRIED, HITLER reservierter gegenüber. Während WINIFRED, die aus England stammende Gemahlin des Wagnersohns SIEGFRIED, seit diesem Deutschen Tag in Bayreuth als glühende Verehrerin Hitlers entflammt ist und ihn von nun an moralisch und materiell auf seinem weiteren Weg unterstützt, hat ihr Mann für HITLER nur Spott; er nennt ihn einen „Schwindler" und Emporkömmling. Das mag auch der sensible WOLFGANG gespürt haben. Nachdem der Vater SIEGFRIED 1930 gestorben ist, befürchtet der 11-Jährige, HITLER wollte seine Mutter heiraten, weil er ihr immer solche Avancen macht. Als 16-Jähriger filmt er Hitler beim Besuch mit einer 16-mm-Kamera in ungewohnten Posen als korrekt gekleidete Spießbürgerfigur auf Schwarzweiß-Film. Anders als WIELAND wird er im Zweiten Weltkrieg als junger Soldat eingezogen und so schwer verwundet, dass er seinen Traum, Dirigent zu werden, früh aufgeben muss. Umso mehr verbeißt er sich bis an sein Lebensende in die Festspielleitung.

HITLER, der beim ersten Kennenlernen 1923 beim Tee im Garten der gebannt lauschenden Familie seine Pläne für einen baldigen Umsturz und einen Marsch auf Berlin nach dem Vorbild von Mussolinis Marsch auf ROM enthüllte, zeigt sich auch noch nach Jahren von dieser gastfreundlichen Geste der Familie sehr bewegt. Im Gegenzug hat er der Familie WAGNER seitdem immer wieder versprochen, sich für die stets prekäre Situation der Festspiele einzusetzen, sollte er jemals in die entsprechende Position kommen. Dieses Versprechen hat er ja tatsächlich eingelöst und sich als hoch spendabler Mäzen und treuer Freund der Familie und vertrauter „Onkel Wolf" bei zahllosen Besuchen bis in die Kriegszeit hinein hervorgetan. Diese Auftritte enden am 23. Juli 1940 bezeichnenderweise mit einer Aufführung der „Götterdämmerung".

Kommunisten im Weidenberger Kriegerverein?

Im Veteranen- und Kriegerverein WEIDENBERG hat dieser „Deutsche Tag" in BAYREUTH noch fast ein Jahr später ein seltsames Nachspiel.

So meldet das Protokoll der Generalversammlung dieses Vereins am 17. Aug. 1924, dass der Erste Vorstand [ULRICH HÜBNER], die Absicht habe, „abzudanken wegen Äußerungen beim ‚Deutschen Tag' in Bayreuth, an der Spitze des Vet. u. Krg. V. Weidenberg stünden Kommunisten".

Der Hintergrund ist klar: Die politische Stimmungslage hatte sich in diesem Jahr auch bis weit ins Land hinein weiter aufgeheizt, und die kecken Nazisympathisanten in BAYREUTH begannen nun, gegen solche auswärtigen Kriegervereine zu sticheln, die zum Nationalsozialismus noch keine eindeutige Position bezogen hatten.

Offenbar war es den Völkischen Verbänden in BAYREUTH aufgestoßen, dass der Weidenberger Kriegerverein bei dem oben geschilderten „Deutschen Tag" gefehlt hatte. Nun hatten die Bayreuther wohl davon gehört, dass etliche Arbeiter im Granitwerk WEIDENBERG und im Porzellanwerk SOPHIENTHAL der von den Nazis bekämpften kommunistischen Partei anhingen, und so wollten sie die Weidenberger provozieren, indem sie sie generell als „Kommunisten" verunglimpften.

Pfarren HÖRNER wollte HÜBNER versöhnen und betonte deshalb in dieser Versammlung die Verdienste des I. Vorstandes; er habe das volle Vertrauen. So konnte HÜBNER überredet werden, doch noch bis Anfang 1928 im Amt zu bleiben.

Damit hatte aber nun binnen kaum fünf Jahren nach dem Ende des Ersten Weltkriegs republikfeindliches und nationalsozialistisches Gedankengut vor allem im Süden Deutschlands zwischen München und Franken Wurzeln geschlagen und drohte, das Zusammenleben zu vergiften. HITLER erstrebte in Deutschland die Machtübernahme per Handstreich in der ungeliebten Weimarer Republik und glaubte sich nach so viel öffentlicher Zustimmung seinem Ziel bereits sehr nahe.

Das war ein Fehler. Denn wichtige Bündnispartner aus Reichswehr und Landespolizei, auf die HITLER bislang gesetzt hatte, versagen ihm die Unterstützung; sie waren jeder revolutionären Bestrebung abhold, ob von links oder von rechts. So bleibt ihm als einziger Verbündeter der hochgelobte Weltkriegsgenerals ERICH LUDENDORFF, der aber eigene Machtinteressen verfolgt und später zum Erfinder einer eigenen Weltanschauung und zum Gegner Hitlers wird. So muss der geplante Putsch, zu dem HITLER am 8. / 9. November des gleichen Jahres 1923 seine bislang bewährten Schlägertrupps in Marsch setzt, misslingen. Er wollte in der bayerischen Landeshauptstadt MÜNCHEN die Regierungsmacht an sich reißen, um von dort aus weiter nach BERLIN zu marschieren und die „Regierung der Novemberverbrecher" zu stürzen. Sein Versuch scheitert kläglich und endet für alle Beteiligten blutig.

Highlife im Zuchthaus Landsberg

HITLER verfällt nach seiner Verhaftung vorübergehend in tiefe Depression, zumal er befürchten muss, dass man ihn wegen Hochverrats zum Tode verurteilen und hängen würde. Hitlers Projekt und seine Partei scheinen zu diesem Zeitpunkt am Ende. Doch dann gewinnt wieder, gefördert durch den Zuspruch von zahlreichen Gesinnungsgenossen und erstaunlich vielen Verehrerinnen wie WINIFRED WAGNER, neue Zuversicht in ihm die Oberhand; er fühlt sich wieder von der „Vorsehung" getragen. Sie hat ihn schon bisher nicht im Stich gelassen, sie will ihn jetzt zu noch mehr Außerordentlichem berufen. Auch körperlich lässt er es sich dank seiner Gönner in der Haft gut gehen; zum ersten Mal in seinem Leben hat er mit 86 kg ziemliches Übergewicht.

Im Prozess vor dem Volksgericht in MÜNCHEN gibt sich HITLER selbstbewusst und geht als rhetorischer und politischer Sieger von der Bühne. Zur Urteilsverkündung am 1. April 1924 haben seine Anhängerinnen Blumengebinde mit in den Sitzungssaal gebracht. HITLER kommt mit fünf Jahren Festungshaft glimpflich davon, wobei ihm ein Straferlass bereits nach sechs Monaten in Aussicht gestellt wird.

Einen persönlicher Triumph und gleichsam eine Ehrenerklärung für HITLER stellt die Entscheidung des Gerichts dar, seine Auslieferung als „unerwünschter Ausländer" nach Österreich abzulehnen. Sein patriotischer Nationalismus und sein tapferer Kriegsdienst werden ihm zugute gehalten.

Seine Partei NSDAP und alle ihre Gliederungen wie die SA, werden zwar verboten, ebenso aber auch die rivalisierende KPD. HITLER wird wieder in die Festung LANDSBERG eingeliefert, wo er seit dem missglückten Putsch schon seine Untersuchungshaft verbracht hat.

Als schicksalsbestimmend und tragisch für die anschließende deutsche Geschichte erweist sich dabei, dass die Gefängnisleitung und der Bayerische Staat als Aufsichtsbehörde letztlich versagen. Sie sind heimliche Sympathisanten seiner tollkühnen Taten und räumen HITLER in der Haftanstalt unerhörte Freiheiten ein. Er nutzt die großzügig gewährten Spielräume konsequent für seine Sache. Er kann in diesem komfortablen Rückzugsraum, in dem nur die Gitterstäbe vor den Fenstern an den Entzug der Freiheit erinnern, neue Kräfte sammeln und entwickelt nun durchschlagende Strategien zur politischen und militärischen Eroberung Deutschlands und Mitteleuropas. Triumphierend schreibt sein Diener SCHAUB später, dass HITLER das ganze Personal des Zuchthauses LANDSBERG in dieser Zeit bekehrt und zu überzeugten Nationalsozialisten gemacht habe.

Noch folgenreicher ist, dass er von den fünf Jahren Haft in der Festung LANDSBERG „wegen guter Führung" außer der Untersuchungshaft gerade einmal

Personal zu Nazis bekehrt: *Zuchthaus Landsberg, neun Monate angenehmer Aufenthalt für HITLER*

neun weitere Monate absitzen muss. Wieviel anders wäre die Deutsche und Europäische Geschichte des 20. Jahrhunderts verlaufen, wenn der Staat im Vollzug der Justiz damals konsequenter geblieben wäre! Doch ließen sich die verantwortlichen Richter, die über die Bewährung für HITLER zu entscheiden hatten, damals vom Stimmenrückgang der Nationalsozialisten bei den laufenden Reichstagswahlen und bei den Wahlen in Preußen blenden und meinten, dass die Nazis nun keine Gefahr mehr darstellten, nachdem die Inflation überwunden war und sich die wirtschaftliche Lage stabilisiert hatte.

So kann HITLER unter komfortabler Behandlung durch das Justizpersonal hinter den Mauern zunächst den Neuaufbau seiner Bewegung vorantreiben. Viele Anhänger helfen ihm dabei. In der kurzen Zeit seiner Haft in Landsberg empfängt HITLER fast 500 persönliche Besuche von Anhängern, also mindesten zwei pro Tag. Jeden Tag erreichen ihn zudem Stöße von Briefpost und „Liebespakete". Sie enthalten insbesondere Liebesbezeugungen von seinen weiblichen Verehrerinnen, die sich um sein vermeintlich karges Leben hinter Gittern Sorgen machen; sie schicken ihm nicht nur glühende Worte der Zuneigung, sondern auch Lebensmittel, Konfekt und Naschereien.

Unter diesen fürsorglichen Frauen findet sich auch seine Verehrerin WINIFRED WAGNER, welche HITLER 1923 beim Deutschen Tag in Bayreuth persönlich kennengelernt und ins Herz geschlossen hat. In seiner Haftzeit korrespondiert sie als engste persönliche Freundin regelmäßig mit ihm und schickt ihm Päckchen mit nützlichen Dingen, die „ein vermeintliches Genie benötigen könnte", darunter große Mengen Schreibmaschinenpapier und Schreibzubehör; dieses Material ermöglicht HITLER die Abfassung seiner Programmschrift „Mein Kampf".

Wie Hitler seine Welteroberungspläne zu Papier bringt

In der Ruhe der dicken Mauern diktiert HITLER, wie manche annehmen, seinen Verehrern, dem Sekretär RUDOLF HEß und dem Adjutanten EMIL MAURICE, bis in die Nachtstunden hinein sein Welteroberungs-Programm „Mein Kampf". Es trägt zunächst den Arbeitstitel: „Viereinhalb Jahre Kampf gegen Lüge, Dummheit und Feigheit. Eine Abrechnung“ und will, wie Hitlers Werbebroschüre zum Druckbeginn ausweist, nach Überwindung des marxistischen Klassenkampfes den „neuen Menschen des kommenden Deutschen Reiches“ schaffen.

Franz Eher Nachf. G. m. b. H.
Deutschvölkische Verlagsbuchhandlung
Fernruf 20 047 • München • Thierschstraße 15

Postscheck-Konto: Nr. 11 346 München
Bank-Konto: Deutsche Hansabank A.-G. München

Kommissionär:
Herr Robert Hoffmann, Leipzig

Preis der Volksausgabe gebunden 12.— Goldmark

4½ Jahre Kampf
gegen Lüge, Dummheit und Feigheit
Eine Abrechnung von Adolf Hitler

Leitspruch

„Sie müssen sich gegenseitig wieder achten lernen, der Arbeiter der Stirne den Arbeiter der Faust und umgekehrt. Keiner von beiden bestünde ohne den anderen. Aus ihnen heraus muß sich ein neuer Mensch kristallisieren: Der Mensch des kommenden Deutschen Reiches!“ Adolf Hitler.

„Arbeiter der Stirn und der Faust - Aus ihnen heraus muss sich ein neuer Mensch kristallisieren“: *Werbeflyer für „Mein Kampf“ 1924*

Das umfangreiche Werk will Bibel und Katechismus des Nationalsozialismus in einem sein und Antwort auf alle politischen, sozialen, pädagogischen und ethischen Fragen geben, soweit sie für Hitlers Projekt der Machtergreifung in Deutschland und der angestrebten Weltherrschaft der Nazis relevant sind.

Zusammen mit seinem Ende des Jahres 1926 herausgegebenen zweiten Band umfasst „Mein Kampf“ knapp 800 Seiten und erscheint bis Kriegsende in rd. 900 (!) Auflagen mit einer Gesamtzahl von 10 Millionen Exemplaren. Jeder Band kostet seinerzeit den horrenden Preis von anfangs 12, später 14 RM, also vergleichsweise weit über 100 € nach heutigem Geldwert. Das Gesamtwerk gibt es auch in einem einzigen Band im Bibelformat. HITLER ist mit 10% an den Tantiemen beteiligt und avanciert im Lauf der Jahre zum mehrfachen Millionär. Er kann es sich leisten, seinen Verehrern und insbesondere Verehrerinnen zunehmend kostbare Geschenke machen, z.B. im Format von Mercedes-Limousinen und ähnlichen Luxusgütern.

Die ersten Einnahmen dienen freilich erst einmal dazu, Hitlers Prozesskosten zu bezahlen. Er wird aber bald zum finanziell unabhängigen Politiker, der sich stets ein angemessenes neues Auto samt Chauffeur leisten kann. Später bezieht er dann eine großzügige Wohnung in München. Und schließlich errichtet er seine persönliche Residenz auf dem Obersalzberg bei BERCHTESGADEN als Herzkammer seiner Herrschaft.

Eine weitere Publikation Hitlers, das geheimnisumwitterte „Zweite Buch", wird erst im Jahr 1928 fertig, geht aber aus mehreren Gründen nie in Druck. Der Absatz von „Mein Kampf" soll nicht gefährdet werden. Zudem ist das neue Buch stilistisch noch weitaus schlechter geschrieben als Hitlers Erstling; es beweist auch ihm selbst, dass er zwar ein exzellenter Redner, aber kein Schriftsteller ist. Und schließlich erscheinen auch die jetzt angeschnittenen Themen politisch sehr brisant:

Das delikate Exposé zeigt HITLER als zukünftigen Krieger und erläutert sehr unverblümt seine diesbezüglichen außenpolitischen Ziele. Diese sind insbesondere auf die Vereinnahmung Österreichs, die Besiegung Frankreichs und die Unterjochung der mit Frankreich verbündeten Länder ausgerichtet, also der Tschechoslowakei, Polens, Jugoslawiens usw.

Diese Eroberungen sind dann als Sprungbretter für die weiteren Aktivitäten gedacht. Denn HITLER geht es darum, wie er in den nächsten zehn Jahren immer wieder auch öffentlich betonen wird, Deutschland Ressourcen an landwirtschaftlichen Flächen und Bodenschätzen zu sichern. Diesen „Lebensraum im Osten" sieht er zu der Zeit in der Ukraine und im russischen Riesenreich. Diese Länder sollen in einem großen und raschen Feldzug unterworfen werden. Ziel für die zukünftigen deutschen Siedler sind insbesondere die Weiten diesseits des Urals. Für das Jahr 1980, also die Generation nach seinem Tode, den er schon recht früh erwartet, sagt Hitlers Konzept dann den Endkampf um die Weltherrschaft zwischen dem dann nationalsozialistischen Europa gegen die vitalen Vereinigten Staaten von Amerika voraus.

Erst im Jahr 1937 wird HITLER seiner obersten Heeresleitung einen Teil dieser Pläne offenbaren, die für ihn stets Herzenssache waren, und er wird ihre Umsetzung binnen vier Jahren fordern. Auf den warnenden Einspruch seiner höchsten Generäle hin wird er diese Generäle in Ruhestand versetzen und viele weitere hochrangige Heerführer der alten Reichswehr aus ihren Ämtern entfernen. Unwidersprochen wird er selbst den Oberbefehl über die Wehrmacht übernehmen, und so wird er endgültig zum allmächtigen Diktator des Deutschen Reiches aufsteigen.

Als die Weidenberger Veteranen und ihre Gäste 1924 den „Hitler-Marsch" sangen ...

Die Konkurrenz zwischen Arbeiterturnverein und Sportverein hatte an den Tag gebracht, dass auch in WEIDENBERG schon in den frühen 20er Jahren längst eine tief sitzende politische Polarisierung innerhalb der Bevölkerung im Gange war.

Die Linie verlief zwischen der Arbeiterschaft einerseits und der eher bürgerlich ausgerichteten Mittelschicht andererseits. Die Arbeiter waren zwar in ihren Werten eher traditionell ausgerichtet, aber politisch eindeutig an SPD und KPD orientiert. Die Mittelschicht war überwiegend nationalistisch orientiert war und bestand in

WEIDENBERG vor allem aus der protestantischen Handwerker-, Kaufmanns- und Beamtenschaft, einschließlich der meisten Lehrer und Pfarrer; sie alle neigten in den frühen 20-er Jahren deutlich dem rechten Spektrum der Deutschnationalen zu.

Die katholische Einwohnerschaft im Einzugsbereich des Marktes WEIDENBERG war ein Sonderfall. In den Orten westlich unterhalb der Frankenpfalz, also im ehemals markgräflichen Gebiet, machte sie zu der Zeit noch weit weniger als 10% aus. Die meisten von ihnen waren Mitarbeiter beim Amtsgericht. Ansonsten beschränkten sich die Katholiken geschichtlich bedingt auf das Gebiet um KIRCHENPINGARTEN und die damals noch kommunal selbstständigen Orte REISLAS, TRESSAU und LIENLAS; hier waren fast alle Einwohner durch die Gegenreformation „katholisch gemacht" worden. Sie hielten auch in der Weimarer Zeit ihrem eigenen Milieu eines politischen Katholizismus die Treue. Diese Einstellung hatte ihren parteipolitischen Kristallisationspunkt im „Zentrum" und zeigte sich der neuen Hitlerbewegung gegenüber ziemlich resistent, half ihm aber anlässlich des Konkordats in den Sattel.

Eindeutige Befürworter der neuen Hitlerbewegung gab es in WEIDENBERG anfangs eher wenige; nur die sich „fortschrittlich" gebenden ganz jungen Leute, die dem Hergebrachten kritisch gegenüber standen, waren neugierig auf Hitlers Revolution. Eine eher abwartende Position nahmen lange Zeit hindurch die in der Landwirtschaft Tätigen ein, und das waren viele. Ihnen kam HITLER dann letztlich erst durch die „Gleichschaltung" nach dem Jahr 1933 bei, indem er sie dem „Reichsnährstand" einverleibte. Auch setzte er ihnen einen „Ortsbauernführer" vor die Nase und nötigte sie zur Teilnahme an der „Erzeugerschlacht".

HITLER destillierte aus allen politischen Richtungen das ihm geeignet Erscheinende und versuchte so von Anfang an, Menschen aus jedem Spektrum für seine Bewegung anzusprechen. Seine enorme rhetorische Begabung half ihm bei diesem Spagat. Einerseits gab er sich nach dem Muster der „Rechten" als ein von der Vaterlandsleidenschaft restlos Besessener, der die Schmach von Versailles tilgen und das Volk zu neuer Einheit und Größe zusammenschmieden wollte; zugleich versprach er nach dem Vorbild der „Linken" eine soziale Revolution, welche die Umwälzungen der Marxisten noch bei weitem übertreffen sollte.

Religiös gab sich HITLER als Christ, der vorgab, die Kirchen vor dem Atheismus der kommunistischen Gottlosenbewegung retten zu wollen. Zugleich formte er seine eigene Nazi-Bewegung, die als politische Bewegung mit sozialen Zielen angetreten war, immer mehr zu einem allumfassenden Religionsersatz um, mit ihm selbst als Messias an der Spitze. Dieser breite Ansatz machte es schwer, HITLER auszurechnen. Jeder von einer Idee Überzeugte musste damit rechnen, von HITLER und seinen Nazis vereinnahmt zu werden.

Liest man die Reden und Predigten der Vereinsredner und Pfarrer dieser Zeit, so ist man entsetzt, wie oft hier ein Vokabular anklingt, das uns dann aus Hitlers späteren Reden vertraut erscheint. Dabei waren nicht diese Redner und Pfarrer die Nachahmer, sondern Hitler war der Plagiator, der gar keinen Anspruch auf Originalität vertrat, der vielmehr schamlos und konsequent jede Idee kopierte und ausnutzte, die seinen Aufstieg befördern konnte. So bereiteten ihm viele den Weg, ohne es eigentlich zu wollen. Ihr Tun und Reden wirkt auf heutige Leser oft „hitlerisch", ohne dass sie sich damals Hitler als Person oder gar „Führer" wünschten. So ist also der Nationalsozialismus in Weidenberg keineswegs erst im Jahr von Hitlers Machtergreifung 1933 vom Himmel gefallen, sondern er hat auch an diesem Ort seine lange und leichtsinnige Vorgeschichte.

Ein in dieser Hinsicht makabres Beispiel ist die Feier zum 50. Jubiläum des Veteranen– und Kriegervereins Weidenberg im Jahr 1924, bei der auch das bereits enthüllte Kriegerdenkmal an der Kirche seiner Bestimmung übergeben werden sollte. Hitler ist zu dieser Zeit noch in Landsberg in Haft. Bombastisch aufgezogen nahm diese Festliturgie vorweg, was dann seit dem 1. Mai 1933 zur routinierten Feierpraxis der Nazis wird.

Die aufwendigen örtlichen Fest- und Gedenkveranstaltungen zum Sedan-Tag und zu den eigenen Gründungsjubiläen mischten geschickt die verschiedenen Elemente von Gottesdienst, Propaganda, Kultur, Umzug, Volksfest und Unterhaltung. Auf diese Weise war der Veteranenverein seit Jahrzehnten breit in

Ein vaterländischer Verein, der zu feiern versteht:
Veteranen– und Kriegerverein beim Stiftungsfest 1899

der örtlichen Weidenberger Bevölkerung einschließlich der Pfarrerschaft verankert. Zwar war die Feier des Sedan-Tages, die Erinnerung an den Sieg Deutschlands über Frankreich 1870/71, seit 1919 offiziell verboten und galt als unzeitgemäß. Dennoch versuchte dieser Verein trotzig, seine Art von nationalistischen Volksfesten auch in der Zeit der Weimarer Republik weiter zu zelebrieren,

Die Mühen um dieses Fest im Jahr 1924 wurden durch einen ausführlichen, mehrteiligen Zeitungsbericht honoriert, der im Anschluss an die Feierlichkeiten am 7. und 11. Juli 1924 im Bayreuther Tagblatt erschien. Mit dem Lobpreis der „Volksgesundung" erklang auch hier bereits im Einleitungstext eine typische Vokabel aus Hitlers späterer Propagandadiktion:

„Das 50jährige Jubiläum des Veteranen- und Kriegervereins Weidenberg gestaltete sich zu einer Kundgebung, welche die Formen und den Rahmen ähnlicher Veranstaltungen in höchstem Maße überschritt. Deshalb bleibt diese Feier in der Geschichte Weidenbergs und Umgebung ein unvergängliches Merkmal für alle Zeiten, ein Auftakt zur Volksgesundung."

Neben zehn örtlichen Vereinen sind mehr als 20 weitere von auswärts geladen. Zwei dieser Gastvereine sind besonders auffällig. Ihre Anwesenheit zeigt, wie eng der Weidenberger Kriegerverein damals inzwischen schon mit den Hitler-Sympathisanten verbunden ist, die an ihrem Idol trotz seiner Haft festhalten. So wird als besonderer Gast aus BAYREUTH in WEIDENBERG der „Völkische Block" begrüßt, ein Bündnis aus NSDAP und DVFP, das bei den dritten Wahlen zum Bayerischen Landtag am 6. April und 4. Mai 1924 aus dem Stand gut 17% aller abgegebenen Stimmen bekommen hatte. Ähnlich rechts gerichtet und den Nazis nahe stehend ist auch der „Bund Bayern und Reich", der seine Mitglieder an diesem Sedan-Tag zum Mitmarschieren in Weidenberg mit Fahne im Dienstanzug mit Orden und Ehrenzeichen aufgefordert hat. 1921 gegründet und vom Staat unterstützt, unter dem vorgeblichen Ziel der „Wehrertüchtigung" auf einen föderalistisch-monarchischen Umsturz sinnend, war er eine Zeit lang mit Abstand die stärkste paramilitärische Vereinigung in Bayern in der Nachfolge der Bürgerwehren. Der BBR hatte engste Kontakte zur Reichswehr und auch zur aufstrebenden Hitler-Bewegung. Wie die Nazis hasste auch dieser Verein das demokratische Weimarer System. Er war im Herbst 1923 auch an den Vorbereitungen eines „Marsches auf Berlin" beteiligt, hatte aber am eigentlichen Hitlerputsch nicht teilgenommen. Der Verein zerfiel später und ging im rechtsgerichteten „Stahlhelm - Bund der Frontsoldaten" auf und unterstellte sich mit ihm im Jahr 1933 HITLER und seiner SA.

Die opulente Feier in WEIDENBERG im Juli 1924 währte drei Tage lang: Der ganze Ort „prangte im herrlichen Schmuck der Fahnen, Kränze und Blumen, sowie Ehrenpforten." Nach dem Zapfenstreich am Vorabend erklang am folgenden Morgen der „Weckruf des Festtages" auf den Straßen und Plätzen. Nach dem Empfang der auswärtigen Vereine und Festgäste formierte sich gegen 10 Uhr ein „imposanter Festzug" und „marschierte unter den Klängen der Kapelle Wagner, unter Vorritt dreier Chevaulegers, mit vielen Fahnen, mit Bundesbanner und schmucken jungen Festfrauen zum Kriegerdenkmal."

Nach Kranzniederlegung und Reden begaben sich „die Versammelten hierauf ins Gotteshaus zur eigentlichen Weihe des Tages; diese erreichte den Höhepunkt durch die Festpredigt des hochverehrten Herrn Pfarrers Redenbacher, die vom Bibelwort ‚Errichtet Denkmale und Zeichen' aus Jer. 31,21 ausging."

„Kamerad" und Veteran des Ersten Weltkrieges: *Pfarrer REDENBACHER als Lazarettseelsorger in Lokeren 1917*

Diese Predigt Redenbachers ist nach dem Fest auch beim Verlag ELLWANGER in BAYREUTH gedruckt worden und zeigt, auch wenn sie wohl weit über 30 Minuten gedauert haben muss, REDENBACHER in rhetorischer Glanzform. Sie macht verständlich, warum ältere Weidenberger Bürger auch heute noch von ihrem damaligen Pfarrer schwärmen und ihn für unvergleichbar halten.[22] Zwar will diese Rede religiös sein, ist aber politisch-ideologisch doch nicht ganz ohne Haken und Ösen.

Bewusst will REDENBACHER, der 1917-18 als Geistlicher im Feldlazarett in Flandern die Schrecken des Krieges kennengelernt hat, das Fest vor nur „äußerem Glanz, mit Klang und Sang und Zerstreuung allein" bewahren und die Menschen in „tiefen großen Gedanken" und „in heilsamen Entschlüssen verankern" und über dem irdischen Leben „das Fenster nach oben" offen halten. Er gibt sich aber auch deutlich vaterländisch und kritisiert den Internationalismus der Sozialisten, der dem Menschen keine Heimat gäbe. Ganz nah an Hitlers Propaganda ist er allerdings, wenn er von Gott als „Vorsehung" spricht und Vaterland mit „Rasse" gleichsetzt und davor warnt, Rassenunterschiede zu verwischen.

---

[22] Für die Geschichtsbeschreibung im Projekt ‚Myrten für Dornen' bildet Pfarrer GEORG REDENBACHER das „Leitfossil". Entlang seiner Wirkungszeit in Weidenberg von 1919-1949 werden die Themen dieses Projektes entfaltet, so in Folge 1 im Kapitel „Tannen für Hecken und Myrten für Dornen ...", in Folge 2 in den Kapiteln „Wo sind denn die Ritter? ..." und „Als Weidenberg Kurort werden wollte ...", usw.

Bemühungen um eine einheitliche Weltsprache als Weg zum Frieden, wie sie etwa zur gleichen Zeit sein von ihm wenig geachteter Kollege FRIEDRICH BUCKEL, der Erfinder der Weltsprache „UNA“, von der Pfarrstelle GESEES aus propagiert, geißelt REDENBACHER als „geschmackloses Unternehmen“; er fordert stattdessen einen scharf umrissenen „völkischen Nationalismus“. Die Kriegervereine sollten die „Gesundung und Neugeburt“ Deutschlands fördern. Aus Deutschland müsse „wieder ein einziger großer zusammenhaltender Verein werden“.

Der Pfarrer gemahnt in seiner Predigt an die „urgermanischen Tugenden Freiheitsliebe, Tapferkeit, Gastfreundschaft, besondere Achtung gegen die Frauen und tiefes religiöses Fühlen“. Der demokratische Diskurs im Reichstag erscheint ihm „unwürdig“ und „lächerlich“. HITLER hat ein Vierteljahr vorher sein Hafturteil empfangen und sitzt zu dieser Zeit noch im Zuchthaus Landsberg und plant die Zukunft seiner Bewegung. Indirekt und ohne Hitlers Namen zu nennen, fordert REDENBACHER Treue zum „Mann mit einer gewissen Weltanschauung“ und seiner Bewegung.

Hinsichtlich der Kriege sieht der Geistliche Gott als Schlachtenlenker und beschwört den bewaffneten Kampf als Mannesschule, die zur Gotteserkenntnis führe.

Dieser Gedankengang mutet bei REDENBACHER umso seltsamer an, als dieser beliebte Seelsorger ein erklärter Waffengegner war. Bereits in seinen studentischen Jahren und auch später im Kollegenkreis in SCHOTTENSTEIN und in BAYREUTH hatte er den Gebrauch von scharfen Waffen, etwa für Duelle beim studentischen Fechten, strikt als unchristlich abgelehnt und sich dadurch Feinde gemacht.[23]

Nach dem sehr emotional ausgerichteten Gottesdienst wird die Feier, „der durch einen kurz einsetzenden Gewitterregen kein Abbruch geschah,“ am Festplatz mit Festprolog, patriotischen Reden, Musik und Gesangsvorträgen fortgesetzt,

Nach 18 Uhr wird ein Teil der auswärtigen Gäste mit Musik und Gesang zur Bahn begleitet, wobei es zum Erstaunen des heutigen Lesers in der Zeitung von damals heißt: *„Der ‚Adolf Hitler-Marsch‘ fand durch begeistertes Mitsingen Widerhall“.*

Der Ausdruck „Adolf Hitler-Marsch“ wird sonst eigentlich auf Hitlers Marsch zur Feldherrnhalle am 9. Nov. 1923 angewendet. Man erfährt aber, dass beim Putschversuch das Lied „O Deutschland hoch in Ehren“ gesungen wurde, das der Zeitungsartikel hier gemeint hat. Dieses zackige Marschlied war seinerzeit das beliebteste deutsche Soldatenlied. Es war im Jahr 1859 von einem eingewanderten Engländer komponiert und von LUDWIG BAUER mit einem pathetischen Text versehen worden und konkurrierte stets mit dem Deutschlandlied. In der Weimarer Zeit und im Nationalsozialismus wurde dieses Lied tatsächlich in der Grundschule gesungen

---

[23] Vergl. in Folge 2 „Licht und Schatten der neuen Zeit ...“ insbesondere den Abschnitt „Ein Visionär, der den Gebrauch von todbringenden Waffen stigmatisiert“ ab S. 27.

Der Mann mit einer „gewissen Weltanschauung“: *HITLER 1924 in seiner Zelle vom Leibfotografen HOFFMANN zu Propagandazwecken aufgenommen*

und auswendig gelernt.[24] Offenbar hatte der allgemeine Sprachgebrauch bereits ein halbes Jahr nach Hitlers gescheitertem Putsch den Initiator dieses Putsches zur Hauptperson des Liedes gemacht. Und HITLER, der zu dieser Zeit noch in seinem Luxusknast in LANDSBERG saß, konnte sich über so viel Naivität die Hände reiben …

Als HITLER dann dank der großzügig gewährten Bewährung bereits am 20. Dezember 1924 im eigenen, noch in der Haftzeit neu bestellten Mercedes-Wagen die Festung Landsberg verlassen darf, sind seine Ideen vom Umbau Deutschlands und der Schaffung des neuen Menschen längst in aller Munde.

„Wieder in Freiheit“, so signiert HITLER pathetisch die Erinnerungskarten für seine Freunde, die sein treuer Hoffotograf HEINRICH HOFFMANN am Tag nach Hitlers Haftentlassung in Windeseile geschaffen hat. Als Triumph des Wiederauferstandenen werden die Fotokarten unter den Anhängern Hitlers sofort reißend verkauft.

Zur Erholung bei Hitlers treuer Bayreuther Freundin

HITLER knüpft auch gleich wieder Kontakte zu seiner treuen Bayreuther Freundin WINIFRED WAGNER und lässt sich noch in der Nacht nach seinem fulminanten ersten öffentlichen Wiederauftritt im Bürgerbräukeller am 27. Februar 1925 zur Erholung zu ihr fahren. Seitdem duzt sich HITLER mit WINIFRED WAGNER. Die vier kleinen Kinder im Haus, darunter auch die späteren Festspielleiter WIELAND und WOLFGANG WAGNER und die abtrünnige FRIEDELIND, dürfen ihn ab jetzt „Onkel Wolf“ nennen.

---

[24] Das Lied existiert in einer dreistrophigen und einer zweistrophigen Fassung, welch letztere mit Vorliebe bei den Turnern gesungen wurden. Das Lied ist heute noch im rechten Spektrum beliebt. In beiden Fassungen lautet der erste Vers:

O Deutschland hoch in Ehren, Du heil'ges Land der Treu,
Stets leuchte deines Ruhmes Glanz in Ost und West aufs neu!
Du stehst wie deine Berge fest gen Feindes Macht und Trug,
Und wie des Adlers Flug vom Nest geht deines Geistes Flug.
Haltet aus! Haltet aus! Lasset hoch das Banner wehn!
Zeiget ihm, zeigt dem Feind, dass wir treu zusammen stehn,
Dass sich unsre alte Kraft erprobt, wenn der Schlachtruf uns entgegen tobt!
Haltet aus im Sturmgebraus! Haltet aus im Sturmgebraus!

Frisch aus dem Zuchthaus mit neuem Mercedes: *„Wieder in Freiheit - Adolf Hitler - Landshut 26. Dez. 1924" – das berühmte, von Heinrich Hoffmann am Landsberger Markt nachgestellte und von Hitler signierte Foto als Gruß für seine Freunde und Verehrer*

Es ist der gleiche Tag, an dem auch, wie oben schon geschildert, der oberfränkische Nazi-Missionar Hans Schemm in die Partei eintritt. Bei Winifred Wagner wird es nach eigenem Bekunden noch ein knappes Jahr dauern, bis auch sie im Januar 1926 ihren Parteieintritt vollzieht. Sie erhält die Mitgliedsnummer 29.349 und jubelt Hitler persönlich im Juli beim Reichsparteitag in Weimar zu. Ihre aufmüpfige Tochter Friedelind behauptet später freilich, Winifred sei bereits 1920 oder 1921, also praktisch zum frühest möglichen Zeitpunkt überhaupt, der Hitlerpartei beigetreten. Das würde bedeuten, dass das Treffen der beiden beim Deutschen Tag in Bayreuth im Jahr 1923 kein Zufall, sondern wohl das vertraute Wiedersehen einer ganz frühen Verehrerin mit ihrem Idol war.

Viele Deutsche sehen damals in Winifred Wagner sogar die zukünftige Ehefrau Hitlers, nachdem ihr bisexueller Ehemann Siegfried im Jahr 1930 eines natürlichen Todes gestorben ist und sie mit 33 Jahren noch im besten Alter ist. Hitler gibt ihr seit seiner Machtergreifung 1933 aus Dankbarkeit für ihre Loyalität und aus Wertschätzung für die Musik Wagners zu jeder Inszenierung bei den Festspielen 55.000 Mark Zuschuss, also umgerechnet über 1/2 Mio. € pro Jahr, außerdem schenkt er ihr als Zeichen seiner persönlichen Wertschätzung einen Mercedes-Wagen.

Propagandaleiter Goebbels ist begeistert von dieser Anhängerin und urteilte im gleichen Jahr in seinem Tagebuch über sie: „Ein rassiges Weib. So sollten sie alle sein. Und fanatisch auf unserer Seite".

Vertrautes Paar: *ADOLF HITLER und WINIFRED WAGNER beim Festspielbesuch in Bayreuth 1939*

Ihr öffentliches Spruchkammerverfahren im Jahr 1947, das von der Weltöffentlichkeit mit großem Interesse wahrgenommen wird, ist dann die erste Verhandlung dieser Art, in der eine Frau als Hauptschuldige erscheint; die Anklage sieht sie als eine der begeistertsten Anhängerinnen Hitlers, die „in ihrem Fanatismus so weit ging, dass sie das Erbe Wagners den ideologischen Weltanschauungen des Nationalsozialismus zur Verfügung stellte". Zeit ihres langen Lebens – sie stirbt am 5. März 1980 im Alter von gut 82 Jahren – wird die Herrin vom Grünen Hügel ihre Verehrung für ihren großen Freund Hitler nie verleugnen, sondern sich auch öffentlich zu ihm bekennen.

Warum man später Hitler nicht mehr kennen darf ...

HITLER ist zu der Zeit des Parteieintritts von WINIFRED WAGNER im Jahr 1926 für viele Deutsche längst der Messias, der Deutschland zu neuer Größe führen wird. Darunter sind viele kleine Leute, die sich vom Schicksal gebeutelt oder von anderen Menschen schlecht behandelt fühlen; ihnen erscheint der emporstrebende Politiker und Demagoge als eine Lichtgestalt, die ihnen hilft, ihr eigenes Ich zu vergrößern, so auch dem Weidenberger Schneidersohn GEORG RUMLER.

Auch RUMLER fühlt sich in seiner Familie und bei seinen Mitbürgern in seiner Berufung verkannt. Er schielt fasziniert auf die weitere Entwicklung von Deutschlands zukünftigem Diktator und die Ausbreitung seiner Partei und sinnt heimlich darauf, mit ihrer Hilfe in seiner Heimat WEIDENBERG Hitlers Revolution durchzusetzen, wenn es an der Zeit ist.

Vor diesem Hintergrund wird auch deutlich, warum RUMLER in seinem späteren Spruchkammerverfahren so vehement darauf bedacht ist, seine Berührung mit den Nazis zur Zeit ihres Aufstiegs zu verschleiern. Wenn er behauptet, von 1921-1928 in Polen geweilt zu haben, dann ist dies genau der Zeitraum, in dem in Deutschland und auch in WEIDENBERG der Nationalsozialismus hochkommt, der so viele Menschen in seinen Bann zieht. RUMLER will sich schützen vor der Vermutung der

Spruchkammer, dass auch er, RUMLER selbst, schon in dieser frühen Zeit dem Nationalsozialismus verfallen sei.

Alles soll so aussehen, als sei er erst nach seiner Rückkehr aus Polen von dieser politischen Entwicklung im Land überrascht und eigentlich nur durch seinen Bekannten, den damals schon mächtigen HANS SCHEMM, zur Parteimitgliedschaft überredet worden, gewissermaßen ohne sich recht wehren zu können. Dabei haben unsere Recherchen oben schon gezeigt, dass Rumlers Angaben über seine Abwesenheit von WEIDENBERG so gar nicht stimmen können.

Nachdem schon in den Protokollen und Erinnerungen des Weidenberger Sportvereins, wie oben gezeigt, Rumlers Name in dieser Zeit wiederholt und nachhaltig auftaucht, erschüttern drei weitere Zeugnisse den Wahrheitsgehalt von Rumlers Selbstschutzaussage und bestätigen seine zumindest zeitweilige Anwesenheit in WEIDENBERG und im Bayreuther Land zu dieser Zeit.

Der wichtigste Zeuge ist Rumlers oben bereits vorgestelltes eigenes Arbeitsbuch. Es bescheinigt ihm, dass er von 1920-1927 „selbstständiger Installateur" gewesen sei. Von einer Auslandstätigkeit ist hier nicht die Rede. Ab Sept. 1927 bis August 1934 sei er dann Leiter des Elektrizitätswerkes WEIDENBERG gewesen und habe damit eine feste Anstellung im Marktort gehabt. RUMLER kann also zur Zeit des Dienstantritts beim E-Werk 1927 nicht in Polen gewesen sein. Dieses eine Jahr übersehen zu haben, könnte aber noch als verzeihlicher Irrtum in der Erinnerung eines von der Lagerhaft in HAMMELBURG 1945/46 geschwächten Gedächtnisses durchgehen.

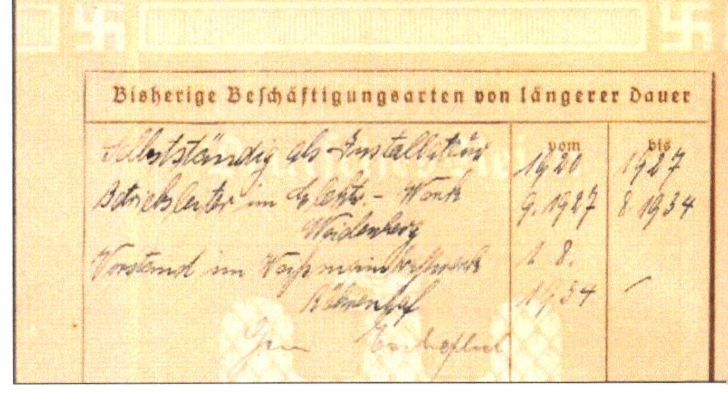

Bisherige Beschäftigungsarten von längerer Dauer	vom	bis
Selbständig als Installateur	1920	1927
Betriebsleiter im Elektr.-Werk Weidenberg	9.1927	8.1934
Vorstand im [illegible] Röhrenhof	1.8.1934	–

[illegible]

Ab 1920 Installateur, seit 1927 beim Elektrizitätswerk Weidenberg: *Arbeitsbuch von GEORG RUMLER*

Schwerer wiegt eine eigene Aussage, die RUMLER selbst über diese Zeit bei seiner ersten Vernehmung vor der Lagerspruchkammer in HAMMELBURG am 8. Mai 1947 macht. Sie stellt seine spätere Aussage über seinen Aufenthalt in Polen fast gänzlich infrage. Damals bekräftigt RUMLER nämlich: *„Ich habe im Jahre 1919 in Weidenberg mich selbstständig gemacht und zu diesem Zweck in späterer Zeit mir ein Motorrad zur schnelleren Beförderung zugelegt".*

In dieser Schilderung ist von einem dauernden oder zeitweiligen Polenaufenthalt überhaupt noch nicht die Rede. Vielmehr legt sich der Eindruck nahe, dass RUMLER seiner Tätigkeit von Weidenberg aus nachgeht. Dies deckt sich auch mit unseren Beobachtungen über seine Aktivitäten im Weidenberger Sportverein. Daran gemessen können seine Aufenthaltszeiten in Polen nur kurz und unerheblich gewesen sein, so unerheblich, dass er sie bei der ersten Befragung auch glatt „vergisst".

Die hier offenbare zusätzliche Abweichung nicht nur über das Ende, sondern auch über das Jahr des Beginns seiner selbstständigen Tätigkeit, nämlich bereits 1919 statt 1920, mag auf sein mangelhaftes Zahlengedächtnis zurückzuführen sein, das wir bei ihm häufig beobachten. Diese Schwäche beim Rechnen hat ihm möglicherweise schon den Eintritt ins elterliche Kaufmannsleben verbaut. Doch wenn man sie mit den obigen Aussagen verbindet, werden grundsätzliche Zweifel an seiner Glaubwürdigkeit als Zeuge überhaupt wach.

Dass RUMLER auch sonst zu auffallenden „Erinnerungslücken" neigt, wenn es ihm zweckdienlich erscheint, wird ihm auch vor der Spruchkammer 1947 ironisch bescheinigt: *„In Vernehmungen, die 1947 stattfanden, hat Rumler andere Aussagen gemacht, die sich im Widerspruch zu denen von 1946 befinden, so dass man von einem guten Erinnerungsvermögen wohl nicht sprechen kann".*

Rumler und Schiller – Zwei wie Hund und Katze

Schon bisher jedenfalls ist jedenfalls klar geworden, warum RUMLER solche Zahlenverwirrspiele betreibt: Ihm ist in der Rückschau daran gelegen, seinen eigenen Zugang zur Naziideologie während des Aufstiegs Hitlers so weit wie möglich zu verschleiern.

In Hassliebe verbunden:
CHRISTIAN SCHILLER 1936

In diesem Zusammenhang taucht nun erstmals auch die Person in Rumlers Biografie auf, die mit RUMLER für sein weiteres Leben auf merkwürdige Weise verbunden ist: der Ende 1910 geborene und damit 17 Jahre jüngere CHRISTIAN SCHILLER. Dieser Unternehmersohn ist ein weiterer gewichtiger Zeuge, der uns an Rumlers Zahlengedächtnis und seinen Angaben über diese Zeit zweifeln lässt.

Das Spruchkammerverfahren gegen SCHILLER im Oktober 1948 bescheinigt den beiden ein besonderes Verhältnis offensichtlicher Hassliebe, das uns bereits oben zum Bild miteinander verwachsener „siamesischer Zwillinge" veranlasst hat. Diesen beiden seien also unsere nächsten Betrachtungen über Rumlers Leben gewidmet.

CHRISTIAN SCHILLER lernt nach eigener Aussage als knapp 16-Jähriger RUMLER bereits im Jahr 1926 persönlich kennen. Auch diese Begegnung wäre wohl kaum möglich gewesen, wenn RUMLER in Polen gewesen wäre. Rumlers eigene Zeitangaben über diese erste Begegnung mit SCHILLER sind auch wiederum so diffus, dass sie weiter unten noch ausführlich diskutiert werden müssen.

Von ihrer ersten Begegnung an, wann immer sie genau war, bleiben RUMLER und SCHILLER auf eine fast rätselhafte Weise aneinander gekettet, wie Vater und Sohn einerseits, wie Hund und Katze andererseits. Über 23 Jahre hinweg beschnuppern und bekämpfen sie sich, vom vermutlich ersten persönlichen Kennenlernen 1926, über den Anfangspunkt von Rumlers Funktionärswirken in Nazi-Deutschland im Februar 1929, über Rumlers Zeit als verlängerter Arm Hitlers in WEIDENBERG, bis zum vorzeitigen Ende der politischen Tätigkeit Schillers für die SPD im Nachkriegsdeutschland 1949.

Ihre „Liebe" in dieser Zeit ist stets nur vom eigenen Nützlichkeitsdenken geleitet. Ihr kaum verborgener Hass in dieser Zeit versucht den anderen zu demütigen, wo es nur geht. Und wer von den beiden jeweils gerade die Macht hat, nützt sie auch gegen den anderen weidlich aus. Doch ganz in die Karten schauen lassen wollen sich beide dabei nie.

Nachdem sich auch die Spruchkammern nach dem Krieg in vielen Sitzungen ausführlich und fast wie in Psychogrammen mit diesem persönlichen Verhältnis zwischen RUMLER und SCHILLER auseinandergesetzt haben, erfahren wir über die Beziehung der beiden aus der Urteilsbegründung 1949 gegen SCHILLER: *„Aus Freundschaft zwischen beiden, bei Schiller Anhängerschaft, wurde später Gegner- und erbitterte Feindschaft. Offenbar gibt es einen Punkt, in dem sich ihre Interessen einmal scharf getrennt haben. Über diesen Punkt schweigen sich aber beide, offenbar mit voller Absicht, aus."*

Ja, das Geheimnis von Hund und Katze ist nur schwer zu enträtseln und hat viele Facetten. Es ist ein Duell mit ungleichen Waffen, aber auf Augenhöhe. Der in der Nazizeit zur Macht gelangte arme Schneidersohn RUMLER und der wohlhabende, aber in der Hitlerzeit politisch ohnmächtige Fabrikantensohn SCHILLER belauern sich permanent gegenseitig. Sie sind beide bis in die Nachkriegszeit hinein darauf bedacht, alle Möglichkeiten zu Einflussnahme und Selbstschutz auszuschöpfen und scharfe Munition zu sammeln, um den anderen irgendwann einmal ganz abzuschießen.

So sind auch die rückschauenden Angaben über den Zeitpunkt der ersten Begegnung zwischen beiden von Rumlers Bestreben diktiert, sich selbst vor dem Verdacht früher Nazileidenschaft zu schützen. Von einem Zusammentreffen mit SCHILLER schon im Jahr 1926 will RUMLER deshalb gar nichts wissen. Seine eigene Angabe „1929" korrigiert er später mehrfach weiter nach hinten, auf „1930 oder gar

1932". Dieses Zahlenrätsel ist von Bedeutung. Denn eine Ansetzung der ersten Begegnung bereits auf 1926, wie SCHILLER es tut, würde ja bedeuten, dass RUMLER bereits zu diesem frühen Zeitpunkt als Nazi entlarvt wäre.

Unbestritten ist von beiden, dass es ja bei dieser ersten Begegnung um die Frage geht, wie man Nazi-Parteimitglied wird. SCHILLER ist, typisch für diese Generation, als 16-jähriger Jugendlicher für die neue Bewegung entflammt; er sieht mit HITLER einen hoffnungsvollen Ausweg aus dem Weimarer Chaos aufleuchten und will sich in naiver Begeisterung den nach Hitlers Haft neu erstarkten, kraftstrotzenden Hitlerleuten anschließen.

Das erste weibliche NSDAP-Mitglied in Weidenberg:
LUISE SCHILLER, verh. SNIJDERS

Auch Schillers jüngere Schwester, die zu diesem Zeitpunkt 14-jährige LUISE, beginnt bereits in diesem zarten Alter, für ADOLF HITLER und seinen smarten Gauleiter HANS SCHEMM zu schwärmen. Offenbar hat sie ihn als Schülerin in BAYREUTH kennengelernt. So wird sie vier Jahre später als erste junge Frau in WEIDENBERG in die NSDAP eintreten, sobald sie das Mindestalter von 18 Jahren erreicht hat.

So ergibt sich für die Suche nach den eigentlichen **Anfängen des Nationalsozialismus in WEIDENBERG** mit fast zwingender Logik folgendes Bild: Im Jahr 1926 hat der junge und vom Hitlerismus faszinierte CHRISTIAN SCHILLER jemanden gesucht, von dem die jungen Leute mehr über diese Bewegung erfahren können. Er hat den 17 Jahre älteren RUMLER bewusst aufgesucht, weil er ihn bereits zu diesem Zeitpunkt für einen überzeugten Nazi gehalten hat, den ersten „richtigen" und kompetentesten Nazi in WEIDENBERG.

SCHILLER ist sein frühes Interesse am Nationalsozialismus später peinlich, er versucht es herunterzuspielen, als jugendlichen Leichtsinn abzutun oder ganz zu verdrängen. Deshalb erwähnt er diese erste Begegnung mit RUMLER ganz selten. Hätte SCHILLER aber mit seiner Frühdatierung 1926 recht, würde dies zugleich bedeuten, dass RUMLER zu dieser Zeit in WEIDENBERG und nicht in Polen war.

Wir haben also fast aus jedem Jahr von Rumlers angeblichem Aufenthalt in Polen Zeugnisse, dass er sich in WEIDENBERG aufgehalten hat, ja, dem Nationalsozialismus verfallen ist. Ihm ist diese Polengeschichte allein deshalb so wichtig, weil sie helfen soll, diese eigene frühe Hinneigung zu den Nazis mit allen Mitteln zu vertuschen.

Dass die beiden Kontrahenten, RUMLER und SCHILLER, von Anfang an so viel Verfängliches übereinander wissen und damit auch zunehmend abhängig voneinander werden, ist sicher ein Schlüssel zum Rätsel dieser eigentümlichen und komplexen Beziehung. Sie wird für den Ort in dem Moment zum Gewicht, in dem RUMLER Ortsgruppenleiter und damit Hitlers Repräsentant am Ort wird, während zugleich sein Gegenspieler SCHILLER zum größten Fabrikanten Weidenbergs und damit auch zum potenziell reichsten Mann am Ort wird.

5. Hans Schemm – der vergötterte „Pate“ der Weidenberger Nazis

Die Nazis sammeln in Oberfranken Kräfte zur Eroberung der Macht

Bereits vor der vorübergehenden Krise des Nationalsozialismus – die markiert war durch den misslungenen Hitler-Ludendorff-Putsch in MÜNCHEN im November 1923 und Hitlers Haft in Landsberg bis Dezember 1924 – hatte HITLER, wie gezeigt, bereits Anhänger in den meisten größeren Städten Oberfrankens, so auch seit dem „Deutschen Tag“ Ende September 1923 in BAYREUTH. Seine Freundin WINIFRED WAGNER war ja nur eine von vielen zukünftigen Parteigängern dort.

Wie das historische Lexikon der Landesbibliothek Bayern feststellt, hatte die Ortsgruppe BAYREUTH der NSDAP bereits zu Anfang des Jahres 1923 ihre Arbeit aufgenommen; im Frühjahr 1923 war der Lehrer HANS SCHEMM dort erstmals als Gastredner über Rassenlehre aufgetreten. Dann hatte sich diese Ortsgruppe aktiv an der Organisation des „Deutschen Tages“ beteiligt, sie war im Januar 1924 offiziell anerkannt worden, aber im November 1924, zusammen mit der Dachorganisation der NSDAP verboten worden.

Das Misslingen des Putsches, die Haft Hitlers und das Verbot der NSDAP hatten die Hitlerbewegung aber nur scheinbar geschwächt. In Wahrheit konnte HITLER mit seinen Vertrauten die Zwischenzeit gut nutzen, um die Weichen zur Machteroberung neu zu stellen. Statt erneut einen gewaltsamen Staatsstreich zu initiieren, will HITLER nun versuchen, möglichst viele Sympathisanten zu aktivieren und auf legalem Weg über reguläre Wahlen die Macht zu gewinnen. Zu diesem Zweck will er den Einfluss der Nazis in den einzelnen deutschen Ländern und größeren Städten stärken.

Die Folgen der Unvernunft der Bayerischen Regierung und Justizverwaltung, die HITLER seine Strafe nicht voll hatte absitzen lassen, zeigen sich bald. Zwar hatten sie sich bemüht, ihn als verurteilten „Hochverräter" und „politisch unerwünschten Agitator" wieder nach Österreich zurückzuschicken, doch deutsche Hitlersympathisanten am Gericht hatten die Ausweisung vereitelt, und der österreichische Bundeskanzler hatte abgewunken: Man wolle diesen notorischen Aufrührer in seiner Heimat Österreich nicht mehr haben, außerdem sei er durch seinen Militärdienst doch jetzt Deutscher geworden.

HITLER unterläuft dann alle weiteren Bemühungen, ihn aus Deutschland auszuweisen, indem er im Jahr 1925 selbst einen Antrag auf Entlassung aus dem österreichischen Staatsverband stellte. Dieses Gesuch wird am 30. April 1925 von den Österreichern auch gern bewilligt, weil sie auf diese Weise einen gefährlichen Agitator los werden. Nun war HITLER also staatenlos, und einen Staatenlosen aus Deutschland abzuschieben, war rechtlich praktisch unmöglich, solange kein anderes Land zur Aufnahme bereit war.

„National denken, den konfessionellen und sozialen Frieden wollen": *Offizielles Plakat zur Reichspräsidentenwahl 1925*

HITLER scheinen jetzt zwar die Hände gebunden bzw. der beredte Mund gestopft, er hat bis März 1927 öffentliches Redeverbot. Doch sein Parteiapparat bleibt funktionsfähig, der Zustrom von Aufnahmewilligen hält an. Dieses Interesse vieler Deutscher für die ruppige NSDAP ist umso überraschender, als zu dieser Zeit die Not und Inflation in Deutschland weitgehend überwunden scheinen. Dem ersten demokratischen Projekt seit dem Frankfurter Paulskirchenparlament 1848/49, der Weimarer Republik, könnte also eigentlich eine Atempause vergönnt sein.

In den Beziehungen zu den ehemaligen Kriegsgegnern setzen sich zu dieser Zeit gerade die Kräfte der Vernunft gegen den blinden Hass durch. Die Wirtschaft ist eben dabei, sich zu stabilisieren. Doch die reaktionären Kräfte erweisen sich als nachhaltiger, die Nazis und die anderen Rechtsparteien verzeichnen weiter eine unerwartete Zugkraft. Die Weltwirtschaftskrise ab dem Jahr 1928 wird dann den nächsten Schock auslösen und HITLER endgültig den Weg an die Macht ebnen.

Schicksalhafte politische Umstände spielen Hitlers Leuten zu dieser Zeit in die Hände. Nach dem Tod des ersten sozialdemokratischen Reichspräsidenten

FRIEDRICH EBERT, der von 11. Feb. 1919 – 28. Feb. 1925 das erste Oberhaupt der jungen Republik war, wählen 48,3 % der deutschen Wähler am 26. April 1925 im zweiten Wahlgang den Kandidaten der Rechten, den 77-jährigen einstigen Generalfeldmarschall des Kaisers PAUL VON HINDENBURG, zu seinem Nachfolger. Der Kandidat von Mitte und Linken WILHELM MARX kommt immerhin auf 45,3 %.

HINDENBURG ist bis heute das einzige Staatsoberhaupt in Deutschland, das je vom Volk direkt gewählt wurde. Seine Wahl zeigt, wie viele Menschen zur Zeit der Weimarer Republik noch dem alten System und seinen nationalistischen Bestrebungen verhaftet sind. Bereits die unbedachte Wiederzulassung der Partei der Nationalsozialisten im Februar dieses Jahres 1925 verdankt sich dem Einfluss der reaktionären Kräfte.

Die Bayreuther Nazis entdecken mit Hans Schemm das Land

Der oben erwähnte junge Lehrer an der Bayreuther Altstadtschule HANS SCHEMM hat sich bereits zu dem Zeitpunkt, als die NSDAP und auch ihre junge Ortsgruppe Bayreuth noch verboten sind, innerlich dem Nationalsozialismus zugewandt. Er hat aus seinen naturwissenschaftlichen Erkenntnissen als Biologe und Chemiker ein eigenes völkisch-rassistisches Gedankengut destilliert, das Hitlers absurden autodidaktischen Gedankenflügen aus einer missverstandenen darwinschen Lehre von Anfang an nahe steht; beide „funken“ sozusagen „auf der gleichen Wellenlänge“. Auch war HANS SCHEMM von Hitlers Auftritt beim „Deutschen Tag“ 1923 in BAYREUTH begeistert.

Es ist deshalb nur ein kleiner Schritt, dass SCHEMM, unmittelbar nach dem ersten öffentlichen Wiederauftritt Hitlers und der Wiedergründung der NSDAP, am 27. Februar 1925 seinen offiziellen Parteieintritt vollzieht. Er erhält die Mitgliedsnummer 29.313, die nur 36 Plätze vor der Mitgliedsnummer von WINIFRED WAGNER liegt und welche beide, obwohl sie nicht am Marsch auf die Feldherrnhalle beim Putsch in MÜNCHEN teilgenommen haben, als „Alte Kämpfer“ ausweist.

SCHEMM entfaltet zielstrebig eine große Aktivität mit weit reichender Wirkung. Ihm gelingt es in unermüdlichen Propagandaauftritten, ganz Oberfranken und das Bayreuther Land binnen ganz weniger Jahre den Nazis zuzuführen.

SCHEMM wird zur entscheidenden Leitfigur des politischen Geschehens in diesem Raum und zu ihrem Erfolgsgaranten. Viele Nazis wissen Schemms Agitationskraft zu schätzen; sie ist bei ihm verbunden ist mit seiner gewinnenden Art und einer scheinbar religiösen Aura, die er verbreitet, verschafft ihm aber auch manche innerparteilichen Neider.

Seit Mai 1927 ist SCHEMM Bezirksleiter der NSDAP im Bezirk BAYREUTH-PEGNITZ; ab Oktober 1928 darf er erstmals als Gauleiter zunächst im Untergau

Oberfranken der NSDAP fungieren. Damit ist er einer der mächtigen Männer im Parteigefüge.

Nach Hitlers Machtergreifung 1933 sollen diese Gaue dann über die Parteistruktur hinaus auch als neue Regierungsstruktur zunehmend die alten Länder ersetzen. Die Parteigaue Niederbayern-Oberpfalz und Oberfranken werden deshalb über die Grenzen der Landsmannschaften von Franken und Oberpfälzern hinweg zur größeren künstlichen Einheit, dem „Gau Bayrische Ostmark" zusammengelegt. SCHEMM wird zum Leiter dieses neu strukturierten Gaues ernannt. Die „Wagnerstadt" Bayreuth soll als Gauhauptstadt pompös ausgebaut werden.

Als persönlich von HITLER ernannter „Gauleiter" ist SCHEMM Teil der obersten Führungsriege in der hierarchischen Struktur des NS-Führerstaates, besitzt aber zugleich die Freiheiten eines absolutistisch regierenden Provinzfürsten. Niemand redet ihm drein, wenn es nicht HITLER selber tut. So drückt der charismatische SCHEMM dem politischen Geschehen in Oberfranken seinen ganz persönlichen Stempel auf.

SCHEMM hat als einer der ersten Nazis die Bedeutung des flachen Landes für das Wachsen der Partei erkannt. Bis dahin hatten die Nazis ihre Propaganda vor allem auf die größeren und mittleren Städte konzentriert und dort auch einige Erfolge errungen. Coburg war die erste Mittelstadt, in der die Nazis bereits im Jahr 1922 einen viel beachteten erfolgreichen Start erreichten. Hitlers unverzichtbare Wirkung hatte sich bei der gegenüber München ganz anders strukturierten Bevölkerung bestätigt. Bei der liberal geprägten Bevölkerung im ehemaligen, frisch zu Bayern gekommenen Herzogtum hatte Hitlers Rede gezündet; die antisemitistisch ausgerichtete Rhetorik hatte gefruchtet; binnen sieben Jahren, vier Jahre vor der Machtergreifung, erreichten die Nationalsozialisten sogar die absolute Mehrheit im Stadtrat. Hitlers Vasall FRANZ SCHWEDE konnte jetzt dort als Bürgermeister wie ein Diktator regieren.

Auch in vielen anderen Städten kommen die Nazis in dieser Zeit in die Stadträte, aber oft nur mit einzelnen Kandidaten. Je kleiner die Städte, desto geringer ist zu dieser Zeit meist noch der Einfluss der Nazis, das werden wir dann auch in WEIDENBERG beobachten.

SCHEMM setzt von Anfang an alles daran, nicht nur im Zentrum seines Gaues in BAYREUTH die Naziherrschaft zu etablieren, sondern er hat den Ehrgeiz, ganz Oberfranken zur Nazihochburg zu machen. Sein Erfolgsrezept ist es, dass er in seinem Gebiet auf das fränkische Volkstum und das Lokalkolorit setzt. Er verleiht den naziinternen Strukturen ein geradezu folkloristisches Gepräge, gibt sich stets verbindlich, volksnah und religiös, knüpft an regionale Befindlichkeiten an und lässt sich

Smart und fotogen: *HANS SCHEMM redet*

1927 bei einer Kundgebung in Kulmbach sogar zum „Frankenführer" ausrufen. Er ist in einem beachtlich volkstümlichen Sinn „populistisch".

Ab dem Jahr 1928 wird SCHEMM aufgrund seiner außerordentlichen rhetorischen Fähigkeiten zum „Reichsredner der NSDAP" ernannt. Seit dem gleichen Jahr sitzt er für die NSDAP auch im Bayerischen Landtag, auch wenn diese dort vorerst nur bescheidene 6% der Stimmen bekommen hat. Bei den Sitzungen fällt er von Anfang an freilich mit seiner aggressiven Rhetorik auf; er muss sich wegen Beleidigung, ja, sogar wegen eines Deliktes der fahrlässigen Tötung, rügen lassen, lässt sich aber trotzdem als Mitglied in vielen Kommissionen aufstellen.

Neben unzähligen populistischen Reden weiß SCHEMM seine Wirkung auch als Schriftleiter diverser Nazizeitungen zu steigern und wird sogar Inhaber des Nationalsozialistischen Kulturverlags BAYREUTH. Ein wichtiges Schlachtfeld sieht er insbesondere in der konsequenten Gewinnung der Volksschullehrerschaft, die ja, nach dem NS-Kindergarten, die nächste Instanz ist für die frühe politische Erziehung der Jugend.

Die Lehrer fallen ihm in atemberaubendem Tempo zu, bei ihnen rennt er gesinnungsmäßig offenbar offene Türen ein. Diese nach Anerkennung hungernde Berufsgruppe, die jahrhundertelang unter kirchlicher Vormundschaft stand und sich von allen Seiten gedemütigt fühlte, wie einst „Lehrer Lämpel", witterte nun ihre Chance, ihrer Rolle mehr Gewicht zu verleihen und ihr Ich zu vergrößern. So sehen wir sie allenthalben auf dem Land bei der NSDAP Funktionen übernehmen, von Propagandisten, über SA-Führer, bis hin zu Ortsgruppenleitern. SCHEMM ist ihre Stimme; er wird Vorsitzender des Deutschen Lehrervereins und Leiter des NS-Lehrerbundes.

Nationalsozialist Schemm im Einvernehmen mit dem Evangelischen Landesbischof

Auch mit der Evangelischen Kirche in Bayern, die nach dem Ende des Kaiser- und Königreiches ihr Oberhaupt verloren hat und noch auf der Suche ist nach einem neuen Profil, weiß SCHEMM sich gut zu stellen. Es gelingt schließlich im Jahr 1933, den seit 1920 amtierenden, eher kritisch eingestellten Kirchenpräsidenten FRIEDRICH VEIT zum Rückzug zu bewegen und durch den gegenüber den Nazis wesentlich loyaleren Bischof HANS MEISER zu ersetzen. MEISER ist vom aktiven Protestanten SCHEMM geblendet. Obwohl SCHEMM nicht nur das diffuse „positive Christentum“ Hitlers predigt, sondern sich darüber hinaus in seinem bombastischen „Haus der Erziehung“ in Bayreuth auch für eine sehr abartige Nazi-Pseudoreligion mit Mutterkult starkmacht, sieht der neue Landesbischof in ihm doch stets einen „anständigen Nazi und Christen“.

Gutes Image bei der Kirchenleitung: *HANS SCHEMM (3. REIHE) bei der Bischofseinführung von HANS MEISER (2. Reihe) in Nürnberg 1933*

So erstaunt es auch kaum, dass MEISER noch lange nach Schemms Tod für diesen fanatischen Naziagitator beim posthumen SPRUCHKAMMERVERFAHREN nach dem Zweiten Weltkrieg einen ausführlichen „Persilschein“ ausstellt: Wenn alle Nazis so menschlich und religiös gewesen wären wie SCHEMM, dann wäre es nicht zu den Auswüchsen des Nazisystems gekommen, meint MEISER treuherzig.[25]

[25] Vergl. BERND MAYER, Eine Stadt wird entnazifiziert, S. 51ff.

SCHEMM ist die entscheidende Leitfigur der Nationalsozialisten in Nordbayern. Waren die Parteiaktivisten bis dahin eher durch ihre Aggressivität als durch ihre politischen Erfolge aufgefallen, so gelingt es SCHEMM in zielstrebiger Arbeit, eine zunehmende Anzahl von Menschen wirklich politisch zu überzeugen und den Nazis zuzuführen. Binnen ganz weniger Jahre verwirklicht SCHEMM mit Schwung, Ausstrahlung und Überredungskunst sein Ziel, das Bayreuther Land und ganz Oberfranken zur Nazi-Hochburg zu machen. Überall ist der rührige SCHEMM präsent, er lässt sich nicht nur als der „schöne Hanni“ von den Frauen anhimmeln, sondern zehrt sich für Hitlers Nationalsozialismus förmlich auf.

Schemms Propaganda wird nicht nur in BAYREUTH, sondern auch auf dem Land rasch hoffähig. In unzähligen Einsätzen per Motorrad mit oft mehreren Reden am selben Tag an verschiedenen Orten bemüht er sich erfolgreich um die Missionierung des Umlandes. Schemms Reden sind stets antikommunistisch, antidemokratisch und klar antisemitisch. Allerdings macht der aggressive Ton der „Kampfzeit“ zunehmend einer bewusst milderen Diktion mit religiösen Untertönen Platz.

Kann SCHEMM anfangs noch mit verzerrtem Gesicht in die Mikrofone brüllen, wie es auch Wikipedia heute noch gern überliefert: *„Wir sind revolutionär, wir wollen den gegenwärtigen Staat stürzen ... An unseren Feinden werden wir Rache nehmen und zwar blutige Rache.“, „Wir sind nicht objektiv - wir sind deutsch!“, „ ... dass an jedem Laternenpfahl ein Jude baumeln solle“*, so werden die späteren Parteireden immer mehr zu ideologisch gefärbten schönen Predigten, in denen SCHEMM den Glauben an Gott als das Höchste preist, ergänzt mit dem Gedanken des „Volkes“, das für den Menschen alles sei.[26]

Die Reichstags- und Landtagswahlen vom 20. Mai 1928 sind für HITLER ein erster Testfall für seinen neuen Weg durch die Parlamente — und erweisen sich vielfach als Flop. Trotz eines riesigen Aufwandes an Propaganda, massivem Einsatz des höchsten Parteipersonals, aber auch mit angsteinflößender Gewalttaten gelingt es den Nationalsozialisten nicht, auf Landtags- und Reichstagsebene in Deutschland mehr als enttäuschende 6 % zu gewinnen. HITLER ist der Meinung, in seinem Anliegen vom Volk zu wenig verstanden worden zu sein. In seiner Unzufriedenheit entwirft er sein oben bereits erwähntes „Zweites Buch“, das seine außenpolitischen

---

[26] Beachtenswert ist das Buch, das Schemms Mitarbeiterin GERTRAUD KAHL-FURTHMANN erstmals im Jahr 1935 herausbrachte: „Hans Schemm spricht – Seine Reden und sein Werk“, das seitdem in unzähligen Auflagen nachgedruckt wurde. Es zeigt einen durchaus nachdenklichen Redner, der die Weltanschauung, Pädagogik und Politik des Nationalsozialismus in vielen Aspekten vorstellt und mit dem volkskirchlichen Christentum konfrontiert. Bei ihm nehmen die Religion und die Ehrfurcht vor Gott einen breiten Raum ein. Er fordert aber auch von der Kirche nachdrücklich ein klares „Bekenntnis zu Volk und Rasse“.

Ziele klarer darlegen soll, aber dann doch auf Anraten seiner Parteifreunde unveröffentlicht bleibt.

Doch bereits zu diesem Zeitpunkt kann SCHEMM in seinem gut organisierten und gefestigten Gau die ersten Früchte seiner populistischen Taktik ernten: in Oberfranken erringt die NSDAP immerhin schon fast 11 % der Stimmen, bei rasch weiter steigender Tendenz. Schemms Ruhm verbreitet sich schnell auf höchster Ebene.

Während im protestantischen Franken sich dank SCHEMM eine wachsende Anhängerschar um Hitlers NSDAP gruppiert, stagniert freilich in der übrigen Weimarer Republik der Aufstieg der Nazis. Doch helfen dann vor allem äußere politische und wirtschaftliche Ereignisse den Nazis in dieser Zeit weiter, wie es sich auch später des Öfteren wiederholt.

Die Weltwirtschaftskrise seit 1928 radikalisiert die Deutschen

So lenkt die Diskussion um den „Young-Plan" ab Mitte 1929 neues Wasser auf die Mühlen der Nazis. Ein Ausschuss der Siegermächte des Ersten Weltkriegs hat in PARIS unter Leitung des amerikanischen Wirtschaftsexperten OWEN YOUNG die Reparationen neu festgelegt, die der Verlierer Deutschland zu zahlen hat. Die Geldleistungen an die Sieger werden, um Deutschland nicht zahlungsunfähig zu machen, bis ins Jahr 1988 (!) gestreckt. Zugleich bieten die Alliierten an, die deutsche Souveränität wieder herzustellen und die besetzten Gebiete im Rheinland und der bayerischen Rheinpfalz bereits 1930 vorzeitig zu räumen, also lange, bevor HITLER dann sechs Jahre später seinen propagandistischen Handstreich der „Rheinlandbefreiung" aufführt und als Heldenstück preist.

Doch es sind die rechtskonservativen Kräfte, die gegen den „Young-Plan" Sturm laufen; sie initiieren ein Volksbegehren gegen die drohende „Zinsknechtschaft", die schon das erste NSDAP-Programm gegeißelt hat. Doch ihr Volksentscheid vom 22. Dez. 1929 hat nur in Mittel- und Oberfranken einen gewissen Erfolg und fällt ansonsten durch. Noch nach den Kommunalwahlen am 8. Dez. 1929 stellen die Nazis in Deutschland nur 2 % der gewählten Stadt- und Gemeinderäte! Der Young-Plan wird bereits 1930 im Zeichen der Weltwirtschaftskrise gecancelt.

Es ist erst diese Weltwirtschaftskrise, die sich bereits im Jahr 1928 anbahnt und nach dem Börsenkrach in New York am „Schwarzen Donnerstag", dem 24. Oktober 1929, auch rasch Deutschland ergreift, welche die Bevölkerung so fundamental verängstigt, dass sie beginnt, nach dem starken Mann zu rufen. Immer mehr Menschen hoffen auf problemlösende Patentrezepte. Das Vertrauen in die Wirtschaft ist im Schwinden, die Banken drosseln die Kreditvergabe, die Konsumenten halten sich beim Geldausgeben zurück, die Unternehmen fahren die Produktion herunter und entlassen aus Kostengründen ihre Arbeiter. Die bitteren Erfahrungen der Not und der Inflation der frühen Nachkriegsjahre sind sofort wieder lebendig. Und am Rand des Geschehens stehen schon die Radikalen kampfbereit. Alle Zeichen stehen auf Sturm. Die Angst vor einem neuerlichen Revolutions-Chaos steigt.

Diese wirtschaftliche Notsituation, die sich bereits seit 1928 abzeichnet, ist der eigentliche Auslöser für das Wachstum der NSDAP auch in WEIDENBERG. Mitten hinein in die eskalierende Weltwirtschaftskrise wird die Weidenberger NSDAP-Ortsgruppe geboren. Und so haben viele Weidenberger Nazis dieser ersten Stunde, vor allem aus dem Handwerk und der Geschäftswelt, später in ihren Spruchkammerverfahren die Gelegenheit, genau diese sich anbahnende Wirtschaftskrise als den Hauptentschuldigungsgrund für ihren damaligen Parteieintritt zu benennen.

Propagandaauftritt der obersten Nazi-Führungsriege: *Auf dem Marktplatz in Bayreuth 1930, v.li. Ritter V. EPP, ADOLF HITLER, RUDOLF HEß, HANS SCHEMM, LUDWIG SIEBERT, HEINRICH HIMMLER, JULIUS STREICHER,*

„Mit dir sind es 17" – Der Beginn der Nationalsozialisten im Jahr 1929 in Weidenberg

Mit vielen dieser frühen Nazis hat GEORG RUMLER schon vor 1929 enge Berührung gehabt; er hat sie an seinen allmählich wachsenden politischen Überzeugungen teilhaben lassen. Jetzt kann er erste Früchte ernten. Zwar weist RUMLER , über eine gewisse Eloquenz hinaus, keine besonderen geistigen und körperlichen Vorzüge auf, die ihn unbedingt zur Führungsfigur prädestinieren würden; ja, er ist im beschaulichen Marktort WEIDENBERG eigentlich weiterhin ein Außenseiter, der es bis dahin schwer hatte, überhaupt akzeptiert zu werden. Doch nun entpuppt er sich eindeutig

Schmächtig – und doch der starke Motor der Weidenberger Nazis: *Georg Rumler auf seinem ersten Parteibuchfoto 1930*

als die führende Hand und der lenkende Kopf hinter dem jetzt folgenden verblüffenden historischen Geschehen: In Weidenberg wird von heute auf morgen eine wirkungsvolle politische Zelle geboren, die innerhalb weniger Jahre in die Mitte der Bürgerschaft hineinwächst und den Marktort zu einer Nazihochburg im Raum des südlichen Fichtelgebirges werden lässt.

In seiner späteren Vernehmung vor der Lagerspruchkammer Hammelburg am 8. Mai 1947 wird Georg Rumler auch zu dieser frühen Geschichte der NSDAP in Weidenberg befragt. Er gibt einen lebendigen Bericht, der in den Unterlagen dieser Vernehmung protokolliert wird. Dies ist die bislang einzige bekannte historische Quelle, die uns diese Anfänge des Nationalsozialismus im Marktort Weidenberg mitteilt. Es ist also zu bedenken, dass diese Darstellung die Sicht eines überzeugten Nazi-Ortsgruppenleiters widerspiegelt, der sich selbst vor Gericht möglichst weit aus der Schusslinie bringen möchte. Deshalb ist eine kritische Analyse unerlässlich:

„Ende Febr. 1929 fand in Weidenberg im Saale Vogel die erste Versammlung statt, die von dem Nationalsozialisten Hans Schemm einberufen und auch geleitet wurde. Nach der Rede des Herrn Schemm meldeten sich 16 der Anwesenden zur Partei. Schemm, der ein Schulkollege von mir war, grüßte mich, als er mich erkannte, persönlich, und auf meine Frage, wie viele er nun für die Partei geworben habe, antwortete er: »Wenn Du Deinen Beitritt erklärst, sind es 17«. Ich habe dann meine Zustimmung gegeben. Er rief sofort seinen Mitarbeiter heran, und der Beitritt war vollzogen. Ich wurde an demselben Abend von Schemm aufgefordert, doch die Ortsgruppe als Führer zu übernehmen. Nach längerem Hin und Her erklärte ich mich bereit, übergangsweise dieses Amt anzunehmen. Ich habe dann das Amt bis zum Schluss beibehalten."

Nach den Informationen in diesem hochinteressanten und lebendigen Bericht Rumlers wäre die Initiative zur Gründungsversammlung für die Weidenberger Nazi-Ortsgruppe und ihre Vorbereitung und Durchführung allein vom Bayreuther Gauleiter Hans Schemm ausgegangen. Das ist aber nicht sehr glaubhaft. Schemm war zwar ein geschickter Organisator und äußerst rühriger Menschenfänger, aber durch die riesige Menge an Veranstaltungen und Verpflichtungen für die Nazis steckte er bis zur Halskrause in Arbeit und hatte eigentlich gar keine Zeit, solche Abende vor Ort auch noch vorzubereiten. Vielmehr musste er sich ganz auf seine örtlichen Zuarbeiter und ihren Ehrgeiz verlassen, dass sie vor Ort intensive Werbung betreiben und auch die nötige Infrastruktur bereitstellen.

So dürfen wir als sicher annehmen, dass es in Wahrheit RUMLER selbst war, der diesen Abend organisatorisch vorbereitet hat. Er hat die Wirtsleute im GASTHAUS VOGEL am Obermarkt angesprochen. Er hat eine größere Anzahl von „geeigneten Kandidaten" mobilisiert, denn er will sich an diesem Abend nicht blamieren. Und er hat auch die Einladungen im Namen Schemms an die potenziellen Nazijünger ausgeteilt hat und die weitere Werbung im Marktort und der ganzen Umgebung veranlasst.

Noch sind ja die Nazis auch in den meisten anderen Orten Oberfrankens zu dieser Zeit eine eher kleine Minderheit. Wohl seit Mitte der 20-er Jahre, vielleicht schon seit dem „Deutschen Tag" 1923 in Bayreuth, ist RUMLER aber einer der ersten Nazi-Sympathisanten in WEIDENBERG. Er kennt als Einheimischer die Weidenberger Szene genau und kann sich vorstellen, wie man in einem so biederen, bäuerlich und handwerklich geprägten Marktort ein so aufsehenerregendes revolutionäres Projekt unter die Leute bringen kann.

So wird RUMLER zum eigentlichen Initiator für den Aufstieg der Nazis in WEIDENBERG. Und genau hier liegt der Grund, warum er später so außerordentlich darauf bedacht ist, gerade diese Phase seines Lebens so systematisch zu verschleiern und zu verbiegen. Er will nicht als „Aktivist" des Nazi-Systems verurteilt werden. Denn mit der drohenden Bestrafung wäre er aus der Gesellschaft weitgehend ausgeschlossen.

„Aktivist" ist nach Artikel 7 des Gesetz Nr. 104 zur Befreiung von Nationalsozialismus und Militarismus von 1946, wer durch seine Stellung oder Tätigkeit die Gewaltherrschaft der NSDAP wesentlich gefördert hat, Zwang und Drohung, Gewalttätigkeiten, Unterdrückung oder sonstige ungerechte Maßnahmen ausgeübt hat und sich als überzeugter Anhänger der nationalsozialistischen Gewaltherrschaft, insbesondere ihrer Rassenlehre erwiesen hat. Ihm drohen langjähriges Arbeitslager oder Sonderarbeiten für die Allgemeinheit, Vermögenseinzug als Beitrag zur Wiedergutmachung, dauerhaftes Verbot bei der Übernahme öffentlicher Ämter, Verlust von Rentenansprüchen und des Wahlrechtes, Berufsverbot und das Verbot jeder politischen oder gewerkschaftlichen Betätigung, Aufenthaltsbeschränkungen und sogar der Verlust des Führerscheins.

Rumlers Chance ist, dass ihm niemand im Ort eigentlich ein führendes Amt zutraut, nachdem man ihm schon im Fußballverein den Vorsitz kühl verweigert hat, und dass viele einfach seinen Ehrgeiz unterschätzen. Mit diesem scheinbar negativen Pfund der Verkennung seiner Persönlichkeit weiß er stets zu wuchern. Wie sicher und unbeirrbar dieser unscheinbare kleine Mann mit den hängenden Schultern als Orts-Diktator sein Amt ausführt, erinnert an die Attitüde von Hitlers Propagandaminister JOSEF GOEBBELS und hat sicher viele Weidenberger damals verblüfft und sprachlos gemacht.

Allerdings war RUMLER an diesem denkwürdigen Abend im GASTHOF VOGEL trotz seiner langjährigen Sympathie für HITLER und SCHEMM noch nicht offizielles Parteimitglied, er neigte ja auch sonst zu einer gewissen Lethargie und ließ sich gern von anderen antreiben. So trat er auch in diesem Fall erst mit Schemms Impuls in die NSDAP ein, er erhielt erst nach diesem Abend zum 1. März 1929 seinen ersten Parteiausweis und die Mitgliedsnummer 121.842.

Mit RUMLER hat also die NSDAP seit dem Parteieintritt von HANS SCHEMM vier Jahre zuvor ihre Stärke vervierfacht und knapp 100.000 Mitglieder in ganz Deutschland hinzugewonnen, ein großer Erfolg für Hitlers neuen Kurs seit seiner Landsberger Haft. Mit der Weltwirtschaftskrise steigern sich die Zahlen rasant, um im Feb-

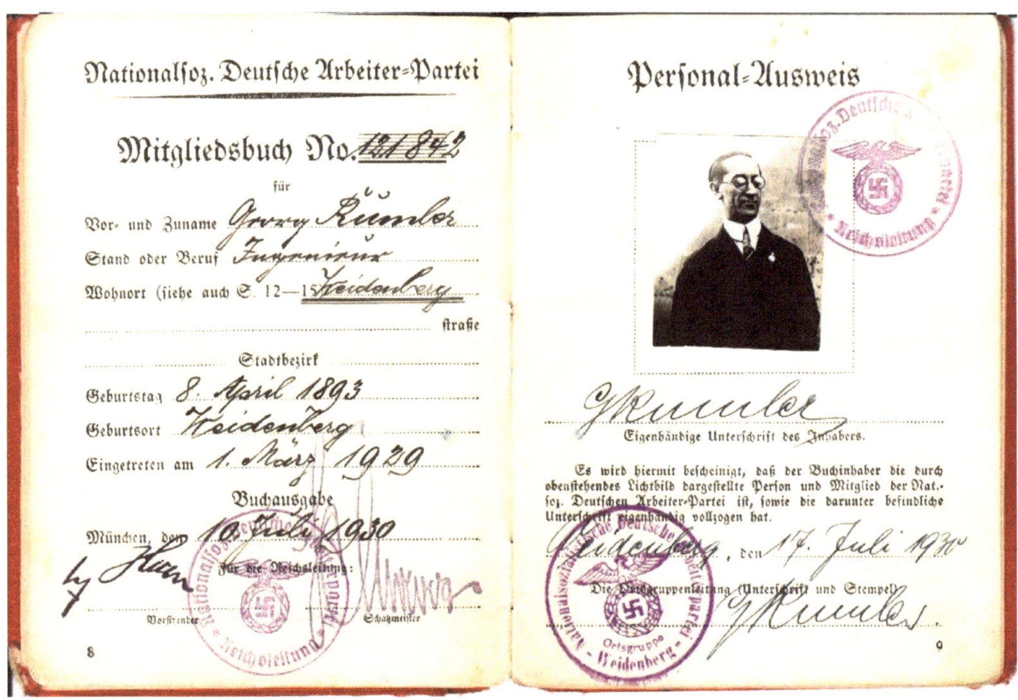

Nationalsoz. Deutsche Arbeiter=Partei

Mitgliedsbuch No. 121 842

für

Vor- und Zuname Georg Rümler

Stand oder Beruf Ingenieur

Wohnort (siehe auch S. 12—15) Weidenberg

straße

Stadtbezirk

Geburtstag 8. April 1893

Geburtsort Weidenberg

Eingetreten am 1. März 1929

Buchausgabe

München, den 10. Juli 1930

Für die Reichsleitung:

Vorsitzender Schatzmeister

8

Personal=Ausweis

Eigenhändige Unterschrift des Inhabers.

Es wird hiermit bescheinigt, daß der Buchinhaber die durch obenstehendes Lichtbild dargestellte Person und Mitglied der Nat.-soz. Deutschen Arbeiter-Partei ist, sowie die darunter befindliche Unterschrift eigenhändig vollzogen hat.

Weidenberg, den 17. Juli 1930

Die Ortsgruppenleitung (Unterschrift und Stempel)

9

Vom „Führer" unterschrieben: *Das erste Parteibuch von GEORG RUMLER bescheinigt seinen NSDAP-Beitritt zum 1. März 1929*

ruar 1932 erstmals die Millionengrenze zu erreichen. Zum Vergleich: Diese hohe Mitgliederzahl erreichte nach dem Krieg nur die SPD einmal knapp, im Jahr nach der Wende 1989, um bis heute allmählich, vergleichbar den anderen Parteien, auf weniger als die Hälfte zurückzufallen.[27]

Fortan durfte sich RUMLER als Mitglied der imaginären Gemeinschaft der „Alten Kämpfer" fühlen. So nannten sich alle Nazis, die eine Mitgliedsnummer unter 300.000 hatten. RUMLER gehörte damit zwar nicht zur „Alten Garde" der knapp 20.000, also zu den glorifizierten Zeugen und „Märtyrern" der Partei, die HITLER bereits bei seinem Marsch zur Münchner Feldherrnhalle begleitet hatten und denen er sein Buch „Mein Kampf" gewidmet hatte. RUMLER konnte aber später doch stolz und ein wenig verächtlich auf alle diejenigen blicken, die dann erst nach der Machtergreifung 1933 in die Nazipartei eintraten und denen man gern unterstellte, dass sie es nur um des eigenen Vorteils willen taten.

Dem Bestreben solcher „Trittbrettfahrer" und „Konjunkturritter" schob HITLER im April 1933 einen Riegel vor, indem die Parteileitung einen allgemeinen Parteiaufnahmestopp verhängte, der erst ab dem Jahr 1937 teilweise aufgehoben wurde. Da waren doch RUMLER und seine bereits im Jahr 1929 angeworbenen Weidenberger Frühnazis aus einem ganz anderen Holz geschnitzt!

Sehr anschaulich und anekdotenhaft erzählt RUMLER in seinem oben abgedruckten Bericht vor der Spruchkammer davon, dass außer ihm ja noch 16 weitere Männer bei dieser abendlichen Gründungsversammlung des Ortsvereins im Februar 1929 in die NSDAP eingetreten seien. Doch auch dieser Teil der Erzählung dient wieder, wie so vieles, was RUMLER erzählt, eher zur Verschleierung, als zur Klärung seiner eigenen Rolle. Er stellt es so dar, als hätten sich alle anderen Teilnehmer an diesem Abend vor ihm gemeldet und als hätte es erst des besonderen Anstoßes von SCHEMM bedurft, um auch ihn, den nachdenklichen Zauderer, zu seinem Entschluss zu bewegen.

Diese Verschleierungstaktik, mit der er immer dann, wenn es für ihn brenzlich wird, andere bezichtigt und vorschiebt, scheint bei RUMLER von Kindesbeinen an eingeübt, wenn er etwa bei den typischen Jungenstreichen seinen jüngeren Bruder HEINRICH vorschiebt und ihn bezichtigt, der Anstifter gewesen zu sein, während er als der Ältere natürlich immer der umsichtigere Warner gewesen sei.

Dieser Zug, die eigene Rolle zu vernebeln, indem man andere anklagt, tritt am klarsten hervor, als dann vor der Spruchkammer die Frage aufkommt, wer denn

[27] Zum Vergleich: Stand 2017 haben, nach Zahlen geordnet, die im Parlament vertretenen Parteien SPD rd 443.000 Mitglieder, CDU rd. 427.000, die CSU 141.000, Bündnis 90/Die Grünen 65.000, die Linke 59.000, die FDP 53.000 und die AfD 28.000.

dann für den Naziüberfall auf die Kirchenpingärtner Pfarrer 1938 verantwortlich sei. Hier schiebt RUMLER dann seinen jüngeren Erzfeind CHRISTIAN SCHILLER bei jeder Befragung ein Stückchen weiter vor. Während er ihm bei der ersten Vernehmung Anfang 1946 noch bescheinigt, dass SCHILLER in Kirchenpingarten „wohl beteiligt" gewesen, aber „weiter nicht in Erscheinung getreten" sei, macht er ihn in den weiteren Verhandlungen entgegen den Tatsachen immer mehr zum Hauptakteur. Und genau dieses Gerücht versucht er dann auch erfolgreich in der Bevölkerung Weidenbergs und in der eigenen Verwandtschaft zu verbreiten: SCHILLER sei der Anstifter gewesen, und der gutmütige RUMLER wäre damals erst auf den Vorhalt seiner Mutter überhaupt in Aktion getreten, nämlich um die bedrohten Pfarrer in KIRCHENPINGARTEN vor dem wütenden Weidenberger Mob zu schützen. Allerdings durchschauen die meisten Richter Rumlers zweckgerichtetes lügenhaftes Spiel und rechnen es ihm eher als negatives Personenmerkmal zu.

Aufschlussreich ist es, den Vorgang der Mitgliederwerbung der Nazis in WEIDENBERG genauer zu betrachten, den RUMLER für diesen Gründungsabend im Februar 1929 andeutet. Er ähnelt der Werbung von Psycho-Sekten, aber auch den Methoden der Veranstalter der berüchtigten Werbefahrten mit dem Bus „ins Blaue". Nach der gestenreichen, zündenden Rede des Agitators SCHEMM, welche die Anwesenden wie eine Aufputschdroge konsumieren, melden sich die meisten Anwesenden spontan aktiv. Mit den letzten Zauderern führt SCHEMM persönlich lockere Einzelgespräche, die den Umworbenen schmeicheln, um auch ihn zu überreden. Währenddessen stehen schon die Parteimitarbeiter bereit, die den Beitritt protokollieren. Die neu gewonnenen Parteijünger müssen nur noch ihre persönliche Unterschrift unter den Aufnahmeantrag setzen.

Einen Kollektiveintritt, einen Eintritt wider Willen oder einen Beitritt ohne diese persönliche Unterschrift des Einzelnen, wie manche später nach dem Krieg zu ihrem Selbstschutz behaupten, gibt es bei der NSDAP in Wahrheit zu keinem Zeitpunkt, wie auch die entsprechenden Analysen der Partei-Mitgliedskarten im Bundesarchiv in BERLIN bestätigen. Wer eintritt, tut dies mit Bewusstsein und aus Überzeugung für die Sache der Partei, und diese innerliche Beziehung des Einzelnen zur Partei ist den Nazis auch stets wichtig.

„Wenn Du Deinen Beitritt erklärst, sind es 17", hatte SCHEMM zu seinem „Schulkollegen" RUMLER auf die Frage nach dem Erfolg seiner Werbung aufmunternd gesagt. An diesem Abend bildet sich der kleine, aber harte und zielstrebige Kern der Nazibewegung in WEIDENBERG.

Unbefriedigende geschichtliche Aufarbeitung der Hitlerzeit bis heute

Wer die übrigen 16 ersten Weidenberger NSDAP-Mitglieder sind, ist heute offiziell nirgends bekannt. Diese Frage wurde bislang auch von niemandem untersucht; die ganze Nazizeit wurde vielmehr in WEIDENBERG bislang behandelt wie ein großes Tabu. Fast niemand hat in der Vergangenheit ein ernsthaftes Interesse an der Erforschung dieser kontaminierten Zeit erkennen lassen oder gar entsprechende nachhaltige Initiativen ergriffen, weder die Gemeindeverwaltung, noch die Lehrerschaft, noch die örtlichen Geschichtsforscher. Entsprechend dürftig ist die offizielle Dokumentenlage, sie gleicht dem Bermudadreieck und geht fast gegen Null.

Die einzige Monographie über WEIDENBERG, die auch diese kontaminierte Zeit mit behandelt, ist Krölls „Geschichte des Marktes Weidenberg“.[28] Deren Abfassung hat seinerzeit Bürgermeister OTTO FLEISCHMANN veranlasst. Sie verharmlost aber die Hitlerzeit in peinlichster Weise. Der Creußener Lehrer Dr. JOACHIM KRÖLL war in der Hitlerzeit Mitglied der Reichsfilmkammer und Mitarbeiter von Goebbels Propagandakompanie des Reichsdeutschen Rundfunks in Frankreich. Unter der unverdächtigen Kapitelüberschrift „Weidenberg in neuer Zeit“ handelt er die gesamte Geschichte des Marktortes zwischen dem Ende des Ersten bis zum Ende des Zweiten Weltkrieges auf vier dürren Seiten ab. Er versteckt sich dabei überwiegend hinter dem Manuskript eines anonymen, aber ortsbekannten Weidenberger Alt-Nazis, welcher HITLER schon im spanischen Bürgerkrieg gedient hat.

Dieses beschönigende, im Wortlaut verwendete Manuskript bescheinigt allen Weidenbergern, eine „klar und nüchtern denkende Fichtelgebirgsbevölkerung“ zu sein und spricht sie von jeder Mitverantwortung am Nationalsozialismus frei. KRÖLL nimmt auch ausdrücklich den Ortsgruppenleiter und die übrigen Parteifunktionäre in Schutz, von denen man niemandem „ernstlich einen Vorwurf daraus machen könne, dass er einer Berufung in maßgeblichere Stellen nachkam“.

Es gab auch einzelne neuere Ansätze, die Hitlerzeit historisch aufzuarbeiten. So wollte der im Gemeindegebiet wohnende Geschichtsdozent HERMANN HIERY nach dem Muster seiner im Jahr 2003 mit FRANK SPÖRRER verfassten Creußener Jubiläumsschrift, auf Initiative des damaligen Bürgermeisters WOLFGANG FÜNFSTÜCK, über diese Zeit auch ein Weidenberger Geschichtsbuch herausgeben. Doch mangels weiterer Unterstützung durch die Marktgemeinde verliefen damals die schon begonnenen Recherchen im Sand. Warum? Fehlte es nur am Geld? Oder meinte manche, Solidarität gegenüber den Bürgern zeigen zu müssen, deren Eltern oder Großeltern in den Nationalsozialismus verstrickt waren?

---

[28] JOACHIM KRÖLL, Geschichte des Marktes Weidenberg 1967, ab S. 163.

Das wäre eine sehr einseitige Betrachtungsweise, denn damit würde man alle diejenigen Mitbürger übersehen, die unter diesem System gelitten haben, deren Menschenrecht damals verletzt wurde, ja, die damals zu Tode kamen.[29] Auch würde man diejenigen übersehen, die auch in WEIDENBERG mit ihrem „kleinen Widerstand“ im Alltag ein deutliches Zeichen gegen Hitlers Unrechtsystem gesetzt haben, wie etwa die Protagonisten des Projektes ‚Myrten für Dornen‘, MARGARETA SCHILLING aus LESSAU und Pfarrer GEORG REDENBACHER.[30] Und nicht zuletzt verdient auch das hohe Maß an geschwisterlicher Solidarität Anerkennung, welches viele christlich eingestellt Ortsbürger ihren bedrängten Mitbürgern damals in Wort und Tat erwiesen haben. Darauf wird an den entsprechenden Stellen des Projektes insbesondere bei der Geschichte der Opfer eingegangen.

Ich selbst habe aber bei meinen Zeitzeugen, die aus meiner Generation der „Kriegskinder“ entstammen, eine so große Offenheit und Kooperationsbereitschaft gefunden, dass ich glaube, dass jetzt der Schritt zur Aufarbeitung dieser Zeit getan werden kann. So stellen wir heute zum ersten Mal öffentlich die offensichtlich unangenehme historische Frage: Wer also gehörte in Weidenberg zu diesem harten Kern von Hitler-Jüngern, die damals mithelfen wollten, HITLER an die Macht zu bringen? Wer hat HITLER bei seinen Untaten verteidigt oder sich von ihm zu eigenen Untaten inspirieren lassen?

Dabei stehen wir vor der Schwierigkeit der Quellensuche. Es gab damals ja Parteilisten und Karteien. Sie enthielten alle gesuchten Namen und persönlichen Angaben. Sie könnten über die damals beteiligten Personen vollständige Auskunft geben. RUMLER hat diese Kartei und den damit verbundenen Briefwechsel mit den Partei-Ebenen bis zuletzt sorgfältig geführt und aufgehoben. Die Akten enthielten auch Angaben über alle in WEIDENBERG durchgeführten Parteischulungen der Kreisebene, reichten also auch bis zu Maßnahmen der Kreisleitung.

RUMLER hätte diese Partei-Listen und Dokumente dann bei Kriegsende eigentlich nach Anweisung der Partei vernichten sollen. Das System wollte seine Spuren in der Geschichte soweit wie möglich verschleiern und verwischen. Deshalb findet sich im Marktarchiv und auch auf der Ebene der Staatsarchive relativ wenig Originalmaterial. Oft ist man auf Sekundärquellen, wie die Akten der Spruchkammerverfahren, angewiesen, was aber, wie oben schon gezeigt, einer sorgfältigen Analyse bedarf, um

---

[29] Vergl. die 5. Folge dieses Projektes ‚Myrten für Dornen‘: „Spuren der Opfer - Anteilnahme und Verleugnung“.

[30] Vergl. in der 1. Folge des Projektes das Kapitel: „Tannen für Hecken und Myrten für Dornen“ – Das evangelische Bekenntnismarterl der Margarete Schilling 1937 auf der Weidenberger Bocksleite.

nicht „Fake-News" der damals betroffenen Nazis aufzusitzen. RUMLER hatte die Akten und Mitgliederkarten aber zunächst nicht vernichtet, sondern aus seiner Wohnung im Alten Schloss in sein Elternhaus am Obermarkt mitgenommen und vor den Siegern versteckt.

Eine Parteimitglieder-Kartei verschwindet

RUMLER wusste, dass er mit diesen Unterlagen eine Art Lebensversicherung in Händen hielt, die ihn vor unangenehmen Zeugenaussagen schützen konnte. Er brauchte ja nur auszupacken und als Beweismittel die jeweilige Karteikarte hochzuhalten, um Gegner kleinlaut zu machen; RUMLER hatte sie voll in der Hand. Vor solcher Bloßstellung fürchteten sich nach dem Krieg viele in WEIDENBERG und Umgebung. Was ist aber aus diesen wichtigen Unterlagen geworden?

Bereits unmittelbar nach dem Kriegsende am 8. Mai 1945 begann in Bayern der Umerziehungs- und Demokratisierungsprozess der Bevölkerung durch die amerikanischen Sieger. Und bereits im Herbst 1945 gründeten sich auch hier in WEIDENBERG die demokratischen Parteien wieder oder neu, insbesondere die SPD, die CSU, aber auch die KPD und andere.

In den folgenden Jahren 1946-47 waren diverse Auftraggeber daran interessiert, die Struktur des Nationalsozialismus auch vor Ort zu untersuchen. Sie veranlassten deshalb auch Hausdurchsuchungen bei den ehemaligen Parteifunktionären. Angefangen von der amerikanischen Militärpolizei und dem Geheimdienst CIC, über den Landrat bis zum Ortsbürgermeister und zu den damals gerade neu gegründeten Parteien suchten immer mehr Neugierige im Haus RUMLER am Obermarkt nach Akten. Dabei wurde damals auch etliches gefunden und sichergestellt, heute ist aber eigentümlicherweise alles spurlos verschollen. Woher wissen wir davon?

Hausdurchsuchungen am Obermarkt:
Textilgeschäft RUMLER rechts im Bild

An den Durchsuchungen nach dem Krieg ist seinerzeit auch der Weidenberger Polizist JOHANN RUCKRIEGEL beteiligt. Er ist als ehemaliges Mitglied der NSDAP ebenfalls Betroffener, darf aber nach überstandener Bewährungszeit weiterarbeiten. Er will, seiner Aussage zufolge, die Unterlagen und Akten damals dem Landratsamt übergeben haben. Dort sind diese Dokumente aber heute nicht auffindbar. RUCKRIEGEL stellte allerdings schon seinerzeit in seinem Protokoll mit Verwunderung fest, dass einige Namen von Nazis fehlten, die doch jeder kannte.

RUMLER selbst nimmt bei seiner Haft im Lager Hammelburg 1945-46 auf diese Listen Bezug; die Dokumente existieren also zu diesem Zeitpunkt noch und RUMLER hatte Zugriff auf sie. Er kündigt z.B. an, bei einem Besuch in WEIDENBERG genauere Angaben zu Fragen der Spruchkammer, aber auch der neu gegründeten und von ihm unterstützten CSU überprüfen zu wollen, etwa über das genaue Datum des Eintritts seines Erzfeindes CHRISTIAN SCHILLER in die NSDAP und dessen Parteinummer, damit der CSU-Vorstand durchschlagend gegen SCHILLER tätig werden kann SCHILLER amtiert zu dieser Zeit als erster frei gewählter SPD-Bürgermeister.

Ob RUMLER vielleicht nach dem Krieg, wie die Aussage des Polizisten RUCKRIEGEL andeuten will, Manipulationen an diesen Listen und Karteikarten vorgenommen hat, um Parteigenossen zu entlasten, von denen er sich eine Gegenleistung erhofft? Mangels Zeugen, die in Hitlers kontroll-armem Führerstaat ohnehin rar waren, kann diese Frage wohl nie geklärt werden. RUMLER in seiner Funktion als Ortsgruppenleiter war jedenfalls der einzige, der seinerzeit Zugriff auf diese Verzeichnisse hatte. Es gab vor Ort keine andere Person oder Stelle, wo z.B. damals Kopien oder Protokolle lagerten. Das undemokratische Willkürsystem Hitlers wollte keine verfänglichen Spuren hinterlassen. So nahm die Sache auch in Weidenberg eine bizarre Wendung:

Geheimoperation per Fahrrad:
Rumlers Schwägerin und Nichten 1940

RUMLER beauftragte damals seine ältere Schwester MARGARETHE und seine zu der Zeit 13-jährige Nichte HENRIETTE, die verfänglichen Dokumente per Fahrrad bei einer weitläufigen Verwandten in PEGNITZ in Sicherheit zu bringen. Was aus den Akten geworden ist, ist der noch lebenden Zeitzeugin HENRIETTE unbekannt. Sind damit die Aussichten, die tatsächlichen Tatbestände je rekonstruieren zu können, nichtig?

Da helfen uns andere Pfade doch ein Stück weiter. Es gab nämlich im Nazisystem bis zum letzten Kriegstag die höheren Parteiebenen, die in Form von Karteien jederzeit Zugriff auf ihre wachsenden Mitgliederzahlen haben wollten. So führte auch jeder NS-Gau eine komplette Mitgliederkartei. Wichtigste Sammelstelle aller Personalangaben aber war das Amt des Reichsschatzmeisters mit Dienstsitz in MÜNCHEN. Diese Parteiverwaltungsdienststelle war nicht nur für die Finanzen der NSDAP zuständig, sondern vergab auch mit Hilfe ihres „Aufnahmeamtes" zentral die jeweils einmaligen NSDAP-Mitgliedsnummern aufgrund der persönlich gestellten Aufnahmeanträge.

In dieser Parteizentrale waren über jedes Parteimitglied gleich drei Einträge vorhanden: Sein Name und Aufnahmedatum findet sich zunächst einmal im listenartigen „Mitgliedergrundbuch". Ausführlichere Angaben enthalten darüber hinaus zwei weitere Karteien. Die eine ist nach der jeweiligen Region und Ortsgruppe geordnet, die sg. „Ortsgruppenkartei". Die andere Kartei, die „Zentralkartei", ist alphabetisch nach Namen organisiert. Letztere zeigt auf der Rückseite der Karten auch das jeweilige Lichtbild der Person.

Alle diese Karteien und Listen wurden durch eine stattliche Zahl von Mitarbeitern regelmäßig „gepflegt"; d.h. es wurden Veränderungen im Personenstand, Adresse, Qualifikation usw. eingetragen. Ab dem Jahr 1937 wurden auch politische Bewertungen aufgrund von ausführlichen Fragebögen beigefügt.

Nach der Reichskassenordnung der NSDAP waren solche Registraturen über sämtliche NSDAP-Mitglieder parallel auch bei den Gau- und Kreisleitungen der NSDAP zu führen.

Mit der absehbaren Niederlage Deutschlands im Zweiten Weltkrieg ging es dann aber überall an das große Spurenverwischen. Die Parteileitung gab die Anweisung, alles *„an Geschäftsvorgängen zu zerstören, was dem Feind Anhaltspunkte über die Organisation der NSDAP geben könnte".* Außerdem *„wären im Augenblick höchster Gefahr die Kartei und alle Mitgliederunterlagen zu vernichten. Vorbereitende Maßnahmen (Sprengung) sind zu treffen."* (Bd.-Archiv NS 1/937).

Sichergestellte NSDAP-Zentralkartei durchkreuzt Vertuschungsversuche

Die Reichsmitgliederkartei der NSDAP mit damals 14 Millionen Karteikarten lagerte seit dem Jahr 1937 in feuersicheren Panzerschränken im sog. Karteisaal des Verwaltungsbaus der NSDAP im neu errichteten Parteizentrum am Königsplatz in MÜNCHEN. Zusammen mit dem „Führerbau" und den beiden „Ehrentempeln" zur

Aufmarsch an der Parteizentrale München-Königsplatz am 9. Nov. 1936: *Hinter dem linken „Ehrentempel", an der Stelle des „Braunen Hauses", steht seit 2015 das NS-Dokumentationszentrum*

Schaustellung der Sarkophage der „Märtyrer der NSDAP" bildeten diese Baulichkeiten ein repräsentatives Ensemble, das vom Bombenkrieg verschont blieb. Es beherbergt heute die Hochschule für Musik und Theater und das Haus der Kulturinstitute. An Stelle des zerstörten „Braunen Hauses" wurde das neue NS-Dokumentationszentrum eingerichtet und 2015 eingeweiht.

Eilig wollten die Nazis damals bei Kriegsende ihre umfangreichen Unterlagen vernichten. Doch ein historisch einmaliger Zufall hat die befohlene Sprengung oder anderweitige Vernichtung der Unterlagen verhindert.

So waren auftragsgemäß neben den Geschäftsunterlagen auch die Mitgliederkarten aus dem Verwaltungsbau der NSDAP in München auf 20 Lastwagen verladen und in die Papiermühle WIRTH in FREIMANN geschafft worden, insgesamt ein Konvolut von 50 to Gesamtgewicht. Ein aufmerksamer Mitarbeiter der Fabrik, der genauer hinschaute, bevor er die Säcke in das Säurebad entleerte, entdeckte die Brisanz des Fundes und meldete dies sogleich seinem Chef, und dieser war offensichtlich kein Parteisoldat, sondern ein durchaus verwegener Mitwirkender im „kleinen Widerstand" des Volkes. Denn seine Tat hätte ihn wegen „Hochverrats" und „Feindbegünstigung" noch im letzten Kriegsmonat das Leben kosten können. Er musste sich auf die Verschwiegenheit seiner Mitarbeiter verlassen und hoffen, dass kein Nazispitzel sein Vorgehen mitbekommt.

Dieser Chef der Papiermühle stoppte die Vernichtung und ließ die Säcke unter weiterem Papiergut bis Kriegsende verstecken. Der Coup gelang. Doch zu seiner

NS-Parteiakten, fast 50 Jahre im „Document Center" verborgen:
Mitarbeiter der Amerikaner 1947 bei der ersten Durchsicht

Enttäuschung interessierten sich die siegreichen Amerikaner zunächst nicht für das brisante Erbe. Erst nach einem halben Jahr, als die Überlegungen zur „Umerziehung" der Besiegten präzisere Formen annahmen, wurden die Alliierten auf den historischen Wert der ungefähr sieben Millionen noch erhaltenen Karteikarten und der anderen Nazidokumente aufmerksam und verbrachten sie in ihr „Document Center" in Berlin.

Nun hatten die Alliierten ein wertvolles Mittel in der Hand, um die Spruchkammerverfahren zu steuern. Vor allem hatten sie nun schlagende Beweisstücke, um die fadenscheinigen Entschuldigungen, die viele Betroffene vorbrachten, hinterfragen zu können.

Veröffentlichung der NS-Kartei von früheren Bundesregierungen verhindert

Erst im Jahr 1994, nach verschiedenen wohl beabsichtigten Verzögerungen durch die wechselnden Bundesregierungen, wurden diese bis dahin für die Öffentlichkeit unzugänglichen brisanten Bestände an das Bundesarchiv in BERLIN übergeben. Seitdem können sie dort heute zu Zwecken der allgemeinen Geschichtsforschung oder der persönlichen Familienforschung eingesehen werden. Eine Digitalisierung ist in Vorbereitung. Systematische regionale Auswertungen sind aber bislang noch nicht erfolgt. Eher nach dem Zufallsprinzip haben Zeitungen und andere Medien nach Prominenten gefischt, die sich bislang als unbescholten gaben, und sind dabei auch vielfach mit verblüffenden Ergebnissen fündig geworden.[31] Auch in Wikipedia finden sich inzwischen Artikel, in denen viele Mitgliedsnummern durchrecherchiert und Personen zugeordnet sind. Hier finden sich die Namen von vielen verstorbenen und noch lebenden Zeitgenossen, von denen man nicht gehört oder erwartet hätte, dass sie je Mitglieder der Nazipartei waren.

Aufgeräumt wird in der Forschung nun auch mit etlichen häufig gebrauchten „Entschuldigungen". So ist vor allem klar geworden, dass niemand gezwungenermaßen der Nazipartei beitrat – den Grundsatz der eigenen persönlichen Entscheidung hielten die Nazis bis zum Schluss hoch.

Verblüffend aus heutiger Sicht ist sicher der „Parteiaufnahmestopp", der insbesondere in den Jahren ab Mitte 1933 – bis mindestens 1937 viele Antragsteller lange auf die Bestätigung ihrer Mitgliedschaft warten ließ. Der Grund war, dass die NSDAP keine „Konjunkturritter" sondern nur überzeugte Parteigenossen in ihren Reihen haben wollte. Eintrittsdaten in dieser Zeit lassen also auf die besondere Energie schließen, entweder beim Bewerber, der auch auf Nebenwegen um jeden Preis seinen Parteieintritt erreichen wollten,[32] oder aber auch beim jeweiligen Ortsgruppenleiter, der eine möglichst hohe Mitgliederzahl nachweisen wollte.[33]

Die aufgefundenen Karteikarten enthalten u.a. auch das Eintrittsdatum der jeweiligen Person in die NSDAP, das uns hier besonders interessiert. Diese Karten sind aber von den Amerikanern regionsübergreifend alphabetisch neu geordnet worden, sodass eine gezielte Suche nach den Mitgliedern einer bestimmten Ortsgruppe recht mühsam ist. Durch Abgleich mit den Weidenberger Einwohnerverzeichnissen der damaligen Zeit lässt sich aber trotzdem genau feststellen, wer damals zu welchem Zeitpunkt Parteimitglied geworden ist.

Der Aufwand für solche Recherchen ist natürlich recht hoch und ehrenamtlich Forschenden kaum zumutbar. Bedenkt man aber den Schwund durch bewusste

---

[31] Vergl. z.B. die Auswertung in JÜRGEN W. FALTER, Junge Kämpfer, alte Opportunisten, Die Mitglieder der NSDAP 1919-45, Campusverlag 2016. – Oder: MALTE HERWIG, Die Flakhelfer: Wie aus Hitlers jüngsten Parteimitgliedern Deutschlands führende Demokraten wurden. DVA 2013.

[32] So der Weidenberger Pfarrer THEODOR HOFFMANN, der sich bereits im Jahr 1933 vergeblich um einen Parteieintritt bewarb und erst nach einem Umweg über die Mitgliedschaft bei der SA im Jahr 1935 in die Partei aufgenommen wurde.

[33] Es existieren mehrere Beispiele dafür, dass RUMLER Ortsbürger zum Parteieintritt gedrängt und genötigt hat, vergl. dazu das Kapitel „Bei mir ist niemand zu Schaden gekommen" in dieser Folge.

damalige Manipulation und weitere Arten des Verschwindens solcher Daten, dann gibt es auch ohne Einsichtnahme in BERLIN noch weitere Wege, über die Befragung von Zeitzeugenaussagen hinaus die Namen und Eintrittsdaten der Weidenberger Parteigenossen verlässlich festzustellen. Hier helfen insbesondere die leichter zugänglichen Spruchkammerakten weiter.

Die Spruchkammerakten der betroffenen Weidenberger in Coburg

Diese Akten sind schwerpunktmäßig für das ganze Bayreuther Land und nach den Namen der Angeklagten geordnet im Staatsarchiv in COBURG eingelagert. Ein bislang nur maschinenschriftlich existierendes und noch nicht digitalisiertes „Findbuch" führt direkt zu den einzelnen, unter den jeweiligen Familien- und Vornamen abgelegten Fällen.

Diese Spruchkammerakten der Entnazifizierungsverfahren nach dem letzten Weltkrieg sind trotz der Gefahr von „Fake-News" durch die ehemaligen Parteigenossen eine wertvolle historische Quelle. Sie beschreiben in der Regel ausführlich den politischen Werdegang der betreffenden Personen und den Anklagevorwurf. In der sorgfältig protokollierten Einvernahme der Zeugen wird viel Zeitgeschichte lebendig. Die Akten werden ergänzt durch die gesondert gelagerten persönlichen „Meldebögen", die jeder Erwachsene damals ausfüllen musste.

So lassen sich auf diesem Wege der Archivrecherche in COBURG mit einer gewissen Sicherheit heute die Namen und Geschichten von praktisch allen diesen ersten 17 Weidenberger Nazijüngern des Jahres 1929 aufdecken. Ferner kann man die Fälle von weit mehr als 200 Parteimitgliedern studieren, die nach Gründung der Weidenberger Ortsgruppe in die NSDAP eingetreten sind.

Es zeigt sich dabei, dass GEORG RUMLER ein recht erfolgreicher Aktivist war, der im kleinen Marktort WEIDENBERG durch Überzeugungsarbeit oder Druck doch eine relativ hohe Zahl von Parteigenossen gewinnen konnte. Was aber erfahren wir über die Menschen, die sich als Parteigenossen der ersten Stunde angemeldet haben, und was hat sie seinerzeit bewogen, in die Nazipartei einzutreten?

Findbuch für Spruchkammer-Akten:
Staatsarchiv Coburg im ehem. Zeughaus in der Herrengasse

6. Die Weidenberger Nazis der ersten Stunde

Junge Männer – eine gefährliche Spezies

Betrachten wir den harten Kern der frühen Nazis in WEIDENBERG genauer, fällt auf, dass alle Mitglieder damals zunächst nur Männer sind. Frauen treten in WEIDENBERG erst frühestens ab 1930 als Eintrittswillige für die NSDAP in Erscheinung, und das auch nur vereinzelt. Gleichwohl gab es auch unter ihnen schon vor 1930 einzelne Sympathisantinnen.

Frauen bilden sowohl in der Ortsgruppe WEIDENBERG, als auch in der Gesamtpartei stets nur eine kleine Minderheit. Sie machen zahlenmäßig nie mehr als 10% der Gesamtmitglieder aus. Die unteren und mittleren Ebenen der Partei machen ihnen gern Schwierigkeiten bei der Anmeldung. Denn die NSDAP war eine „Männerpartei“, oder, wie HITLER gern diesen organisierten Zusammenschluss sah: ein „Männerorden“. Sie akzeptierte Frauen eher widerwillig. Diese meldeten sich deshalb stattdessen eher in Unterorganisationen aktiv, etwa dem BdM oder der NS-Frauenschaft.

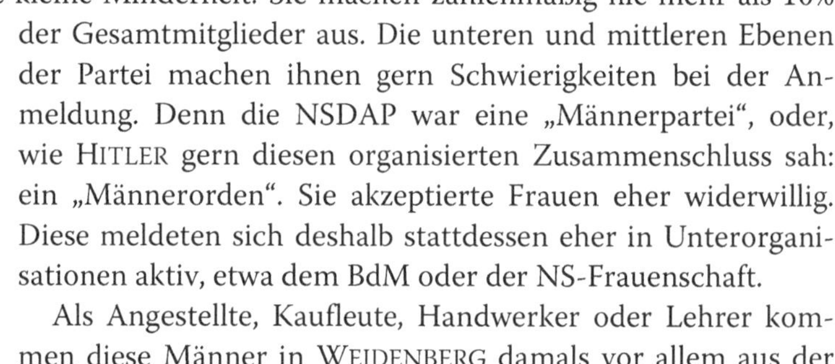

Mit 49 Jahren Rumlers älteste Neuwerbung und seine rechte Hand: *KONRAD R.*

Als Angestellte, Kaufleute, Handwerker oder Lehrer kommen diese Männer in WEIDENBERG damals vor allem aus der bürgerlichen Mittelschicht. RUMLER ist mit seinen 45 Lebensjahren der Zweitälteste. Das heißt, es ist eher eine „junge Ortsgruppe“.

Der Älteste, KONRAD R., ist 49 Jahre alt, er wird die „rechte Hand“ des Ortsgruppenleiters und später im beschließenden Ausschuss „Erster Beigeordneter“. Dieser bieder dreinschauende Handwerker und Schmied ist also einer der wichtigsten Männer nach dem Ortsgruppenleiter; er ist in dieser Funktion als Beigeordneter auch im Weidenberger Adressbuch von 1939 aufgeführt.

Die übrigen Gründungsmitglieder der Weidenberger Ortsgruppe sind alle unter 30 Jahren alt, einige von ihnen haben gerade erst das 18. oder 19. Lebensjahr erreicht. Einzelne, die sich an diesem Abend anmelden, sind mit 17 Jahren sogar noch jünger. Dass sie damals gleich aufgenommen wurden, ist eher unwahrscheinlich, denn das Eintrittsalter in die NSDAP lag bei mindestens 18 Jahren, es wurde erst im vorletzten Kriegsjahr auf 17 Jahre heruntergesetzt.

Seinerzeit lag ja auch das Wahlalter bei allgemeinen Wahlen noch bei 20 Jahren. Die Volljährigkeit begann bis 1975 sogar erst mit 21 Jahren, sodass alle diese Jüngeren bis dahin als „Heranwachsende" galten. Den Prozess hat man ihnen vor den Spruchkammern nach dem Krieg trotzdem gemacht, weil man ihnen nachweisen konnte, dass ihr Parteibeitritt keineswegs eine unbedachte Jugendtorheit oder ein einmaliger Ausrutscher war, sondern Teil ihres zukünftigen Erwachsenenlebens als fanatische Hitlerjünger und Aktivisten bis fast zum Kriegsende oder sogar darüber hinaus.

Das Durchschnittsalter dieser ersten Nazis in Weidenberg liegt bei rd. 26 Jahren und entspricht dem damaligen reichsweiten Trend bei den Nazis: Die NSDAP gilt seinerzeit als „junge" Partei, sie ist ein typisches Sammelbecken für auf Neuerung eingestellte „junge Wilde". Das kommt Hitlers Vorstellungen von der Partei als einer hungrigen Wolfsmeute entgegen, mit ihm als Leitwolf an der Spitze. Nicht zufällig nannte er sich nicht nur bei den Wagners „Onkel Wolf", sondern er gab auch seinen Hauptquartieren im Krieg entsprechende Namen: „Wolfsschanze" oder „Werwolf".[34] Er erwartet von diesen jungen Wölfen entsprechende Dynamik und dass sich im Sinne des Darwinismus der Stärkere bei der Führung durchsetzt.

Wie überall, ist die NSDAP auch in WEIDENBERG vor allem in der protestantischen Mittelschicht verwurzelt. Ältere und Katholiken lehnen die Partei zunächst eher ab oder bleiben in Wartestellung, ebenso der Bauernstand.

Der harte Kern der Weidenberger Nazis kommt aus Handwerk, Kaufmann- und Lehrerschaft

Freundschaftsbeziehungen und familiäre Bindungen spielen beim Parteieintritt in WEIDENBERG eine große Rolle. Zum Kern von Rumlers politischer Mannschaft gehört z.B. eine dreiköpfige Brüdergruppe aus dem Herzen des Weidenberger Geschäftslebens und Handwerks, der damals 24-jährige HANS K., sein 20-jähriger Bruder AUGUST und der erst 17-jährige CHRISTOPH. Wir wollen die Familie an dieser Stelle etwas genauer betrachten, weil ihr Auftreten und Handeln für das Emporkommen der Nazis auf dem Land zu der Zeit exemplarisch ist.

Da ist der Vater HANS K. sen., der das Geschäft aus kleinsten Anfängen eines Nähmaschinen- und Fahrradhandels zum führenden Auto- und Motorradhändler der ganzen Region aufgebaut und emporgebracht hat. Er besitzt eine Mitgliedskarte

---

[34] „Wolf" gilt auch als Deckname für Hitler, vergleichbar mit Stalin ("der Stählerne"), Trotzki ("der Trotzige"), Molotow ("der Hämmernde") usw.

Eigentümlicherweise nötigte HITLER auch seine einzige überlebende Schwester PAULA, den Decknamen „Paula Wolf" anzunehmen. Bei ihren Besuchen in Bayreuth verleugnete er sie als Schwester.

Aus kleinsten Anfängen hochgearbeitet: *HANS K. senior, mit Werkstatt und Weidenbergs erster Tankstelle am Obermarkt*

der „Deutschen Motorfahrervereinigung", die sich 1911 in ADAC umbenannte. Er ist Kriegsteilnehmer des Ersten Weltkriegs gewesen. Dort hat er bereits seine handwerklichen Fertigkeiten bei der Reparatur der noch recht anfälligen Motorfahrzeuge einbringen können.

HANS K. sen. hält sich, typisch für die Älteren damals in WEIDENBERG, beim Aufkommen Hitlers zunächst politisch zurück, duldet und unterstützt aber das Engagement seiner Söhne bei den Nazis, in der berechtigten Erwartung, dass der Umsatz des Geschäftes davon profitiert. Die Geschäftsleute sind im Super-GAU der Weltwirtschaftskrise damals froh über jeden noch so kleinen Impuls, der ihren Bilanzen Leben einhaucht.

DMV

Deutsche Motorfahrer-Vereinigung.

Legitimations- und Mitgliedskarte

№ 2122

pro Geschäftsjahr **1911** (1. April 1911 bis 31. März 1912)

Herrn Hans K., Fahrradhandlung

in Weidenberg b. Bayreuth

Deutsche Motorfahrer-Vereinigung (e. V.)

München, Friedrichstrasse 20. Telefon 31736.

Der Vorstand:

Dr. med. Jos. Bruckmayer, Präsident. C. le Bret, stellvertr. Präsident.

Ph. Reissenbach, Schriftführer. Dr. med. Krüger, Schatzmeister.

Damals noch „DMV":
HANS K. als frühes ADAC-Mitglied vor 1911

Erst im Jahr 1937, als die Nazis ihren vorübergehenden Parteiaufnahmestopp nach dem Massenandrang von 1933 wieder etwas lockern, lässt HANS K. sen. sich ebenfalls in die Partei aufnehmen, obwohl ihn sein Jüngster, CHRISTOPH K., dem nach eigener Aussage inzwischen einiges klar geworden ist, davon abhalten will.

Doch schauen wir zunächst auf den Ältesten der drei Söhne, der den Namen seines Vaters trägt, HANS K. jr. Er ist im elterlichen Geschäft handwerklich ausgebildet und zum eigentlichen Geschäftsleiter bestimmt. Ihn hatte beeindruckt und in seinem eigenen Entschluss zur Parteimitgliedschaft bestärkt, dass auch ältere Handwerksmeister wie KONRAD R. sich so bald den Nazis zuwandten. Als weitere Gründe macht auch er, wie die meisten, das damals herrschende ungünstige wirtschaftliche Klima geltend.

Von allen jüngeren Nazis hatte zweifellos dieser HANS K. jr. das engste und vertrauteste Verhältnis zu Ortsgruppenleiter RUMLER. Gut fünf Jahre später wird er auf Rumlers Vorschlag durch den NSDAP-Kreisleiter zum „zweiten Beigeordneten" ernannt und darf nun, als ein Beamter Hitlers, im Triumvirat mit dem Ersten Beigeordneten KONRAD R. und dem NSDAP-Amtswalter bzw. Bürgermeister RUMLER, die Geschicke der Marktgemeinde lenken. Auch sein Name und seine Funktion sind im Adressbuch von 1939 gesondert erwähnt. Dieser HANS K. jr. wird schließlich Ortsamtsleiter, also der Nächstfolgende in der Nazi-Hierarchie nach dem Ortsgruppenleiter, und er wird zugleich Rumlers engster Mitarbeiter.

HANS K. ist auch in den Parteigliederungen aktiv. Bereits im Jahr 1932 tritt er der örtlichen SA bei. Von 1933-35 ist er Blockleiter und ab 1933 Schar- und Truppführer beim NSKK. Diesem „nationalsozialistischen Kraftfahrerkorps" verleiht er als Spezialist für Motorräder neue, nicht ganz uneigennützige Impulse. In der Kirchenkampfzeit schließt er sich, von D.C.-Pfarrer THEODOR HOFFMANN gedrängt, der hitlertreuen Sekte der „Deutschen Christen" an. Am Überfall auf die Kirchenpingärtner Geistlichen im Jahr 1938 ist er dann maßgeblich beteiligt.

Da ist der Zweitälteste dieser drei Nazijünger, AUGUST K., in der Bevölkerung wegen seines Hobbys auch „Taubengustl" genannt. Er tritt am geschichtsträchtigen Februartag 1929 offenbar bereits als überzeugter Nazi in die Partei ein. Als Junglehrer war ihm der smarte und beredte HANS SCHEMM schon vorher begegnet und hatte ihn schwer beeindruckt. So genügte an diesem Abend SCHEMMS Weckruf: Als Berufskollege von AUGUST K. appellierte SCHEMM an dessen „nationale Ehre", um seinen Eintritt in die Partei herbeizuführen, „in dem Glauben, für Volk und Vaterland das Beste getan zu haben".

Als Lehrer in WALBERNGRÜN und in WEIDENBERG wird AUGUST K. dann „eifriger Anhänger der NSDAP". In WALBERNGRÜN übernimmt er schon vor Hitlers Machtergreifung, also aus Überzeugung, das Amt des Truppführers in Röhms revolutionär gesonnener Bürgerkriegstruppe SA. Nach der Hitlerwahl 1938 lässt er sich zum Stützpunktleiter, also vergleichsweise zum Ortsgruppenleiter in kleineren Orten, machen. In WEIDENBERG meldet er sich als begeisterter Motorradfahrer zum örtlichen NSKK und ist hier von 1939 bis Kriegsende der maßgebliche Obertruppführer.

Motorradnarren:
HANS und AUGUST K. auf dem Krad 1941

Auch dieser AUGUST K. gehört durch seinem freiwilligen Beitritt zu den „Deutschen Christen" seit dem Jahr 1938 zu den Stützen des regimefreundlichen Pfarrers HOFFMANN im Kirchenkampf. K. gilt als erster örtlicher Propagandist seiner Partei und zeigt sich als fanatischer Wortführer, der sich auch beim Überfall der Nazis im Jahr 1938 auf die Kirchenpingärtner Pfarrer besonders hervortut.

Als enger Vertrauter Rumlers genießt AUGUST K. außerdem ein ganz besonderes Privileg: Er darf mit seiner Familie ab 1937 zu einem Spottpreis in das Hauptgeschoss des Weidenberger Schlosses einziehen und so ganz in der Nähe seines verehrten Ortsgruppenleiters wohnen.

Seine ehemaligen Schüler sagen freilich als Zeitzeugen nichts Negatives über ihn, sie können sich nicht erinnern, von ihm indoktriniert worden zu sein. Auf den Klassenfotos gibt Lehrer AUGUST K. sich locker und trägt gern eine Trachtenjacke. Doch bei den Umzügen zum Wiesenfest drückt dieser Lehrer seinen Kindern auch gern Hakenkreuzfähnchen in die Hand. Das stört die Schüler aber nicht weiter, sie ahnen ja noch nichts von der Hinterhältigkeit dieses Systems.

Doch die erwachsene Bevölkerung Weidenbergs und auch eigene Verwandte sehen AUGUST K. anders: Zeit seines Lebens halten sie ihn für einen unverbesserlichen Nazi, der aus der Geschichte nichts gelernt habe.

Da ist schließlich CHRISTOPH K., der Dritte und mit 17 Jahren zugleich der Jüngste im Bunde dieser ungleichen drei Brüder. Er wird später der Werkstattleiter im elterlichen Betrieb werden. Er ist einerseits der Sportlichste, andererseits zugleich aber wohl auch der Nachdenklichste von den Dreien.

Als aktiver Motorradsportler besitzt er bis 1932 die internationale Rennlizenz und nimmt an lokalen und internationalen Rennen teil. So kann man ihn beim Eisspeedway auf dem Bayreuther Röhrensee ebenso bewundern, wie auf dem Sachsenring bei HOHENSTEIN-ERNSTTHAL in Sachsen. Er ist damit das Idol der örtlichen

Jugend, die sich stolz zu Hitlers NSKK drängt, um es ihrem jungen Truppführer gleich zu tun. Hier haben sie einen Fachmann und Motorsportler, der sie kompetent in die Fahrzeug- und Verkehrstechnik einweisen und motorsportlich schulen kann. So liegt im Jahr 1939 auch seine Beförderung zum Obertruppführer, also mit Kompetenzen auch für das Umland, auf der Hand.

Eisspeedway auf dem Röhrensee: *CHRISTOPH K. um 1930*

Nur einer zeigt Einsicht

Dieser CHRISTOPH K. ist der einzige dieser frühen Nazis, der später seine Mitschuld bekennt, ohne faule Ausreden zu gebrauchen. In bewegenden und ehrlich klingenden Worten bedauert er in seinem Spruchkammerverfahren im Jahr 1948, dass er durch seinen früheren Parteieintritt „der Begründung der NS-Herrschaft, wenn auch keine wesentliche so doch überhaupt, eine Unterstützung habe zuteilwerden lassen". Er sei durch die Ereignisse aber nun „zu der Überzeugung gekommen, dass die Demokratie der einzige Weg ist, die Völker davor zu beschützen, durch die Wahnideen und den Machthunger Einzelner in das Verderben gerissen zu werden."

Zwar benennt auch CHRISTOPH K. seine Jugend und die schwierige wirtschaftliche Situation seines Elternhauses als Faktoren für seine Entscheidung zum frühen Parteibeitritt. Er bekennt aber zugleich offen, die Bildung einer eigenen Meinung versäumt und aufsteigende Zweifel bei der Indoktrination durch das Parteiprogramm unterdrückt zu haben. Weil aber das KfZ- und Motorradgewerbe seiner Familie durch Hitlers motorisierungsfreundliche Inlandspolitik profitiert habe, habe er manche Kritik am System murrend heruntergeschluckt. Erst die Erfahrungen im Krieg, denen er als Soldat in unteren Dienstgraden die volle Zeit hindurch ausgesetzt war, sowie ein Führer-Erlass hätten ihm die Augen für die Unglaubwürdigkeit dieses Systems geöffnet.

Irritiert vom „Lebensborn"-Erlass: *CHRISTOPH K. erklärte seinen Parteiaustritt*

Dieser Erlass Hitlers bezog sich auf eine späte Phase der Aktion „Lebensborn". Da ging es angesichts des fürchterlichen Aderlasses durch den Krieg nicht mehr darum, dem Führer besonders arisch ausschauende Kinder zu schenken, sondern darum, überhaupt noch Kinder zu gebären; denn ohne sie war ja Hitlers Traumprojekt „Lebensraum im Osten" zum Scheitern verurteilt, am zukünftigen Nachwuchs hing alles. Doch die kämpfenden Soldaten machten sich Sorge, dass die Frauen während der langen Abwesenheit ihrer Männer vielleicht mit fremden Männern Kinder zeugen könnten. Und das schockierende Gerücht ging um, der Staat würde auch solche Geburten unterstützen und den Frauen zu diesem Zweck geheime Entbindungseinrichtungen zur Verfügung stellen.

Die Soldaten waren sich einig, dass ein solches staatliches Handeln unmoralisch sei. In vielen Männern war, durch diese persönlichen Ängste, der Widerspruchsgeist geweckt, doch nur wenige getrauten sich, öffentlich darüber zu reden.

Zu den wenigen, die den Mut hatten, nachzufragen, ohne sich vor Konsequenzen zu fürchten, gehörte CHRISTOPH K. Als er um das Jahr 1943 auf Fronturlaub vom Kriegsschauplatz in Russland in WEIDENBERG ist, besucht er den Ortsgruppenleiter RUMLER und fragt ihn gerade heraus, ob es zutreffe, „dass Frauen in besonderen Instituten die Möglichkeit zur Entbindung geboten würde, zu dem Zweck, dies vor ihren an der Front stehenden Männern geheim zu halten." Nachdem RUMLER dies bejaht, sagt CHRISTOPH K.: „Wenn das Gesetz so ausgelegt wird, dann trete ich aus der Partei aus".

Er gibt später an, sich zu diesem Schritt, der in der fortschreitenden Kriegshysterie als eine eindeutige staatsfeindliche Handlung hätte ausgelegt werden können, nach reiflicher Überlegung entschlossen und seinen Austritt gegenüber dem damaligen Ortsgruppenleiter RUMLER persönlich erklärt zu haben. Er zieht zu diesem Austrittsantrag Zeugen hinzu. Diese bewusste Hinzunahme weiterer Zeugen halten damals auch andere Austrittswillige für nötig, denn RUMLER gilt als einer, der gern seine Parteistatistiken manipuliert; so sagt man ihm nach, dass er z.B. Austritte gar nicht weitergemeldet habe. Der Fall CHRISTOPH K. gibt diesen Skeptikern recht. So akzeptiert RUMLER auch dieses Austrittsgesuch zwar scheinbar widerspruchslos, nimmt es aber „als unüberlegten Schritt“ nicht wirklich ernst. Er gibt später auf Befragen tatsächlich zu, den Austritt von CHRISTOPH K. nicht weitergemeldet zu haben, angeblich um ihn zu schützen. So sieht sich der Betrüger noch als Wohltäter.

Ähnlich willkürlich geht RUMLER auch mit anderen Austrittsgesuchen um, die ihn während seiner Amtszeit erreichen. Er will nicht zulassen, dass seine schöne Parteistatistik Schaden leidet.

Reicht „jugendlicher Idealismus“ als Ausrede aus?

Das Beispiel dieser drei ungleichen Brüder hat bereits einiges von der damaligen Nazipraxis und den Beweggründen ihrer Sympathisanten deutlich gemacht. Darum möge an dieser Stelle der Hinweis genügen, dass viele dieser Weidenberger Nazis der ersten Stunde zwar jung waren, aber an späteren Brennpunkten des Geschehens, insbesondere beim Überfall auf KIRCHENPINGARTEN, wieder auftauchen.[35]

Unter diesen Nazi-Aktivisten der ersten Stunde in WEIDENBERG finden wir dann ebenso das Brüderpaar HANS und KARL SCH. Sie haben blutjung mit 18 bzw. 17 Jahren an diesem Februar-Abend des Jahres 1929 im GASTHOF VOGEL bei HANS SCHEMM ihren Aufnahmeantrag in die NSDAP gestellt, „aus Idealismus“, wie sie später sagen. Der Jüngere verlässt nach Ende der Kirchenkampfzeit als einer der wenigen Weidenberger gemeinsam mit seiner Frau die Evangelische Kirche, tritt aber nach dem Krieg wieder ein und wird die rechte Hand des Pfarrers.[36]

Ebenso jung, nämlich gerade erst 17 Jahre alt, ist auch der Maurer HANS D., der noch bei seinem Großvater gelernt hat. Beeinflusst von der Not der Inflationszeit, die sich gerade auch im Baugewerbe durch ausbleibende Aufträge bemerkbar macht, tritt er zusammen mit seinem Vater, dem Bauunternehmer HEINRICH D., erwartungsvoll in die NSDAP ein. HEINRICH lässt sich im gleichen Jahr zum Vorstand des Veteranen- und Kriegervereins WEIDENBERG wählen; er hat diesen Posten über den Krieg hinaus bis zum Jahr 1957 inne. Dieser Verein vertritt anfangs klar völkisch-nationalistisches Gedankengut und zeigt sich schon seit dem Jahr 1924 für Berührungen mit dem Nationalsozialismus offen.

HEINRICHS jüngerer Sohn ROBERT ist damals erst 12 Jahre alt; er verfolgt aber die politische Entwicklung mit Interesse und wählt dann als 18-Jähriger, um den Aufnahmestopp in die NSDAP zu umgehen, der seit April 1933 einen direkten Parteieintritt fast unmöglich macht, im Jahr 1935 den Umweg über den Eintritt in eine der

---

[35] Vergl. dazu das Kapitel „Als Hitlers Gottheit infrage stand – Der Widerstand der Frankenpfälzer und der Überfall der Weidenberger Nazis nach den Hitlerwahlen 1938“ in der 4. Folge des Projektes ‚Myrten für Dornen‘: „Christsein am Scheideweg“.

[36] Vergl. dazu die Pfarrbeschreibung in Folge 1 ab S. 115f.

Parteigliederungen. Er meldet sich zur SS; dort lässt er sich zur Wachmannschaft des KZ DACHAU abkommandieren. Er ist der erste bekannte Weidenberger, der freiwillig in die SS eintritt.

Weiter sehen wir unter den ersten Nazis: den ersten „Führer“ des Weidenberger Sportvereins nach der Gleichschaltung, ALOIS F.; ferner den örtlichen Briefträger und späteren Propagandaleiter und SA-Truppführer HANS F.; den Mühlenbesitzer ALBERT F. – er befördert auf seinen LKWs gern die SA-Trupps zu ihren Einsatzorten– ; sowie den Kaufmann HANS F. Letzterer wird später Ortsgruppenleiter von WARMENSTEINACH; ihm wir verdanken einige der raren Fotos über diese Zeit.

Unter den 17 Nazi-Jüngern an diesem ertragreichen Februarabend im Jahr 1929 findet sich auch der Bahnhofsvorsteher HANS H. und der Kaminkehrermeister HEINRICH S. Letzterer ist als Propagandaleiter Vorgänger von HANS F., er ist Kassenverwalter der Gemeinde und als NSDAP-Mitglied im letzten frei gewählten Gemeinderat seit 1930 vertreten. Er zieht später von WEIDENBERG weg und ist also bei dem Überfall in der Frankenpfalz im Jahr 1938 nicht dabei.

Wie die Brüder SCH., so werden später auch alle anderen Weidenberger Frühnazis bei ihren Spruchkammerverfahren nach dem Krieg ihren jugendlichen Idealismus betonen; sie sehen sich missbraucht, ohne den eigenen Anteil an Hitlers Werk zu bekennen. Damit verwenden sie Erklärungsmuster, mit denen sich auch Millionen anderer deutscher Parteigänger Hitlers nach Kriegsende von ihrer Mitverantwortung am Willkürsystem der Nazis freizusprechen versuchen.

Der Weidenberger Obermarkt – ein repräsentativer Platz für politische Kundgebungen

Eine Bemerkung mag noch dem Ort des historischen Geschehens der Nazi-Ortsgruppengründung im Februar 1929 gewidmet sein, bevor wir uns Rumlers weiterer Rolle im nun brauner werdenden WEIDENBERG zuwenden.

Die Gründungsversammlung der NSDAP-Ortsgruppe WEIDENBERG fand, wie schon gesagt, im GASTHOF VOGEL am Obermarkt statt. Natürlich wäre zum Abhalten dieser Versammlung theoretisch jedes andere Lokal genauso denkbar gewesen, warum also gerade diese Stätte?

Die Nazis haben ein gewisses Gespür für die weitere Entwicklung und erkennen die Vorzüge dieser Örtlichkeit für ihre pompöse Partei-Liturgie. Der repräsentative Gasthof hat einen großen Saal, aber vor allem liegt er mit seiner Eingangsseite in zentraler Lage zum Obermarkt. Der Marktplatz ist ein ideales Vorfeld, das sich für Kundgebungen im Freien geradezu anbietet. Sein geschlossenes Geviert ist eingerahmt von der Schule, der Apotheke und den alten Bürgerhäusern aus der Markgrafenzeit und bietet bis zu tausend oder mehr Besuchern Platz.

Nazi-Treffpunkt am Aufmarschplatz: *Gasthof Vogel am Weidenberger Obermarkt, Gründungsort der Nazi-Ortsgruppe 1929*

Der Anblick wird aufgelockert von üppigen Linden und den hell blühenden lichten Robinien, die der Verschönerungsverein hier nach dem Bau der Schule im Jahr 1910 gepflanzt hat. In diesem geräumigen und zugleich intimen grünen Hof können die zukünftigen Gruppierungen der Partei eindrucksvoll aufmarschieren und sich der Öffentlichkeit gut wahrnehmbar präsentieren. Der seitliche Zugang zum Markt über die Seybothenreuther Straße bildet einen idealen Anmarschweg für die Kolonnen.

Als Krönung aber besitzt das Gasthaus vor seinem Eingang ein Podest mit einem straßenseitigen Gitter und einem seitlichen Treppenaufgang, es wirkt wie eine große Kirchenkanzel im Freien. Und genau dies schwebt den Nazis vor. Sie verstehen ihre Bewegung ja nicht als Institut zur Pflege vulgärer Politik, sondern als Religion, die den ganzen Menschen in Bann ziehen soll; ihr Lebenselixier sind die öffentlichen Kundgebungen mit ihren Ritualen aus Marschtritt von Kolonnen, schmetternden Liedern und dem Schmuck von Fahnen und Standarten. Hier haben die politischen Rattenfänger nun einen idealen Ort: Wie eine große Saalkirche im Freien weitet sich der Obermarkt, das Treppenpodest wandelt sich zur Kanzel, welche die Blicke der Zuschauer auf die Volksprediger lenkt. Hier ertönen unter großer Mimik und Gestik die hochemotionalen Parteireden, die das Gemüt der Zuhörer aufwühlen und förmlich zum lauten gemeinsamen „Amen“ einladen.

Tatsächlich wird der Weidenberger Obermarkt in den nächsten 16 Jahren immer wieder zum zentralen Kultort solcher offizieller Nazi-Kundgebungen, sei es zu

„Kanzel" am Aufmarschplatz: *Kundgebung 1934 am Obermarkt vor dem* G*ASTHOF* V*OGEL zur Beisetzung des Reichspräsidenten* P*AUL V.* HINDENBURG

„Führers Geburtstag" jeweils am 20. April, zum jährlichen 1. Mai, oder zu Hindenburgs Tod 1934, zur Sonnenwende oder zu den Hitlerwahlen. Und mit viel Stolz betrachtet hier der harte Kern der Weidenberger Nazis das eindrucksvolle Karree der Uniformierten, das in jedem Jahr weiter wächst und zunehmend die männliche Bevölkerung aller Altersgruppen, von den „Pimpfen" bis zu den Veteranen, umfasst.

Doch wenden wir uns nun wieder dem Mann zu, dem es bei der Gründung der NSDAP-Ortsgruppe 1929 übertragen wird, dieses vielgliedrige, hydragleich wachsende Monstrum der Hitlerbewegung in WEIDENBERG zu steuern.

Vom großen Führer zum kleinen Führer geweiht

Kein Weidenberger Bürger hatte bis dahin dem unscheinbaren und schmächtigen Schneidersohn und unsteten Hobbyelektriker GEORG RUMLER eine Führungsrolle zugetraut; im Sportverein, der ihm als Gründungsmitglied doch so am Herzen gelegen hatte, war er in der Vergangenheit ja glatt durchgefallen. Doch nun ergibt sich plötzlich die Chance, allen Verächtern die Schmach solcher Zurücksetzung heimzuzahlen: Gauleiter SCHEMM bestimmt ihn zum Ortsgruppenleiter.

Auch dieser Bericht vom Schlussakt des NSDAP-Gründungsabends im Februar 1929 liest sich wie eine rührende Anekdote: Wie wird man Ortsgruppenleiter, wie wird man der zukünftig mächtigste Mann im Ort? Haben solche „Amtswalter", die, wie RUMLER, nicht nur über das Geld der Marktgemeinde, sondern auch über das

Leben ihrer Mitmenschen gebieten, eine Ausbildung, eine Prüfung, eine professionelle Qualifikation? Wie kommen sie zu ihrem Amt? Wir erinnern uns an Rumlers Aussagen und erfahren mit ungläubigem Erstaunen von dieser erschreckenden, absolut demokratiefernen, geradezu dilettantischen Willküraktion: *„Ich wurde an demselben Abend von Schemm aufgefordert, doch die Ortsgruppe als Führer zu übernehmen. Nach längerem Hin und Her erklärte ich mich bereit, übergangsweise dieses Amt anzunehmen. Ich habe dann das Amt bis zum Schluss beibehalten."*

Wieder schiebt RUMLER raffiniert jede Verantwortung weit von sich. Er gibt sich als Jungfrau, die sich vor dem „ersten Mal" ziert und mit dem Verführer verhandelt, bevor sie sich schließlich seufzend ihrem Schicksal ergibt. Das Ganze seiner Tätigkeit als Ortsgruppenleiter sei ja eigentlich nur ein Provisorium gewesen, das sich, eher der Not gehorchend, gegen seinen Willen zum Dauerjob entwickelt habe, so klagt er.

Wie wir schon des Öfteren sahen, muss man RUMLER diese Scheinheiligkeit nicht abnehmen. Der ausgebuffte Nazistratege SCHEMM würde auch wohl keinem ein solches Amt im Rahmen der Führerhierarchie übertragen, den er nicht für einen bewährten, ergebenen und beredten Nazi-Aktivisten halten würde. Insofern ist auch Rumlers spätere Einlassung, er habe sich bis 1929 „nie mit Politik befasst", nicht ernst zu nehmen, es ist eine reine Schutzbehauptung.

Dass RUMLER sich in seinem Wolfsrudel erst zu behaupten lernen muss und dabei auch die eine oder andere Rechnung begleichen würde, lag durchaus im Kalkül dieses Systems. Entsprechend Hitlers von CHARLES DARWIN übernommenem Evangelium vom „Kampf der Arten ums Dasein", durften die Strukturen des Parteisystems durchaus ein wenig chaotisch, wild und urwüchsig sein; der Einzelne musste sich in dieser Rangelei bewähren. Auch ein zukünftiger Ortsgruppenleiter sollte um seine Durchsetzung kämpfen müssen. Einer, der nur in Beamtenmentalität an seinem Sessel klebte, war unerwünscht.

Und wie die Geschichte zeigt, gelingt es RUMLER dann auch binnen Kurzem, sich nicht nur als Rudelführer der Nazis, sondern scheinbar bei der ganzen Weidenberger Bevölkerung Respekt zu verschaffen. Nur hinter vorgehaltener Hand wagt man über den „Kanalfurz" zu spotten, der sich gern an jedem neu gebauten Kanal zur

Arm, Auge, Ohr und Mund des Führers: *RUMLER in Kreisleiteruniform (Montage)*

Schau stellt. Liebe und Zuneigung hat er allerdings von den Wenigsten empfangen, kaum einer mochte ihn wirklich. Ihm schien aber zu genügen, dass man ihn respektierte und für „gerecht" hielt. Einige nahmen ihm darüber hinaus sogar seine ständig ausposaunte Parole ab, dass er sich für seine Mitbürger mit allen Kräften einsetze.

Der Ortsgruppenleiter – Arm, Auge, Ohr und Mund des Führers

Als Ortsgruppenleiter hatte GEORG RUMLER nun unmittelbaren Anteil an der Führergewalt des selbst ernannten Führers HITLER. Denn vergleichbar dem Amt der katholischen Priester in der hierarchisch verfassten katholischen Kirche, das dem einzelnen Geistlichen kraft seiner Weihe durch den Bischof unmittelbaren Anteil an der Schlüsselgewalt des Petrus und damit an der Autorität Christi gibt, genossen auch in Hitlers hierarchisch aufgebautem Führersystem die nachgeordneten Chargen Hitlers volle Autorität. Diese Würde wurde ihnen von der nächsthöheren Charge gleichsam durch „Handauflegung" direkt vermittelt.

Den erforderlichen „Weiheakt" hatte SCHEMM als einer von Hitlers 32 Gauleitern, die gleichsam das Amt der obersten Regional-Bischöfe wahrnahmen, an diesem denkwürdigen Februar-Abend im Gasthaus Vogel an GEORG RUMLER vollzogen. Damit war RUMLER in sein neues Amt eingesetzt.

Bereits im Jahre 1921 war dieses „Führerprinzip", als bewusster Gegensatz zu demokratischen Entscheidungsstrukturen, in der Leitung der Partei eingeführt und in der Folge bis in die letzte Ortsgruppe und in die kleinste nationalsozialistische Organisation hinein durchgeführt worden. Abstimmungen nach demokratischer Art waren seitdem völlig verpönt; alle demokratischen Bemühungen im Aufbau der Weimarer Republik wurden als schwächlich verspottet.

In der Praxis wurden dem einzelnen Führer, also auch dem Ortsgruppenleiter, zwar jeweils zwei Berater an die Seite gestellt, aber die jeweilige Entscheidung traf der Führende ganz allein. Er trägt so für alle Maßnahmen auch die alleinige Verantwortung, ein Grundsatz, an den sich gerade die Ortsgruppenleiter und manche anderen kleinen Führer dann nach dem Krieg nicht mehr gern erinnern ließen.

HITLER hatte ein Faible für diese „Art charismatischer Hierarchie". Er hatte diese klare und geistlich überhöhte Struktur schon als Kind in seiner katholischen Kirche fasziniert wahrgenommen, wenn er in der Messe dem prächtig anzuschauenden Bischof nahe kam und ihn seines Amtes walten sah. In seiner Programmschrift „Mein Kampf" behauptet er allerdings, seine Vorstellung von einem hierarchisch verfassten Führertum nicht dem katholischen Bereich, sondern der Beziehung von Volk und Führung im mythischen Germanentum entnommen zu haben. Auch im preußischen Heer sieht HITLER den Grundsatz der unbedingten Führerautorität auf ideale Weise verwirklicht, sie verleihe einem System erst die nötige Durchschlagskraft.

Allerdings genüge es nicht, dieses Führerprinzip diktatorisch gleichsam als Befehl einem Staatsorganismus aufzupfropfen, lehrt HITLER. Sein Erfolgsgeheimnis beruhe vielmehr in dem engen gegenseitigen Vertrauensverhältnis von Führer und Geführten. Lebendig werde dieses Führerprinzip nur dann sein, wenn es *„in eigener Entwicklung aus Kleinstem heraus sich selbst allmählich"* bilde und wenn es *„durch die dauernde Auswahl, die die harte Wirklichkeit des Lebens ununterbrochen vornimmt, im Lauf von vielen Jahren das ... notwendige Führermaterial"* erhält.

Als Ortsgruppenleiter war RUMLER jetzt nicht nur der verlängerte Arm Hitlers vor Ort, sondern auch sein Auge, Ohr und Mund. Er lenkte die Parteimitglieder, deren Höchstzahl pro Ortsgruppe bewusst auf überschaubare 500 begrenzt war. Und er verschaffte sich mit den Methoden eines Spitzelsystems auch Einblick in alle Haushalte im Bereich dieser Ortsgruppe.

Um zu solchen Einblicken zu gelangen, entwickelte die Nazi-Partei ein ganzes Fragebogensystem. Es erfasste nicht nur die Mitglieder der NSDAP, sondern zunehmend auch alle Einwohner eines Ortes. In 45 Fragen wurde ihre „politische Zuverlässigkeit" im Sinne des Nationalsozialismus überprüft, und davon hingen nicht nur Berufschancen, sondern im Einzelfall auch ihr Leben ab, wie der oben bereits kurz skizzierte Fall von CHRISTIAN DENNERT beweist. Dass RUMLER für dieses Unrechthandeln an DENNERT mitverantwortlich war, wird aus den hier dargelegten Zusammenhängen der Führerhierarchie klar.

Die „amtlichen" Spitzel standen fest: Die beiden Berater des Ortsgruppenleiters, HANS K. und KONRAD R., mussten jeweils aus ihrem Bereich am Obermarkt und Untermarkt die nötigen Informationen aufgrund ihrer Beobachtungen liefern. Ihre spätere Behauptung, sie hätten keinerlei verantwortliche Tätigkeit ausgeübt, ist nur insofern richtig, als der Ortsgruppenleiter tatsächlich der letztlich allein Entscheidende war. Sie waren aber seine wichtigsten Zuträger in dem, was ihre Augen sahen und ihre Ohren hörten. Ihre auffallendsten Beobachtungen, zum Beispiel beim Abhören von Pfarrern oder auch über Stammtischgerüchte, sammelte der Ortsgruppenleiter und gab sie dann an den Kreisleiter weiter.

„Mund" war vor Ort RUMLER tatsächlich allein. Der Ortsgruppenleiter musste reden können, denn auf dem gesprochenen Wort basierte nach Hitlers Überzeugung sein ganzes System. Es war Aufgabe des Ortsgruppenleiters, „durch geeignete Veranstaltungen die Bevölkerung nationalsozialistisch auszurichten". So hatte RUMLER bei allen möglichen Gelegenheiten die obligatorischen Reden zu halten und die Parteidoktrin zu verkündigen, wenn nicht Ranghöhere auftraten.

RUMLER galt als guter Redner. Zeitzeugen berichten freilich, wie sehr sie sich als kindliche oder jugendliche Zuhörer bei solchen Reden gelangweilt hätten.

Als weitere Spitzel und Helfer dienten dem Ortsgruppenleiter die Zellen- und Blockleiter. Sie kassierten die Parteibeiträge und fertigten ihre regelmäßigen mündlichen Berichte über die Stimmung in der Bevölkerung, deren Auswertung den Nazis außerordentlich wichtig war. Sie versuchten bewusst, auf jede Stimmungsänderung zu reagieren, da sie um ihr Image, besonders im Ausland, sehr besorgt waren.

Die Ortsgruppe bestand aus acht solcher Zellen, diese wiederum gliederten sich in vier oder mehr Blocks. Jeder Block umfasste rd. 50 Haushalte. So war zunehmend das ganze Gebiet von einer dichten Beobachtungsstruktur überzogen und konnte permanent kontrolliert und auf jede Stimmungsschwankung abgeklopft werden.

Obwohl der Bereich einer Ortsgruppe möglichst nicht die Grenzen einer Gemeinde überschreiten sollte, reichte Rumlers Verantwortungsbereich von Anfang an über den zentralen Marktort WEIDENBERG erstaunlich weit hinaus, im Westen nach seiner eigenen Aussage „bis Laineck“, und im Osten über die ganze Frankenpfalz.

RUMLER ist also als Amtswalter der NSDAP auch für die umgebenden zahlreichen Dörfer und Weiler zuständig, einschließlich Sophienthal und der benachbarten Frankenpfalz, obwohl einige dieser Orte politisch eigentlich selbstständig waren, also eigene Bürgermeister und Gemeinderäte hatten. Und RUMLER lässt diese Menschen dort auch immer wieder seine Macht spüren. Erst in einer späteren Phase bildet sich in der Frankenpfalz eine eigene Ortsgruppe, die aber weiter RUMLER als Kreisamtsleiter des Amtes für Kommunalpolitik unterstellt bleibt.

Gefragt ist einer, der sich im Rudel durchsetzt

Einen möglichen Konfliktpunkt wussten die Nazis in WEIDENBERG geschickt zu umgehen. So bestand zwischen den ursprünglich demokratisch gewählten Bürgermeistern und den von der Partei von oben eingesetzten Ortsgruppenleitern immer eine Rivalität, denn ihre Aufgaben und Befugnisse überschnitten sich. Parteirechtlich betrachtet war ein Ortsgruppenleiter ja im Grunde nichts anderes als heute ein Parteivorsitzender auf Kommunalebene, er hatte sich also eigentlich in die konkrete Alltagspolitik einer Gemeinde nicht einzumischen. In der Praxis aber setzten sich die Ortsgruppenleiter mit Billigung von oben zunehmend über Recht und Gesetz hinweg und maßten sich auch gegenüber den Bürgermeistern oder der Ortspolizei Weisungsbefugnisse im Sinn der Parteileitung an.

Aber auch die Einsetzung von eigenen NSDAP-Bürgermeistern diente nicht immer dem Frieden, denn beide, Bürgermeister und Ortsgruppenleiter, verfolgten trotz gleicher Parteizugehörigkeit oft unterschiedliche Ziele und betrachteten sich gegenseitig als Rivalen. Diese „Parallelstruktur“ von Verfassungs- und Parteiämtern war typisch für das ganze politische Leben in Deutschland während des Dritten Reiches und führte oft zu chaotischen Zuständen, erleichterte aber der Hitlers Diktatur die Durchsetzung ihrer radikalen Ziele. Ja, HITLER beobachtete die unvermeidlichen Kämpfe mit einem gewissen Vergnügen, denn in ihnen sah er die von ihm so hoch geschätzte Lehre Darwins von der Durchsetzung des Stärkeren oder Zweckmäßigsten auch in der Politik bestätigt.

Die Nazis in WEIDENBERG verstanden es aber bereits zu einem frühen Zeitpunkt, nämlich im Jahr 1933, beide Ämter am Marktort in einer Person zu vereinigen, ein Beweis mehr dafür, dass sich der unterschätzte RUMLER durchzusetzen wusste. Neben ihm wagte niemand mehr, als Bürgermeister zu kandidieren.

Bis zum Jahr von Hitlers Machtergreifung ging es RUMLER, neben der weiteren Mitgliederwerbung, eigentlich nur noch darum, zwei Probleme zu lösen, nämlich erstens eine für seine Dienststelle als Ortsgruppenleiter angemessene Behausung zu finden, wo man auch Parteischulungen abhalten und die notwendige Parteiorganisation, die Propaganda und die Parteigruppierungen unterbringen konnte. Auch dieses Ziel verfolgte RUMLER, wie weiter unten zu sehen sein wird, mit Raffinesse und Konsequenz.

Zum anderen war sein Parteiamt als Ortsgruppenleiter ehrenamtlich, er erhielt also keine Aufwandsentschädigung. Wovon sollte er leben? Ein bisschen Geld konnte sich RUMLER allenfalls als Parteiredner verdienen. Allzu oft scheint er aber nach eigenen Angaben außerhalb Weidenbergs nicht geredet zu haben. Aber die NSDAP hatte noch viele andere Möglichkeiten, ihre Aktiven für ihren Einsatz zu entschädigen, ohne gleich als „korrupt“ zu erscheinen, so auch, indem sie ihnen sichere berufliche Posten zuschanzte.

So schielte RUMLER, der seit 1927 eine bescheiden bezahlte, aber immerhin feste Stelle beim Elektrizitätswerk WEIDENBERG übernommen hatte, auch hier nach Besseren und wurde nach Hitlers Machtübernahme auch belohnt.

7. Christian Schiller – alerter Geschäftsmann mit kleinen Fehlern

Im Dauerclinch mit dem Ortsgruppenleiter

Von Rumlers Einnahmequellen erfahren wir weiter unten mehr. Doch zunächst muss noch ausführlicher von seinem oben bereits erwähnten Gegenspieler CHRISTIAN SCHILLER berichtet werden, ohne den die Darstellung der Rolle von GEORG RUMLER im Dritten Reich nicht voll verständlich ist.

Trotz eines ersten misslungenen Anlaufs als Jugendlicher im Jahr 1929 gehörte SCHILLER nicht zu den beschriebenen Weidenberger Frühnazis. Ihm fiel es zunehmend immer schwerer, sich überhaupt mit dem Nationalsozialismus zu identifizieren. So lag er mit dem Partei-Exponenten RUMLER bald im Dauerstreit. Mit einer gewissen Genüßlichkeit erwähnt GEORG RUMLER später bei der Frage nach den ersten Weidenberger Nazis diesen CHRISTIAN SCHILLER als Einzigen, obwohl SCHILLER an diesem Gründungsabend der Weidenberger Nazis im Februar 1929 gar nicht dabei war und auch in den folgenden acht Jahren zur NSDAP deutlichen persönlichen Abstand hielt.

Während SCHILLER sich später rückblickend selbst gern als Regimegegner und sogar als Widerstandskämpfer darstellen wollte, den lediglich die Sorgen um das Geschäft und um seine Mitarbeiter zum wenngleich verspäteten Parteieintritt im Jahr 1937 getrieben hätten, will RUMLER ihn stets zu einem ganz frühen und überzeugten Naziaktivisten abstempeln. Warum?

Auch hier lernen wir wieder eine der typischen Rumler'schen Anekdoten kennen, von denen wir inzwischen wissen, dass sie der Verschleierung von Rumlers eigener Rolle dienen. Wie RUMLER vor der Spruchkammer berichtet, sei CHRISTIAN SCHILLER etwa 4-6 Wochen nach dem Partei-Gründungsabend, also im März 1929, zu ihm in die Wohnung gekommen, die RUMLER zu dieser Zeit noch im elterlichen Textilgeschäft am Obermarkt hatte. Seine verwitwete Mutter und sein später an Kriegsfolgen verstorbener Bruder HEINRICH seien anwesend gewesen. SCHILLER habe um Aufnahme in die Partei gebeten. Da er aber erst 17 Jahre alt gewesen sei, habe RUMLER sich veranlasst gefühlt, zuerst mit Schillers Vater JOHANN Rücksprache zu nehmen. Der Vater habe seinen Sohn in Rumlers Beisein zurechtgewiesen: „Du Lausbub, lern erst etwas, bevor Du zur Partei gehst." Damit sei die Beitrittserklärung für RUMLER erledigt gewesen.

SCHILLER habe aber die Parteiversammlungen besucht und sich auch im nationalsozialistischen Sinne betätigt, er habe Plakate geklebt und auch andere zum Besuch der Versammlungen angehalten. Schließlich habe SCHILLER dann im Jahre 1937 doch noch bei dem zuständigen Blockwart KARL E. seinen Aufnahmeantrag unterschrieben und sei unter der Mitgliedsnummer 4.465.599 geführt worden. Dies trifft zu, weist SCHILLER freilich als einen recht späten Nazi aus.

Natürlich konnte sich RUMLER, der ohnehin ein miserables Zahlengedächtnis hatte, an diese Mitgliedsnummer nach dem Krieg nicht erinnern. Er hatte sie aber während einem seiner Weidenbergaufenthalte in seinen versteckten Parteilisten nachgeschlagen, ein Beweis dafür, dass er über diese Listen noch 1946 verfügte.

Analysiert man diese Anekdote, so stößt man auf verschiedene Ungereimtheiten. Sie bestätigten das oben bereits mehrfach Gesagte, dass RUMLER seine tatsächliche Rolle beim Aufstieg der Nazis in WEIDENBERG verheimlichen will. Das beginnt mit der behaupteten Altersangabe, CHRISTIAN SCHILLER sei erst 17 Jahre alt gewesen.

Zu Besuch bei Schillers Vater Johann: *Wohn- und Geschäftshaus der Fa. SCHILLER in der Weidenberger Bahnhofstraße mit Schillers Privatauto Chrysler Royal 1929*

Tatsächlich ist Schiller am 27. Dezember 1910 geboren und damit zum Zeitpunkt der Gründung der Weidenberger NSDAP-Ortsgruppe bereits über 18 Jahre alt, er vollendet in diesem Gründungsjahr sogar bereits sein 19. Lebensjahr. Dieser vermeintliche Irrtum um mehr als ein Jahr mag unerheblich wirken, hat aber für das Gesagte doch beträchtliche Konsequenzen.

Mit 17 hätte ja SCHILLER nach den Parteistatuten noch gar nicht aufgenommen werden dürfen. Wie der Tatbestand zu bewerten ist, dass unter den 17 Antragstellern auf Aufnahme in die Partei sich, wie oben gezeigt, zwei weitere Jugendliche befinden, die erst 17 Jahre alt sind, mag hier dahingestellt bleiben. Jedenfalls weckt Rumlers willkürlicher Umgang mit den Parteiregeln einige Verwunderung. Während er bei diesen anderen beiden Jugendlichen die Anmeldung ohne zu Zögern akzeptiert, gibt er sich im Fall SCHILLER überfürsorglich und schaltet sogar den Vater ein.

Er stellt diesen Vater als eine Respektsperson dar, der sich der junge SCHILLER ohne Widerrede unterwirft. Nach allem, was wir sonst über Schillers durchsetzungsfähige Persönlichkeit wissen, wirkt diese Darstellung nicht sehr glaubwürdig. Sie steht auch im Widerspruch zur weiteren Schilderung, dass der gleiche Sohn, dem der Vater eben den Parteieintritt verwehrt hat, nun in Rumlers Erzählung als angeblicher Kleber von Propagandaplakaten, Besucher von Parteiveranstaltungen und Werber für die Nazis auftritt. Dieser Vater, der dann nur ein Jahr später seiner ebenfalls noch nicht volljährigen Tochter LUISE den Parteieintritt erlaubt – sie ist das erste weibliche Parteimitglied in WEIDENBERG überhaupt – soll das Gleiche seinem achtzehnjährigen Sohn verwehrt haben? Das erscheint wenig glaubhaft.

Hinzu kommt, dass RUMLER diese Geschichte in den weiteren Vernehmungen, wie oben gezeigt, zeitlich immer weiter nach hinten verlegt, zunächst ins Jahr 1930 und dann gar ins Jahr 1932, und die Handlung damit vollends unlogisch macht; denn seinem mittlerweile 21-jährigen Sohn und Nachfolger verbietet der schwer-

Im Musterlager: *JOHANN SCHILLER mit Tochter LUISE und Nichte HELENE um 1927*

kranke Vater zu dieser Zeit sicherlich nichts mehr. Wir müssen also unsere These von oben erneuern, dass in Wahrheit Schillers Aussage korrekt ist, nach der er RUMLER bereits 1926 erstmals besucht hat, um mehr über die Ideen und Ziele der Nationalsozialisten zu erfahren. Da war SCHILLER sogar erst 16 Jahre alt, und seine Neugier war für einen Oberschüler allein schon aus Gründen der politischen Bildung verständlich. Rumlers eigene Erinnerung an Schillers jugendliches Alter rührt von dieser frühen Begegnung her.

Seine Geschichte über SCHILLER ist auch nur für diesen frühen Zeitpunkt logisch. Sie belegt, dass RUMLER, anders als er später beteuert, längst ein überzeugter und bekannter Nazi war, bevor er sich von SCHEMM im Jahr 1929 in die Partei aufnehmen und mit den Weihen eines Ortsgruppenleiters ausstatten ließ.

Vom naiven Jugendwahn zum kritisch denkenden Geschäftsmann

Wahr an Rumlers Geschichte ist, dass CHRISTIAN SCHILLER in seiner Jugend als Bayreuther Oberschüler wohl tatsächlich ein großes Interesse für die jung und revolutionär erscheinende Nazibewegung entwickelt hat und eine Zeit lang ein naiver Anhänger der Nazis war. SCHILLER gibt auch selber zu, Rumlers Parteiveranstaltungen besucht zu haben, wenn auch nur „vielleicht ein bis zwei Versammlungen, die von ihm geführt wurden, während der ganzen Nazizeit“. Wahrscheinlich hatte sich SCHILLER durch die Naziszene in Bayreuth, die gerade mit dem charismatischen Lehrer HANS SCHEMM an der Spitze einen Aufschwung erlebte, beeindrucken lassen, er besuchte dort bis zum Jahr 1928 die Höhere Handelsschule.

Nach beendetem Studium steigt SCHILLER aber sofort als Mitarbeiter in das elterliche Granitwerk in WEIDENBERG ein und beteiligt sich zielbewusst und erfolgreich an dessen weiterem Aufbau. Rückblickend stellt SCHILLER stolz fest, dass es ihm sofort gelungen sei, eine Reihe von erstklassigen Auslandsverbindungen zu knüpfen, „die einen guten Geschäftsgang gewährleisteten“. Die Belegschaft habe sich binnen weniger Jahre von 15 Arbeitern im Jahre 1928 auf bereits 120 Arbeiter im Jahr 1933 gesteigert. Das Werk habe laufend vergrößert werden müssen. SCHILLER beschreibt

Bescheidene Anfänge: *Belegschaft des Schillerschen Granitwerks 1908, links im Anzug die beiden Chefs* J*OHANN jr. (mit Hund) und* G*EORG* S*CHILLER*

auch, was ihn dann dazu gebracht habe, sein frühes Interesse an den Nazis zu hinterfragen und auf einen Parteieintritt zumindest bis zum Jahr 1937 zu verzichten. Er habe durch seine Auslandsreisen und im Verkehr mit seiner ausländischen Kundschaft und seinen Lieferanten Gelegenheit gehabt, den großen Unterschied zwischen Nationalsozialismus und Demokratie zu sehen und daraus seine Lehren gezogen. Dann aber sei der Druck der örtlichen Parteiführung, also Rumlers, auf ihn und seine Firma übermächtig geworden.

Er habe ja auch viele und große Geschäfte mit jüdischen Kunden und Lieferanten in Deutschland und im Ausland getätigt, was von den Naziführern nicht gern gesehen worden sei.

So habe RUMLER ihm kraft seiner Amtsvollmacht zunehmend größte Schwierigkeiten in der Betriebsführung auf arbeitspolitischem, sozialem und wirtschaftlichem Gebiet bereitet und ihm sogar gedroht, ihn als Nichtmitglied der NSDAP bei erster Gelegenheit als Betriebsführer abzusetzen. Aus Sorge um den Ruin seines durch jahrelange Arbeit aufgebauten Geschäftes habe SCHILLER Ende 1937 schließlich seinen Beitritt zur NSDAP erklärt, sich aber nur als zahlendes Mitglied und nicht als echten Nazi empfunden. Doch die Schwierigkeiten mit RUMLER seien danach auch nicht weniger geworden, denn Schillers mittlerweile sehr nazikritische Haltung sei dem Ortsgruppenleiter nicht verborgen geblieben.

Etliche historische Belege stützen diese Behauptungen Schillers über seine nazikritische Einstellung. So wird Schiller z.B. bei der Nazigewerkschaft DAF wegen unbotmäßigen Verhaltens rausgeworfen. Auch verweigert er nachweislich konsequent jede Spende für Nazieinrichtungen und kassiert deswegen immer wieder Mahnungen. Auch lehnt er es grundsätzlich ab, bei den sich anbahnenden Nazigroßprojekten, wie dem Bau des Parteitagsgeländes in NÜRNBERG, eigene Steinmetzangebote abzugeben, obwohl solche Aufträge angesichts der zunehmend wegbrechenden Auslandsmärkte attraktiv gewesen wären und seine Firma auch die nötige Leistungskraft gehabt hätte. Dokumente über alle diese durchaus widerständigen Handlungen einschließlich der nicht ausgefüllten Ausschreibungsunterlagen für das Reichsparteitagsgelände legte er in Ordnern ab, die mir sein ältester Sohn dann bei meinen Recherchen als durchaus überzeugende Beweismittel zur Verfügung stellte.

Im Jahr von Hitlers Machtübernahme 1933 stirbt Schillers Vater JOHANN jr. Er hatte das von seinem Vater, JOHANN SCHILLER sen. und Bürgermeister MICHAEL SCHRECK 1880 am Obermarkt begonnene Unternehmen gemeinsam mit seinem Bruder GEORG in den neuen Hallen am Bahnhof zielstrebig weiter ausgebaut.[37] Er war nur 52 Jahre alt geworden.

Als Todesursache vermutete einer der Enkel bislang einen Sturz vom Pferd, der ihm vielleicht das Genick gebrochen habe. Doch ergibt sich aus dem Kirchenbucheintrag, dass Schillers Tod durch Herzschlag eintrat und dass ihm eine länger dauernde Herzschwäche zugrunde lag. Der Arzt Dr. FRITZ MÜLLER, der im Sept. 1928 in WEIDENBERG die Nachfolge von Dr. SCHILFART angetreten hatte und seinerzeit im Schnorrpalais am Untermarkt wohnte, hat bei JOHANN SCHILLER eine „myodegeneratio cordis" diagnostiziert, also eine degenerative Veränderung des Herzmuskels mit Lungenstauung und Ödemen, wie sie eigentlich eher für das „Altersherz" typisch ist.

Doch dürfte dieses Krankheitsbild bei seinem Patienten wohl eher psychosomatisch bedingt gewesen sein: Die Sorgen im Bürgermeisteramt, das SCHILLER nach dem verlorenen Ersten Weltkrieg von 1919-1928 ausgeübt hatte, waren ihm besonders in der Inflationszeit sicher zu Herzen gegangen; die Armut im Marktort war übermächtig. Die anschließende Weltwirtschaftskrise hatte das vom Vater begonnene Projekt des Granitwerks an den Rand des Abgrunds gebracht. Der Aufschwung war mühsam erkauft, nun war er mit seinen Kräften am Ende gewesen.

Jedenfalls war der erst 25-jährige CHRISTIAN SCHILLER mit dem Tod des Vaters Betriebsführer geworden und seitdem leitender Direktor des Granitwerks der GE-

---

[37] Vergl. die Beschreibung dieser hochinteressanten gründerzeitlichen Unternehmung im Kapitel „Arbeit, Wohlstand und Armut bei den ‚Gaasla' – Soziales Leben, Beruf und Gewerbe in Weidenberg bis 1919", S. 222f.

BRÜDER SCHILLER in WEIDENBERG. Zusammen mit seiner Schwester LUISE und seinem Onkel GEORG war er nun Firmenteilhaber. Nachdem er insbesondere das Geschäft mit England und Holland stark ankurbeln konnte, erweiterte er die Belegschaft und errichtete drei neue große Hallen.

Der Engel mahnt den Meister zum Gehen: *Grabmonument der Fam. SCHILLER auf dem Friedhof St. Stephan*

Nur ein Teil seiner Arbeiter wohnte damals im Ort WEIDENBERG, die Mehrzahl kam aus dem Umland, davon allerdings nur die wenigsten aus der benachbarten Frankenpfalz. Sehr viele Arbeiter stammten aber vom westlichen Rand des Fichtelgebirges bis hinauf nach GOLDKRONACH, BRANDHOLZ und BERNECK; dort waren sie von ihrer Arbeit in den Steinbrüchen mit der harten Steinmetzarbeit vertraut.

Eine besondere Spezialität der Firma SCHILLER waren seinerzeit künstlerisch und plastisch gestaltete Steine und Monumente. Das imposante, übermannsgroße Grabmal auf dem Friedhof ST. STEPHAN, das SCHILLER für den früh verstorbenen Firmenchef und die nachfolgenden Familienmitglieder entwerfen ließ, ist ein typisches Beispiel dieser Steinmetzkunst: Aus erlesenem Granit von unterschiedlicher Struktur und Färbung entsteht ein bühnenartiges Zentralbild. Ein Engel tippt dem fragenden Senior, der noch mit seiner Arbeit beschäftigt ist, auf die Schulter und weist ihm den Weg ins Jenseits.

Haben die Nazis Angst vor Frauen?

In den ersten drei Jahren nach Gründung der Ortsgruppe haben die Weidenberger Nazis nur wenig Erfolg. Trotz intensiver Werbung zeigt ihnen die Bevölkerung bis zum Jahr 1932 die kalte Schulter. Einzig die schon genannte Schwester Schillers, Luise, stellt im Mai 1930 ihr Aufnahmegesuch und wird im gleichen Jahr als Neumitglied in die NSDAP aufgenommen. Sie ist damals noch Schülerin und 18 Jahre alt.

Dieser Partei-Beitritt einer in Weidenberg prominenten jungen Frau überrascht einerseits, sie ist hier das erste weibliche Mitglied in dieser typischen „Männerpartei". Ihr folgen im Bereich des Marktes Weidenberg nach unserer Kenntnis in den nächsten Jahren bis Kriegsende nicht viel mehr als eine Handvoll Frauen. Luise Schiller kehrt aber nach eigenen Angaben bereits 1935 der Partei wieder den Rücken. Ihr Eintritt hat auch wenig mit politischer Überzeugung, sondern eher mit Backfischschwärmerei zu tun.

Schon bei HITLER sahen wir, dass er anscheinend eine faszinierende Wirkung auf Frauen ausübte. Seit er sich entschloss, „Politiker zu werden", finden sich unter seinen leidenschaftlichsten Anhängern insbesondere auch „starke" Frauen aus einflussreichen Häusern. HELENE BECHSTEIN etwa bemutterte diesen wüsten Propagandaredner seit dem Jahr 1921 wie eine „Adoptivmutter", sie brachte ihm Tischmanieren bei, vermittelte ihm Sinn für ordentliche Kleidung und führte ihn in die bessere Gesellschaft ein. WINIFRED WAGNER schickte ihm schon 1924 Fresspakete zur Erleichterung seiner Haft nach LANDSBERG und gewährte ihm die ganze Nazizeit hindurch in BAYREUTH ein gastfreies Haus und mehr.

Seine junge Nichte GELI RAUBALL nahm sich mit seinem Revolver das Leben, weil ihr Hitlers Zuneigung zu unklar oder vielleicht auch zu pervers war. Auch MAGDA GOEBBELS hätte ihn gern anstelle ihres kleinen JOSEF als ihren Mann gesehen. HELENE RIEFENSTAHL, HANNA REITSCH und eine endlose Schar von Frauen machten sich zu Verbündeten von Hitlers Herrschaft. Viele halfen mit, seinen mondänen Lebensstil zu finanzieren. Abertausende Mädchen und Frauen jeden Alters schrieben dem amtierenden Diktator die schwülstigsten Liebesbriefe.

Macht und Status wirken anscheinend auf Frauen anziehend, das Aussehen oder die menschlichen Qualitäten des Mannes scheinen weniger wichtig. Doch HITLER war ja nicht zu haben, er wollte nur „mit Deutschland verheiratet" sein. Dahinter steckte in Wahrheit wohl tiefe existenzielle Angst, sich an eine Frau zu binden; erst in den letzten Tagen seines Lebens überwand er sich zum Jawort an seine langjährige Geliebte EVA BRAUN, von der Deutschland erst nach ihrem gemeinsamen Tod erfuhr.

Doch für die jungen Schülerinnen der Bayreuther Schule gab es ja noch einen anderen Schwarm, Hitlers Gauleiter HANS SCHEMM, vom Volksmund im Bayreuther Land wegen seines Charmes und seines guten Aussehens seufzend „der schöne Hanni" genannt. Zwar war er verheiratet, hatte Kinder und war inzwischen auch schon 39 Jahre alt. Doch durch seine pädagogische Erfahrung und in seiner unkonventionellen Lockerheit sprach er junge Menschen an, warum also nicht auch die 18-jährige Weidenberger Fabrikbesitzerstochter LUISE SCHILLER?

Weil sie selbst ein vom volkskirchlichen Christentum durch Pfarrer REDENBACHER geprägter Mensch war, schätzte sie Schemms seelsorgerlichen Unterton und fand seine Wahlreden großartig: *„Unsere Politik heißt Deutschland und unsere Reli-*

gion heißt Christus", ein Slogan, der sich so auch in einer Grundsatzerklärung Schemms im Jahr 1933 als Kultusminister findet.

Hochzeit mit einem Holländer:
LUISE SCHILLER, verh. SNIJDERS, 1935

LUISE SCHILLER, die später einen Holländer heiratete und seitdem SNIJDERS hieß – ein Name, den kaum ein Weidenberger korrekt auszusprechen vermochte – schrieb im Rückblick auf ihre Schwärmerei für SCHEMM und die Nazis, sie habe damals keinesfalls das gehabt, was man als „politische Reife" bezeichnet. Sie habe sich vom wortreichen Werben Rumlers zum Parteieintritt überreden lassen, ihr Vater habe ihr keine Steine in den Weg gelegt. Anfangs soll sie sich sogar als Werberin für die Nazis starkgemacht haben.

Doch als sie als junge Frau und Teilhaberin der elterliche Firma in Holland in der gleichen Branche ihren zukünftigen Mann kennenlernt und heiratet, kehrt sie im Jahr 1935 der Partei den Rücken und nimmt die holländische Staatsangehörigkeit an.

Gleichwohl wird man auch diese LUISE SCHILLER nach dem Krieg wegen ihrer zeitweiligen Parteizugehörigkeit vor die Spruchkammer zitieren. Dort sieht sie sich als ein Opfer des Ortsgruppenleiters und schildert ausführlich die Schikanen, die sie von RUMLER erlebt hat, seit sie im Jahr 1938 nach Deutschland zurückkehrte.

In zwei Verfahren wird man sie als „Mitläuferin" eingruppieren, weniger wegen der Schwere ihrer Schuld, sondern vor allem „aus formalrechtlichen Gründen", nämlich weil sie eine Zeitlang tatsächlich in der Partei war. Die finanzielle Sühne erlässt man ihr auf ihren Einspruch hin.

Über die im Prozess hier erwähnten Schikanen Rumlers wird weiter unten noch zu reden sein, weil diese, wie vieles andere auch, Beispiele dafür sind, die zeigen, dass das Selbstbild Rumlers vom „gerechten Nazi" ein Produkt seiner Fantasie war.

8. Die Nazis in Weidenberg auf dem Weg zur Macht

Mit dem Motorrad unterwegs auf Parteiveranstaltungen und Reichsparteitagen

Die Tatsache, dass dem frisch ernannten Nazi-Ortsgruppenleiter und seiner kleinen Mannschaft in der ersten Zeit nach der Ortsgruppengründung im Jahr 1929 in WEIDENBERG nur wenige Erfolge vergönnt waren, darf nicht darüber hinwegtäuschen, dass in diesen Jahren gleichwohl der Keim dafür gelegt wird, dass WEIDENBERG dann in der Hoch-Zeit der Nazis im Deutschen Reich zur Hochburg der Nazis in der Region des südlichen Fichtelgebirges und darüber hinaus wird. Dass diese Saat so vielfältig aufgeht, ist fast ausschließlich der zähen Verbissenheit des frisch ernannten Ortsgruppenleiters GEORG RUMLER zu verdanken.

Bereits drei Monate nach dem Gründungsabend, am 21. Mai 1929, tut es RUMLER seinem Vorbild SCHEMM nach und kauft sich beim örtlichen Auto- und Zweiradhändler KIEẞLING ein Motorrad, Marke Zündapp Z 200, mit Soziussitz und entsprechenden Fußrasten, zum stolzen Preis von 853 RM, entsprechend heute also etwa 8.000 €. Er bezahlt mit einem Wechsel über 700 RM, den Rest in bar.

RUMLER begründet diese Anschaffung bei seiner Spruchkammer-Vernehmung später mit der beruflichen Notwendigkeit, als Selbstständiger auf ein schnelles Beförderungsmittel angewiesen gewesen zu sein, was aber so nicht zutrifft; denn er ist zu dieser Zeit bereits als „Betriebsleiter" im Elektrizitätswerk WEIDENBERG fest angestellt. Ob ihm jemand von seinen neuen Freunden aus der Nazipartei zu dieser Anstellung verholfen hat, ist nicht zu beweisen, aber denkbar. Dieses Dienstverhältnis ist aber ein großer Gewinn in dieser beruflich und wirtschaftlich unsicheren Zeit.

Der Soziussitz als speziell georderte Motorradzubehör spricht dafür, dass es gar nicht so sehr um seinen Beruf ging, dazu hätte er keinen Sozius gebraucht, er arbeitet ja in der Regel allein. Ja, er bräuchte eigentlich überhaupt kein Motorrad, denn seine Betriebsstätte in WEIDENBERG liegt kaum 100 m von seiner Wohnung entfernt. Tatsächlich geht es wohl vor allem um sein Parteiamt als Ortsgruppenleiter mit einem großen Einzugsbereich. Dieses Amt verleiht seinem Selbstbewusstsein neuen Glanz und motiviert ihn zur Aufbietung aller Kräfte.

RUMLER ist parteipolitisch für die ganze Umgebung des südwestlichen Fichtelgebirgsrandes bis zum Stadtrand von BAYREUTH zuständig, er muss nun auch auswärts Schulungen halten und politische Funktionen ausüben. Dabei muss er auch des Öfteren Parteifreunde mitnehmen.

Wahrscheinlich nehmen RUMLER und einige seiner Genossen auch bereits am Reichsparteitag der NSDAP am Anfang August 1929 teil. Sie wollen ihrem Idol

Dem Idol nahe sein: *Plakette; HITLER mit der „Blutfahne" beim chaotischen Reichsparteitag 1929 in Nürnberg*

HITLER nahe sein, sich an den Worten des „Führers" berauschen und sich auch persönlich für ihre „Hausarbeit" ideologisch aufrüsten lassen. Die metallene Erinnerungsplakette über dieses Ereignis heften sie sich stolz an ihre Brust. Die Wappenform zeigt die Nürnberger Burg und darunter den Stahlhelm des Ersten Weltkriegs, den Adler und das Hakenkreuz. Die aufgeprägten Jahreszahlen erinnern an den Ausbruch des Weltkriegs 1914 und an die Gründung der NSDAP 1919 und beschwören das 15. Jahr des Kriegsbeginns und das zehnte Jubiläum der Parteigründung.

Es ist der vierte Parteitag der Nazis seit dem Jahr 1923 und zugleich der letzte bis zum Jahr 1933. Rein pragmatische Gründe waren es anfangs gewesen, nämlich die zentrale Lage, warum NÜRNBERG zum fragwürdigen Ruhm der „Stadt der Reichsparteitage" avancierte. Später erst entdeckten die Nazis auch den Wert des Geschichtsruhms dieser zugleich freien und kaiserlichen Stadt, die ihrerseits schon bald ihre Schlagseite hin zur Sache der Nazis zeigte.

Noch musste die Hauptveranstaltung der Nazis 1929 unter den beengten Verhältnissen im Luitpoldhain stattfinden. Dieses Gelände ist dem späteren bombastischen Reichstagsgelände westlich vorgelagert; es war im Jahr 1906 zur 100-Jahr-Feier der Zugehörigkeit Frankens zu Bayern als Parklandschaft mit einer Fläche von immerhin 70 ha angelegt worden und hatte zu Ehren des damaligen Prinzregenten LUITPOLD die Bezeichnung „Luitpoldhain" bekommen. Aber diese parkartige Baum- und Wiesenlandschaft eignete sich sicher mehr zur Zerstreuung, als zum Lauschen auf Hitlers gebrüllte, aber eingängige Worte.

Hetzreden im idyllischen Volkspark: *Luitpoldhain 1930*

Vieles von den Eindrücken dieses Reichsparteitages blieb trotzdem auf Dauer haften, so auch Hitlers symbolischer Griff nach der mystischen „Blutfahne“, die noch vom Blut der Nazi-Märtyrer bei der Schießerei beim niedergeschlagenen Putsch an der Feldherrnhalle getränkt sein sollte. Sie wurde nun als Partei-Heiligtum aufbewahrt. Im Ohr blieb aber auch Hitlers Rede, die zu diesem frühen Zeitpunkt bereits die Liquidation der Behinderten angekündigte. Die Umsetzung begann dann genau 10 Jahre später in den reichsweiten Euthanasieaktionen; doch niemand nahm daran Anstoß, weder damals noch später.[38] Viele meinten damals fälschlich, man müsste das, was HITLER sagte, nicht wörtlich nehmen und als ernst gemeint betrachten; es sei nur als ein emotional aufgeheiztes, propagandistisches Gerede zu betrachten. Welche Mitschuld trägt also einer, der das so hinnimmt und dazu schweigt oder es gar weiter verbreitet? So darf man im Nachhinein durchaus fragen.

Damals im Jahr 1929 gab es beim Parteitag lediglich von Seiten der Kommunisten Proteste und schwere Zusammenstöße, sie kämpften aber aus ganz anderen Motiven gegen die Nazis. Immerhin verhinderte dieser fast bürgerkriegsähnliche Konflikt bis zum Jahr der Machtergreifung 1933 die Abhaltung weiterer Nazi-Parteitage.

Weidenbergs letzter frei gewählter Gemeinderat 1929

Wieder daheim in WEIDENBERG angekommen, gilt es für die Parteitagsbesucher damals, das Gehörte in die noch herrschenden Formen demokratischer Kommunalarbeit einzubringen. Gemeinderatswahlen stehen am 8. Dezember 1929 vor der Tür. Natürlich lassen sich RUMLER und einige seiner frühen Parteigenossen als Kandidaten der NSDAP aufstellen. Sie folgen Hitlers neuer Maxime, die Macht auf dem verpönten, aber legalen demokratischen Weg anzustreben.

[38] Vergl. das Kapitel „Anna Margareta – Gedenken des Unbegreiflichen – Spurensuche NS-Opfer des Euthanasie-„T4-Programms“ aus der Kirchengemeinde Weidenberg“ in der 5. Folge des Projektes ‚Myrten für Dornen‘: „Spuren der Opfer ...“

Weidenbergs letzter frei gewählter Bürgermeister:
Zimmerermeister GEORG KETTEL

Diese Wahl bringt tatsächlich für die Nazis in Weidenberg einen ersten Durchbruch, denn GEORG RUMLER und zwei weitere Parteigenossen erhalten genügend Stimmen für drei Sitze im Marktgemeinderat. Das bedeutet, sie haben in diesen vergangenen 10 Monaten zwar noch nicht die Zahl ihrer Mitglieder, wohl aber den Kreis ihrer Sympathisanten erweitern können und sind in der Gemeinde nun bekannt. Zusammen mit den gewählten Kandidaten der anderen Parteien werden sie am 10. Januar 1930 durch den seit August 1928 amtierenden Bürgermeister GEORG KETTEL, einen bekennenden Nicht-Nazi, als Gemeinderäte amtsverpflichtet.

Neben der erstmals kandidierenden NSDAP haben damals noch zwei weitere Gruppierungen in WEIDENBERG für ihre Kandidaten geworben, die Sozialdemokratische Partei Deutschlands SPD und die Bürgerpartei BP. Die Bürgerpartei hat am besten abgeschnitten und stellt nun nach dieser letzten freien Wahl mit sieben Delegierten den Löwenanteil bei den Gemeinderäten in WEIDENBERG.

Vergleicht man die Ergebnisse dieser Kommunalwahl in WEIDENBERG mit dem damaligen Reichsdurchschnitt, so ist der Anteil der NSDAP in diesem Ort wie auch in anderen Wahlbezirken Oberfrankens überproportional. Die Nazis können nun mit ihren drei stimmberechtigten Gemeinderäten im Marktgemeinderat mitreden und tun das auch nach Kräften. Dagegen hat die Stimmenzahl für die traditionsreiche SPD abgenommen; sie ist in WEIDENBERG nur noch mit zwei Sitzen vertreten, ihre beiden Kandidaten treten später zur NSDAP über.

Dieser letzte in Weidenberg frei gewählte Gemeinderat ist nur aus Männern zusammengesetzt und besteht aus folgenden Herren:

Landwirt HANS BÖHNER (BP), Haus-Nr.44; Mühlenbesitzer HANS DREß (BP), Haus-Nr. 187; Uhrmachermeister ANTON GRIESHAMMER (BP), Haus-Nr. 52; Maschinenschlosser GEORG HAGEN (BP), Haus-Nr. 10; Gerbermeister HEINRICH HECKEL (BP), Haus-Nr. 28; Zementarbeiter CHRISTOPH HEINZ (SPD, später NSDAP), Haus-Nr. 15c; Rentner EBERHARD HÜBSCH (SPD, später NSDAP), Haus-Nr. 53; Viehhändler SIGMUND PÖHLMANN (BP), Haus-Nr. 152; Schmiedemeister KONRAD RUCKDESCHEL jun. (NSDAP), Haus-Nr. 152; Elektroingenieur GEORG RUMLER (NSDAP), Haus-Nr. 49; Kaminkehrermeister HEINRICH SEYß (NSDAP); und Granitwerksbesitzer GEORG SCHILLER (BP), Haus-Nr. 211. Letzterer ist der Bruder des

JOHANN SCHILLER, der von 1919-1928 als Bürgermeister amtierte. Der bereits 1928 zum Bürgermeister gewählte Zimmerermeister GEORG KETTEL amtiert weiter, Gemeinderat PÖHLMANN wird zum stellvertretenden Bürgermeister gewählt.

Wie sich die Nazis um das Schloss bemühen

Mit seiner ersten Sitzung am 10. Januar 1929 nimmt dieser letzte frei gewählte Marktgemeinderat seine Arbeit auf. GEORG RUMLER ist stolz auf seine Wahl zum Gemeinderat. Er empfindet sie als Bestätigung seiner Berufung durch seinen Mentor HANS SCHEMM und als Lohn seiner eigenen Bemühungen. Er will, den damaligen Intentionen seines „Führers" ADOLF HITLER folgend, die Sache der Nazis in diesem demokratisch gewählten kommunalen Gremium voranbringen.

Mit einigen auffallenden Aktivitäten versucht RUMLER deshalb, sich im Gemeinderat zu profilieren und seinen Eifer unter Beweis zu stellen. Seine Anträge haben stets einen populistischen Charakter; sie greifen Probleme auf, die schon länger im Gespräch sind. Dabei schielt er von Anfang an auf den Nutzen für die Partei.

Bereits in der zweiten Sitzung am 3. Februar 1930 beantragt RUMLER als Sprecher für die NSDAP unter dem Thema „Notlage der Gemeinde" eine Verfügung, dass die Bevölkerung „am Platze einkaufen" soll, sprich, dass das Geld im Ort bleibt. Nur die drei Nazigemeinderäte stimmen dafür, die anderen gehen zur Tagesordnung über, wie es im Protokoll heißt.

Begehrtes Oberes Schloss: *Aufnahme um 1929*

Rumlers erstes großes Prestigeprojekt aber, dem er einige Energie widmet, ist die zukünftige Nutzung des Alten Schlosses. RUMLER sucht ja, wie oben bereits erwähnt, ein repräsentatives Gebäude als künftiges Zentrum für die Partei, und für sich selbst strebt er eine „angemessene" Wohnung an. Doch weder er, noch die klamme NSDAP, haben dafür das nötige Geld. In der ohnehin anstehenden Umfunktionierung des Schlosses wittern sie aber auf Dauer eine Chance für ihr Projekt – und sie liegen mit ihrer Annahme letztlich richtig, auch wenn es zur Durchsetzung noch einen langen Atem braucht.

Das auffallende historische Gebäude mit dem hohen Dach am Obermarkt, meist „Oberes“ oder „Altes Schloss“ genannt, ist zu dieser Zeit noch Sitz des Amtsgerichtes und somit auch ein wichtiger Arbeitsplatz für Berufstätige in der Rechtspflege in den verschiedenen Funktionen, vom Hausmeister, über die Sekretärin und den Wachhabenden des Gefängnisses, bis zum Richter und seinen Mitarbeitern. Dabei sei am Rande der auffallende Tatbestand vermerkt, dass die Mehrzahl der hier Mitarbeitenden lange Zeit hindurch den Kern der katholischen Gemeinde im sonst völlig protestantischen WEIDENBERG ausmacht. Auch Rumlers zukünftige Ehefrau JOHANNA POPP, die er 10 Jahre später heiraten wird, kommt aus diesem Milieu, ihr Vater ist Amtsrichter und katholisch; er hat auch die katholische Taufe der Tochter durchgesetzt, was damals doch sehr auffiel, weil die Mutter eine evangelische Weidenbergerin war und die Erziehung der Kinder damals noch überwiegend nach der Konfession der Ehefrau ging.

Das Schloss steht aber seinerzeit in dieser Phase der Weimarer Republik in der Gefahr, den Notverordnungen zur Geldersparnis zum Opfer zu fallen, die Reichskanzler VON BRÜNING erlassen hatte. Bereits seit Nov. 1927 laufen deshalb im Weidenberger Gemeinderat Bemühungen, das Amtsgericht auch weiterhin im Alten Schloss in WEIDENBERG zu erhalten.

Der historische Bau dieses Schlosses hat eine bewegte Geschichte hinter sich. Er ist in seinem Kern spätgotisch, stammt aber in seiner heutigen Ausformung aus dem 17. und 18. Jahrhundert. Zunächst Sitz des Weidenberger Geschlechts derer v. KÜNSBERG wird das Schloss unmittelbar nach dem Dreißigjährigen Krieg Eigentum der Reichsritter V. LINDENFELS. Diese verkaufen es im Jahr 1746 an ihre Rivalen, die Markgrafen von BAYREUTH, die schon vorher erfolgreich den Zuzug des Lindenfels'schen Bruderzweiges im damals noch bestehenden „Unteren Schloss“ verhindert haben.[39]

Seit 1770 ist das Obere Schloss ein markgräflicher Amtssitz. Ab dem Jahr 1879 ist hier mit dem Amtsgericht ein bayerisches Gericht der ordentlichen Gerichtsbarkeit untergebracht. Sein Sprengel umfasst die umliegenden Gemeinden einschließlich der Frankenpfalz und reicht im Süden bis hin nach BIRK und WINDISCHENLAIBACH. Die nächsthöhere Instanz ist das Landgericht BAYREUTH.

Diese Konstruktion trachtet der Weidenberger Gemeinderat zunächst zu erhalten und notfalls finanziell zu „subventionieren“. Zum Amtsgericht gehört auch ein Gefängnis. Seine Funktion muss als Erstes sichergestellt werden.

---

[39] Zu den Einzelheiten vergl. das entsprechende Kapitel im Buch „Spurensuche Frankenpfalz“ des gleichen Verfassers,

Abschreckung noch in der NS-Zeit:
Gefängniszellen im Alten Schloss

So vergehen im Lauf dieses Jahres mehrere Sitzungen des neuen Gemeinderates, in denen über die Einrichtung des Gefängnisses verhandelt wird. Die angedachte Sparlösung sieht so aus: Im Erdgeschoss des Amtsgerichtsgebäudes befindet sich gegenüber der Hausmeisterwohnung der abgeteilte Südteil mit einer offenen Vergitterung nach Art der Westerngefängnisse; dieser Trakt enthält die fünf Gefangenenzellen mit je zwei Betten. Es können also bis zu 10 Gefangene zur gleichen Zeit untergebracht werden. Die Schlafgestelle sind tagsüber an den Wänden angeschlossen, die Gefangenen sollen zu dieser Zeit nicht schlafen. In der kalten Jahreszeit wärmen von außen beheizte Öfen die Zellen. Der Gerichtsoffiziant JOHANN DIETZ, gleichzeitig Hausmeister im Amtsgerichtsgebäude, soll gegen Entschädigung die Verpflegung und Bewachung der Gefangenen übernehmen, im Verhinderungsfall vertritt ihn der Nachtwächter. Dessen Amt ist an den Invalidenrentner JOHANN FISCHER übertragen, der schräg gegenüber dem Alten Schloss neben Auto-KIEßLING in einem der Armenhäuser der Gemeinde wohnt. Da die Gemeinde bereits mit den Kosten zur Bestreitung ihrer Armenlasten überfordert ist, soll der Bezirk – damit ist das heutige Landratsamt gemeint – diese Kosten übernehmen.

Als die Regierung in MÜNCHEN trotz dieser weit gediehenen Erhaltungspläne an der Auflösung des Amtsgerichtes festhalten will, verfasst der Gemeinderat am 21. Nov. 1930 einen massiven Protest. Es gehe in diesen wirtschaftlichen Notzeiten mit ständig steigender Arbeitslosigkeit auch um die Erhaltung von Arbeitsplätzen. Den Aufruf unterschreibt auch RUMLER. Dann lässt er sich als „vierte Kraft", zusammen mit Bürgermeister KETTEL, Uhrmachermeister GRIESHAMMER und dem stellvertretenden Bürgermeister PÖHLMANN, in eine Kommission berufen, die ermächtigt wird, beim Ministerium in MÜNCHEN vorzusprechen.

Ihre Bemühungen bleiben aber ohne Erfolg und hinterlassen im Marktgemeinderat ein zwiespältiges Echo. Mit Wirkung vom 1. März 1931 wird das Amtsgericht WEIDENBERG trotz aller Bemühungen der Weidenberger aufgehoben und dessen Bezirk mit dem Amtsgericht BAYREUTH vereinigt. Der letzte Weidenberger Richter, Oberamtsrichter SÜSSENGUTH, wird versetzt, die übrigen Bediensteten werden in den Ruhestand geschickt. Die persönlichen Vorstellungen der Gemeinderäte in MÜNCHEN waren also vergeblich gewesen.

RUMLER, aber auch jeder andere im Gemeinderat, wissen natürlich, dass es sich bei ihrer erfolglosen Eingabe von vornherein um einen populistischen Papiertiger handelte. Trotzdem bringt dieser Vorstoß die Nazis ihrem Ziel näher. Niemand kann ihnen später nachsagen, sie hätten sich für eine gemeinnützige Verwendung des Gebäudes nicht stark gemacht.

Zum Eklat kommt es hinterher trotzdem. Die Gemeinderäte genehmigen zwar nachträglich in der Sitzung am 29. Dezember 1930 die entstandenen Reisekosten nach München. Bürgermeister KETTEL und Gemeinderat RUMLER dürfen aber als Betroffene an der Abstimmung nicht teilnehmen. Diese Abstimmung verläuft kontrovers. Gemeinderat HÜBSCH, der zu dieser Zeit noch der SPD angehört, stimmt gegen die Auszahlung der Kosten an RUMLER. Dieser Gemeinderat hat sich wohl aus seiner Sicht allzu keck vorgedrängt, um die Sache der Nazis ins rechte Licht zu rücken.

Die Marktgemeinde ist aber weiterhin daran interessiert, den Charakter des Schlossbaues auch zukünftig zu wahren und eine Zweckentfremdung zu verhindern. Sie stellt freilich am 20. August 1931 fest, dass für einen Ankauf des Gebäudes, das bis dahin in der Hand des Bayerischen Staates war, keine Mittel zu Verfügung stünden. Die Weltwirtschaftskrise wirkt sich massiv aus. So steht das Schloss zunächst leer. Bis Ende des Jahres 1932 bemüht man sich vergeblich um einen Käufer.

Dann zeichnen sich mit der Machtübernahme Hitlers im Januar 1933 neue Möglichkeiten zur Nutzung ab, die dann in den nächsten Jahren für die Nazis auch zum erträumten Ziel führen.[40]

Erfolgloses Streben nach Anerkennung und Status

Zwei weitere Notizen beleuchten, wie GEORG RUMLER nach der Gründung der Weidenberger Ortsgruppe drei Jahre lang nach Anerkennung und Status strebt, bis die Nazis in der Marktgemeinde endgültig ihren Durchbruch erleben.

So unternimmt er im Weidenberger Sportverein, der ihn sechs Jahre zuvor als Vorstand abgelehnt hatte, einen neuen Anlauf. Am 29. März 1931 gelingt es ihm tatsächlich, sich dort wenigstens vorübergehend zum Vorsitzenden wählen zu lassen. Das eigentliche Wahlprotokoll fehlt aber seltsamerweise, obwohl das Protokollbuch sonst sorgfältig geführt ist.

In dieser Zeit öffnet sich der Sportverein auch erstmals für den Frauensport. Er gründet im Jahr 1932 eine Leichtathletik-Damenabteilung, für die sich 15 Frauen

---

[40] Weiteres dazu im Kapitel: „Bei mir ist niemand zu Schaden gekommen - Die Herrschaft der Nazis in Weidenberg 1933-1936“, weiter unten in dieser Folge.

anmelden. Auch eine Faustballabteilung wird eröffnet. Diese europäische Variante zum amerikanischen Volleyball war zunächst Ausgleichssportart für die Turner, entwickelte sich aber seinerzeit zunehmend zu einer eigenständigen beliebten Sportart.

RUMLER tut sich aber mit der Vereinsarbeit nicht leicht, er ist nicht beliebt, er ist kein geborener Rudelführer. Bereits am 31. Januar 1932 wird er als Erster Vorsitzender des SV wieder abgewählt. Sein Kollege aus der Nazi-Gründergruppe ALOIS FELBINGER läuft ihm den Rang ab.

Diese Niederlage ist zugleich ein weiterer Beweis dafür, dass RUMLER trotz seiner Funktion als Ortsgruppenleiter in seiner Partei nicht unumstritten ist. Das „Führerprinzip", mit dem man ohne Wahl oder andere transparente Ernennungsprozesse jemanden in ein Leitungsamt hievt, funktioniert eben nur in einer vollständig durchstrukturierten Diktatur. Aber solch eine Diktatur will auch in Deutschland zu der Zeit nur eine Minderheit der Bevölkerung. So warten die Nazis weiter auf ihre Chance zur Machtergreifung, aber bis dahin dauert es noch ein Jahr.

Das Gerangel unter den Nazis hier im Weidenberger Sportverein, das wir auch an anderen Stellen beobachten können, ist, wie schon mehrfach betont, in den Augen Hitlers nichts Schlimmes, sondern Ausdruck des Darwinschen Ausleseprinzips, auf das HITLER seine Leute immer wieder einschwört. Dass die Nazi-Parteigenossen untereinander nicht Solidarität um jeden Preis ausüben, hat RUMLER ja auch schon im Gemeinderat schmerzhaft erleben müssen, als ihm sein zukünftiger Parteifreund HÜBSCH bei der Erstattung der Fahrtkosten in die Parade gefahren war. Im Sportverein zeigt sich nun das Gleiche.

Während FELBINGER einstimmig als neuer Vorsitzender gewählt wird, erhält der abgewählte RUMLER bei seiner fast schon verzweifelten Kandidatur nunmehr zum Zweiten Vorsitzenden immer noch drei deutliche Gegenstimmen, er ist also auch in diesem Amt als Stellvertreter nur mit Ach und Krach gewählt. Dieser erneute Korb trifft RUMLER noch empfindlicher als die früheren Abfuhren; denn er hatte eigentlich gedacht, als gewählter Gemeinderat in der Mitte der Bevölkerung angekommen zu sein. Die Zurückweisung wird für ihn zum Anlass, Freund und Feind zukünftig noch stärker zu unterscheiden und möglichen Kritikern rechtzeitig aus dem Wege zu gehen.

Auch finanziell kann RUMLER zu dieser Zeit keine großen Sprünge machen. Als angestellter Betriebsleiter des Elektrizitätswerkes WEIDENBERG seit 1927, das zu dieser Zeit den Strom mit Turbinen an der Scherzenmühle aus dem Wasser der Steinach gewinnt, hat er, wie er in seinem Meldebogen rückblickend angibt, im Jahr 1932 ein steuerpflichtiges Einkommen von gerade einmal 170 RM. Das ist nicht viel mehr als der Lohn eines einfachen Arbeiters, aber doch mehr als nichts. Denn in diesen Zeiten brandet, ausgelöst durch die Weltwirtschaftskrise, ein Tsunami an Arbeitslosigkeit über Deutschland hinweg und stellt viele Arbeitnehmer vor das Nichts.

Durchbruch der Nazis in Deutschland nach Hitlers Eindeutschung

Die Nazis haben in diesen Jahren von 1929-1932, getragen von den beängstigenden Wogen dieses wirtschaftlichen Tsunamis, ihre Wahlerfolge ständig steigern können. Sie stehen damit in Deutschland vor ihrem endgültigen Durchbruch; viele Wähler klammern sich an ihre Versprechungen. Die Arbeitslosigkeit hat mit über 30% der betroffenen Arbeitnehmer im Jahr 1932 ihren Höchststand erreicht; Wirtschaft und Lebensstandard sind mit über 40% Rückgang auf einer atemberaubenden Talfahrt. Die Nazis geben sich als letzter Rettungsanker in dieser Katastrophe, auch wenn es an warnenden Stimmen, vor allem aus dem linken Spektrum, nicht fehlt.

Die systematische Parteiwerbung der Nazis zeitigt nun auch auf dem Lande größere Erfolge. Bereits im Jahr 1930 haben sie bei den Reichstagswahlen mit über 18% erstmals ein zweistelliges Ergebnis erzielt, waren aber von der SPD, die bis dahin in der Weimarer Republik immer die meisten Stimmen bekommen hatte, ein letztes Mal mit deren 24,5% übertroffen worden.

HITLER sieht sich bereits zu diesem Zeitpunkt ganz nah am Ziel einer legalen Machtübernahme, einige Parteien umwerben ihn sogar schon als Koalitionspartner. Doch sein Interesse zielt zunächst auf das Präsidentenamt, hier will er mit dem amtierenden Reichspräsidenten V. HINDENBURG eine Rechnung begleichen. Denn HINDENBURG hatte ihn, nach politischen Sondierungsgesprächen, spöttisch als „böhmischen Gefreiten“ abgetan, der höchstens zur „Leitung des Postministeriums“ tauge. Diese herbe Abfuhr hatte aber Hitlers Machthunger nur um so stärker angereizt. Seine Antwort ist ein kühner Schritt, er will gegen v. HINDENBURG für das Amt des Staatspräsidenten kandidieren.

Zu diesem Zweck muss HITLER freilich seine bisherige Staatenlosigkeit aufgeben und sich in Deutschland einbürgern lassen, denn nur als Deutscher ist er für das höchste Staatsamt wählbar. Doch auch nach nun 19 Jahren Aufenthalt in Deutschland, davon vier Jahren im aktiven Kriegsdienst und einem weiteren bei der Reichswehr, erlebt er zunächst nur Schlappen, niemand will ihn haben. So sucht er mit Hilfe einflussreicher Parteifreunde den Weg in den Staatsdienst durch die Hintertür.

Aber nicht jedes Angebot sagt ihm zu. So hatte der erste nationalsozialistische Minister überhaupt in Deutschland, der thüringische Innen- und Volksbildungsminister WILHELM FRICK, HITLER bereits im Jahr 1930 zum Gendarmeriekommissar von HILDBURGHAUSEN ernennen und ihn auf diese Weise zum deutschen Staatsbürger machen wollen. Doch dieser zerriss die bereits ausgestellte Ernennungsurkunde, denn er sah sich der Gefahr ausgesetzt, als Polizeichef eines Provinzstädtchens zum Spott der Öffentlichkeit zu werden. Tatsächlich kam das Scheingeschäft ans Licht und wurde als „Köpenickiade von Schildburghausen" von den politischen Gegnern bis hin zu hochnotpeinlichen Parlamentsuntersuchungen weidlich ausgeschlachtet.

Braunschweigische Landeszeitung

Hitlers Einbürgerung vollzogen

Seit 1932 ist Hitler deutscher Staatsbürger: *Zeitungsnachricht über die Einbürgerung*

Ein weiterer Versuch, diesmal vom Nazi-Innenminister des Freistaates Braunschweig DIETRICH KLAGES, HITLER eine freigewordene Professur für „Organische Gesellschaftslehre und Politik" an der Technischen Hochschule in BRAUNSCHWEIG zuzuschanzen oder ihn zum kommissarischen Bürgermeister von STADTOLDENDORF zu machen, scheiterten an der Ablehnung durch die Landtagsmehrheit. Schließlich lässt KLAGES für HITLER eine Planstelle als Regierungsrat beim Landeskultur- und Vermessungsamt der Stadt BRAUNSCHWEIG einrichten und beauftragt ihn zugleich „mit der Wahrnehmung der Geschäfte eines Sachbearbeiters bei der Braunschweigischen Gesandtschaft in Berlin", stellt ihn aber im gleichen Zug sofort für den Wahlkampf frei.

„Schlagt Hitler!": *Reichspräsidentenwahl 1932, Wahlwerbung in Berlin*

Am 26. Februar 1932 wird HITLER vereidigt und erhält damit gleichzeitig die „Staatsangehörigkeit im Freistaate Braunschweig", wie aus dem Staatsangehörigkeitsausweis des Freistaates hervorgeht; damit ist HITLER jetzt gleichzeitig staatsrechtlich „Reichsbürger". Am 1. März 1932 stimmt der Landtag mit den Stimmen der NSDAP, der Bürgerlichen Einheitsliste (BEL) und der eines volksnationalen Abgeordneten der neuen Regierungsratsstelle zu und schließt damit die Einbürgerung Hitlers formal ab; er kann jetzt gegen v. HINDENBURG antreten.

Doch die Wahl am 13. März mitsamt der Stichwahl am 10. April 1932 bescheren HITLER eine empfindliche Niederlage. HINDENBURG, der bei seiner ersten Kandidatur noch der Favorit der Rechten war, hat sich diesmal von einem Mitte-Links-Bündnis, das Hitlers Wahl verhindern will, als Kandidat aufstellen lassen. Der Plan geht auf. Während HINDENBURG auf 53,1% kommt, rd. drei Prozentpunkte mehr als beim ersten Mal, als er selbst noch Kandidat der Rechten war, erzielt HITLER als neuer Kandidat der Rechten im zweiten Wahlgang „nur" 36,8%. Der Geschmack der Bevölkerung scheint nicht auf „Rechts" zu stehen.

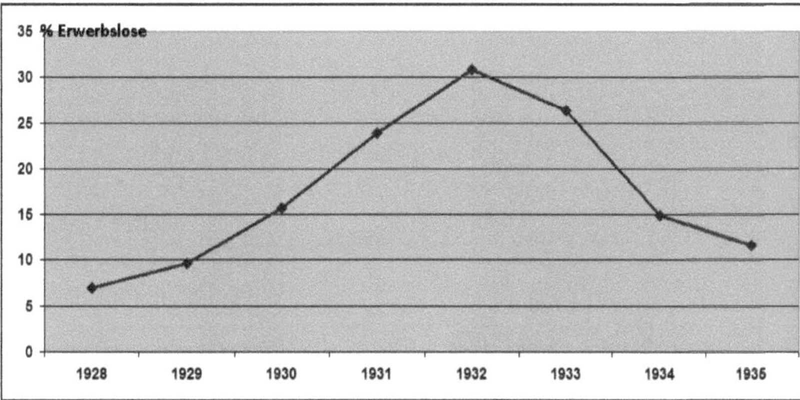

Magisches Datum Juli 1932: Über 30% Arbeitslosigkeit! *Jeder dritte Deutsche ist zum Ende der Weltwirtschaftskrise ohne Job*

Doch dann passiert, was sich schon bei einigen Landtagswahlen seit dem Jahr 1930 zunehmend angedeutet hat: Beflügelt von den alarmierenden Nachrichten über die Arbeitslosigkeit und das finanzielle Desaster von Wirtschaft und Staat kippt die politische Stimmung in ganz Deutschland binnen kurzem um. Die NSDAP, die lange Zeit hindurch mehr durch ihre Aggressivität, als durch ihre politischen Erfolge aufgefallen ist, überflügelt alle. Bei der Reichstagswahl im gleichen Jahr 1932 am 31. Juli wird die Nazipartei nach dem gewaltsamsten und blutigsten Wahlkampf, den die deutsche Geschichte je erlebt hat, mit 37,4 % der Stimmen erstmals stärkste Partei im Reichstag, während als Zweitstärkste die SPD mit 21,6% nun weit abgeschlagen ist.

Dieser 31. Juli 1932 ist das entscheidende Datum für eine politische Weichenstellung in Deutschland von historischer Dimension, mit entsprechenden Auswirkungen auch auf die damalige Situation in WEIDENBERG. Jeder kennt nun HITLER und redet über ihn, auch wenn die gewaltsamen Auftritte seiner Bürgerkriegstruppe

SA nach wie vor viele abschreckt. Hitlers markante schnarrende Stimme, die sich von gefühlvollen Tönen bis zum aggressiven Schreien steigern kann, hat jeder in den Ohren. Er hatte unendlich viele Reden an verschiedensten Orten gehalten und dabei viele Millionen Menschen persönlich erreicht.

Dass dieser Stimme just in jener Zeit infolge Überanstrengung durch die vielen Wahlauftritte Ungemach drohte, ist erst durch die im Jahr 1975 postum veröffentlichten Aufzeichnungen des Operntenors PAUL DEVRIENT alias WALTER STIEBER ans Licht gekommen. Es wurde die Gefahr einer Stimmbandlähmung diagnostiziert, welcher der Sänger mit gezieltem Training von Hitlers Stimme und Sprechtechnik beizukommen versuchte. Gegen Honorar begleitete der Sänger HITLER von April bis November 1932 auf seinen Propagandareisen quer durch Deutschland und schulte auch seine Gestik und Aussprache zur weiteren Verbesserung seiner Präsenz als Redner. Um nicht Hitlers Glaubwürdigkeit nicht zu untergraben oder ihn gar öffentlich dem Spott seiner Gegner preiszugeben, geschah dies unter größter Geheimhaltung.

Es gibt aber Historiker, die diese Liaison für eine erfindungsreiche Legende von Wichtigtuern und Gegnern halten, ebenso wie die oft kolportierte Behauptung, dass HITLER sich von einem österreichischen Landsmann, dem berühmten Trickkünstler, Kirmesschauspieler und „Hellseher" ERIK JAN HANUSSEN, in Mimik und Gestik als einer eigenen publikumswirksamen „Sprache" unterrichten lassen habe. Pikanterweise habe HITLER von ihm nicht gewusst, dass er Jude war.

Unsicher und parteilos: *FRANZ V. PAPEN 1932 mit dem „Reichskabinett der Barone"*

HITLER ist nun im öffentlichen Bewusstsein präsent und beansprucht das Kanzleramt. Doch er hat dafür keine eigene Mehrheit. Es entsteht eine komplizierte Lage. So lässt er sich darauf ein, eine Minderheitsregierung unter Führung von FRANZ V. PAPEN zu unterstützen. Sie besteht aus den Deutschnationalen, die nur 5,9% bekommen hatten, und aus Parteilosen. In einem Deal sagen sie ihm dafür die Wiederzulassung von SA und SS zu.

So wird FRANZ V. PAPEN im Juni 1932 von Reichspräsident V. HINDENBURG an

Stelle des gestürzten V. BRÜNING zum Reichskanzler ernannt. Er kann, unterstützt von HITLER und der NSDAP, Programme zur Arbeitsbeschaffung und Konjunkturbelebung in Gang setzen. Ihm gelingt es aber nicht, dauerhaft stabile Mehrheiten zu finden. Stattdessen regiert V. PAPEN schon fast diktatorisch mit den „Notverordnungen" des Reichspräsidenten.

Seine Minister müssen sich als „Kabinett der Barone" verspotten lassen. Als sich das Parlament schließlich mit sehr großer Mehrheit gegen V. PAPEN stellt, muss V. HINDENBURG das Parlament auflösen und Neuwahlen ansetzen.

Die eigensüchtige Großindustrie bahnt Hitler den Weg zur Kanzlerschaft

Überraschenderweise bescheren die nächsten Reichstagswahlen im November des gleichen Jahres 1932 nach einem ruhigeren Wahlkampf den Nazis einen Stimmenrückgang um 4,3% auf „nur" noch 33,1%. Geht Hitlers Sache zu Ende? Doch die übrigen Parteien sind zu verschieden, um diese letzte demokratische Chance als einen Strohhalm zu ergreifen und sich zu einer „Anti-Hitler-Koalition" zusammenzuschließen. Und HITLER ist nach wie vor der Repräsentant der Partei, welche trotz ihres Wählerrückgangs mit Abstand die höchste Stimmenzahl vorweisen kann. Der Reichspräsident kann ihn nicht übergehen. HITLER war mit demokratischen Mitteln zu diesem Zeitpunkt nicht mehr zu verhindern und auszuschalten.

Ernannte Hitler zum Reichskanzler: *Reichspräsident V. HINDENBURG empfängt HITLER Jan. 1933*

Zudem hat sich inzwischen eine mächtige Koalition der nationalkonservativen Kräfte aus Wirtschaft, Militär und Bürokratie für eine autoritäre Umgestaltung des Staates starkgemacht. Ihre Forderungen, die KPD, SPD und die Gewerkschaften dauerhaft zu entmachten und die steuerlichen und sozialstaatlichen Belastungen der Wirtschaft abzubauen, sowie den Versailler Vertrag zu überwinden und die Armee aufzurüsten, decken sich mit Hitlers Programm. Die unerwünschten Teile dieses Naziprogramms, wie „Führerdiktatur" statt Monarchie oder mehr Berücksichtigung von Arbeiterinteressen, glaubten sie durch „Einrahmung" Hitlers „zähmen" zu können.

Die Großen der Wirtschaft, THYSSEN, KRUPP, BOSCH usw. treten für HITLER auch ganz offen ein und stellen auch zunehmend Geld bereit. Die Konzernchefs waren der Ansicht, HITLER nach ihren Interessen lenken zu können und meinten, dass der linke kapitalkritische Parteiflügel der NSDAP keine Zukunft habe.

So entschließt sich v. HINDENBURG am denkwürdigen 30. Januar 1933 schweren Herzens, HITLER als den Führer der stärksten gewählten Partei mit der Kanzlerschaft zu beauftragen. Nachdem der neue Reichskanzler in der Mehrzahl parteilose Minister in sein Kabinett beruft, aber nur zwei NSDAP-Leute, FRICK und GÖRING, sehen viele Skeptiker HITLER schon als gebändigt oder „in die Ecke gedrückt".

Doch der Schein trügt, mit dem Innenministerium hat die NSDAP nun ein Schlüsselressort in der Hand. Hitlers rechte Hand HERMANN GÖRING, schon bisher Parlamentspräsident, ist zugleich „Reichskommissar für das preußische Innenministerium", er dirigiert damit die Polizei im größten deutschen Flächenstaat. Auf diese Weise kann die NSDAP nun die gesamte Innenpolitik in Deutschland kontrollieren, und sie tut das nun auch konsequent. Ihr Ziel ist die Abschaffung der Demokratie bis zum Zeitpunkt der nächsten geplanten „Wahlen".

Hellseher „Hanussen" weissagt den Reichstagsbrand

Nachdem HITLER am 30. Januar 1933 zum neuen Reichskanzler ernannt ist, schafft es die NSDAP durch Propaganda und Terrormaßnahmen innerhalb von ganz wenigen Monaten, ihre Herrschaft unverrückbar zu festigen. Insbesondere ein unverhofftes Ereignis spielt dabei HITLER und seinen Leuten kräftig in die Hände, der Brand des Berliner Reichstagsgebäudes.

Opfer oder mit den Nazis im Bunde? *„HELLSEHER" HANUSSEN*

Am 27. Februar 1933 legt der 24-jährige arbeitsinvalide, kommunistisch geprägte Holländer MARINUS VAN DER LUBBE im Berliner Reichstagsgebäude verschiedene Brände, welche die charakteristische Kuppel einäschern und den Plenarsaal unbenutzbar machen. Dieses aufsehenerregende und auch international viel beachtete Ereignis gibt den Nazis die willkommene Gelegenheit, ihre Diktatur mit Hilfe einer rigiden Gesetzgebung zu installieren.

Zu den ungelösten historischen Rätseln gehört nicht nur die Frage, ob vielleicht die Nazis selbst in diese Brandstiftung verwickelt waren, sondern auch, dass der oben genannte viel umjubelte Publikumsliebling und „Hellseher" HANUSSEN, der vielfältige Kontakte zu den Nazis hatte, in der Nacht vorher den Brand des Reichstages als letztes Werk von Feinden vorhergesagt hat. Er hatte eine erlesene Auswahl von Gästen in seinem Berliner „Palast des Okkultismus" zu einer Séance eingeladen und ihnen durch ein Medium nicht nur eine glückliche Zukunft Deutschlands mit HITLER geweissagt, sondern ein letztes Aufbäumen seiner Feinde. Dabei sagt er ihnen auch: „Ich sehe den großen Bau in Flammen aufgehen".

Wegbereitung zur Diktatur:
Reichstagsbrand am 27. Februar 1933

Vier Wochen später wird HANUSSEN von SA-Leuten ermordet. Das juristische Verfahren zur Aufklärung des Verbrechens verläuft im Sande. Die NSDAP verbietet der Bevölkerung, an seinem Begräbnis teilzunehmen – und die Menschen, auch Hanussens Anhänger, gehorchen willig. Der Terror der Nazis ist bereits binnen kürzester Frist von der Bevölkerung Deutschlands verinnerlicht.

So kann HITLER gleich am Tag nach dem Brand „zur Abwendung weiterer Gefahren für das Deutsche Reich" die Beseitigung aller Grundrechte einleiten und an ihrer Stelle ein ziviles Notstandsrecht durchsetzen. Der in diesen Gesetzen verankerte Terror wird in den folgenden 12 Jahren die Basis seiner Herrschaft bilden. Zug um Zug wird nun zunächst einmal die Parteiendemokratie aufgelöst.

Als die deutsche Bevölkerung am 5. März 1933 zur nächsten Reichstagswahl eingeladen wird, die nach den Geschichtsbüchern immer noch als die letzte „demokratische" Wahl in Hitlerdeutschland gilt, da ist in Wahrheit die Überrumpelung perfekt und die Demokratie zu diesem Zeitpunkt nur noch eine Farce. Hitlers Partei bekommt zwar immer noch nicht mehr als 43,9% der Stimmen und damit deutlich weniger, als etwa die CDU/CSU in Nachkriegsdeutschland von 1954-1990 an Stimmen erzielen wird. Ja, sie bekommt sogar weniger, als die SPD im Jahr 1972 bei der legendären Brandt-Wahl mit 45,8% erhält. Aber dieser kleine Schönheitsfehler seiner demokratisch errungenen Kanzlerschaft ist HITLER und seiner NSDAP völlig gleichgültig. Sie werden ihre Macht nun bis zum letzten Tag mit Zähnen und Klauen verteidigen und gegen alle Kritiker auch gewaltsam durchsetzen.

Das Ende der Demokratie und der Beginn der Diktatur auch in Weidenberg

Naziwahlwerbung 1932 auch auf dem Lande: *SA-Leute heften Hitler-Plakate an*

„Ab nach Dachau“ wird schon seit dem 22. März 1933, also gerade zwei Wochen nach der Märzwahl, auch in WEIDENBERG zum geflügelten Schreckenswort, das man nur hinter vorgehaltener Hand weitersagt. Erst das Kriegsende wird dem Willkürhandeln der Nazis[41] Einhalt gebieten.

Die Weidenberger Nazis profitieren unmittelbar vom Aufstieg Hitlers im Reich. Die kleine 17-köpfige Gründungsgruppe vom Februar 1929 um Ortsgruppenleiter RUMLER hatte lange Zeit zwar wenig Zuwachs melden können; ihr Mitgliederstand dümpelte mehr als drei Jahre lang trotz Mitarbeit im Gemeinderat fast unverändert im unteren zweistelligen Bereich. Aber seitdem die NSDAP bei den Reichstagswahlen 1932 aufsehenerregende Erfolg errungen hat, schoss auch am Marktort das Interesse für diese Partei nach oben. Und die Machtergreifung Hitlers ein halbes Jahr später beschert auch dieser Ortsgruppe, wie den meisten anderen in Deutschland, den endgültigen Durchbruch. Das deutsche Schicksalsjahr 1933 ist das erste Jahr, in dem auch in Weidenberg Parteieintritte nicht mehr vereinzelt erfolgen, sondern gleich hundertfach.

Das andere Hauptaufnahmejahr für neue Mitglieder wird dann das Jahr 1937, noch dazu mit dem auffallenden Datum des 1. Mai für die meisten neu Eingetrete-

---

[41] Vergl. dazu das folgende Kapitel „Bei mir ist niemand zu Schaden gekommen – Die Herrschaft der Nazis in Weidenberg und ihre Gegner“, sowie das Kapitel „Als Hitlers Gottheit infrage stand – Der Widerstand der Frankenpfälzer und der Überfall der Weidenberger Nazis nach den Hitlerwahlen 1938“ in der 4. Folge des Projektes ‚Myrten für Dornen‘, sowie insbesondere die ganze 5. Folge: „Spuren der Opfer ...“.

nen. In den Jahren dazwischen gibt es wiederum nur vereinzelte Parteieintritte. Diese auffallenden starken Schwankungen haben historische Gründe, die oben zwar schon kurz angedeutet wurden, aber noch immer nur wenigen bekannt sind und über die damals auch nicht geredet wurde, sie müssen deshalb eingehender betrachtet werden.

Jeder würde wohl vermuten, dass hohe Mitgliederzahlen im Interesse von Einparteiensystemen in Diktaturen sind. So haben es wohl damals auch die Ortsgruppenleiter der NSDAP gesehen, als sie sich gleich nach der Machtergreifung mit Feuereifer an die Formierung ihrer Orte machen. Unter ihnen entbrennt seinerzeit ein regelrechter Wettbewerb, wer die meisten Parteigenossen aufbieten kann.

Nach Hitlers Machtübernahme beginnt deshalb auch der Weidenberger Ortsgruppenleiter GEORG RUMLER, mit Hochdruck seine Gemeindebürger zu bearbeiten. Er massiert und bedrängt insbesondere die Kaufleute, die Handwerker und die Firmenbesitzer. Er will sie auf jede erdenkliche Weise weichkochen, damit sie selbst in die Partei eintreten. Sie sollen auch ihre Mitarbeiter zum Parteieintritt drängen. Wenn Zureden nichts hilft, greift RUMLER auch zu Druckmitteln, wie im Kapitel „Bei mir ist niemand zu Schaden gekommen“ weiter unten zu zeigen sein wird.

Bei den Schullehrern bedarf es eines solchen nachdrücklichen Zuredens nicht; für sie scheint damals der Parteieintritt ohnehin selbstverständlich zu sein, dafür hat schon ihr Berufskollege und Gauleiter HANS SCHEMM Sorge getragen. Und dass die meisten von ihnen diesen Parteieintritt aus Überzeugung und ohne Druck von außen vollziehen, erkennt man daran, dass sich in ihren Reihen nun die feurigsten Hitleranhänger und größten Fanatiker finden.

Wie verhält es sich aber mit den tatsächlichen Zahlen von Parteimitgliedern damals in WEIDENBERG, und wie sind diese Zahlen zu beurteilen?

Rechenexperimente mit Parteigenossen-Zahlen

Die Bilanz von Rumlers Werbungstätigkeit kann sich sehen lassen. Immer noch stolz auf das Erreichte, gibt er nach Kriegsende vor der Spruchkammer die Zahl der Parteimitglieder in WEIDENBERG zum Zeitpunkt der Machtergreifung am 30. Januar 1933 mit etwa 300 an.

Dies dürfte allerdings eine weitere Rumler-Anekdote sein, denn wie im Folgenden zu zeigen sein wird, kann sich diese Zahl nur auf den Gesamtzeitraum des Hitlerreichs bis 1945 beziehen. Bis Anfang 1933 waren es allenfalls 150, die sich der Partei angeschlossen haben, eher noch weniger, die meisten davon zwischen Januar und April 1933. Außerdem lässt RUMLER offen, welchen Einzugsbereich an Ortschaften er seinen Berechnungen zugrunde legt. Wie hoch waren die Zahlen der Bürger und der Parteigenossen seinerzeit also wirklich?

Die Gemeinde Weidenberg weist nach dem Adressbuch vom Jahr 1939 ohne die damals noch selbstständigen umliegenden Orte rd. 1.300 Einwohner auf.

Von den Umlandorten hat DÖHLAU seinerzeit 200 Einwohner; FISCHBACH mit WAIZENREUTH und ALTENREUTH hat 126; GÖRSCHNITZ mit EICHLEITEN, GOSSENREUTH, HEßLACH, KEILSTEIN, LOCHMÜHLE, AU und GRUND 312; LANKENDORF mit ÜTZDORF 144; LESSAU mit GEBHARDTSHOF, STOCKAU, FLURHOF und NEUWIESEN 243; MENGERSREUTH 215 und SOPHIENTHAL 240 Einwohner. Zusammen wohnen in diesen genannten Außenorten also 1.480 Bürger. Rechnet man die Bürger in Marktort und Außenorten zusammen, kommt man im Jahr des Kriegsbeginns 1939 rd. 2.800 Einwohner.

Das ebenfalls politisch selbstständige Gebiet der Frankenpfalz östlich von WEIDENBERG umfasst damals vier selbstverwaltete Gemeinden. In KIRCHENPINGARTEN mit ECKARTSREUTH, MUCKENREUTH, HAHNENGRÜN und FLINSBERG wohnen 405; in LIENLAS mit GRUB, DENNHOF, FUCHSENDORF, SCHMETTERSLOH und HERRNMÜHLE 262; in REISLAS mit LANGENGEFÄLL 120; und in TRESSAU mit KIRMSEES und ZENGERSLOHE 323. Im Ganzen bringt die Frankenpfalz also damals über 1.100 Menschen ein. Mit Einrechnung dieses Gebietes würde der Einzugsbereich von WEIDENBERG also knapp 4.000 Einwohner umfassen.

Würde man die von RUMLER genannte Anzahl von 300 Parteimitgliedern auf diese Einwohnerzahl von insgesamt rd. 4.000 Menschen in und um Weidenberg mit der Frankenpfalz beziehen, wären also etwa 7,5 % der Gesamtbevölkerung in der NSDAP gewesen, bezogen auf die erwachsene Bevölkerung also etwa 15%, wohlgemerkt kurz vor Kriegsbeginn, in den „besten Zeiten" der Nazis.

Spontan würde man sicher eine höhere Zahl von NSDAP-Mitgliedern in und um WEIDENBERG vermuten, denn der Reichsdurchschnitt lag gegen Kriegsende bei rd. 20% der Gesamtbevölkerung. War also WEIDENBERG gar nicht so „braun", wie allgemein vermutet wird und wie auch Rumlers Zahlen uns glauben lassen sollen? Das müsste sich auch ohne Einsicht in die Nazi-Zentralkartei im Bundesarchiv in BERLIN überprüfen lassen. Denn im Staatsarchiv COBURG lagern ja die Spruchkammerakten des ganzen Landkreises Bayreuth und damit auch die Informationen über die Weidenberger Bürger. Jeder, der zu irgendeinem Zeitpunkt in der NSDAP oder einer ihrer Gliederungen war, hat nach dem Krieg ein mündliches oder schriftliches Spruchkammerverfahren durchlaufen müssen. Aus der Anzahl dieser Verfahren müsste sich theoretisch auf die Zahl der Parteigenossen rückschließen lassen.

Zählt man nun die Fälle zusammen, die aus dem gesamten Bereich in und um WEIDENBERG im Findbuch des Coburger Staatsarchivs erfasst sind, so kommt man aber nur auf eine Zahl von rd. 200 Betroffenen für die Nazizeit insgesamt. Es sind

Beklagte, die sich vor der Spruchkammer BAYREUTH-LAND verantworten mussten, weil sie irgendwann zwischen 1929 und Kriegsende in die Partei oder eine ihrer Gliederungen eingetreten waren.

Aus diesen und anderen Unterlagen ergibt sich freilich, dass es noch mindestens 50 weitere Personen gibt, die damals Parteigenossen waren. In einigen Fällen lagern Akten aus bestimmten Gründen, wie z.B. Einsprüchen vor höheren Instanzen, an anderen Orten, z.B. in NÜRNBERG oder BAMBERG. Es ist aber auch, wie oben schon angedeutet, durchaus möglich, dass bei absehbarem Kriegsende zum Selbstschutz bewusste Manipulationen an den Unterlagen vorgenommen worden sind oder dass mancher seine Parteimitgliedschaft nach dem Krieg auf andere Weise zu verschweigen versucht hat. Solche Manipulationen deutet ja der Polizist und Insider JOHANN RUCKRIEGEL 1947/48 nach den Durchsuchungen des Rumlerhauses an; er gibt bei der Vernehmung an, dass die aufgefundenen Listen „nicht vollständig" waren, „weil einige mir als alte Pg. bekannte Personen darin nicht enthalten waren".

Doch ist eher unwahrscheinlich, dass die Zahl solcher Manipulationen sehr hoch war. Man muss ja bedenken, dass die alliierten Siegermächte zu dieser Zeit schon im Besitz der zufällig sichergestellten NSDAP-Mitgliederkartei waren; sie verfolgten jede bewusste Falscherklärung unnachsichtig. So war man als Beklagter gut beraten, die Wahrheit zu sagen.

Nimmt man weiter einen gewissen Schwund der Akten aus anderen Gründen an, käme man zur Not auf die Zahl von gerade 300 Parteimitgliedern, aber nur für den ganzen Zeitraum des Dritten Reiches bis 1945, und nicht schon zu Anfang des Jahres 1933, das RUMLER angibt. Was bedeuten diese Diskrepanzen in Anzahl und Zeitraum?

Zunächst einmal lässt sich, wie oben schon gesagt, die Meinung entkräften, dass WEIDENBERG eine ausgesprochene „Hochburg des Nationalsozialismus" war, wie es mancherorts behauptet wird. Zu diesem Ruf hat allerdings RUMLER selbst beigetragen. Denn wenn man zu Rumlers angeblichen Zahlen für 1933 diejenigen Parteimitglieder hinzuaddiert, von denen wir sicher wissen, dass sie erst nach 1933 dazugekommen sind, dann hätte es bei Kriegsende in Weidenberg wohl 500 – 600 Parteimitglieder geben müssen. Eine so hohe Zahl entspricht zwar dem Reichsdurchschnitt (im Jahr 1945 bei Kriegsende war jeder fünfte über 18 Jahre alte Deutsche einer von insgesamt 8,5 Millionen Parteigenossen). Doch zeigt der obige Befund aufgrund der Spruchkammerverfahren für WEIDENBERG, dass die vergleichbaren Zahlen hier nur halb so hoch waren. WEIDENBERG war also weniger „braun", als bislang angenommen.

So kann es am Ende des Jahres 1933, entgegen Rumlers Aussage, also auch kaum

Angeblich „über 300 Parteigenossen": *Aufmarsch am Weidenberger Obermarkt zur Trauerfeier für den verstorbenen Reichspräsidenten* PAUL V. HINDENBURG *im Jahr 1934*

mehr als etwa 100 – 150 Parteimitglieder gegeben haben, dazu freilich eine Menge von Mitgliedern in den örtlichen Partei-„Gliederungen" SA, NSKK, NSF, HJ und BdM. Alles zusammen dürften es um die Jahre 1933/34 etwa 250 Aktivisten gewesen sein. Sie dürften ziemlich vollständig auf den Fotos anlässlich des Hindenburg-Gedenkens 1934 am Obermarkt zu sehen und somit praktisch abzuzählen sein.

RUMLER hat also seine Zahlen stark „geschönt", d.h. nach oben korrigiert, um seine Leistung als Propagandist für die Nazisache ins rechte Licht zu rücken. Er ist damit kein Einzelfall; viele Ortsgruppenleiter haben damals aus Gründen des parteiinternen Wettbewerbs die Zahlen manipuliert. RUMLER will damit behaupten, dass der Nationalsozialismus in WEIDENBERG eine echte „Bewegung" von Überzeugten gewesen sei. Die übrigen etwa 150 Nazimitglieder, mit denen zusammen die Zahl der Parteimitlieder die oben genannten 300 bei Kriegsende erreicht, sind aber tatsächlich erst nach Ende des Parteiaufnahmestopps 1937 eingetreten, viele davon zum 1. Mai 1937, ein Datum, das wegen seiner Auffälligkeit oben schon kurz angesprochen wurde. Erst danach waren Parteieintritte wieder in größerem Umfang möglich, auch wenn der formale Aufnahmestopp bis Kriegsende nie wirklich aufgehoben wurde. Viele der später Eingetretenen, wie Rumlers Rivale CHRISTIAN SCHILLER, sprechen aber als Begründung für ihren Eintritt von dem unerträglichen Druck oder der „Nötigung", die RUMLER auf sie ausgeübt habe. Wir haben es also nicht unbedingt mit freudigen oder gar begeisterten Spätnazis zu tun.

Einschränkend muss man bei den oben angestellten Berechnungen aber einräumen, dass der „Gender"-Faktor hierbei nicht berücksichtigt ist; es wurde so gerechnet, als wären Männer und Frauen gleichermaßen als Parteimitglieder in das Nazi-System verwickelt gewesen. Dies trifft aber nicht die Wirklichkeit dieser abstrusen Zeit. Das Nazisystem war eine Männerherrschaft; Frauen waren, wie oben schon angedeutet, nur in den Randbereichen der Partei geduldet[42]. So sind von den Parteimitgliedern in Deutschland im Durchschnitt der Jahre rd. 90% männlich und nur etwa 10% weiblich.

Damit verschiebt sich auch die Gesamtstatistik. Im Deutschen Reich sind dann wohl über 35 % aller Männer Parteigenossen gewesen; rechnet man die Partei-„Gliederungen" wie SA, SS, NSKK etc. dazu, kommt man wohl auf 50-60% der Männer, die auf irgendeine Weise im Nazisystem integriert waren. So umfasste allein die SA „zu ihren besten Zeiten" 4 Mio. Mitglieder, die SS fast 1 Mio. Dabei kann man kann es gar nicht oft genug betonen, sondern nur bestürzt beklagen: Alle Meldungen zur Mitgliedschaft in der Partei oder ihren Gliederungen waren freiwillig, niemand war wirklich gezwungen beizutreten!

Demgegenüber konnte damals nur ein geringer Prozentsatz der Frauen in die Partei eingetreten, weil HITLER und seine Parteistrategen gar keinen höheren Frauenanteil in ihrem „Männerorden" haben wollten. Allerdings versuchten viele Frauen, ihre Treue für Hitler zu beweisen, indem sie sich in der NS-Frauenschaft engagierten. Diese Frauenorganisation der NSDAP war bereits im Herbst 1931 als Zusammenschluss mehrerer nationaler und nationalsozialistischer Frauenverbände entstanden, aber dem (männlichen) Kreisleiter und der NSDAP-Reichsleitung unterstellt. Mädchen und junge Frauen fielen in die Zuständigkeit des Bundes Deut-

[42] Vergl. dazu auch das autobiographische Buch des gleichen Verfassers: „Die Kima und ihr Lutz1909–1945 (I), Das Schweigen durchbrechen – Wie Hitler bürgerliche Berufsanfänger einfing", insbesondere das Kapitel „Zwischen Faszination des Nationalsozialismus und Ekel", das die Frauenfeindlichkeit und die absurden Erziehungsziele der Nazis eingehend an praktischen Beispielen beschreibt.

scher Mädel (BDM). Viele wirkten sozial und karitativ bei der NS-Volkswohlschaft mit. Sehr viele begeisterten sich auch für den Reichsarbeitsdienst und folgten der Führung im Krieg auch im Osten. So muss man leider davon ausgehen: Kontaminiert vom Gift des Nationalsozialismus waren wohl beide Geschlechter in gleichem Maße. Unter den Frauen finden sich von Anfang an mindestens ebenso viele Hitlerfanatiker wie unter den Männern.

Dies gilt leider auch für die Täterprofile. Die Frauen waren keineswegs in geringerem Umfang an den Verbrechen der Nationalsozialisten beteiligt wie die Männer. Sie taten es meist nur verdeckter, z.B. als Krankenschwestern unter dem Deckmantel der Barmherzigkeit.[43] Weil sie nicht an so prominenter Stelle standen, fiel ihr Handeln zunächst weniger auf. Hier hat die emanzipatorische Frauenbewegung leider bis heute einen blinden Fleck. Sie sonnt sich in der Illusion, eine von Frauen regierte Welt wäre eine bessere Welt.

Auch haben etliche Männer oder Frauen nie etwas aus der Nazizeit gelernt, sondern sind auch nach dem Krieg oft bis zu ihrem letzten Lebenstag ihrer braunen Gesinnung treu geblieben, sehr zum Leidwesen ihrer Kinder und Enkel. Unter diesen blauäugigen Bewunderern Hitlers noch bis weit in die Zeit der Bundesrepublik hinein waren nicht nur Hitlers „Paradefrauen“, die Tochter von Nazi-Hoffotograf HOFFMANN HENRIETTE V. SCHIRACH, die „Reichsgletscherspalte“ und Filmerin der Reichsparteitage LENI RIEFENSTAHL oder die Reichsleiterin der NS-Frauenschaft GERTRUD SCHOLZ-KLINK. Sondern ebenso unbelehrbar blieben auch viele ganz „normale“ Mütter oder Großmütter.

So blieb der Generation der „Kriegskinder“ und ihrer Nachfahren häufig der aufrichtige Dialog mit ihren Eltern bzw. Großeltern über diese schwierige Zeit verwehrt. Anstatt zuzugeben und aufzuklären, hüllten sich viele in Schweigen.[44] Auch der Schulunterricht brauchte eine Weile, bis endlich in den 60-er Jahren des 20. Jh., vorangetrieben durch den wachsenden Protest der Jugend, das Nachdenken über diese zurückliegende kontaminierte Zeit gesellschaftsfähig wurde.

---

[43] Vergl. z.B. den Fall der „Schwester Pauline“, die von psychiatrischen Einrichtungen zur raschen Tötung von Euthanasiepatienten angefordert wurde. Davon wird im Abschnitt „Kindermord in Kaufbeuren“ in der 5. Folge des Projektes ‚Myrten für Dornen‘ über die Opfer ab S. 128 berichtet. Lies zu diesem Thema auch das 2014 auf Deutsch erschienene Buch der US-amerikanischen Historikerin WENDY LOWER „Hitlers Helferinnen: Deutsche Frauen im Holocaust“, Originaltitel: „Hitlers Furien“.

[44] Mehr dazu im genannten Buch des Verfassers „Die Kima und ihr Lutz1909–1945 (I), Das Schweigen durchbrechen ...“, sowie im zweiten Band: „Auf dich traut meine Seele – Die Eisenbahnlogistik für Hitlers Feldzüge des Schreckens und das Los der Kriegskinder“. Beide Bände sind 2017 bei BoD erschienen.

DER ANSTREICHER UND SEINE LEHRJUNGEN
Braune Herrschaft und Alltag in Weidenberg seit 1929

2. „BEI MIR IST NIEMAND ZU SCHADEN GEKOMMEN“
– Die Herrschaft der Nazis in Weidenberg seit 1933 und ihre Gegner

ZWEITES BUCH:

„Bei mir ist niemand zu Schaden gekommen“

Die Herrschaft der Nazis in Weidenberg seit 1933 und ihre Gegner

INHALT

PROLOG: Die Nazis wollten eine Elite sein

Gern nimmt der Laie an, dass die Nazis eine Massenpartei sein wollten und sich über jedes Mitglied freuten und deshalb auch den Parteibeitritt um jeden Preis förderten. Das ist nur insofern richtig, als jede Diktatur eine möglichst breite Verankerung ihrer Ideologie in der Masse anstrebt. Aber bei einem allzu kräftigen Ansturm befürchtet sie auch eine Verwässerung ihrer Ideale. So steckt hinter den starken Schwankungen bei den Eintritten in die NSDAP zwischen 1932 und 1937 viel Kalkül der Parteileitung und der „Alten Garde".

Aufnahmesperre für „Konjunkturritter"

Diese auffallenden Schwankungen im Parteibeitritt, insbesondere der Masseneintritt 1933, die zwischenzeitliche scheinbare „Flaute" 1934-36 und die anschließende erneute Eintrittswelle mit dem ominösen Datum des 1. Mai 1937, haben nichts Geheimnisvolles, sondern einen ganz einfachen, aber wenig bekannten Grund. Als nämlich HITLER im Januar 1933 Reichskanzler wurde, verzichtete er zwar zum Schein in seinem Kabinett auf eine größere Zahl von Parteigängern; mit ihm waren hier nur drei Nazis versammelt. Tatsächlich war es das erste Ziel seiner Partei, alle wichtigen Schlüsselpositionen im Staat möglichst rasch mit Nationalsozialisten zu besetzen. Dazu gehörten nicht nur der eigentliche Staatsapparat, sondern auch alle Organisationen, lokale Behörden, Bildungseinrichtungen, Firmen und Fabriken. Das sprach sich natürlich herum. Wer also unter der neuen Herrschaft beruflich zum Zuge kommen wollte, war gut beraten, Parteimitglied zu sein.

Allein aus dieser Besorgnis um ihre Karriere, und nicht etwa, weil sie vom Nationalsozialismus überzeugt waren, entschlossen sich also viele karrierebewusste und politisch opportunistische Beamte und Angestellte in diesen ersten Monaten des Jahres 1933 zum Parteibeitritt. Auch Betriebe und Handwerker erwarteten sich Vorteile. Auch wenn sie vielleicht nicht innerlich überzeugt waren, unterstützten die Chefs mit ihrem Beitritt doch in jedem Fall Hitlers Herrschaft. Und an dieser opportunistischen, aber freiwilligen Entscheidung müssen sie sich auch im Nachhinein messen lassen; keiner kann sich für seinen Opportunismus entschuldigen. Es war der spezielle Beitrag von „Genosse Jedermann" zum „System Hitler".

So schwillt die Mitgliederstärke der NSDAP zwischen Januar und April 1933 im Deutschen Reich auf das Dreifache an, von rund 850.000 zu Ende des Jahres 1932 auf über 2,5 Millionen im ersten Frühjahr nach der Machtergreifung. Dies war die Situation, in der sich die Parteileitung veranlasst sah, am 1. Mai 1933 eine vorläufige Aufnahmesperre zu verkündigen. Die „alte Garde" und die „alten Kämpfer" hatten sich über die neuen „Konjunkturritter", „Trittbrettfahrer" und jungen Opportunisten beschwert, sie sahen ihre Ideale verwässert, für die sie ihren Kopf in blutigen Straßenschlachten hingehalten hatten. Die Partei sollte eine kämpferische Elite der Deutschen sein und bleiben, die mit religiöser Inbrunst ihrem gottgesandten „Führer" Adolf Hitler nachfolgte[45]. Nur bei entsprechender Bewährung sollte man zukünftig noch Parteimitglied werden können.

So erleben wir das scheinbar erstaunliche, nun erklärbare Phänomen, dass es vier Jahre lang nur sporadische Parteieintritte in die NSDAP gibt. Wir dürfen aus diesem Partei-Erlass zugleich folgern, dass es sich bei allen, denen es dennoch zwischen 1934 und 1936 gelungen ist, einzutreten, wohl durchwegs um Bewerber handelt, denen an ihrer Parteizugehörigkeit besonders lag, und die sich für deren Erwerb auch besonders angestrengt haben. Es ist wie beim Wein: Manche Jahrgänge sind fast wertlos, weil es davon zu viele gibt, und manche fallen auf, weil sie besonders erarbeitet sind.

Nicht weltliche Partei, sondern politische Religion: *Huldigungsplakat für Adolf Hitler 1940*

---

[45] Seit dem Jahr 1940 gab die NSDAP im Warthegau einen „Wochenspruch" heraus, der den „Glauben an den Endsieg stärken" sollte. Er sollte auf vielfältige Weise künstlerisch gestaltet und in allen Betrieben, Geschäften, Behörden, Schulen und Häusern ausgehängt werden. Der Spruch auf dem Plakat oben entstammt der vielfach aufgeführten Kantate „An den Führer", die der böhmische Komponist Franz Ludwig (1889-1955) wohl im Jahr 1939 neben vielen anderen ideologieverherrlichenden Stücken geschrieben hat. Der Vers lautet vollständig:

„Führe uns!/ In deinen Händen/
liegt das Schicksal von Millionen,/
die in deinem Herzen wohnen,/
denen du ein Glaube bist./
Gott hat dir die Kraft gegeben,/
einzig deinem Volk zu leben,/
das für dich der Pulsschlag ist./
Wir wollen mit ihm durchs Feuer gehen/
als Deutschlands würdige Erben,/
so wie wir mit ihm zu leben verstehen,/
verstehen wir auch, mit ihm zu sterben!"

Bei all diesen Zwischenjahrgängen neu angemeldeter Nazis lohnt es sich deshalb, genauer hinzuschauen und nach den Gründen ihres jeweiligen Engagements zu fragen. Wenn man etwa über den Weidenberger Pfarrer THEODOR HOFFMANN, der in der Literatur als fanatischer Hitleranhänger gilt, liest, dass er erst im Jahr 1935 in die Partei eingetreten sei, während für seinen bekenntnistreuen Kollegen GEORG REDENBACHER ein Parteieintritt bereits für das Jahr 1933 vermerkt ist, dann muss man zum rechten Verständnis die Eintrittsflut zu Anfang 1933 und die Aufnahmesperre ab Mai dieses Jahres mit bedenken.

REDENBACHER, der bereits seit 1919 in Weidenberg auf der II. Pfarrstelle amtierte und der als Feldgeistlicher im Ersten Weltkrieges sich im seelsorgerlichen Verständnis den Kriegervereinen und ihrer völkischen Einstellung nahe fühlte, folgte recht naiv, wie er später zugibt, seiner ersten Begeisterung. Er bemerkt aber ziemlich bald seinen Fehler und zieht daraus seine Konsequenzen, er tritt aus der NSDAP wieder aus, ohne nach den Folgen zu fragen. Seitdem sinnt er darauf, wie er seiner Einstellung als Bekenntnispfarrer Ausdruck verleihen kann, ohne zugleich die Gemeinde zu spalten.

HOFFMANN dagegen ist erst „nach Toresschluss“ im Herbst 1933 nach WEIDENBERG gekommen. Er muss sich nun seinen Parteieintritt, zu dem es ihn aus einer Oppositionshaltung gegenüber seiner Kirchenleitung drängt, über den Umweg einer überzeugenden Mitarbeit in einer Partei-Gliederung erarbeiten. Genau dies tut er, er meldet sich bereits eine Woche nach seinem Zuzug bei der örtlichen Weidenberger SA an und ist hier dann ab 1. Nov. 1933 aktiv. Hoffmanns Eifer wird belohnt, denn bereits am 1. Mai 1935 darf er, trotz Aufnahmestopps, stolz die Mitgliedskarte der NSDAP entgegennehmen und ist nun bei den anderen überzeugten Weidenberger Nazis integriert.

Andere, die weniger aktiv sind und trotzdem aufgenommen werden wollen, müssen sich in der Zwischenzeit mit einer „Partei-Anwärterkarte“ begnügen. Sie werden dann, nach Lockerung des allgemeinen Aufnahmestopps im Jahr 1937, in einem Schwung aufgenommen, ihr Eintrittsdatum wird einheitlich auf den 1. Mai des Jahres 1937 festgelegt. Dieses auffallende Datum verrät also nicht, ab welchem Zeitpunkt der Betreffende sich wirklich für den Eintritt interessiert hat.

Seitdem steigt die Zahl der Parteimitglieder innerhalb von zwei Jahren bis 1939 rasant auf 5,3 Millionen an. Bei Kriegsende 1945 sind dann mindestens 8,5 Millionen Deutsche Parteigenossen. Aber auch wenn viele das später nicht mehr wahrhaben wollen: Jeder von ihnen hat dazu seinen persönlichen Aufnahmeantrag gestellt und seine persönliche Unterschrift geleistet.

Gefangen im Netz der Nazis

Dieses erste Jahr an der Macht 1933 ist für die NS-Parteigeschichte sicher das nachhaltigste. Es wird auch auf der Weidenberger Ortsebene eine Fülle von Veränderungen einläuten.

Als HITLER am 1. Dezember 1933 das „Gesetz zur Sicherung der Einheit von Partei und Staat" erlässt, kann er zufrieden feststellen, dass er es innerhalb nur eines einzigen Jahres geschafft hat, seine Herrschaft nach Innen unwidersprochen zu festigen. Der Reichstag ist als Organ einer demokratischen Willensbildung ausgeschaltet, alle anderen Parteien, außer der NSDAP, sind verboten oder haben sich selbst aufgelöst. Das Machtmonopol liegt nun ausschließlich in den Händen Hitlers und seiner Parteileute.

Die NSDAP hat jetzt den Status einer Körperschaft des öffentlichen Rechts. Sie hat sich selbst zur „Trägerin des deutschen Staatsgedankens" erklärt und ist nun mit dem Staat „unlöslich verbunden". Zugleich verfügt sie für ihre Mitglieder über eine eigene Parteigerichtsbarkeit.

Als ihre Hauptaufgabe soll die Partei nun nach Hitlers Willen die Führer für die nachgeordneten Machtpositionen im hierarchischen „Führersystem“ auslesen. Manche tiefgreifenden Auswirkungen von Hitlers Diktatur, wie den allmählichen Entzug der politischen, der bürgerlichen und der Menschenrechte, spüren viele Menschen in ihrer Massenhysterie erst später oder sehen bewusst darüber hinweg. Vorerst lassen sie sich blenden durch Hitlers innen- und außenpolitische Erfolge und durch das berauschende Gefühl eines wieder erstarkenden Deutschland.

Nachdem HITLER die allzu selbstbewusst und eigenmächtig erscheinende SA-Führung zur Sühne des angeblichen „Röhmputsches“ hat ermorden lassen, hat er auch innerhalb der Partei ab Juli 1934 keine ernsthaften Gegenspieler mehr. Seine Machtfülle ist durch sein Konstrukt des „Führerabsolutismus" in der Geschichte seitdem einzigartig. HITLER, wie viele Zeitzeugen die Erinnerung ihrer Kindheit zutreffend beschreiben, ist für viele nun „wie Gott“, er darf über alles entscheiden. Weder in der NSDAP noch im NS-Regime gibt es eine geregelte Entscheidungsstruktur oder ein förmliches Beschlussverfahren, das ihm an irgendeiner Stelle in die Parade fahren könnte.

In diesem System sind alle Bürger wie in einem großen Netz erfasst, dem zunehmend niemand entkommt. Oberstes Parteiorgan ist die Reichsleitung mit HITLER als letztverantwortlicher Instanz, unterstützt von der im Jahr 1934 errichteten „Kanzlei des Führers“. Dieser Reichsleitung sind für konkrete Aufgaben wie Parteiorganisation, Presse oder Finanzen 18 Reichsleiter angeschlossen. Mit Hilfe der hierarchischen Struktur der Gaue, Kreise, Ortsgruppen, Zellen und Blocks erstreckt sich die

NSDAP in jeden Haushalt. Die untersten drei Ebenen üben zugleich eine soziale Kontrolle aus, sie erheben sich dadurch über die nichtorganisierte Bevölkerung: Block- und Zellenwarte und die Ortsgruppen der NSDAP geben ihr Votum ab bei der Beförderung von Beamten oder für Anwärter des öffentlichen Diensts, oder sie kommentieren Anträge auf Ausbildungshilfen und soziale Unterstützung für Bedürftige uvam.

Auch die Freizeit der Menschen vollzieht sich zunehmend in den „Gliederungen der Partei“. Als Kinder durchlaufen sie das Gruppenleben bei der Hitlerjugend (HJ) bzw. im Bund deutscher Mädel (BdM); als Erwachsene sind sie Mitglieder der SA oder der SS, beim Kraftfahrerkorps NSKK oder der Frauenschaft NSF. In ihrer Ausbildung oder Berufsausübung gehören sie dem NS-Studentenbund NSDStB oder dem NS-Dozentenbund NSDD an. Zum Netz der Nazis gehören auch sieben angeschlossenen Verbände der Partei mit eigener Rechtspersönlichkeit und eigenem Vermögen, so die Deutsche Arbeitsfront DAF, welche die alten Gewerkschaften ersetzen soll; die NS-Volkswohlschaft NSV, die mit der Arbeiterwohlfahrt und mit der kirchlichen Caritas bzw. Diakonie konkurriert; die Kriegsopferversorgung NSKOV; der NS-Ärztebund NSDÄB; der NS-Lehrerbund NSLB; der Reichsbund der Deutschen Beamten RDB, umgangssprachlich auch NS-Beamtenbund, und der Nationalsozialistische Rechtswahrerbund NSRB, umgangssprachlich auch NS-Juristenbund. Alle diese Gliederungen und Verbände vertreten gleichermaßen die Parteilinie.

Die ersten Hakenkreuzfahnen am Weidenberger Obermarkt: *Umzug zum Wiesenfest im August 1933*

Rasch wird auch das 1920 als Parteisymbol eingeführte Hakenkreuz im Alltagsleben der Deutschen allgegenwärtig. Auch in WEIDENBERG sieht man bald immer mehr Hakenkreuzfahnen wehen. Zunächst schmücken damit die überzeugten Nazis ihre Häuser, wie Fotos vom jährlichen Wiesenfestumzug bereits im August 1933 zeigen.

Seit dem Reichsparteitag 1935 ist das Hakenkreuz das „Hoheitszeichen des Deutschen Reichs“. Auf allen diesen Parteitagen in NÜRNBERG feiert die NSDAP mit gewaltigen Aufzügen der Parteigliederungen machtvoll ihre Selbstdarstellung. Für die „Nazis der ersten Stunde“ vom Februar 1929 ist die Teilnahme an diesen Propagandaveranstaltungen eine Ehrenpflicht. Treuegelöbnisse und effektvolle Lichtdome am Abend steigern die emotionale Wirkung in der Bevölkerung. Zeitungen, Rundfunk und Wochenschau werden in die Propaganda eingespannt und helfen, das Scheinbild einer großen Volksgemeinschaft zu verbreiteten.

SA-Formationen beim Gottesdienst

Doch die Fülle dieser nach außen gerichteten Effekte kommt eher bei der Jugend an. Bei den Älteren finden sich anfangs zahlreiche Zauderer. Viele Weidenberger sind geprägt von ihrer bodenständigen Zurückhaltung allem Neuem gegenüber. In ihrer traditionsverhafteten Skepsis lassen sie sich zunächst nur schwer zu Regungen von Begeisterung hinreißen. Und vor allem haben sie mit ihrer Kirche eine starke, lebensgeschichtlich wirksame Bindungskraft, die sie skeptisch macht gegenüber Menschen und Mächten, welche sich an die Stelle von Jesus Christus als dem einzigen Herrn setzen wollen.

Auch wenn die Mehrzahl der Weidenberger wohl nie große Kirchgänger waren, so „hält man doch zu seiner Kirche“. Für sie zählt die kirchliche Gesinnung. Sie ist ein wichtiger Maßstab, um andere Menschen oder solche spektakulären Bewegungen wie den Hitlerkult zu bewerten. Man bleibt seiner Kirche treu auch in schwierigen Zeiten, man lässt seine Kinder taufen und konfirmiert sie, man wählt eine christliche Eheschließung, man zeigt sich bei den kirchlichen Jubiläen der Konfirmation und feiert sie in der Familie würdig, egal ob arm oder reich, und man erwartet einmal ein kirchliches Begräbnis mit einer positiven Bewertung der eigenen Kirchlichkeit und der persönlich praktizierten Nächstenliebe.

Die Hitlerbewegung gibt sich christlich:
SA beim Kirchgang

Bei HITLER war freilich hinsichtlich seiner Kirchlichkeit nichts Anstößiges festzustellen, man wusste, er gehört der Römisch-katholischen Kirche an, und er hat diese Mitgliedschaft auch niemals aufgekündigt. Seinen Reden vom „positiven Christentum" traute man. Viele sahen in HITLER bei seinem Emporkommen und zumindest in den ersten beiden Anfangsjahren seiner Herrschaft einen Beschützer und Förderer des abendländischen Christentums.

Anders ist es beim Nazi-Ortgruppenleiter GEORG RUMLER. Obwohl auch er getauft und konfirmiert ist, vermag die Bevölkerung bei ihm keine große kirchliche Bindung festzustellen; er gehört damit zu den absoluten Ausnahmen dieser Zeit in WEIDENBERG. Er verweigert zwar als Amtswalter der Partei nicht die Aufstellung des Evangelischen Marterls der MARGARETE SCHILLING auf der Bocksleite, wahrscheinlich weil er dessen provokanten, hitlerkritischen Sinn nicht erkennt. Aber er lässt sich bei seiner eigenen Eheschließung – dieses Ereignis fällt allerdings schon ins Jahr 1939 – auch nicht kirchlich trauen und stellt sich damit bewusst außerhalb der in WEIDENBERG damals noch geltenden strengen Regeln.

Und noch provozierender in den Augen der klar volkskirchlich eingestellten Bevölkerung: RUMLER tritt schließlich im Jahr 1941 auf Anregung des kirchenfeindlichen NSDAP-Reichsleiters MARTIN BORMANN ganz aus der evangelischen Kirche aus und bittet auch bis zu seinem letzten Lebenstag nie wieder um einen Eintritt. Er ist damit fast der einzige Weidenberger, der in der Hitlerzeit seine Kirche verlässt.

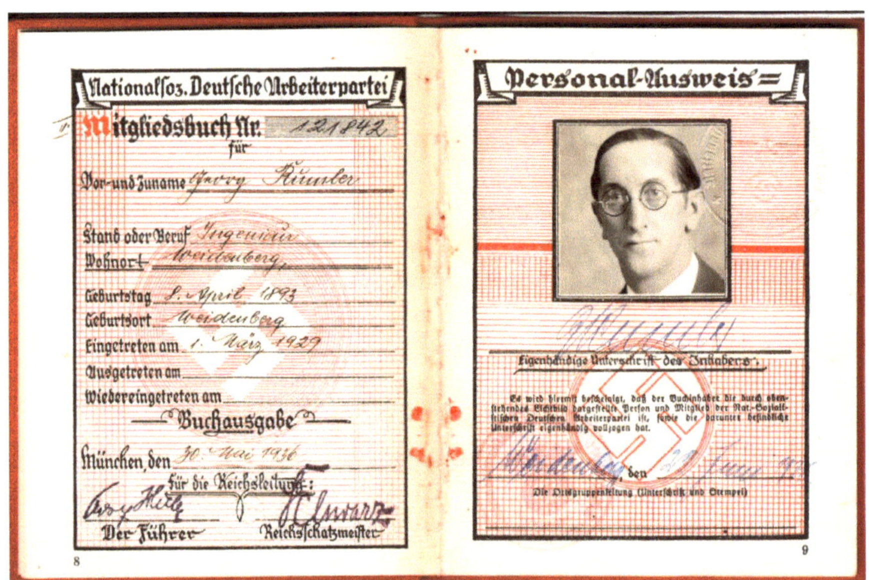

Nationalsoz. Deutsche Arbeiterpartei

Mitgliedsbuch Nr. 121842

für

Vor- und Zuname Georg Rümler

Stand oder Beruf Ingenieur

Wohnort Weidenberg

Geburtstag 8. April 1893

Geburtsort Weidenberg

Eingetreten am 1. März 1929

Ausgetreten am

Wiedereingetreten am

— Buchausgabe —

München, den 30. Mai 1936

für die Reichsleitung:

Der Führer

Reichsschatzmeister

8

Personal-Ausweis

Eigenhändige Unterschrift des Inhabers.

Es wird hiermit bescheinigt, daß der Buchinhaber die durch obenstehendes Lichtbild dargestellte Person und Mitglied der Nat.-Sozialistischen Deutschen Arbeiterpartei ist, sowie die darunter befindliche Unterschrift eigenhändig vollzogen hat.

, den

Die Ortsgruppenleitung (Unterschrift und Stempel)

9

Im Jahr 1936 erneuert und vom „Führer" unterschrieben:
Zweites Parteibuch von GEORG RUMLER

Anders als ihr Verwandter, der sich somit selbst ins kirchliche Abseits stellt, halten die übrigen Mitglieder der Familie RUMLER weiter treu zur Kirche. Sein Bruder HEINRICH ist seinerzeit sogar als gewähltes Mitglied im Kirchenvorstand aktiv, obwohl auch er inzwischen der NSDAP beigetreten ist. Die Angehörigen sind alle maßlos enttäuscht über die unfromme Haltung des Ortsgruppenleiters.

Als eher beruhigend meinen aber die Skeptiker wahrnehmen zu können, dass wenigstens die Mehrzahl der Mitglieder in der Bewegung Hitlers in ihrem Herzen religiös oder zumindest kirchenfreundlich sein müsse. Sie bewerten es gewissermaßen als Bestätigung dieser Vermutung, wenn HITLER selbst immer wieder den allmächtigen Gott oder die „Vorsehung" beschwört und ein religiöses Vokabular anwendet. Auch sieht man die SA in den ersten beiden Jahren der Hitlerdiktatur in geschlossenen Formationen in Uniform mit Fahne den Obermarkt hinab marschieren und zur St. Michaelskirche Kirche hinaufströmen. In ihren braunen Uniformen nehmen die Männer am Gottesdienst teil. Pfarrer HOFFMANN, der schon seit Anfang seines Weidenberger Dienstes im Herbst 1933 SA-Mitglied ist, hält für sie, geprägt von seiner pietistischen Vergangenheit, durchaus fromme Predigten; er vermeidet, zumindest auf der Kanzel in WEIDENBERG, eine allzu plakative Verherrlichung Hitlers.

Das alles bestärkt die Zauderer in dem Eindruck, *„dass die NSDAP nichts Unrechtes im Schilde führt"*, wie es der im Jahr 1931 gewonnene Parteigenosse und SA-Mann MICHAEL HÜBNER, der seit 1948 Gemeindeschreiber ist, rückblickend beschreibt; er habe auch vorher keine kirchenfeindliche Tendenz feststellen können.

Doch so harmlos und fromm, wie sich die Nazis nachträglich zu geben versuchen, sind sie auch in WEIDENBERG nach der Machtergreifung nicht. Ihre Bosheit gegen andere hält sich aber stets ein wenig bedeckt; nach außen hin spielt man gern den wohlmeinenden Mitbürger. Die hinterfotzige Schurkerei des Ortsgruppenleiters wird aber greifbar, wenn er bei seiner Vernehmung vor der Spruchkammer im Jahr 1948 rückschauend immer wieder seine angebliche Unschuld meint beteuern zu müssen: *„Bei der Machtergreifung 1933 sind in meiner Ortsgruppe keine politischen Gegner verhaftet worden."* Oder: *„Politische Gegner hat es in meinem Kreis schon gegeben, doch ist keinem etwas passiert"*.

Die verdeckte Bosheit der Nazis war damals eben nicht nur in den großen Zentren, sondern auch in so einem ländlichen Marktort wie WEIDENBERG im Spiel. Sie ans Licht zu bringen, ist Aufgabe und Inhalt der Geschichtsforschung. Solche Enthüllung will dieses folgende Kapitel des Projekts „Myrten für Dornen" leisten. Es gilt, Rumlers selbstbewussten Ausspruch zu hinterfragen: *„Bei mir ist niemand zu Schaden gekommen"*. Damit soll zugleich die tatsächliche Struktur der inhumanen Herrschaft der Nazis in WEIDENBERG sichtbar gemacht werden.

1. Ortsgruppenleiter Rumler – Hitlers Helfer

Ich habe den Nationalsozialismus für das Anständigste vom Anständigen gehalten, was andere daraus gemacht haben, dafür bin ich nicht verantwortlich – so lapidar verteidigt sich GEORG RUMLER in einem seiner anekdotischen Sätze später rückschauend. Er hält sich viel darauf zugute, anderen nichts Böses zugefügt zu haben, und, wo solches dennoch geschehen sei, nicht dafür verantwortlich gewesen zu sein. Doch mit dieser Selbstrechtfertigung macht er es sich zu leicht.

Als Ortsgruppenleiter der NSDAP hatte GEORG RUMLER jetzt große Macht. Formell hatte er dieses Amt ja schon seit dem ominösen Abend im Gasthof Vogel im Februar 1929 inne, als ihm Gauleiter HANS SCHEMM per Handschlag die Weihen der Amtsführung erteilt hat. Doch war diese Macht eines NSDAP-Ortsgruppenleiters, solange HITLER nicht an der Regierung war, nur auf innerparteiliche Vorgänge beschränkt gewesen. Mit Hitlers Machtübernahme und der Durchsetzung des Machtmonopols der Nazis vermittelt das Führerprinzip auch den unteren Parteiämtern eine breite Wirkung und Durchschlagskraft gegenüber der gesamten Bevölkerung.

Gibt sich gern unauffällig: *GEORG RUMLER in Zivil am Obermarkt*

Mit Hilfe der Ortsgruppenleiter wollen HITLER und seine Partei ihren totalen Anspruch auf alle Lebensbereiche der Bevölkerung sicherstellen. Der Ortsgruppenleiter ist in der Führer-Hierarchie nun der höchste Funktionsträger vor Ort und Hitlers verlängerte Arm, ja, er ist hier Hitlers wichtigster Helfer. Diese neue Macht genießt der bislang kleine Mann RUMLER sichtlich und übt sie auch aus, er ist jetzt ein „Großer".

RUMLER war sich dabei sehr wohl bewusst, selbst Teilhaber an einem Unrechtssystem zu sein. Wenn er vor der Spruchkammer später so lautstark beteuert, bei der Machtergreifung keine politischen Gegner verhaftet zu haben, dann gibt er zu, dass er vom Terror seiner Partei Bescheid gewusst hat. Man begegnete dem politischen Gegner von den ersten Monaten des Jahres 1933 an nicht mit demokratischen Mitteln, sondern eliminierte ihn mit Gewalt. Dieser Terror galt zunächst vor allem Kommunisten, in der Folgezeit aber auch allen anderen Gegnern des Regimes.

RUMLER war sich auch dessen bewusst, als Funktionär selbst solche Machtmittel zu besitzen und sie jederzeit einsetzen zu können. Ob freilich zutrifft, was RUMLER seine Richter und damit auch die Geschichtsforscher glauben lassen möchte, dass er wirklich zu den raren Gutmenschen unter den Nazis zählt, die auf den Gebrauch dieser Mittel bewusst verzichteten, muss unsere folgende Untersuchung zeigen. Er betont jedenfalls sein Gutmenschentum auf Schritt und Tritt: *„Politische Gegner hat es in meinem Kreis schon gegeben, doch ist keinem etwas passiert"*.

In den Schilderungen über die Weidenberger Opfer in der fünften Folge des Projektes ‚Myrten für Dornen',[46] aber auch schon bei der Darstellung seines Aufstieges im vorangegangenen Kapitel „Seit 1933 sind wir alle nicht mehr normal" wird die Unwahrhaftigkeit von Rumlers Anspruch und die subtile Art seines Vorgehens gegen Gegner besonders deutlich erkennbar. Dort wurde bereits die These geäußert, dass RUMLER mit Schuld trägt am Tod des Weidenberger Bürgers CHRISTIAN DENNERT. Davon ist hier nichts zurückzunehmen. Zugleich ist deutlich zu machen, dass dieses menschenfeindliche Vorgehen bei ihm kein Einzelfall oder Ausrutscher ist, sondern Teil seiner politischen Persönlichkeit, die er auch jedem anderen gegenüber zeigte, der sich seinen Vorstellungen nicht fügen wollte.

Härte und Willkür nur gegen „Außenseiter" der Volksgemeinschaft

Dabei muss man im Auge behalten, was in der angesprochenen Folge eingehender entfaltet wird, dass nämlich die Nazis ihre Willkür nur solchen Personen gegenüber zeigten, die für sie „jenseits der roten Linie" standen, die sich also gleichsam selbst außerhalb der „Volksgemeinschaft" gestellt hatten. Hitlers Grundgesetz der „Gemeindeordnung" von 1935 formuliert da in seiner Präambel sehr raffiniert und subtil, wenn es verspricht, eine *„Volksgemeinschaft zu schaffen, in der auch der letzte willige Volksgenosse das Gefühl der Zusammengehörigkeit findet"*. Das entscheidende Wort ist hier „willig". „Willig" zu sein, ist die Vorgabe, um als Volksgenosse anerkannt zu werden und neben den Pflichten auch die Rechte zu genießen. Über diese „Willigkeit" urteilt die Partei in ihren politischen Zeugnissen, die die Ortsgruppenleiter oder Ortsgendarmen ausstellen, und die über Freiheit oder Zuchthaus und KZ, Leben oder Tod entscheiden können.

Wer sich „willig" zu dieser Volksgemeinschaft bekennt, lernt die Nazis von ihrer geradezu preußischen Genauigkeit kennen, mit der sie „nach Recht und Gesetz" zu handeln vorgeben. Gegen einen anerkannten und solidarischen Volksgenossen darf

---

[46] Vergl. insbesondere das oben bereits angesprochene Kapitel „Jenseits der Roten Linie – Ein Weidenberger in den Klauen von Gestapo und Volksgerichtshof – Die Akte Dennert-Weidenberg 1930-1944".

es kein Handeln geben, das nicht auf Buchstaben von Gesetzen fußt. Alles ist bei den Nazis „gesetzlich“ und somit juristisch überprüfbar, auch das Parteienverbot oder der Entzug von Grundrechten, nichts ist gesetzlose Willkür. Notfalls schafft man eben für sein Handeln die notwendigen Gesetze. Jederzeit dürfen Rechtsanwälte für ihre Mandanten im Rahmen der Gesetze streiten. Erst dem „Verräter“ der Nazisache, der die rote Linie überschreitet und sich selbst außerhalb der Volksgemeinschaft stellt, droht als Reaktion des Staates Willkür und Gewalt.

RUMLER probiert seine neue Macht gleich aus. Wo er sich politisch nicht durchsetzen und den Gegner zum Nachgeben bringen kann, greift er zu Druckmitteln. Ein frühes Beispiel ist der Konflikt Rumlers im Februar 1933, den er, noch in seiner Eigenschaft „nur“ als Ortsgruppenleiter und noch nicht selbst Bürgermeister, mit dem damals in TRESSAU amtierenden Bürgermeister JOHANN HAMMER inszeniert.

Wie einer zum Parteieintritt genötigt werden soll und stand hält

Zu dieser Zeit, im Frühjahr 1933, amtiert im Hauptort WEIDENBERG als Bürgermeister noch der 1928 gewählte Zimmerermeister GEORG KETTEL. Für eine Auseinandersetzung mit diesem Nicht-Parteigenossen sieht RUMLER die Zeit für noch nicht gekommen. Das Ziel der Nazis ist aber seit Januar 1933 überall das Gleiche: Alle Schaltstellen, alle Funktionen in Politik, Finanzen, Wirtschaft und Lehre, sollen mit Nazi-Parteigenossen besetzt werden. So wendet sich RUMLER zunächst den Orten auf dem umgebenden Land zu, wo noch keine Nazi-Bürgermeister sitzen. Solche Orte finden sich zu jener Zeit fast nur noch in der katholischen Frankenpfalz mit den vier selbstständigen Gemeinden TRESSAU, KIRCHENPINGARTEN, REISLAS und LIENLAS. Diese Kommunen bilden bis zu diesem Zeitpunkt nur „Stützpunkte“ der Nazipartei, sind also parteipolitisch der Ortsgruppe WEIDENBERG unterstellt.

Bereits im Februar 1933 besucht RUMLER Bürgermeister HAMMER in TRESSAU, um ihn zum Parteieintritt zu überreden. Als HAMMER tapfer ablehnt, sinnt RUMLER auf seine Druckmittel. Er droht ihm mit der Absetzung als Bürgermeister und will ihm auch beruflich schaden. HAMMER ist nebenberuflich Landwirt und hat seine eigentliche Arbeitsstelle bei der Spar- und Kreditkasse; diese hat aber inzwischen auch einen Nazi als Leiter. Darauf baut RUMLER und setzt seinen Plan nun schrittweise um:

Noch im Frühjahr 1933 setzt er in TRESSAU eine Parteiversammlung an, auf der auch HAMMER erscheinen muss. „Da ist Rumler schon ziemlich aufgetreten“, erklärt HAMMER später vor der Spruchkammer im Zeugenstand. Aber er lässt sich nicht umstimmen und zum Parteieintritt nötigen. RUMLER unternimmt einen weiteren Anlauf und besucht ihn erneut, findet ihn aber nicht vor, sondern nur Hammers Ehefrau. In seiner Wut traktiert RUMLER die Ehefrau mit „solchen Grobheiten“, wie sie später angibt.

Anfangs Widerstände gegen die Gleichschaltung:
Das Frankenpfalzdorf Tressau auf einer alten Postkarte

Als HAMMER weiter hartnäckig bleibt, zerren ihn RUMLER und dessen Nazikollege der ersten Stunde, PÖHLMANN, Ende Februar auf die Kreisleitung nach BAYREUTH. Dort wird HAMMER seine Amtsenthebung als Erster Bürgermeister mitgeteilt; als Vertröstung wird ihm der Posten als Zweiter Bürgermeister angeboten, den er aber entrüstet ablehnt.

Bei der Gemeinderatswahl in TRESSAU am 5. März 1933 darf HAMMER nicht mehr antreten. Unter den Nachfolgekandidaten ist auch ein Nazi. Doch RUMLER und seine Leute erleben eine herbe Enttäuschung. Statt ihres Kandidaten wird der Landwirt HANS BUSCH in zwei Wahlgängen gewählt. Er ist zu dieser Zeit auch noch nicht Parteimitglied, sondern aktives Glied der katholischen Gemeinde. Er gilt als fleißiger Teilnehmer bei den katholischen Messfeiern und Anhänger seiner Römisch-katholischen Kirche, die zu dieser Zeit noch überwiegend nazikritisch eingestellt ist. Die katholischen deutschen Bischöfe hatten seit den Erfolgen der NSDAP bei den Reichstagswahlen 1930 – damals hatten die Nazis ihren Anteil an den Wählerstimmen von 2,6 auf 18,3 Prozent erhöhen können– Warnungen vor dem Nationalsozialismus ausgesprochen. BUSCH und viele andere Katholiken der Frankenpfalz hatten diese Warnungen verinnerlicht und nahmen es ernst, dass ihnen ihre Kirche verboten hatte, Mitglied der NSDAP zu werden.[47]

[47] Mit der Machtübernahme Adolf Hitlers am 30. Januar 1933 geriet die bis dahin klar widerständige katholische Kirche in eine schwierige Lage. HITLER war ja als der rechtmäßige Vertreter des Staates demokratisch gewählt und korrekt nach dem Gesetz vom wenig weitsichtigen Reichspräsidenten V. HINDENBURG eingesetzt worden. Ihm hatte die Kirche also den notwendigen staatsbürgerlichen Gehorsam zu zollen. Beruhigend wirkte da Hitlers kirchenfreundliche Regierungserklärung vom 23. März 1933, die den Kirchen weitreichende Zugeständnisse in Aussicht stellte: *„Die nationale Regierung sieht in den beiden christlichen Konfessionen wichtigste Faktoren der Erhaltung unseres Volkstums. Sie wird die zwischen ihnen und den Ländern abgeschlossenen Verträge respektieren; ihre Rechte sollen nicht angetastet*

BUSCH ist nun also der demokratisch gewählte, legitime Bürgermeister von TRESSAU. Trotzdem wird er von der NSDAP-Kreisleitung wegen „politischer Unzuverlässigkeit“ zunächst abgelehnt. RUMLER behauptet später wenig glaubhaft, bei dieser Entscheidung nicht dabei gewesen zu sein. Doch ohne seine Begutachtung lief im Bereich seiner Ortsgruppe nichts; eine Entscheidung der Kreisleitung an ihm vorbei hätte er sich gar nicht gefallen lassen.

Auf Vorschlag Rumlers setzt die Kreisleitung dann zunächst den Tressauer ANDREAS BUCHBINDER kommissarisch als Bürgermeister ein, der aber ebenfalls bis dahin noch kein Parteigenosse war. Wie HAMMER bei seiner späteren Zeugenvernehmung erklärt, habe Ortsgruppenleiter RUMLER den frisch ernannten BUCHBINDER überredet, in die Nazi-Partei einzutreten, indem er ihm erklärte, dass dies nur eine Formalie für die Zeit seiner Amtsdauer sei. BUCHBINDER habe sich zu diesem Handel bereit erklärt. Er erweist sich damit als der typische Karrierist dieser ersten Monate von Hitlers Herrschaft. Ob er danach wirklich wieder aus der Partei ausgetreten ist, ergibt sich aus den vorliegenden Belegen nicht.

Überzeugter Nazi-Gegner aus Konnersreuth: *Pfarrer ALOIS WEBER vor 1934*

Zu dieser Zeit amtiert in der Frankenpfalz als katholischer Geistlicher noch Pfarrer ALOIS WEBER. Der fromme Mann kommt aus KONNERSREUTH, der Heimat der stigmatisierten Mystikerin THERESE NEUMANN, die als „Resl von Konnersreuth“ 2004 selig gesprochen wurde; WEBER hatte ihre Heilung und ihre Visionen im Jahr 1926 in KONNERSREUTH noch miterlebt. Der Pfarrer bleibt trotz der schwankenden Haltung seiner Bischöfe ein überzeugter Gegner des Nationalsozialismus und stärkt mit dieser Haltung vielen in seiner Gemeinde den Rücken. Der gleichen Linie folgt auch sein im Jahr 1936 eingesetzter Amtsnachfolger MICHAEL GEIGER. Die ganze Frankenpfalz bleibt lange Zeit hindurch bis in die Kriegszeit hinein ein heimliches Widerstandsnest.[48]

werden.“ Zu dieser Zeit schienen also Widerstandshandlungen kontraproduktiv. Die Bischöfe rückten deshalb auch vom Verbot der Parteimitgliedschaft ab. Der sensationelle Konkordatsvertrag Hitlers mit dem Vatikan vom 20. Juli 1933 tat dass das Seinige zur Beschwichtigung.

[48] Vergl. dazu das Kapitel: „Als Hitlers Gottheit infrage stand – Der Widerstand der Frankenpfälzer und der Überfall der Weidenberger Nazis nach den Hitlerwahlen 1938“ in der 4. Folge des Projektes ‚Myrten für Dornen‘; sowie im Buch „Spurensuche Frankenpfalz“ des gleichen Verfassers das Kapitel: „Die Weltkriege und die Zeit des Nationalsozialismus“, ab S. 32.

Wie einer einknickt und mit Nazi-Ideologie infiziert wird

Bereits 1934, ein Jahr bevor Pfarrer WEBER Kirchenpingarten verlässt, knickt auch HANS BUSCH ein, wie vor ihm ANDREAS BUCHBINDER; er gibt Rumlers Druck nach und tritt in die NSDAP ein. Nun wird BUSCH endlich das Bürgermeisteramt für TRESSAU übertragen, für das ihn vorher die Tressauer unter den noch anderen Vorzeichen einer Nicht-Parteimitgliedschaft gewählt haben. Damit beginnt ein wenig erfreuliches Kapitel auch für die Ortsgeschichte von TRESSAU und für die Geschichte der Frankenpfalz, das bis heute im Zusammenleben der Bevölkerung seine Spuren hinterlassen hat.

Wir beobachten nämlich bei BUSCH eine zunehmenden Radikalisierung, und diese ist vor allem Rumlers Werk. BUSCH wird zu Rumlers Ziehsohn. Er gerät, gleichsam wie ein Drogenabhängiger durch seinen Dealer, immer mehr in die Abhängigkeit des Nazi-Gedankenguts. Auslöser ist ein Schulungskurs zwei Jahre später, um 1936/37. RUMLER, der als Kreisschulungsleiter auch für die Schulung der Funktionsträger in der Kreisschule im Weidenberger Alten Schloss zuständig ist, nötigt den Tressauer Bürgermeister zur Teilnahme. Anscheinend lässt sich BUSCH bei diesem Lehrgang kräftig mit der Nazi-Ideologie infizieren. Inzwischen hat der neue Pfarrer der katholischen Gemeinde von Kirchenpingarten, MICHAEL GEIGER die Nachfolge von Pfarrer WEBER angetreten. Er ist wie WEBER, ein erklärter Nazigegner. Aber er kann gegen Buschs Verbohrtheit nichts mehr ausrichten. BUSCH hat Geschmack an der Macht gefunden und ist seitdem völlig auf die Parteilinie eingeschwenkt.

BUSCH bewährt sich als Nazi, denn bereits im Jahr 1938 wird er zum Ortsgruppenleiter für die neu gebildete Ortsgruppe aus den Stützpunkten KIRCHENPINGARTEN-LIENLAS-TRESSAU bestimmt; ihr gehören damals in TRESSAU sieben oder acht Parteimitglieder an. Im Ganzen dürfte die Parteigruppe in der Frankenpfalz schließlich 30-40 Mitglieder gehabt haben; sie lag damit, ähnlich wie WEIDENBERG, erheblich unter dem Reichsdurchschnitt. Beim Überfall der Nazis auf KIRCHENPINGARTEN im Jahr 1938 erscheint dann BUSCH auf der Seite der Funktionäre; er darf sogar dabei sein, als seine Pfarrer, deren Gemeindeglied er ja ist, von RUMLER absurden Verhören unterzogen werden.[49] Er ist aber sonst zu dieser Zeit noch nicht weiter auffällig.

BUSCH geht aber seinen Weg der konsequenten Radikalisierung weiter. Im Jahr 1941 wird er zum Bürgermeister für KIRCHENPINGARTEN bestimmt und fällt dort durch eigene Willkürmaßnahmen auf.[50] Besonders ragt dabei der Fall der ANNA

---

[49] Vergl. dazu den ausführlichen Bericht im oben genannten Kapitel „Als Hitlers Gottheit infrage stand ...“

[50] Vergl. das Buch „Spurensuche Frankenpfalz“, S. 34.

BUCHBINDER heraus, die er im Jahr 1944 in BAYREUTH vor eines der berüchtigten „Sondergerichte" der Nazis bringt. Die willkürliche Spruchpraxis der Sondergerichte stand außerhalb der oben geschilderten „demonstrativen Legalität" der Naziherrschaft und diente zur Unterbindung jeder Kritik am Hitlersystem. Die Sondergerichte verfolgten selbst harmlose Fälle gnadenlos, um die Menschen gezielt einzuschüchtern; sie hatten in den Ortsgruppenleitern willige Zuträger.

So nimmt im Jahr 1943 Ortsgruppenleiter BUSCH, zusammen mit dem Kirchenpingärtner Bürgermeister SCHERM und dem Weidenberger Polizisten und Nazipropagandaleiter WAGNER, in der Gemeinde KIRCHENPINGARTEN eine Wohnungsbeschau vor, die der geplanten Unterbringung von ausgebombten Städtern dienen soll. Bei dieser Aktion beschlagnahmt er Zimmer und Betten. ANNA BUCHBINDER wehrt sich mit dem unbedachten Satz: „Warum soll ich mein einziges Bett abgeben. Mögen diejenigen die Betten abgeben, die den Krieg angezettelt haben." BUSCH zeigt sie beim Sondergericht an und lässt sich dabei von seinen zwei Zeugen unterstützen. In der Verhandlung werten die Richter Annas dahingesagte Worte als „Angriff auf die „Staats- und Parteiführung". Die junge Frau wird – man mag es kaum glauben – zu einem halben Jahr Gefängnis verurteilt.

Nach dem Krieg verhaften die Amerikaner diesen unmenschlichen Ortsgruppenleiter und behandeln ihn streng; BUSCH wird für 34 Monate im Lager Dachau-Moosburg interniert. Er wird dort auch wegen eines ungeklärten Kriegsverbrechens angeklagt: Er soll an einem Mord an einem polnischen Zwangsarbeiter beteiligt gewesen sein, der in TRESSAU beschäftigt war. Dieser Vorwurf war aber nicht zu beweisen. Wegen seiner sonstigen Nazi-Tätigkeit wird er dann zunächst als „minderbelastet" eingestuft und, nach einer Bewährungszeit, im Jahr 1949 zum „Mitläufer" erklärt.

RUMLER darf sich die Taten dieses Nazijüngers persönlich auf die Fahne schreiben lassen. Er hat BUSCH erfolgreich von einem frommen katholischen Kirchenchristen zu einem Eiferer für die Sache der Nazis umgeformt. Der Fall hat die Ortsgemeinschaft in TRESSAU lange Zeit in schwere Mitleidenschaft gezogen. Bis heute mag niemand darüber reden. Lediglich im vierten Vers des im Jahr 2012 kreierten „Frankenpfalz-Liedes" von ALOIS SCHOBER finden diese schlimmen Geschichten von damals eine knappe, aber eindrückliche Erwähnung:

Die Menschen in der Frankenpfalz, bestanden manchen Test.
In schweren Zeiten, tiefer Not stand man im Glauben fest.
So konnte nach der braunen Zeit die Hoffnung neu aufgeh'n.
Doch Wunden aus der Nazizeit lang im Gedächtnis steh'n.

Ein Ortsgruppenleiter, „der nicht immer die persönliche Freiheit des Einzelnen respektiert“

Einst Hochburg der Kommunisten:
Thomas-Porzellanfabrik Sophienthal

Von den weiteren Aktionen Rumlers als Ortsgruppenleiter im Umland ist Ende März / Anfang April 1933 auch eine Werbeversammlung der NSDAP in SOPHIENTHAL bekannt. Hier in SOPHIENTHAL hatten in den 20-er Jahren die jungen Gründer CZECH und THOMAS eine Porzellanfabrik eingerichtet.[51] Diese stand seit 1927 im Besitz der Familie ROSENTHAL. Viele Arbeiter des Betriebes hatten sich nach dem Ersten Weltkrieg der emporkommenden KPD angeschlossen. Auch in diesem Ort besteht zu jener Zeit nur ein sg. „Stützpunkt“ der Nazis. Rumlers Auftritt hier ist nicht ohne Brisanz, denn der Ort ist ja so kurz nach Hitlers Machtübernahme noch als Hochburg der Kommunisten bekannt; mit ihnen rechnet HITLER zu der Zeit gerade blutig ab. – Als zweite Hochburg der KPD war Schillers Granitwerk in WEIDENBERG bekannt.

Doch hatte dieser Kommunismus in und um WEIDENBERG nie den Grad von Radikalisierung erreicht, wie sie die Nazis aus ihrer „Kampfzeit“ in den Städten kannten und liebten, als sie noch mit Fäusten und Schlagstöcken in offenen Straßenschlachten auf ihren erklärten Hauptgegner loszugehen pflegten. Gerade erst, am 15. März 1933, war die KPD offiziell verboten worden, weil man ihnen den Brand des Reichstages in Berlin anlastete. So ist zu der Zeit von offenem Widerstand in SOPHIENTHAL auch nur wenig zu spüren.[52] Jedenfalls kann RUMLER hier fast unge-

---

[51] Vergl. dazu das Kapitel „Geschirr aus Sophienthal“ in der 2. Folge des Projektes ‚Myrten für Dornen‘: „Arbeit, Wohlstand und Armut bei den ‚Gaasla‘ – Soziales Leben, Beruf und Gewerbe in Weidenberg bis 1919“, ab S. 242.

[52] Zum verdeckten Widerstand in Sophienthal vergl. das Kapitel: „Hasenjagen, aber gelernt haben wir nichts – Schule und Konfirmation im Dritten Reich und der kleine Widerstand im Alltag“, in der 6. Folge des Projektes ‚Myrten für Dornen‘: „Untergehen und Aufstehen – Der Alltag unter Kriegsbedingungen und das Danach“.

stört seine Rede halten. Ihm gelingt es an diesem Abend, zwei neue Hitlerjünger zu gewinnen: Der Oberforstverwalter GOTTFRIED M., sowie ALBERT R. lassen sich zum Parteieintritt überreden. Lediglich bei einer weiteren Versammlung in SOPHIENTHAL „meckern“ einige Nicht-Parteigenossen. Doch wie sein neuer Parteifreund GOTTFRIED M. bezeugt, kann RUMLER angeblich darüber nur lachen. Er registriert ganz stolz, dass hier kein KPD-Mann verhaftet zu werden brauchte, um die Menschen zum Nationalsozialismus zu „bekehren“.

Gemeinsame Ausschuß-Sitzung des Sportvereins mit dem ehem. Turnverein Weidenberg am 12.IV.33.
Anwesend: (Turnverein): [illegible]
(Sportverein): [illegible]
Beschluß: Mit dem heutigen Tage hat sich der ehem. „Arbeiter-Turnverein Weidenberg“ aufgelöst. Sämtliches Inventar (Hanteln, Reck, Barren) geht in den Besitz des Sportvereins Weidenberg über, der seinerseits jeder gemeinnützigen Organisation der Gemeinde Weidenberg die Geräte zur Verfügung stellt. Von dem noch vorhandenen Barbetrag werden der freiw. Feuerwehr Weidenberg 20 M zugewiesen. Der Restbetrag geht an den Sportverein über. – Vorstehendem Beschluß haben sich sämtliche Mitglieder des früheren „Arbeiter-Turnvereins“ zu fügen.
Für den Sportverein: Für den Arbeiter-Turnverein

„Hanteln, Reck, Barren nun im Besitz des Sportvereins“:
Auflösungsbeschluss des Arbeiterturnvereins vom 12. April 1933

Auch ein weiteres potentielles Widerstandsnest kann ohne Probleme ausgeräuchert werden: Bereits am 12. April 1933 kann RUMLER den Arbeiterturnverein in WEIDENBERG auflösen. Der Verein stand der „linken“ Arbeiterbewegung nahe. Doch scheinbar ohne großes Murren der Mitglieder kann ihn RUMLER in den bereits völkisch und nationalsozialistisch ausgerichteten Sportverein integrieren. Diese widerstandslose Selbstpreisgabe der Turner überrascht, denn eigentlich waren sie ja mit ihrer würdigen Sportart stolze Konkurrenten zur vulgären „Fußlümmelei“ und „Englischen Krankheit“ des SV.[53] Doch offenbar ist die politische Linke zu diesem Zeitpunkt schon so eingeschüchtert, dass sie kaum noch öffentlich aufzumucken wagt. Es hat sich inzwischen herumgesprochen, dass aufmüpfige Funktionäre ins Gefängnis oder ins eben errichtete KZ DACHAU kommen können.

Auch an den Schützenverein wagt sich RUMLER nun heran. Hier ist zu diesem Zeitpunkt noch kaum jemand Mitglied der Partei. RUMLER lässt sich die Vorstandsliste schicken und „macht Vorschläge“ zur Umbesetzung, wie er vornehm den Vor-

[53] S.o. S. 61 im Abschnitt „Als der Sportverein SV Weidenberg 1920 gegründet wurde …“

gang der Gleichschaltung umschreibt. Natürlich erwartet er, dass diese Vorschläge zur Besetzung mit Parteimitgliedern auch umgehend umgesetzt werden.

Damit ist ab Frühjahr 1933 die Gleichschaltung sämtlicher Vereine in WEIDENBERG in vollem Gange, bis auf einen: Der Weidenberger Verschönerungsverein von 1903 kann weiter ein relativ ungestörtes und für die Ortsgestaltung fruchtbares Eigenleben führen.[54] Dieser Verein ist mit Weidenberger Ortsprominenz, allen voran Pfarrer REDENBACHER, hochkarätig besetzt. Merkwürdigerweise lässt RUMLER den Verein während der ganzen Nazizeit praktisch unbehelligt, er wird formal nie „gleichgeschaltet".

Während also die Besetzung von Schlüsselfunktionen mit Nazis im Leben der Vereine recht reibungslos klappt, stößt RUMLER im Alltag immer wieder auf Widersacher und Gegner des Nationalsozialismus. Sein Satz: „Politische Gegner hat es in meinem Kreis schon gegeben, doch ist keinem etwas passiert" erweist sich dabei nur in der ersten Hälfte als wahr. Es gab Gegner, ja, aber auf Verhaftungen hat er nur in den ersten drei Monaten verzichtet, als er sich noch hineintastete in sein mit hohen Machtbefugnissen ausgestattetes Amt. So ist auch dieser Satz vom Gutmenschen RUMLER eine weitere von seinen typischen Anekdote, von denen wir inzwischen wissen, dass man genauer hinschauen muss: „Bei der Machtergreifung 1933," so hatte er gesagt, „sind in meiner Ortsgruppe keine politischen Gegner verhaftet worden". Es stellt sich jetzt heraus, dass auch bei ihm drei Monate nach Hitlers Machtantritt Schluss mit lustig war, nachdem ihm seine Partei auf Regierungsebene inzwischen schon andauernd mit bösem Beispiel vorangegangen war. Nach dieser „Eingewöhnungsfrist" macht auch RUMLER Ernst mit dem Gebrauch seiner Machtmittel.

So lässt er am 25. April 1933 den Waldarbeiter im Forstamt Bayreuth-Ost, ALOIS GRÖTSCH aus TRESSAU, von SA und Gendarmerie verhaften und ins Gefängnis in BAYREUTH einliefern. RUMLER ist immer noch gekränkt darüber, dass sein Kandidat die Bürgermeisterwahl in TRESSAU verloren hatte und will sich für diese Peinlichkeit jetzt rächen. So wirft er dem Verhafteten das vor, was die kleine Handvoll Nazis in TRESSAU ihm zugetragen hat, dass nämlich GRÖTSCH ein Nazigegner sei.

Der Arbeitgeber – das Forstamt – forscht nach dem Verbleib seines Mitarbeiters, den man auf seiner Arbeitsstelle vermisst. Als Dienststelle, die inzwischen ebenfalls von Nazis geleitet wird, kann das Amt erwirken, dass GRÖTSCH freigelassen wird. Man kann darlegen, dass der Mann gebraucht wird. RUMLER setzt aber durch, dass sich GRÖTSCH nun täglich bei ihm in WEIDENBERG melden muss, eine zusätzliche schikanöse Methode, Macht zu demonstrieren. So genügt es nun, GRÖTSCH eine

[54] Vergl. das schon erwähnte Kapitel „Als Weidenberg Kurort werden wollte" in der 2. Folge des Projektes ‚Myrten für Dornen', S. 285ff.

erneute Verhaftung anzudrohen, um ihn gefügig zu machen. Als „Ausweg" bietet RUMLER ihm den Parteieintritt an. Auf diese Nötigung geht der wehrlose GRÖTSCH tatsächlich ein!

Wie will man diese Art „Überredung zum Parteieintritt" nennen, die der Gutmensch RUMLER hier einmal mehr so umsichtig und konsequent betreibt? So formuliert die Spruchkammer ironisch, aber milde, wenn sie über RUMLER sagt: *„So konnte doch einwandfrei festgestellt werden, dass er ein rühriger Ortsgruppenleiter war, der es an Propaganda und Agitation für den Nationalsozialismus nicht fehlen ließ und besonders mit seinen Werbungsmethoden für neue Mitglieder nicht immer die persönliche Freiheit des einzelnen respektierte."*

Wie wird man in der Nazizeit Bürgermeister?

Auch in eigener Sache kommt RUMLER damals einen Riesenschritt voran. Überhaupt muss sich dieses ganze Jahr 1933 für ihn stets als der absolute Triumph seiner Nazikarriere angefühlt haben. Er wirkt jetzt sehr selbstsicher und packt auch in WEIDENBERG den Stier bei den Hörnern. Noch ist ja im Marktort der im Jahr 1928 gewählte Bürgermeister, der Zimmerermeister GEORG KETTEL, im Amt. Unter ihm hatte RUMLER bereits seit Januar 1930 im Gemeinderat mitgewirkt und dabei versucht, sich zu profilieren, manchmal mit, manchmal gegen KETTEL. Die beiden kennen sich also gut, aber KETTEL ist kein Nazi. Die letzte Sitzung, die KETTEL leitet, ist als „Ehrensitzung" für HANS SCHEMM am 23. März 1933 geplant. An diesem Tag beschließt die Marktgemeinde, ihren politischen „Paten", Gauleiter SCHEMM, zum „Ehrenbürger von Weidenberg" zu machen (s.u. S. 257f). Bis zu diesem Zeitpunkt sind auch die alten, noch demokratisch gewählten Gemeinderäte von 1929/30 im Amt. Zum 1. Mai 1933 soll die „Gleichschaltung" auch im Gemeinderat greifen.

RUMLER hat vorsichtshalber mit dem damaligen Partei-Kreisleiter PUCHTLER Rücksprache genommen und sein Vorgehen abgestimmt. Mit der Zustimmung der Kreisleitung im Rücken geht RUMLER nun auf KETTEL zu und macht ihm klar, dass er nur dann Bürgermeister bleiben könne, wenn er in die Partei einträte. KETTEL sieht sich in einer Zwickmühle. Er genießt in WEIDENBERG großes menschliches Ansehen. Aber mit einem NSDASP-Beitritt würde er seine persönlichen Überzeugungen verraten. Und als einer der unzähligen „Konjunkturritter" dieser Zeit würde er seine Glaubwürdigkeit verlieren. Außerdem befürchtet er, dass bei den ungeklärten „Parallelstrukturen" von Partei- und Gemeindeordnung ein dauernder Machtkampf zwischen ihm als Bürgermeister und RUMLER als dem Ortsgruppenleiter der Partei unausweichlich wäre und so die Gemeindearbeit beeinträchtigt würde.

So widersteht KETTEL der Aufforderung zum Beitritt in die Nazipartei und legt sein Amt nieder. Viele sind traurig, denn der Nachfolger GEORG RUMLER kann seinem Vorgänger GEORG KETTEL menschlich bei weitem nicht das Wasser reichen. Die Ortsbürger haben aber großen Respekt vor Kettels Entscheidung; viele fühlen sich von da an zum eigenen „kleinen Widerstand im Alltag" ermutigt. Ein ganzes Netz von gegenseitiger heimlicher Anteilnahme und Hilfsbereitschaft knüpft sich zunehmend in WEIDENBERG mit jedem Tag von Hitlers Herrschaft. Dieses Netz empfängt seine Kraft aus der überkommenen und verinnerlichten christlichen Gesinnung einer bibelorientierten evangelischen Gemeinde.

Zum Verzicht aufs Bürgermeisteramt gezwungen:
GEORG KETTEL, Aufn. Sept. 1933

KETTEL ist in dieses Netz des Vertrauens einbezogen. Seitdem er Bürgermeister geworden war, ist in seinem Haus ein Telefon angebracht, fast das einzige zu dieser Zeit am Untermarkt. Mitbürger kommen zum Telefonieren zu ihm, und umgekehrt lässt er sie auch seinerseits an seinen Apparat holen, wenn Anrufe für sie eingehen. In den begleitenden Gesprächen erfährt die Familie manches über die Sorgen und täglichen Dramen der Menschen.

So wird über diesen Apparat auch Kettels Nachbarin IRMGARD DENNERT gut 10 Jahre später am 4. Mai 1944 durch den Gefängnisseelsorger des Zuchthauses TEGEL in BERLIN, HARALD POELCHAU, vom schlimmen Schicksal ihres Mannes nach seiner Verhaftung durch die Gestapo und den Verhören des Volksgerichtshofs informiert.[55]

Dieses Netz der Anteilnahme übersteht auch die schlimmsten Herausforderungen der kommenden Jahre gegenüber der wachsenden Gewalt von Hitlers Willkürherrschaft und zeigt die Weidenberger als eine überwiegend mitmenschliche Gemeinde trotz eines äußerlich zunehmenden „braunen“ Anstrichs.

Obwohl dieser „kleine Widerstand im Alltag“ mit dem großen Widerstand Einzelner, wie der Verschwörer des 20. Juli 1944, nicht zu vergleichen ist, so verdient er doch seine besondere Würdigung. Denn er zeigt, dass man sich auch in einer Diktatur nicht den aufrechten Gang verbieten lassen muss, sondern authentischer Mitmensch bleiben kann. Solche auffallende Solidarität ge-

---

[55] Vergl. das schon genannte Kapitel „Jenseits der roten Linie“ in der Folge 5 über die Opfer des Nationalsozialismus in Weidenberg.

genüber den Opfern dieser Zeit lässt sich in WEIDENBERG auch in anderen Fällen beobachten, die im Projekt ‚Myrten für Dornen' geschildert werden.[56]

Nachdem der bisherige, 1928 gewählte Bürgermeister GEORG KETTEL im April 1933 also „freiwillig" zurückgetreten ist, überträgt NSDAP-Kreisleiter PUCHTLER zum 1. Mai 1933 das Amt des Ersten Bürgermeisters in WEIDENBERG an GEORG RUMLER.

RUMLER ist nun am Höhepunkt seines Triumphs und seiner Macht, und er weiß diese Macht zu gebrauchen, wie andere Ortsgruppenleiter und Nazi-Bürgermeister damals auch. In seiner Eigenschaft als Bürgermeister ist er in der Nazizeit qua Amt nun zugleich Leiter der Ortspolizeibehörden, und damit ist er voll verantwortlich nicht nur für alle Vorgänge der Gemeindeverwaltung, sondern auch für alle örtlichen Maßnahmen gegen Andersdenkende und Regimegegner und kann sich hier nicht herausreden.

Späte Abrechnung für die Untaten

Immer wieder will RUMLER dennoch in seinen typischen Anekdoten später diese Verantwortung kleinreden, etwa indem er beteuert: *„Die Arbeit als Bürgermeister war so groß, dass ich mich mit anderen Sachen nicht mehr beschäftigen konnte"*. Er will also behaupten, dass er sich um die politische Arbeit der Partei und ihre Vollstreckung gar nicht mehr kümmern konnte und damit als Schuldiger für Unrechttaten gar nicht infrage komme. Doch genau das Gegenteil ist richtig: RUMLER genießt und praktiziert eine solche Fülle an Parteiämtern, dass darunter die eigentliche Arbeit als Bürgermeisters völlig zu kurz kommt.

Er beschränkt sich daher auf einzelne prestigeträchtige Vorhaben, wie Kanalbau, Straßenbau und Schlossnutzung und vernachlässigt, sicher auch aus mangelnder Sachkenntnis, die Sorge für die Finanzen, die Verwaltung, das übrige Bauwesen und überhaupt für die Kommune und ihre Bürger. Er sieht alles nur noch durch die braune Parteibrille.

Es ist deshalb als Akt der Wut eines frustrierten Gemeinderates zu deuten, der ja ab 1935 völlig entmachtet war, dass er RUMLER nach dem Krieg wegen mehrerer Delikte anzeigt, so auch wegen nicht sachgemäßer Verwendung von Finanzmitteln, die man nun von ihm zurückfordert. In der ersten Sitzung nach dem Krieg am 20. Februar 1946 verschafft sich der erste neue, demokratisch gewählte Gemeinderat

[56] Mehr dazu insbesondere in den Kapiteln „Anna Margareta – Gedenken des Unbegreiflichen – Spurensuche NS-Opfer des Euthanasie-T4-Programms …" und „Martin – Leben im Armenhaus, Sterben an Hungerkost – Spurensuche Opfer der Armut und der ‚wilden Euthanasie' aus Weidenberg" in der vorgenannten 5. Folge „Spuren der Opfer …".

unter Leitung seines Ersten Bürgermeisters HEINRICH SEILER eine „Vermögens-Übersicht" und beschließt einstimmig, dass *„der ehemalige Ortsgruppenleiter und Bürgermeister Rumler für das ungeklärte Defizit in Höhe von 11.216,28 RM ersatzpflichtig ist und dießerhalb sein gesperrtes Konto in dieser Höhe in Anspruch genommen wird. Ein diesbezüglicher Antrag wird von der Gemeinde an den Landrat zur Weiterleitung an die Reichsbank und die Militärregierung gestellt"*. Es geht also um einen deftigen Fehlbetrag von umgerechnet etwa 120.000 € nach heutigem Geldwert, für den RUMLER privat aufkommen soll!

Ebenso drastisch ist der nach dem Krieg erhobene Vorwurf von vorsätzlicher Brandstiftung, von dem oben schon die Rede war, nachdem im Jahr 1941 das Ziegelwerk KIEẞLING unter ungeklärten Umständen niederbrannte.[57] Die nachträglichen Ermittlungen, die die Staatsanwaltschaft tatsächlich gegen RUMLER anstellt, verlaufen mangels Beweisen allerdings im Sande, sie bereiten aber den in der Nazizeit Ohnmächtigen eine gewisse nachträgliche Schadenfreude und helfen ihnen, ihren Frust und ihre Wut aus dieser Zeit zu verarbeiten.

So bescheinigen die Gemeinderäte nach dem Kriege im „Fall Rumler" am 26. August 1946 für die Lagerspruchkammer in HAMMELBURG einmütig, was sie sich „in der Zwischenzeit erst ins Gedächtnis zurückrufen" mussten, *„dass es sich bei dem ehemaligen Ortsgruppenleiter Rumler nicht nur um einen harmlosen Ortsgruppenleiter handelte, sondern um einen echten Nazi, der mit weitestgehender Macht ausgestattet war und seine Macht auch bedenkenlos dort anwandte, wo ihm jemand gefährlich erschien. Er bekleidete außer dem Amt des Ortsgruppenleiters auch gleichzeitig das des Bürgermeisters von Weidenberg und war außerdem der Kreisinspekteur der Kreisleitung der NSDAP Bayreuth-Eschenbach, Kreisredner der NSDAP, Kreisschulungsleiter der NSDAP und Vorsitzender des Bezirkstages des Kreises Bayreuth, sowie mit Hilfe dieser Stellungen in der Partei Vorstand der Weißmain-Kraftwerke Röhrenhof AG, Mitglied des Verwaltungsrates der Kreissparkasse Bayreuth und hatte noch eine Reihe anderer Ämter, die der Öffentlichkeit nur in beschränktem Maße bekannt waren. Persönlich gesehen gehört Rumler zu den Getreuen des Führers, jener Bande und jenen Elementen, die, wenn sie es überhaupt je gekonnt, es im Kriege gründlich verlernt hatten, sich auf eine anständige, zivile Weise durch das Leben zu bringen."*

Die Gemeinderäte benennen hier in ihrem Schreiben einige der parteipolitischen Funktionen, mit denen RUMLER seit dem Jahr 1933 nun zunehmend voll beschäftigt ist. Doch auch über diese Funktionen streut RUMLER wieder seine eigenen, zur Ent-

[57] Vergl. den Abschnitt „Der Ortsgruppenleiter als Brandstifter?" in der 2. Folge des Projektes ‚Myrten für Dornen', S. 229.

lastung gedachten Anekdoten. Er lässt seinen Rechtsanwalt zum Beispiel angeben, bei einer Teilnahme Rumlers an einem Schulungskurs für Parteiredner auf der Plassenburg bei KULMBACH sei doch ausdrücklich bestätigt worden, „dass Rumler nicht als Kreisamtsleiter geschult und geeignet, sondern lediglich zum Ortsgruppenleiter brauchbar ist“ – ein hübsches und peinliches Eigentor! Denn es existieren Dokumente, in denen RUMLER im Jahr 1940 und nochmals 1946 mit eigener Unterschrift bestätigt, dass er zu dieser Zeit doch Kreisamtsleiter im „Amt für Kommunalpolitik“ in der Kreisleitung BAYREUTH-ESCHENBACH war. Ob er wohl auch schon während der Hitlerzeit zugegeben hat, für solche Ämter eigentlich „nur bedingt geeignet und brauchbar“ gewesen zu sein?

Zum Vergleich: Im nebenstehenden **Meldebogen**, den RUMLER im November 1946 dann persönlich ausfüllt und unterschreibt, gibt er folgende Ämter und Funktionen an:

„Ortsgruppenleiter seit 1929-1945, Kreisinspekteur seit 1933. Kreisschulungsleiter, Kreisredner, Kreisamtsleiter der NSDAP für Kommunalpolitik, Vorsitzender des Bezirkstages, alles seit 1933, ferner Kreisobmann beim Deutschen Gemeindetag, Mitglied bei der Nazi-Volkswohlfahrt, beim Deutschen Roten Kreuz, beim Reichskolonialbund und beim Verband für Deutschtum im Ausland VDA.“

Im ersten öffentlichen „Adressbuch für Bayreuth-Land“, Ausgabe 1939, ist RUMLER im „Dienststellenverzeichnis der NSDAP und ihrer Gliederungen“ unter „Kreisleitung“ eingetragen als „Kreisschulungsleiter“ und „Kreisamtsleiter des Amtes für Kommunalpolitik“. Er ist, neben einem Kollegen aus FORKENHOF,

Abschrift

Lfd. Nr.	Einlieferungsort	Einlieferungstag	Buchstabe

Meldebogen auf Grund des Gesetzes zur Befreiung von Nationalsozialismus und Militarismus vom 5. März 1946

Deutlich und lesbar ausfüllen (Druckbuchstaben)! Dickumrahmtes nicht ausfüllen! Jede Frage ist zu beantworten!

Zuname Rumler Vorname Georg Beruf Elektro-Ing.
Wohnort Weidenberg Krs.Bayreuth Straße Obermarkt 49
Geburtsdatum 8.4.1893 Geburtsort Weidenberg Familienstand ledig / verheiratet / verwitwet / geschieden.
Wohnorte seit 1933:
a) Weidenberg von … bis …
b) … von … bis …
c) … von … bis …

1.	Waren Sie jemals Angehöriger, Anwärter, Mitglied, förderndes Mitglied der:	Ja oder Nein	Höchster Mitgliedsbeitrag monatlich RM	von	bis	Mitglieds-Nr.	Höchster Rang oder höchstes bekleidetes Amt oder Tätigkeit, auch vertretungsweise oder ehrenhalber: Bezeichnung	von	bis	Klasse oder Teil B
a	NSDAP	Ja	2,30	1929	1945		Ortsgruppenl.	1929	1945	II
b	Allg. SS	nein				121842	Kreisinspekteur,	1933		
c	Waffen-SS	"					Kreisschulleiter			
d	Gestapo	"					Kreisredner,			
e	SD. (Sicherheitsdienst)* der SS	"					Kreisamtsleiter			
f	Geheime Feldpolizei	"					der NSDAP			
g	SA.	"					f.Kommunalpolitik			
h	NSKK. (NS.-Kraftfahr-Korps)	"					Vors.d.Bezirkstages			
i	NSFK. (NS.-Flieger-Korps)	"								
k	NSF. (NS.-Frauenschaft)	"								
l	NSDStB. (NS.-Studentenbund)	"								
m	NSDoB. (NS.-Dozentenbund)	"								
n	HJ.	"								
o	BdM.	"								

* Hier ist auch nebenamtliche Mitarbeit, z. B. Vertrauensmann, aufzuführen.

2.	Gehörten Sie außer Ziffer 1. einer Naziorganisation gemäß Anhang zum Gesetz an?*: Bezeichnung	von	bis	Höchster Rang oder höchstes bekleidetes Amt oder Tätigkeit, auch vertretungsweise oder ehrenhalber: Bezeichnung	von	bis	
a	Deutscher Gemeindetag	1935	1945	Kreisobmann	1935	1945	II
b	NSV	1935	1945	kein Amt			
c	Deutsches Rotes Kreuz	1938	1945	"			
d	Reichskolonialbund	1940	1945	"			
e	VDA	1938	1945	"			
f							
g							

* Es ist jedem freigestellt, hier auch die Zugehörigkeit zu anderen Organisationen nachzuweisen.

3. Waren Sie Träger von Parteiauszeichnungen (Parteiorden), Empfänger von Ehrensold oder sonstiger Parteibegünstigungen? Nein
Welcher? …

4. Hatten Sie irgendwann Vorteile durch Ihre Mitgliedschaft bei einer Naziorganisation (z. B. durch Zuschüsse, durch Sonderzuteilungen der Wirtschaftsgruppe, Beförderungen, UK-Stellung u. ä.)? Nein
Welche? …

5. Machten Sie jemals finanzielle Zuwendungen an die NSDAP. oder eine sonstige Naziorganisation? Nein
an welche? … in welchen Jahren: … insgesamt RM. …

Zum Kreisamtsleiter ungeeignet? *Vorderseite des Spruchkammer-Meldebogens von GEORG RUMLER 1946*

der einzige Nazifunktionär, der *nicht* in Bayreuth wohnt, das unterstreicht seinen besonderen Rang. Sein Telefon hat die bezeichnende Rufnummer „Weidenberg 1".

Heldenhafte Selbstentäußerung als Parteiwerber?

Der von ihm hier im Meldebogen selbst eingetragene Begriff „Kreisinspekteur" steht in direktem Widerspruch zu seiner Aussage beim Spruchkammerverfahren zwei Jahre später, 1948, ein solches Amt habe es bei der NSDAP nie gegeben. Hier haben wir es nun nicht mehr mit einer schönfärberischen Anekdote, sondern mit einer glatten Unwahrheit zu tun, mit der er sich selbst zu widerlegen versucht.

Überhaupt soll Rumlers Klage über die angebliche Fülle seiner Arbeit als Bürgermeister Mitleid wecken und von seinen Untaten ablenken, die er kraft seiner Parteiämter verübt. In Wahrheit sonnt sich RUMLER im Glanz seiner Ämter und kokettiert kräftig mit seiner Leistung als Parteimissionar und Menschenfischer.

Sein Stolz findet Ausdruck in einer weiteren bezeichnenden RUMLER-Anekdote, in der er seine Eitelkeit nur mühsam verbirgt. Er erfindet eine ganz eigene Variante in der Deutung des oben geschilderten, überraschenden Parteiaufnahmestopps, den die Parteileitung zum 1. Mai 1933 verfügt: *„Ich musste mich erwehren, um nicht übermäßig viele Parteigenossen zu bekommen"*, behauptet er vor der Spruchkammer. Also nicht der Ärger der Alten Kameraden über die Konjunkturritter, die die NSDAP zur Förderung ihrer Karriere und ihres Berufserfolges nutzen wollen, löst diese Aufnahmesperre aus, sondern der überbordende Zulauf der Bürger von WEIDENBERG, die sich aus lauter Begeisterung über Rumlers Amtsführung in Scharen melden, und die der geplagte Ortsgruppenleiter mühsam zurückweisen muss!

In einer weiteren Vernehmung bei den Entnazifizierungsverhandlungen steigert RUMLER seine verlogene Selbstschutzformel theatralisch sogar noch zu einem atemberaubenden Akt des Widerstandes gegen das Naziregime: *„Ich habe vielen, vielen Leuten den guten Rat gegeben, sich nicht in die Partei aufnehmen zu lassen."* So viel tapfere Selbstentäußerung nimmt diesem durchtriebenen Nazifanatiker aber nun niemand mehr ab.

2. Die Feier des 1. Mai 1933 zeigt, was ab jetzt Sache ist

Der erste Festzug nach der Machterübernahme zum 1. Mai

RUMLER ist jedenfalls in Wahrheit hoch zufrieden, als er zum „Tag der nationalen Arbeit“ am 1. Mai 1933 zusammen mit den örtlichen Verbänden die erste große Kundgebung in WEIDENBERG veranstalten kann. Noch ist es keine reine Nazi-Kundgebung, denn noch unterstützt auch die SPD den Aufzug. Sie sieht durch den neuen Feiertag das Anliegen der Arbeiterschaft aufgewertet und lebt in der trügerischen Hoffnung, dass dieser Tag die Achtung der arbeitenden Menschen feiert und nicht die Selbstdarstellung der neuen Machthaber. Doch hinter den Kulissen ziehen die Gewaltherrscher längst heimtückisch ihre Fäden.

Bereits am 17. April 1933 hat Propagandaminister JOSEF GOEBBELS seinem Tagebuch die Pläne anvertraut, die HITLER mit der rigiden Umgestaltung dieses traditionellen Tages der Arbeiterschaft im Sinn hat:

Den 1. Mai werden wir zu einer grandiosen Demonstration deutschen Volkswillens gestalten. Am 2. Mai werden dann die Gewerkschaftshäuser besetzt. Gleichschaltung auch auf diesem Gebiet. Es wird vielleicht ein paar Tage Krach geben, aber dann gehören sie uns. Man darf hier keine Rücksicht kennen. Wir tun dem Arbeiter nur einen Dienst, wenn wir ihn von der parasitären Führung befreien, die ihm bisher das Leben sauer gemacht hat. Sind die Gewerkschaften in unserer Hand, dann werden sich auch die anderen Parteien und Organisationen nicht mehr lange halten können. (...) Ein Zurück gibt es nicht mehr. Man muss den Dingen nur ihren Lauf lassen.

Propagandaleiter Seyhs mit Zylinder an der Festzugspitze:
Umzug zum 1.Mai 1933 am Obermarkt mit SA-Blaskapelle

Am Morgen dieses 1. Mai ist die SA mit der Blaskapelle des Kreises zum Weckruf durch die noch regenfeuchten

Straßen Weidenbergs marschiert. Das Echo der Bürger war sehr verhalten. Immerhin kommt dann für den eigentlichen Umzug zum Obermarkt im weiteren Verlauf des Tages doch noch ein stattlicher Haufen Leute zum Mitmarschieren zusammen.

Lehrerschaft mit Zylinder hinter mürrischer SA am 1. Mai 1933: *Dahinter marschiert die männliche Hitlerjugend*

Vorneweg schreitet die 11-köpfige SA-Kapelle mit Trompeten, Posaunen, Tuba und Trommeln. Der Ortsgruppenleiter und frisch inthronisierte Bürgermeister RUMLER hält sich noch erstaunlich zurück. An der Spitze des eigentlichen Festzuges marschiert stattdessen vornehm der ortsbekannte NSDAP-Propagandaleiter SEYHS im dunklen Anzug mit Zylinder. Diese Verkleidung kann über die Fakten nicht hinwegtäuschen: SEYHS ist wie RUMLER ein Nazi der ersten Stunde.

Ihm folgen etwa 30 SA-Männer, lauter junge Leute, sie schauen alle etwas mürrisch drein. Liegt es am Wetter oder an der fehlenden Resonanz der Zuschauer? Nur Vereinzelte säumen den Weg,

Es folgt die 7-köpfige Gruppe der Lehrer. Obwohl viele von ihnen zu diesem Zeitpunkt schon der Partei angehören, sind sie ebenfalls in schwarzem Anzug und nicht in der braunen Parteiuniform erschienen. Sie sind die Einzigen, die zumindest ein wenig erfreut erscheinen; sie heben ihre Zylinder zum Gruß an die paar Zuschauer. Doch nur wenige Neugierige lassen sich am Straßenrand sehen, Kinder, einzelne Jugendliche und ältere Frauen an den Haustüren. Noch sieht man keinen, der zurückwinkt oder gar den Arm reckt zum Hitlergruß, noch hört man keine Hurrarufe und auch kein gebrülltes „Heil Hitler".

Doch die recht stattliche Gruppe der männlichen Hitlerjugend fällt in dem Zug schon auf. Sie umfasst bereits etwa 30 junge Leute bis herauf zu den 17-jährigen in HJ-Uniform, einige mit den Schlappmützen der frühen SA. Also hat es schon vor

Hitlers Machtergreifung in WEIDENBERG eine Hitlerjugend gegeben. Von ihren Führern kann sich zu dieser Zeit niemand herausreden, er sei „gezwungen" worden. Sie gehören vielmehr zu den zahlreichen erwartungsvollen Begeisterten, die HITLER aus freien Stücken zuarbeiten und ihm so sein Regiment ermöglichen.

Mädchen vom BdM sind im Festzug noch nicht zu erkennen, obwohl auch von ihnen in WEIDENBERG zu dieser Zeit bereits eine aktive Gruppe besteht. Sie wird von der Pfarrerstochter HILDE SCHEIDING geleitet; diese hat den BdM in den ersten Jahren der jungen Weidenberger Ortsgruppe der NSDAP zwischen 1929 und 1933 im Marktort eingeführt. So ist das Erste Pfarrhaus eine Heimstätte früher Naziarbeit in WEIDENBERG geworden. Von hier aus wird seitdem insbesondere zunächst die weibliche Jugend angesprochen. Familie SCHEIDING wird aber im gleichen Jahr 1933 WEIDENBERG verlassen, dann werden die Weidenbergerinnen ELSE FRÖBER und JOHANNA SCHÖFFEL ihre Arbeit weiterführen. Der neue Pfarrer THEODOR HOFFMANN wird ab Herbst 1933 im gleichen Pfarrhaus an die kirchlichen Nazi-Initiativen seines Amtsvorgängers auf unrühmliche Weise anknüpfen; mit seiner Werbung für die „Deutschen Christen" (D.C.) verlässt er die gemeinsame lutherische Glaubensplattform der Evangelischen Kirche in Bayern, die alle anderen seiner Amtsbrüder im Bayreuther Land verbindet. Er will Hitlers Vorstellungen einer nationalsozialistisch geprägten Reichskirche verwirklichen und beginnt noch in diesem ereignisreichen „langen Jahr 1933", die hitlertreue D.C.-Sekte in ganz Oberfranken auszubreiten.

Zu dieser eher frühen Zeit im Mai 1933 ist noch umstritten, ob Mädchen mit ihren engen Röcken in solchen Festzügen, wie zum 1.Mai, überhaupt mit marschieren sollen, sie verzichten also vorerst lieber noch darauf. Erst beim Wiesenfest im August des gleichen Jahres 1933 tritt dann der BdM dann mit etwa 25 blumengeschmückten Mädchen mit Blättergirlanden in den Händen in Erscheinung. Später kommt man auf die grandiose Idee, die Röcke mit einem geeigneten Schlitz zu versehen, der auch Mädchen das Marschieren erlaubt!

Bei diesem Wiesenfest im Sommer des ereignisreichen Startjahres der Naziherrschaft sieht man dann auch schon mehr Hakenkreuzfahnen, welche die überzeugten Hitleranhänger aus ihren Häusern hängen. Auch nehmen dann schon mehr Zuschauer am Umzug teil. Dieses Wiesenfest des Jahres 1933 erweist sich für Weidenberger Verhältnisse dann auch als der populärere und somit günstigere Anknüpfungspunkt für die Suggestion einer „Nazi-Volksgemeinschaft."

Doch auch bereits am 1. Mai 1933 haben sich den in Parteigruppierungen organisierten Hitleranhängern weitere Bürger angeschlossen, unter ihnen eine wenn auch noch ziemlich ungeordnete Schar von Schulkindern. Wahrscheinlich laufen sie aber nicht freiwillig mit, sondern auf Weisung ihrer Lehrer, die wollen, dass ihre Kinder an diesem schulfreien Tag nicht herumhängen. So lernen die Kinder gleich, was sie zukünftig erwartet: Disziplin, Unterordnung, Marschieren. Viele von den Buben werden kaum 6-12 Jahre später in Hitlers Krieg ihren Blutzoll zahlen und als „Helden“ fallen; andere werden auch als Täter bei der SA und insbesondere auch bei der SS und ihren berüchtigten KZ-Wachmannschaften an anderen Menschen schuldig werden. Soll man froh darüber sein, dass sie das alles an diesem regenverhangenen Montag des 1. Mai 1933 noch nicht ahnen?

Dann folgt in der Marschgruppe hinter seinem Fahnenträger der etwa 40-köpfige Veteranenverein mit seinem Leiter, dem Bauunternehmer Heinrich Dumbach, dunkel in Gehrock und Zylinder gekleidet, Einzelne tragen Schärpe, zwei marschieren in kaiserlicher Uniform mit Pickelhaube. Sie repräsentieren die Generation derer, die den Ersten Weltkrieg noch persönlich als Soldaten des Kaisers miterlebt haben. Einzelne ganz Alte waren sogar schon im Krieg 1870/71 gegen die Franzosen dabei. Sie alle haben ihre Kriegsorden angesteckt.

Doch von der Massenhysterie und schreienden Ordnung späterer Bilder von Nazikundgebungen ist auf diesen frühen Bildern aus Weidenberg noch nichts zu sehen. Der Uhrmacher Hans F., der die historischen Fotos von diesem Festzug gemacht hat, ist fast der Einzige, der an diesem Tag am Obermarkt gleich mit zwei frisch gekauften Hakenkreuzfahnen geflaggt hat. Er ist gerade erst Mitglied bei den Nazis geworden und sieht darin offenbar eine Werbemöglichkeit für sein Geschäft. Er hat im kleinen Schaufenster seines Ladens auf der rechten Seite ein Hitlerbild aufgestellt und auf der linken eine großes Hakenkreuz und darunter deutlich lesbar die Aufschrift angebracht: *„Ein Wille, ein Ziel“*.

Hakenkreuz und Hitlerbild: *Ladenschaufenster von Uhrenhändler Hans F.*

Außer seinen Hitlerfahnen sieht man an den Häusern an diesem Tag sonst nur das völkische Schwarz-Weiß-Rot oder das bayerische Weiß-Blau. Nicht mal am Haus Rumler prangt an diesem Tag eine Hakenkreuzfahne; vielleicht ist sich die Familie noch uneins. Nur das Schwarz-Rot-Gold der Weimarer Republik scheint schon fast völlig verschwunden.

Der Uhrenhändler selbst wirkt wie ein begeisterter Nazi der ersten Stunde, kaum zu glauben, dass er gerade erst eingetreten sein soll. Verzückt notiert er unter einem seiner Bilder: *„Der Festzug nahm kein Ende. So war Weidenberg bisher nicht marschiert"*. Ein Jahr später zieht HANS F. nach WARMENSTEINACH um und wird dort Ortsgruppenleiter. Auch dort macht er weiter begeistert Fotos von wichtigen Naziveranstaltungen, die uns heute als Zeitdokumente dienen.

Hitler beschwört die arbeitende Volksgemeinschaft

Am Mittag dieses 1. Mai 1933 sollen alle Deutschen ihr Rundfunkgerät einschalten. Auf vielen Plätzen sind Lautsprecher montiert. Die Sender übertragen Hitlers Rede zum 1. Mai. Etwa 1,5 Millionen Teilnehmer haben sich in Berlin auf dem fahnengeschmückten Tempelhofer Flugfeld versammelt. Hier spricht HITLER zum Höhepunkt der Maifeierlichkeiten etwa 20 Minuten lang.

Nicht nur die Länge dieser Rede, auch manche Elemente ihres Inhalts nehmen blasphemisch, aber sehr bewusst den Stil einer religiösen Predigt auf. Ausgehend vom Lied „der Mai ist gekommen" als einem „Symbol werdenden Lebens und hoffnungsvoller Freude" rechnet HITLER gnadenlos mit den Marxisten ab, die diesen Tag zu einem Tag des Hasses, des Bruderkampfes, des Zwistes, des Leides und der „Zersetzung" gemacht hätten. Seine Regierung wolle ihn zu einem Symbol der großen Einigung und Erhebung der Nation machen. Nicht mangelnder Fleiß sei ja die Ursache des gegenwärtigen Elends von wirtschaftlicher Schwäche und Arbeitslosigkeit, sondern es sei eine „politische Not", die durch den unnötigen Klassenkampf verursacht werde, der dem Volk die Lebenskräfte raube.

HITLER offenbart seine ganze schonungslose Härte: Wenn es sein müsse, müsse man das Volk zum Zueinanderfinden zwingen und widerstrebende Kräfte vertreiben und ausrotten. Als Begründung beschwört HITLER seinen Traum von einer starken Nation, deren geballte Kraft dem Volk wieder das tägliche Brot bringen werde, und verkündet seine Ziele: Er bezeichnet den Nationalsozialismus, den er nie wortwörtlich erwähnt, als einen „politischen Glauben", der auf die Auferstehung Deutschlands ausgerichtet sei. Der künstlich gezüchtete Minderwertigkeitskomplex müsse überwunden werden und das Selbstwertgefühl müsse erstarken. Aus 14 Jahren des Verfalls in der Weimarer Zeit müsse sich das Volk erheben zu 2.000 Jahren zukünftiger Deutscher Geschichte.

Als eigene Einfälle gibt HITLER die fast wörtliche Wiedergabe von Gedanken aus dem Gedicht „Ehret die Arbeit" von FERDINAND FREILIGRATH aus. Er hat die Verse dieses zugleich bürgerlichen und frührevolutionären Dichters des 19. Jh. offenbar als Schüler auswendig gelernt, war sich aber wohl nicht bewusst, dass dieser Dichter der deutschen Demokratiebewegung auch den Klassenkampfideen von MARX und

Politpredigt vor vielen Millionen Menschen: *Hitlerrede am 1. Mai 1933 auf dem Tempelhofer Feld*

ENGELS nahestand. HITLER fordert den gegenseitigen Respekt von Arbeitern der Stirn und der Faust.

Um diesen Respekt bei jedem sicherzustellen, verkündet HITLER nun öffentlich das Programm der „Arbeitsdienstpflicht“ für alle; dieser Plan helfe, jeden Dünkel im Volk auszurotten. Er kündigt noch für den weiteren Verlauf des Jahres 1933 das Ende aller demokratischen Strukturen an und nennt diese Durchsetzung seiner Diktatur schönfärberisch und wortreich die „Befreiung der schöpferischen Initiative von den verhängnisvollen Einwirkungen majoritativer Beschlüsse“.

Für die Landwirtschaft kündigt er das große Programm der Bodenreform an, das schon im Parteiprogramm von 1920 enthalten war. Und gegen die Arbeitslosigkeit will er große Programme zur Konjunkturbelebung und Arbeitsbeschaffung in Gang setzen, darunter einen „gigantischen Straßenausbau“, der Milliarden fordere.

HITLER peitscht zum Schluss seiner Rede noch einmal die Emotionen auf und kündigt schon jetzt seine rassistische Ausrottungspolitik an, die bis heute in vielen rechtslastigen Partei- und Gruppenprogrammen nachhallt: *„Das deutsche Volk ist zu sich gekommen. Es wird Menschen, die nicht für Deutschland sind, nicht mehr unter sich dulden!“*

Wie auch sonst öfter in seinen Reden verfällt HITLER in seinen letzten Worten in einen religiösen Tonfall, der in einer Gottesbeschwörung und fast alttestamentlichen Segensbitte gipfelt, wie seinerzeit JAKOB bei seinem Gotteskampf am Jabbok:

„Wir bitten nicht den Allmächtigen: ‚Herr mach uns frei!‘ Wir wollen tätig sein, arbeiten, uns brüderlich vertragen, gemeinsam ringen, auf dass einmal die Stunde kommt, da wir vor den Herrn hintreten können und ihn bitten dürfen: ‚Herr, Du siehst, wir haben uns geändert. Das deutsche Volk ist nicht mehr das Volk der Ehrlosigkeit, der Schande, der Selbstzerfleischung, der Kleinmütigkeit und Kleingläubigkeit. Nein, Herr, das deutsche Volk ist wieder stark in seinem Willen, stark in seiner Beharrlichkeit, stark im Ertragen aller Opfer. Herr, wir lassen nicht von Dir! Nun segne unseren Kampf und unsere Freiheit und damit unser deutsches Volk und Vaterland!‘“

Nach Meinung von Zeitzeugen haben die Worte Hitlers, insbesondere sein Appell an die Kraft der Volksgemeinschaft, großen Eindruck hinterlassen. Insbesondere die bewussten Christen unter den Bürgern haben sich von dem religiösen Tonfall überrumpeln lassen; die gleichzeitigen Ankündigungen zur Beseitigung der Linksparteien und der Demokratie haben viele wohl bewusst überhört oder vielleicht sogar begrüßt.

Mit Schillers Pistole vor den Arbeitern „beschützt“

Ob auch eine weitere Rumler-Anekdote in diesen Zusammenhang des Jahres 1933 oder erst ins folgende Jahr gehört, bleibt in der Rückschau umstritten. Jedenfalls könnte sie ganz gut in dieses Jahr der Machtergreifung Hitlers und des Parteienverbots passen.

Danach wäre Ortsgruppenleiter RUMLER aus Anlass dieses 1. Mai 1933 auch in das Granitwerk SCHILLER gegangen und hätte dort vor der Belegschaft der Firma eine Rede gehalten. Es soll dies nach Rumlers Bekunden das einzige Mal gewesen sein, dass er überhaupt vor den rauen Arbeitern des Granitwerks gesprochen hat. Ein Teil der Arbeiter waren ja Anhänger der KPD, die sich als revolutionäre Alternative zur „bürgerlichen“ SPD verstand und seit ihrer Gründung am 30. Dezember 1918 auch in WEIDENBERG Zulauf gehabt hatte. Ein anderer Teil hing der im Jahr 1907 in WEIDENBERG gegründeten SPD an, die zu dieser Zeitpunkt formal noch erlaubt war, aber in der Praxis bereits heftig verfolgt wurde, hatte sie es doch als einzige Partei gewagt, am 23. März 1933 gegen das „Ermächtigungsgesetz“ zu stimmen, das HITLER diktatorische Vollmachten gab. Dieses Votum hatte Hitler ihr nicht vergessen.

Weiterhin heimliche KPD-Anhänger: *Arbeiter im Granitwerk Schiller*

Weil der Firmenchef CHRISTIAN SCHILLER Feindseligkeiten aus den Reihen der Arbeiter befürchtete, habe er sich, so heißt es, mit der Pistole in der Hand schützend neben RUMLER gestellt. Diese Besorgnisse waren ja nicht ganz aus der Luft gegriffen, nachdem die KPD nach ihrem Verbot in den Untergrund gegangen war und seitdem von dort her agierte. Auch die SPD-Führung war im Mai 1933 bereits dabei, sich auf ein Exil in Tschechien vorzubereiten. Wegen „Widerstandshandlungen gegen die Regierung“ wurde schließlich auch sie bereits im folgenden Monat Juni 1933 verboten.

Rumlers Auftritt verlief ohne Zwischenfälle. Wie so manches andere auch, konnte die Frage, ob SCHILLER wirklich die Pistole gezückt hatte, später nicht zweifelsfrei geklärt werden. Seine Gegner wollten damit beweisen, dass Schillers Gesinnung nationalsozialistisch gewesen sei. Auch heißt es, dass RUMLER noch öfter im Betrieb geredet habe, und dass es des Öfteren Probleme zwischen ihm und den Arbeitern gegeben habe.

Auffallenderweise fehlt ja auf den Weidenberger Fotos vom 1. Mai 1933 ausgerechnet die Arbeiterschaft, obwohl sich die SPD von dieser Veranstaltung, in Verkennung der wahren Absichten der Nazis, viel erwartet hatte. Vielleicht neigte die Arbeiterschaft im Schiller-Werk tatsächlich eher der KPD zu und musste noch ihren Zorn über das Parteiverbot und die Verfolgungen der Partei verarbeiten.

Der NS-Ortsgruppenleiter – bis heute Ehrenmitglied im Sportverein

Andere gehen mit dem Ortsgruppenleiter und neuen Bürgermeister Weidenbergs damals devoter um. Am 22. Mai 1933 lädt der Sportverein den frisch gebackenen Bürgermeister RUMLER zu einer besonderen Veranstaltung ein. Man überreicht ihm die Urkunde für die Ehrenmitgliedschaft *„in Anbetracht als Mitbegründer des Sportvereins im Jahre 1920 und in Anbetracht seiner verdienstvollen Tätigkeit um die Nationale Erhebung in Weidenberg"*. Diese schleimige Schmeichelei fällt umso mehr

Seit 1933 gleichgeschaltet: *Sportverein Weidenberg, I. Mannschaft, mit dem strengen Schiedsrichter* DUMBACH

auf, als der Verein zu diesem Zeitpunkt noch nicht gleichgeschaltet ist. Will man Rumlers peinliche Abwahl als Vorstand 1932 vergessen machen? Erinnert man sich an die frühen Kandidaturen von 1926, als man RUMLER glatt durchfallen ließ, und fürchtet nun Repressionen? RUMLER nimmt die Ehrung jedenfalls gern an.

Die politische Gleichschaltung des Sportvereins vollzieht er dann trotzdem ein viertel Jahr später am 12. August 1933 und setzt, ohne jede Rücksicht auf die bisherigen Prinzipien der demokratischen Vorstandswahl, das „Führerprinzip" durch. Einer hat jetzt die Alleinverantwortung im Verein, die anderen können ihn nur noch beraten, aber nichts bestimmen. Ein Nazi der ersten Stunde, ALOIS FELBINGER, wird erster „Führer" des Sportvereins. Niemand wagt mehr zu widerspre-

Ausserordentl. Generalversammlung
am 12. August 1933 [illegible] Kilchert!
Anwesend: [illegible] Mitglieder
Tagesordnung: I. Einführung des Führerprinzipes
(Führer-Wahl)
II. Wünsche u. Anträge.
I. Auf Grund der Bekanntmachung Nr. 52 v. „Kicker" legt die alte Vorstandschaft ihr Amt nieder. Der Versammlungsleiter, Herr Felbinger erteilt hierauf Herrn Bgm. Rumler das Wort und bittet, zu der Versammlung über den Zweck und die Richtlinien der Sportvereine im neuen Staate zu sprechen.
Die von ~~Herrn Rumler~~ der Versammlung mit Beifall aufgenommene, in genannter Richtung gehaltene Rede endete mit dem Vorschlag, den bisherigen Vorstand, Herrn Alois Felbinger als Führer des Vereins zu belassen, welcher von der Versammlung einstimmig angenommen wurde. Daraufhin bestimmte Herr Felbinger die Mitglieder
Schamel Hans,
[illegible] Hans,
Kühner Michael
Kilchert Fritz
[illegible] Georg
[illegible] Georg
als Mitarbeiter in der Führung des Vereins.
Die Mitgliederversammlung ermächtigt den Führer die Vereinssatzungen zu ändern und alle personellen und sachlichen Maßnahmen zu treffen.
II. Anträge wurden nicht eingebracht.

Felbinger wird „Vereinsführer": *Protokoll der Gleichschaltung des Sportvereins vom 12. Aug. 1933, abgezeichnet von Ortsgruppenleiter* RUMLER *und NS-Gemeindebeirat* HANS KIEẞLING

chen. Alle sind froh, dass RUMLER auf weitergehende Racheakte verzichtet und dass der Spielbetrieb weiterlaufen kann.

Im März 1935 setzt RUMLER noch eins drauf. Er lässt die vom Reichssportführer verfügte Einheitssatzung für den Reichsverband für Leibesübungen beim Sportverein durchsetzen. Sie wird wie erwartet ohne Murren einstimmig verabschiedet, und RUMLER kann sie an den Gaufachamtsleiter weiterleiten.

Seither hat niemand ernsthaft versucht, diese unerfreuliche Ehrenmitgliedschaft für RUMLER nachträglich zu widerrufen; im Gegenteil, im Juli 1950 ernennt der Sportverein WEIDENBERG diesen inzwischen entnazifizierten GEORG RUMLER „in Anerkennung um die Gründung des Vereins" erneut und zum zweiten Mal nach 1933 zum Ehrenmitglied. Diese doppelte Entscheidung für Weidenbergs Erznazi setzt den Sportverein ungewollt bis heute in ein schiefes Licht.

Wie einer sich zum Parteieintritt „überreden" lässt

Bis in den April des Jahres 1933 hinein, also bis zum Partei-Aufnahmestopp, hält der Zustrom der Schmeichler und Trittbrettfahrer zur NSDAP ungebrochen an. Der gleiche RUMLER, der später behauptet, er habe sich „erwehren" müssen, „um nicht übermäßig viele Parteigenossen zu bekommen", wirbt in Wahrheit massiv um sie, er will im Parteikreis BAYREUTH-ESCHENBACH mit seinen Weidenbergern gut dastehen.

So „überredet" er auch den Kaufmann FRITZ F., den Bruder des oben genannten Uhrenhändlers HANS F., zum Parteieintritt; ja, er macht ihn auch gleich, in Nutzung von dessen kaufmännischen Kenntnissen, zum Hilfskassier der Gemeinde. Der Fall ist typisch für viele Parteieintritte in dieser Zeit. Um auch die dahinterstehenden Beweggründe zu verdeutlichen, sei er deshalb als Beispiel an dieser Stelle etwas ausführlicher geschildert.

Der Kaufmann FRITZ F. stammte, wie sein Bruder, aus einem Elternhaus, das den kleinen Laden an der Lindenkreuzung schräg gegenüber der Gaststätte zur Post betrieb. In diesem alten, um 1800 von CHRISTOPH SCHWENK erbauten Steinhaus betrieb bereits um 1900 die Mützenmacherin und Witwe MARGARETHE MEIER eine Viktualienhandlung. Diesen Laden übernahm der örtliche Gendarmerie-Kommandant ADAM F., der Vater der beiden Brüder F., zusammen mit seiner Frau ANNA.

Bitte an den Sohn, dazubleiben:
Das Kaufmannsehepaar ADAM und ANNA F.

Bonbons für die Kinder:
Vor dem kleinen Krämerladen an der Lindenkreuzung

Auch seine Söhne werden Kaufleute. Während der Ältere am Obermarkt den Laden des Uhrmachers Hans Meyer übernehmen kann, will der ein Jahr jüngere und unternehmungslustige Fritz eigentlich Ende der 20-er Jahre, also mit dem Beginn der Nazi-Ära in Weidenberg, in die USA auswandern, um dort sein Glück zu versuchen. Er hat schon alles vorbereitet, wird aber von den Eltern zurückgehalten. Sie fühlen sich für den Weiterbetrieb des Ladens zu alt; der Sohn soll das kleine Geschäft am Weidenberger Untermarkt übernehmen und sich zugleich um die Eltern kümmern.

Fritz F. kauft sich damals, wie die Mehrzahl der Weidenberger Kaufleute, beim örtlichen Händler Kießling sein erstes Auto. Er spezialisiert sich auf den Kräuterhandel, um damit den Großhandel für Apotheken und Teefirmen zu beliefern. Die ärmeren Familien der Gemeinde, insbesondere ihre Kinder, sammeln seinerzeit diese Kräuter in der Umgebung und verkaufen sie gegen ein bescheidenes Entgelt. Fritz F. bringt es später sogar zum Heereslieferanten für Tee.

Auf einer Kundenfahrt ist er auch an einem der ersten spektakulären Verkehrsunfälle in dieser Gegend beteiligt, er fährt an einem unbeschrankten Bahnübergang in einen Zug. Die Sache geht glimpflich aus, er wird dafür von einem Kriegsgericht zu einer bescheidenen Geldstrafe von 30 RM verurteilt.

Ortsgruppenleiter Rumler kennt Fritz F. seit dessen frühester Jugend, doch hat er ihn bislang nicht zum Partei-Eintritt überreden können. Nachdem der Nazi-Amtswalter aber inzwischen sogar beim Pfarrer, beim Apotheker und bei den meisten anderen Kaufleuten und Handwerkern des Ortes erfolgreich war, will er nun auch Fritz F. rumkriegen und beginnt Druck zu machen. F. erinnert sich:

„1933 nach der Machtergreifung kam Rumler zu mir am Haus vorbei, und sagte zu mir: »Fritz, du bist immer noch nicht bei der Partei, das ist jetzt mein letztes Wort,

ich sage jetzt nichts mehr«. Das habe ich im Haus meinen Eltern erzählt ... Ich hatte nicht die Absicht zur Partei zu gehen, weshalb ich zu meinem Vater sagte, er solle beitreten, doch sagte er darauf, dass er zu alt ist, und ich soll beitreten ... Weidenberg war ziemlich stark nationalsozialistisch, in Sophiental hat es weniger gegeben, dort hatte ich meine Freunde ... Ich glaube nicht, dass ich mich täusche, aber nach meiner Erinnerung habe ich kein Antragsformular für die Partei unterschrieben; es kann möglich sein, dass meine Mutter das machte.“

(Oben) **Die Kaufleute und der Doktor hatten die ersten Autos:** *KfZ des Kaufmanns FRITZ F. auf der Hebebühne der Firma Auto- Kießling.*

(Unten) **Zum Militär eingezogen:** *FRITZ F. bei seiner Verlobung mit ANNA 1942*

Hat wirklich die Mutter Schuld?

Der Kaufmann fürchtet um sein Geschäft und gibt Rumlers Drängen nach. Ihm ist das später peinlich, und er schiebt mit seiner obigen Aussage unnötigerweise seiner Mutter die Schuld zu. Denn es scheint in der Forschung inzwischen einwandfrei erwiesen, dass er selbst damals unterschrieben haben muss. Die NSDAP nahm Anträge von Aufnahmewilligen nur dann an, wenn sie persönlich unterzeichnet waren. Von anderen Personen unterschriebene oder falsch ausgefüllte Anträge hätte die Partei sofort zurückverwiesen. Hier zeigt sich also der Berichtende „vergesslich“, wie so viele andere Parteimitglieder später auch.

Darüber hinaus erweist er sich auch sonst bald als reger Nazi. Er tritt zusätzlich freiwillig in die Parteigliederungen NSKK und Motorsturm der SA ein, Zeugen wollen ihn „immer in Uniform“ gesehen haben. Auch beim Überfall der Nazis auf die Kirchenpingärtner Pfarrer im Jahr 1938 ist er mit dem eigenen Auto dabei und beteiligt sich bei dieser „Demonstration“ aktiv.[58]

Andererseits erklärt er später, bereits im Jahr 1936 „wegen Interesselosigkeit“ aus der Partei ausgeschlossen worden zu sein. Diese Behauptung könnte man heute nur anhand der NSDAP-Mitgliederkartei im Bundesarchiv nachprüfen. Er belastet zur

[58] Vergl. das schon mehrfach erwähnte Kapitel „Als Hitlers Gottheit infrage stand“ in der 4. Folge des Projektes ‚Myrten für Dornen‘.

eigenen Entschuldigung RUMLER und bezeichnet ihn als überzeugten Nationalsozialisten. Dass die beiden sich schon länger nicht grün sind, zeigt sich darin, dass der Kaufmann dann zum Militär muss und nicht, wie er gehofft hatte, mit seinem Freistellungsgesuch für den Betrieb des elterlichen Geschäftes durchkommt. Er macht für diese Einberufung einen „ungünstigen Bericht" durch den Gemeindekommissar und Propagandaleiter WAGNER, Rumlers rechte Hand, verantwortlich, dieser habe die u.k.-Stellung vereitelt. Im Spruchkammerverfahren wird FRITZ F. als „Mitläufer" eingestuft.

RUMLER selbst bestreitet, den Kaufmann so massiv für die Partei geworben zu haben; er will ihn vielmehr im Jahr 1933 aus einem anderen Grunde angesprochen haben. Es sei damals um F.'s Frau gegangen, „weil sich die Leute ... beschwert haben, sie wäre im Geschäft muffig gegen die Kunden." Mit dieser weiteren Anekdote stellt sich RUMLER also ganz als der rührige Bürgermeister dar, der sich um den Ruf der Geschäftswelt bei ihrer Kundschaft sorgt.

Begegnung mit dem Weidenberger „Paten" HANS SCHEMM beim NS-Gautag in Regensburg1933:

- Frühe Hakenkreuz-Beflaggung in den Straßen

- Schemms Nobelcoupè vor dem Hotel „National"

Wie sehr sich aber die neuen Parteigenossen vom überheblichen Gehabe ihrer Funktionäre anstecken lassen, zeigt die nächste Geschichte, die der Schreinermeister KARL O., Mitglied im Fünferausschuss des Nachkriegs-Gemeinderates 1947, über diese beiden oben genannten Kaufmannsbrüder erzählt und die sein Sohn in WARMENSTEINACH erlebt habe:

Dort hätten die beiden Brüder F. in ihrer Militäruniform an der Hauptstraße gestanden. Als der Junior beim Vorbeigehen nicht grüßte, habe HANS F. ihn zurückgepfiffen und zur Rede gestellt. Er habe dann noch einmal vorbeigehen und grüßen müssen. Außerdem habe HANS F. Meldung erstattet, und der Sohn habe fünf Tage Arrest bekommen.

Beim Gautag und HJ-Aufmarsch

Unter den Weidenberger Teilnehmern am Ersten NS-Gautag. der zu Pfingsten am 4./5. Juni 1933 in Regensburg abgehalten wird, sind, neben Ortsgruppenleiter RUMLER und etlichen weiteren alten und neuen Parteigenossen, auch diese beiden Kaufmannsbrüder F. anzutreffen. Dort begegnen sie auch dem Gründer der Weidenberger Ortsgruppe von 1929, dem Gauleiter HANS SCHEMM, der hier die politischen Reden hält. Er fährt nun nicht mehr Motorrad, wie in den Anfangsjahren der Bewegung, sondern lässt sich in einer schweren offenen Limousine vom Hotel abholen. Auch bei diesem Anlass hat HANS F. seinen Fotoapparat dabei.

Die uniformierten SA-Formationen marschieren im strammen Schritt vom Bahnhof in die Stadt. Die Einwohner haben die Straßen noch immer vorwiegend mit den schwarz-weiß-roten Fahnen der völkischen Bewegung geschmückt, doch vermehrt sieht man jetzt auch schon Hakenkreuzfahnen. Aber auch hier sind die Zuschauer noch rar, und noch keiner hebt den Arm zum Hitlergruß.

Der Kaufmann fotografiert dann auch das Treffen, das die Hitlerjugend im Juli 1933 mit Partnergruppen in WEIDENBERG veranstaltet.

Aufmarsch mit Trommelwirbel: *Hitlerjugendtreffen Juli 1933 vor Textil-RUMLER*

Angeführt von kleinen Trommlern und Blasmusik veranstalten sie einen großen Umzug, die Straße hinunter zum Marktplatz. Am Textilhaus schräg gegenüber hat nun auch Ortsgruppenleiter RUMLER an der Straßenseite des Hauses eine im Schneiderhaushalt selbst genähte Hakenkreuzfahne ausgehängt, er beobachtet dort den Vorbeimarsch der Jugendlichen. An der Giebelseite prangt noch die alte völki-

Marschierende Jugend unter Akazienbäumen: *Hitlerjugend-Appell im Juli 1933 am Obermarkt unter den Augen des Apotheker (links im Bild mit seiner Frau vor der Ladentür)*

sche schwarz-weiß-rote Fahne, während andere inzwischen auf ihre alten kaiserlichen Fahnen als Provisorium ein Hakenkreuzemblem aufgenäht haben, um auf diese Weise ihr Bekenntnis zum neuen Regime auszudrücken.

Dann marschieren die Hitlerjungen in Achterreihe am Marktplatz vor der Schule auf. Die Schar der Buben, vom Pimpfenalter an bis zu den 17-jährigen, umfasst hier gut 70 Hitlerjungen, wobei nicht ersichtlich ist, welche von ihnen aus dem Marktort WEIDENBERG stammen und welche von auswärts kommen. Zusammen mit der männlichen Jugend marschiert nun auch die Weidenberger BdM-Gruppe von gut 20 Mädchen, eingereiht hinter ihren beiden Führerinnen. Am 1. Mai durften sie noch nicht dabei sein; jetzt probieren sie erstmals den Marschtritt, allerdings noch im weiten Kleid und nicht im engen geschlitzten Kostümrock der späteren Zeit. Die SA nimmt ebenfalls Aufstellung.

Auch der Apotheker, der seit zwei Monaten Parteimitglied ist, verfolgt mit seiner Frau am Eingang seiner Apotheke interessiert das Geschehen vor seinem Haus. Sein Sohn marschiert bei den „Pimpfen“ mit und wird später ein beliebter HJ-Führer und noch später ein schneidiger SS-Mann. Bei dieser Gelegenheit wird er zum Leidwesen seiner frommen Eltern als einer der wenigen Weidenberger aus seiner Evangelischen Kirche austreten, wie das viele SS-Leute seinerzeit weltanschaulich für geboten halten. Des Apothekers jüngere Tochter wird später begeisterte BdM-Führerin.[59]

Schulung für den Schulungsleiter

Vom 17.-29. Juli 1933 nimmt RUMLER aus Anlass seiner Ernennung zum Kreisschulungsleiter am ersten Kurs der „Landesführerschule Bayern" auf der Plassenburg bei KULMBACH teil.

Die trutzige Festung mit der Stadt KULMBACH zu ihren Füßen war um 1130 von den GRAFEN VON ANDECHS als zentraler Rückhalt ihrer Herrschaft am Obermain und im Frankenwald errichtet worden. Ihre Dienstmannen waren u.a. die HERREN VON WEIDENBERG, die CAPELLER VON REISLAS und HERREN VON KÜNSBERG-WEIDENBERG, die alle das gleiche Wappen wie die Herren von Plassenberg führten, den „Blassen Berg" in Form der aufsteigenden eingebogenen silbernen Spitze, wenn auch in unterschiedlichen Farben.

Die Nachfolger der Andechser, die ORLAMÜNDER, hatten ihre Herrschaft an die BURGGRAFEN VON NÜRNBERG aus dem Hause HOHENZOLLERN verpfändetet. Diese entwickelten die Plassenburg zum neuen Herrschaftszentrum der HOHENZOLLERN in Franken. Die Burg wurde der Kristallisationspunkt des „Fürstentums ob dem Gebirg". Die Nachfolger, die späteren MARKGRAFEN VON BRANDENBURG-KULMBACH, hatten hier bis ins Reformationszeitalter ihr administratives Zentrum. Nachdem sie die Burg eine Zeit lang als fürstliches Familiengefängnis zum Wegsperren unliebsamer Konkurrenten genutzt hatten, erweiterten die Markgrafen ihre Schlossbauten zu einer der bedeutendsten Anlagen der deutschen Renaissance und bauten sie zur uneinnehmbaren Landesfestung aus. Sie ist noch heute erhaltenen.

Seit den napoleonischen Kriegen war die Plassenburg im 19. und 20. Jh. der Reihe nach Lazarett, Zwangsarbeitshaus, Zuchthaus, Kriegsgefangenenlager, Festungshaftanstalt und nochmals Zuchthaus, bis sie dann seit dem Jahr 1929 unter die Bayerische Verwaltung der staatlichen Schlösser, Gärten und Seen gestellt wurde.

Gleich nach ihrer Machtübernahme hatten die Nazis diese eindrucksvolle Burganlage als symbolischen Ausdruck ihrer an altes Rittertum gemahnenden trutzigen

---

[59] Vergl. dazu das Kapitel „BdM-Mädchen Marianne und Hitlerjunge Hans – Der Griff nach der Jugend" in der 6. Folge 19 des Projektes ‚Myrten für Dornen': „Untergehen und Aufstehen – Der Alltag unter Kriegsbedingungen und das Danach". – Diese Tochter erwies sich als eine der vielen interessanten Zeitzeuginnen des Autors, weil sie einerseits die Faszination und das Engagement der damaligen Jugend für die Sache Hitlers verständlich machen konnte, ohne zugleich diese Zeit zu glorifizieren.

Plassenburg-Kulmbach als NS-Führerschule: *Mit Adolf Hitler (Bildmitte) und dem ersten SA-Lehrgang der Reichsführerschule München 1931 (Montage)*

Machtentfaltung entdeckt und dort die „Landesführerschule III" eingerichtet. Hier wird nun zunächst der Parteinachwuchs für den nordbayerischen Raum ausgebildet, zu dem sich auch Georg Rumler stolz zählen darf.

Rumler erhält in seinem zweiwöchigen Crashkurs eine Ausbildung, die ihn zur Einrichtung und Leitung der Kreisschule für Nazifunktionäre im Alten Weidenberger Schloss befähigen soll. Zwei Jahre später steigt die Anlage in Kulmbach weiter zur „Schulungsburg der NSDAP" auf, die nun Naziführungskräfte aus ganz Deutschland trainiert. Auch die Nazi-Gewerkschaft DAF, der BdM und die Organisation Todt ziehen in die Burg ein, die nun zu einem Zentrum der braunen Herrschaft in Oberfranken wird.

Propagandistisch wird die Bedeutung der Plassenburg seit 1934 erhöht durch eigene Nazi-Burgfestspiele, die vom Propagandaministerium als „landschaftlich wichtig" anerkannt sind und unter der Schirmherrschaft des Gauleiters und Bayerischen Kultusministers Hans Schemm stehen.

Eine Bürgschaft vom künftigen Erzfeind

Mit der Übertragung des Bürgermeisteramtes seit Mai 1933 steigen auch Rumlers Repräsentationsbedürfnisse. Wie kann es sein, dass der größte Arbeitgeber im Ort, CHRISTIAN SCHILLER, eine schwere Chevrolet-Limousine oder einen dicken Opel-Admiral fährt und der kleine Kaufmann F. einen Opel P4 oder mehr, aber der Ortsgruppenleiter und Bürgermeister fährt nur Motorrad? Müssen die anderen dann nicht auf ihn herabschauen?

Ein Deal mit dem Ortsgruppenleiter?
CHRISTIAN SCHILLER mit Ehefrau und rotem Opel Admiral 1939

So will sich auch RUMLER jetzt beim örtlichen Händler seinen ersten PKW kaufen. Ein kleiner Opel 1,2 l soll es zunächst mal sein, mit 22 PS und 85 km/h Höchstgeschwindigkeit, der Nachfolger des berühmten „Laubfrosch". Er soll rd. 3.000 RM kosten, entsprechend dem Geldwert heute fast 30.000 €. Das ist viel Geld für einen Kleinwagen und auch viel für jemanden wie GEORG RUMLER. Er hat kaum finanzielle Rücklagen. Vom Bürgermeistersold kann man nicht leben und schon gar nicht reich werden, wie weiter unten noch zu zeigen sein wird. Und die Ämter der Partei sind „Ehrenämter" ohne Bezahlung. So ist RUMLER finanziell immer ein wenig klamm. Nur als Redner könnte er eine gewisse Vergütung erwarten. Mit seinen begehrten Reden hat sich ja sein großes Vorbild HITLER ein Vermögen erwirtschaftet, sodass er sich bald in dicken Mercedes-Cabriolets chauffieren lassen konnte, aber der spielt mitsamt seinen üppigen Honoraren natürlich in einer ganz anderen Liga.

Beruflich ist RUMLER zu dieser Zeit noch immer beim Weidenberger Elektrizitätswerk beschäftigt, er verdient nicht mehr als 170 RM pro Monat, und dieses geringe Einkommen, das dem Lohn eines Arbeiters entspricht, bleibt auch noch über ein Jahr lang auf dieser geringen Höhe. Da ist für ein Auto eigentlich gar kein Geld da. Was also tun? Die Mutter, die Schneiderswitwe BABETTE RUMLER, die zusammen mit Georgs Bruder HEINRICH das Textilgeschäft ihres Mannes am Obermarkt weiter betreibt, könnte ihm ja einen Zuschuss geben oder einen Kredit gewähren. Doch sie selbst und auch die übrigen Verwandten, also insbesondere die Familie seines Bruders, mit denen der ledige RUMLER zu dieser Zeit noch in häuslicher Gemeinschaft lebt, sind eher bescheidene Verhältnisse gewohnt. RUMLER wird sie also von der Notwendigkeit dieser Anschaffung schwerlich überzeugen können. Er ist sich klar, „er darf ihnen mit so etwas nicht kommen“, sie würden sich entrüsten. Also verschweigt er den Angehörigen seinen Wunsch.

Stattdessen bemüht er sich bei der Kreissparkasse in WEIDENBERG um einen Kredit. Dafür braucht er einen Bürgen. Diese Bürgschaft hatte ihm angeblich der im Jahr 1933 verstorbenen Seniorchef des Weidenberger Granitwerks JOHANN SCHILLER bereits zu einem früheren Zeitpunkt versprochen. Auch wenn dieser Senior SCHILLER von einem Parteibeitritt nichts habe wissen wollen, so hätten die beiden doch ein gutes Verhältnis miteinander gehabt, erzählt SCHILLER jr. später. Doch nun ist ja der Senior völlig unerwartet und viel zu früh verstorben. Nicht leichten Herzens geht RUMLER nun als Bittsteller zu dessen Sohn und jungem Nachfolger, dem neuen Leiter der größten Weidenberger Firma. Er will ihn an dieses Versprechen des Vaters zu erinnern. Angeblich habe RUMLER von SCHILLER für seine Anschaffung sogar Bargeld gewollt, sagt SCHILLER später. Hat RUMLER ihn vielleicht sogar mit den Machtmitteln seiner Partei zu erpressen versucht?

CHRISTIAN SCHILLER ist ja seit seinem naiven, nazibegeisterten, jugendlichen Erstkontakt als 16-Jähriger mit dem Nazi-Experten RUMLER im Jahr1926 durch seine Geschäftsverbindungen mit dem Ausland reifer und dabei auch deutlich nazikritischer geworden. Das Ausland hat das Emporkommen Hitlers und seiner Partei misstrauisch beobachtet. Man kennt dort den Inhalt von „Mein Kampf“ und Hitlers Weltmachtansprüche und seinen Judenhass. Und vor allem haben viele Länder, wie z.B. Schweden, woher viele Granitsteine kommen, dem jungen Unternehmer vor Augen geführt, was Demokratie und Menschenrechte bedeuten. So war bei SCHILLER die Distanz zum Hitlersystem inzwischen gewachsen.

Hat RUMLER ihn nun zum Parteieintritt aufgefordert und ihm gedroht, anderenfalls die Parteidoktrin auch in diesem Werk umzusetzen? Alle leitenden Funktionen sollten ja nur noch von Parteimitgliedern ausgeübt werden. Ansonsten drohte den Chefs die Entmündigung als Betriebsleiter. Jedenfalls gibt ihm SCHILLER am 14. September 1933 die erbetene Bürgschaft in Höhe von 2.400 RM zur Anschaffung des Autos.

Am 30. September 1933 legt RUMLER nach kostenlosen Fahrstunden bei Auto-Kießling – diese waren hier beim Autokauf „inklusive“ – seine Führerscheinprüfung ab und kann nun sein Auto abholen. Erst acht Jahre später hat RUMLER genug eigene Rücklagen, um den Kredit vollends zu tilgen und diese Bürgschaft zurückzugeben.

Seit diesem Gespräch hängt aber Rumlers Drohung wie ein Damoklesschwert über Schillers Leitungstätigkeit im Granitwerk. RUMLER kann jederzeit einen Parteibeauftragten als Verwalter ins Werk senden und diesen SCHILLER vor die Nase setzen. Und von Zeit zu Zeit erinnert RUMLER seinen Rivalen auch an diese Macht, um ihn gefügig zu machen. Haben die beiden damals vielleicht einen „Deal" gemacht?

„... berechtigt, ein Kraftfahrzeug zu führen:
Rumlers Führerschein vom 30. Mai 1933

Es fällt jedenfalls auf, dass SCHILLER seit diesem Gespräch im Sommer 1933 bei den verschiedensten Gelegenheiten RUMLER immer wieder Parteispenden zukommen lässt, in der Regel in Form von Schecks im Umfang von jeweils etwa 300 RM, also vergleichsweise jeweils knapp 3.000 € nach heutigem Geldwert.

Diese Parteispenden des Firmeninhabers verwundern, denn zugleich lehnt SCHILLER alle offiziellen Spenden für Nazi-Einrichtungen, wie die DAF oder später das Winterhilfswerk etc. ostentativ ab, obwohl die Partei sehr ungeniert und suggestiv dafür wirbt: *„Jeder trägt am Sonntag 4. Nov. die Blume des WHW – auch DU musst opfern"*. Wenn ihm gedruckte Spendenaufrufe der Nazis ins Haus flattern, dann streicht SCHILLER die Formulare mit einem kräftigen und energischen blauen Strich durch und trägt bei der Spendensumme als Anweisung für seine Buchhaltung ein: *„keine Spende"* oder *„nichts"*.

Angesichts von so wenig Bewusstsein für die Bedürfnisse der Volksgemeinschaft versucht die Gau-Finanzverwaltung, SCHILLER mit amtlichen Schreiben massiv unter Druck zu setzen und schreibt z.B. 1936:

„Bei Durchsicht der WHW-Spendenkartei wurde festgestellt, dass Sie bis jetzt noch keinen Ihren Verhältnissen angepassten Opferbeitrag für das Winterhilfswerk des deutschen Volkes 1936/37 gegeben haben. Ich will nicht annehmen, dass Sie den eindringlichen Appell des Führers zur Eröffnung des WHW überhört haben oder sich ihm bewusst verschließen. Bitte vermerken Sie auf anliegender Zeichnungskarte Ihren Beitrag. Ich erwarte gern den baldigen Wiedereingang derselben, damit die für Sie

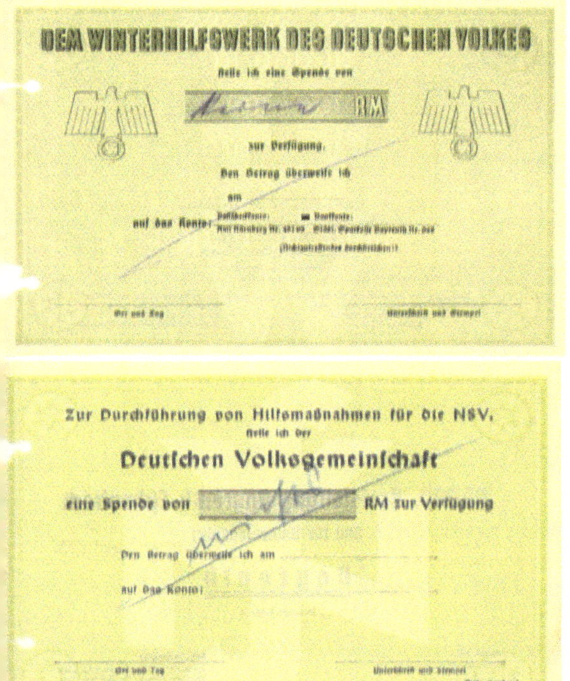

DEM WINTERHILFSWERK DES DEUTSCHEN VOLKES

stelle ich eine Spende von

RM

zur Verfügung.

Den Betrag überweise ich

am

auf das Konto:

Ort und Tag — Unterschrift und Stempel

Zur Durchführung von Hilfsmaßnahmen für die NSV,

stelle ich der

Deutschen Volksgemeinschaft

eine Spende von RM zur Verfügung

Den Betrag überweise ich am

auf das Konto:

Ort und Tag — Unterschrift und Stempel

Bitte wenden!

Keine Spenden für Nazi-Organisationen:
Von CHRISTIAN SCHILLER durchgestrichene Zahlungsaufforderungen von WHW und NSV

geführte Karteikarte berichtigt werden kann."

Noch deutlicher wird die Gauamtsleitung nach einem Belegschaftsabend in LESSAU, bei dem sich SCHILLER den Zutritt von Sammlern des Winterhilfswerks verbeten hat. In einem geharnischten Brief an SCHILLER macht der Gaubeauftragte des Winterhilfswerks seiner Empörung Luft und droht „weitere Schritte" an:

„Wie mir von der Kreisamtsleitung mitgeteilt wird, hielt die Betriebsführung und Gefolgschaft Ihres Betriebes am 5.11.38 in Lessau im Saale der Wirtschaft Schwenk einen Gemeinschaftsabend mit Essen ab. Dem örtlichen WHW-Sammler wurde der Zutritt zum Zwecke einer Büchsensammlung für das WHW zu dieser Veranstaltung mit der Begründung verweigert, dass die Teilnehmer vom Betriebsführer freigehalten werden und um Spenden nicht angegangen werden dürften. Diese Einstellung ist mir äußerst unverständlich, umso mehr, als die Gefolgschaft an dem freien Abend sicher gerne eine kleine Spende für das WHW abgegeben hätte. Bevor ich jedoch weitere Schritte unternehmen möchte, bitte ich Sie um Stellungnahme und Rückäußerung, in welcher Weise Sie die Angelegenheit bereinigen wollen. Um umgehende Erledigung wird gebeten."

SCHILLER ignoriert diese bedrohliche Kritik und bleibt eisern. Aber er hebt sich diese Belege auf, als Beweis für seine Widerständigkeit.

Worum ging es also bei den freiwilligen Zuwendungen für RUMLER, die SCHILLER trotz seines frostigen Umgangs mit NS-Spendenersuchen immerhin bis 1937 leistete? Dieses war das Jahr, in dem SCHILLER dann tatsächlich seinen Parteieintritt vollzieht. War es eine stillschweigend verabredete Form von Bestechung zwischen beiden, damit der Geschäftsmann vom örtlichen Obernazi in Ruhe gelassen wird?

Aus Hassliebe wird Todfeindschaft

SCHILLER erklärt später auf Befragen, dass sein Verhältnis zu RUMLER immer gespannt gewesen sei, RUMLER habe ihn nicht beachtet und geachtet. Zwei Alphatiere? SCHILLER räumt sogar ein, Furcht vor RUMLER gehabt zu haben, er sei ihm von vornherein unheimlich gewesen. *„Ich habe mich decken müssen, denn ich hatte einen Betrieb. Der Ortsgruppenleiter war ein gewaltiger Mann."* Der finanziell mächtige Weltmann duckt sich vor dem politisch mächtigen Kleinbürger!

Eine allmählich fortschreitende Erosion zerfrisst so die gegenseitigen menschlichen Beziehungen wie ein schleichender Rostfraß. Man hat sich eigentlich nichts zu sagen, man benutzt sich nur noch gegenseitig. Das funktioniert eine Weile, währenddessen die Wut im Bauch wächst. Irgendwann kommt es zum Eklat. Das war dann für SCHILLER das Jahr 1941 und die Erfahrung des Krieges. Da wirft er RUMLER Unaufrichtigkeit vor und empfindet ihn seitdem als Todfeind. Obwohl der Betrieb per Geheimbefehl als „kriegswichtig" eingestuft ist und obwohl RUMLER immer wieder beteuert hat, alles für eine u.k.-Stellung Schillers unternommen zu haben, weil er ja im Betrieb gebraucht werde, versucht Rumler zugleich hinter Schillers Rücken diesen so zeitig und so häufig wie möglich zum Militär einberufen zu lassen. So will SCHILLER einmal während einer Einberufung 14 Tage Urlaub für den Betrieb erwirken, die RUMLER in seinem Gespräch ihm gegenüber auch befürwortet; währenddessen teilt RUMLER aber zugleich ohne Schillers Wissen der Dienststelle seine Ablehnung mit.

Dann kommt der geschichtsbedeutsame 20. Juli 1944. Da ist SCHILLER als Schreibstubenunteroffizier in NÜRNBERG eingesetzt, bei einem Befehlshaber, der an der Vorbereitung des Hitlerattentats beteiligt ist; der Offizier soll im Fall des Gelingens des geplanten Attentats auf HITLER mit seinen Leuten sofort alle Hitlersympathisanten im Raum NÜRNBERG entwaffnen. Als aber das Attentat misslingt, befürchtet SCHILLER, der alle diesbezüglichen Telefonate und Anweisungen mitbekommen hat, für sich und seine Familie das Schlimmste. Nachts um 24 Uhr ruft er in WEIDENBERG seine Frau an und gibt ihr den Auftrag, das Haus zu verbarrikadieren. Und wenn der Ortsgruppenleiter RUMLER käme, um sie zu verhaften, solle sie Schillers Pistole nehmen und RUMLER niederschießen.

Was also einst im Jahr 1926 als Freundschaft und neugierige Sympathie zwischen SCHILLER und dem 17 Jahre älteren RUMLER zaghaft begonnen hatte, ist nun 18 Jahre später im Eiskeller des tödlichen Hasses eingefroren.

Das Gespräch über den Autokauf im Jahr 1933 ist wohl die Weichenstellung für die sich anbahnende Spannung und Zerrüttung. SCHILLER beteuert zwar später immer wieder, hier hätten reale Gegenleistungen stattgefunden. Doch welcher Art waren sie? In der Kasse der Ortsgruppe scheinen jedenfalls Schillers Spenden nie angekommen zu sein. So habe SCHILLER den Ortsgruppenkassier SEYHS, dem er des Öfteren begegnete, nach dem Eingang des Geldes befragt, und als dieser verneint habe, habe SCHILLER RUMLER zur Rede gestellt. Dieser habe behauptet, er habe das Geld an die Kreisleitung weitergegeben, da es bei der Ortsgruppe nicht benötigt worden sei. Hatten die beiden also vielleicht ein heimliches Agreement geschlossen, sprich: eine Art Schmiergeldzahlung verabredet, über die sie naturgemäß nicht reden mochten?

Das bisher noch freundschaftliche Verhältnis zwischen beiden trübt sich jedenfalls seit diesem Jahr 1933 zunehmend ein und bekommt schwer durchschaubare Risse. Der Ton zwischen den beiden ungleichen Kontrahenten wird kühler und formaler. Bei nächster Gelegenheit werden die beiden versuchen, sich gegenseitig ein Bein zu stellen. Das wird sich spätestens bei Rumlers zweitem Prestige-Projekt, dem Bau der Neuen Straße, im folgenden Jahr zeigen.

3. Braunes Leben im Alten Schloss

Ein Lager für den weiblichen Reichsarbeitsdienst im Weidenberger Schloss?

RUMLERS großes Projekt neben dem Bau der Neuen Straße, die sinnvolle Nutzung des leer stehenden Alten Schlosses, kommt nur scheibchenweise voran. RUMLER bemühte sich ja bereits seit 1930 erfolglos darum, das denkmalgeschützte Gebäude für Belange der Partei und wenn möglich auch als Sitz für sich selbst zu erwerben. Doch obwohl er ja großspurig behauptete, die Partei-Ortsgruppe hätte Schillers Spenden nicht nötig und er hätte dieses Geld angeblich an die Kreisleitung weitergeleitet, fehlt in Wahrheit Geld, um ein solches Projekt, wie den Erwerb und die Nutzung des Alten Schlosses umzusetzen.

Doch mit der Machtübernahme der Nationalsozialisten im Jahr 1933 ist nun auch für WEIDENBERG eine neue Situation gegeben. Zwar kann auch in Hitlers Willkürherrschaft die Partei ein Gebäude nicht einfach für ihre Zwecke beschlagnahmen. Die Parteileitung legt vielmehr großen Wert darauf, den Anschein der Rechtsstaatlichkeit zu wahren. So muss auch hier alles angemessen bezahlt werden. Doch es gibt in dieser Phase viele neue Überlegungen und Planungen, die nun auch speziell bei den Nazis Hoffnung wecken. Vielleicht kann die Nutzung des Schlosses als ideologisch und politisch gefärbtes und zugleich wirtschaftlich nützliches Projekt auf einem regulären Weg finanziert werden? So will RUMLER endlich Zielstrebigkeit demonstrieren.

Verwahrlostes Kleinod: *Ensemble am Obermarkt mit Schloss (oben lhalbinks) um 1930*

Da taucht in diesem Zusammenhang in WEIDENBERG erstmals das Stichwort „Arbeitsdienstlager" auf. Am 19. April 1934 lässt RUMLER im Gemeinderat einstimmig einen Beschluss von Bedeutung verabschieden: Es soll im Schloss ein Arbeitsdienstlager für Mädchen eingerichtet werden. Was verbirgt sich hinter dieser Idee?

Der Gedanke eines Dienstes für Mädchen und Frauen ist keine Erfindung der Nazis, sondern wurde von der bürgerlichen „Frauenbewegung" bereits vor dem Ersten Weltkrieg diskutiert, er gehört also ursprünglich in den Bereich der „Frauenemanzipation". Es sollte ein „Dienst für andere" sein, welcher der „weiblichen Wesensart" und den „natürlichen Interessen" der Frau entspricht. Gedacht war vor allem an Hauswirtschaft, Kranken- und Wohlfahrtspflege, sowie erzieherische Arbeit.

In der Weimarer Zeit war das Thema nur wenig beachtet worden, doch vor dem Hintergrund der hohen Arbeitslosigkeit durch die Weltwirtschaftskrise hatte es um 1931/32 neue Aktualität gewonnen. Es ging also um eine Art „Arbeitsbeschaffungsmaßnahme" für Frauen. Die deutsche Frauenrechtlerin GERTRUD BÄUMER hatte damals ein Ziel formuliert: „Eine auf hauswirtschaftlicher, pädagogischer und pflegerischer Schulung beruhende Leistung der Frau für die Volksgemeinschaft", die, neben sozialer Arbeit, auch eine eventuelle „Kriegsleistung" mit einschloss, die jedoch mit „der fraulichen Bestimmung und den fraulichen Eigenschaften" in Einklang stehen müsste.

Dieser neue „Freiwillige Arbeitsdienst für Frauen" tat sich aber schwer, geeignete Arbeitsbereiche zu finden, welche gleichzeitig drei Bedingungen erfüllen konnten: dem damaligem Selbstverständnis der Frauen zu entsprechen, volkswirtschaftlich wertvoll und für die Arbeitsdienstleistenden zugleich sinnvoll zu sein. Auch wollte man einer „Vermännlichung" der Frauen entgegenwirken. So wurde der weibliche Frauenarbeitsdienst FAD im November 1932 ausdrücklich auf Arbeitsbereiche beschränkt, die man seinerzeit als „frauenspezifisch" verstand: Nähen und Flicken, Putzen, Kochen und sonstiges Versorgen der männlichen Arbeitsdienstlager, sowie Tätigkeiten in der Wohlfahrtspflege.

Kein Geld für das „bündisch" geprägte Frauenprojekt

Interessanterweise hatten die Nazis nach Hitlers Machtergreifung 1933 anfangs gar kein Interesse an einem Arbeitsdienst für Frauen, sie gaben in ihrer reinen Männerstruktur dem männlichen Arbeitsdienst den Vorrang und übernahmen ihn gern von seinen Vorläufern in der Weimarer Republik. Doch schalteten sie dann auch den weiblichen FAD gleich, der ihnen in den Schoß gefallen war, stellten aber zunächst kaum Mittel bereit, sodass die Zahl der Teilnehmerinnen in ganz Deutschland auf rund 7.000 beschränkt werden musste.

Von der bündischen Erlebnispädagogik geprägt: *Arbeitsdienstleistende Frauen 1934 bei m Erntedank-Umzug, dabei auch die Mutter des Verfassers*

Erst zu Ende des ereignisreichen Jahres 1933 erkannten die Nazis im „Deutschen Frauenarbeitsdienst" eine Chance, ihr NS-Frauenbild möglichst breit durchzusetzen. Ihr Ziel war ja, die Frauen aus dem Erwerbsleben und der Öffentlichkeit herauszudrängen und sie auf eine Rolle als Hausfrau, Mutter und Pflegerin des heimkehrenden männlichen Helden im Krieg zu beschränken. Sie organisierten den weiblichen Arbeitsdienst deshalb neu. Doch mit so einem emanzipationsfeindlichen Programm hätten sie wohl nicht allzu viele Frauen hinter dem Ofen hervorgelockt. Ein wenig bekannter Umstand kam ihnen entgegen.

Es waren nämlich viele Führerinnen aus der alten bündischen Jugendarbeit aus der Zeit vor Hitlers Machtergreifung bereit, sich in die Leitung des Frauenarbeitsdienstes einzubringen. Und diese bündisch geprägten Frauen brachten nicht nur ihre Gitarren oder ihre auf der Verbotsliste stehenden bündischen Liederhefte mit, sondern sie ließen in diesen Arbeitsdienst auch Erlebniselemente, wie Singen, Wandern oder Lager- und Heimabende, mit einfließen und vermittelten so den Mädchen und jungen Frauen den Eindruck einer „zünftigen Frauengemeinschaft“. So wie die Jungen später von ihrer Zeit in der Hitlerjugend schwärmten und damit die von der bündischen Jugend übernommenen Elemente von Fahrt und Lager meinten, so leuchteten auch bei den Mädchen oft noch ein Leben lang die Augen, wenn sie von ihrer Zeit beim Arbeitsdienst sprachen.[60] Ihre Kinder, die ja über diese Glorifizierung des stark ideologisch gefärbten Arbeitsdienstes ziemlich entsetzt waren, ahnten nicht, dass damit eigentlich weniger der Hitlerkult, als vielmehr diese bündisch geprägte, vornazistische Erlebniswelt gemeint war.

Den Mädchen selbst fiel die Verengung des Frauenbildes, das die Nazis oktroyierten, meist nicht auf, sie verinnerlichten das rasch. Mit Kriegsbeginn sahen sie ihre Rolle aufgewertet. Sie gebaren dem Führer ihre Kinder, empfingen für ihren „Einsatz von Leib und Leben" bei der Geburt und Kinderaufzucht den Hitlerorden des Mutterkreuzes, genossen die Hilfe von „Pflichtjahrmädchen“ oder Zwangsarbeiterinnen im Haus, pflegten ihre heimkehrenden Helden, gingen mit fortschreitendem Krieg aber auch ans Fließband, um Zünder in Bomben einzubauen oder räumten die Trümmer in den bombardierten Städten weg. Mit jedem Kriegsjahr wurde die Naziideologie wirklichkeitsferner und bizarrer. Aber das schichtübergreifende kameradschaftliche Beisammensein beim Arbeitsdienst und die dort entstandenen Freundschaften halfen vielen Frauen tatsächlich, diese kommenden Katastrophen zu bewältigen, – ein wohl wenig geplanter Aspekt des weiblichen Arbeitsdienstes.

Eine solche Einrichtung zur Beschäftigung von Frauen sollte also nach dem Willen der örtlichen Nazis nun ihren Platz im Weidenberger Schloss finden. Nach dem Wortlaut des Antrages im Gemeinderat sollte es ein „Erziehungsheim für Mädchen im hiesigen Amtsgerichtsgebäude“ sein. Es ist aus dem oben Gesagten deutlich geworden, dass damit also nicht eine Einrichtung für schwer Erziehbare gemeint war,

---

[60] Vergl. dazu vom selben Verfasser das Buch „Die Kima und ihr Lutz I – Das Schweigen durchbrechen – Wie Hitler bürgerliche Berufsanfänger einfing“. Hier wird der Frauenarbeitsdienst ab S. 190 exemplarisch beschrieben.

sondern die oben beschriebene Arbeitsbeschaffungsmaßnahme für Frauen. Auch zu dieser Zeit, also Ende 1933 / Anfang 1934, war die allgemeine Arbeitslosigkeit ja noch sehr hoch.

Mit dem Arbeitsamt und der Zweigstelle Ansbach des Landesfinanzamtes will der Marktgemeinderat in Verbindung treten, um die Errichtung dieses Frauenarbeitsdienstlagers zu erreichen. Doch aus dem Frauenprojekt wird nichts, der männliche Arbeitsdienst behält den Vorrang, und die wenigen Einrichtungen, die für Frauen entstehen, kommen an andere Orte. So sind Rumlers Bemühungen nach dem fehlgeschlagenen Versuch zur Erhaltung des Amtsgerichts zum zweiten Mal ins Leere gelaufen.

Die Nazi-Kreisschule zieht im Alten Schloss ein

Doch mit der Parteistrategie, das ganze Volk gleichzuschalten und auf Linie zu bringen, bietet sich eine neue Verwendung für das repräsentative Schloss an. Denn in der Partei werden nun erheblich mehr geschulte Kräfte gebraucht. Das Hitlerregiment fußte ja auf dem Erfolg der gesprochenen, zündenden Rede. Doch nicht jeder bisherige oder neu ernannte Ortsgruppenleiter war ein geborener Redner, nicht jeder konnte Hitlers krause Gedanken von der Überlegenheit der arischen Rasse und den Konsequenzen für das tägliche Leben der „Volksgemeinschaft" so überzeugend herüberbringen, dass die Zuhörer begeistert waren. So brauchte der Parteikreis BAYREUTH-ESCHENBACH eine Schulungsstätte für die politischen Leiter.

„Kreisschule Weidenberg" *der Kreisleitung Bayreuth-Eschenbach im Alten Schloss mit Frauengruppe*

RUMLER, der als Redner und Inspekteur auf der Kreisebene arbeitet, bringt die Idee ein, Räumlichkeiten im Schloss dafür zu verwenden. Er ist mit seiner Initiative erfolgreich. Die Kreisleitung übernimmt die Kosten und errichtet im Alten Weidenberger Schloss die Kreisschule der NSDAP. Seither trägt das Schloss an seinem Eingang dieses große Schild: „Kreisschule Weidenberg der Kreisleitung Bayreuth-Eschenbach der NSDAP", und RUMLER ist stolz darauf. Es bedeutet, dass all die anderen kleinen Funktionäre im Kreis, insbesondere die anderen Stützpunkt- und Ortsgruppenleiter aus dem ganzen Kreis BAYREUTH-ESCHENBACH, hier zur Schulung erscheinen müssen, und RUMLER ist der Hausherr.

Lehrgangsgruppe von „Amtswaltern" vor dem Alten Schloss: *GEORG RUMLER in der vorderen Reihe 4. v. links*

20-30 Männer werden in der Regel bei jedem Kurs zusammengezogen. Oft schließt sich dann noch eine Exkursion zu einem „Vorzeigebetrieb" an, z.B. zu den Sophienthaler Porzellanwerken. Sie gehörten zuvor PHILIPP ROSENTHAL, waren aber im Jahr 1937 „arisiert" worden. Zum geselligen Abschluss solcher Fortbildungstage finden sich die „Amtswalter" zumeist im beliebten Gasthaus ROSENHAMMER ein. Dort wartet auf sie schon der Kaffee und Spitzkuchen, der gleich am Vormittag bestellt wurde. RUMLER empfängt nicht nur jeden seiner Gäste persönlich, er führt auch über jeden geschulten Aktivisten in diesen Jahren genau Buch.

Und mit diesem Buch in der Hand bleibt RUMLER auch über das Kriegsende hinaus potenziell ein mächtiger Mann. Als bei allen plötzlich das große Vergessen über die eigene Rolle in den vergangenen zwölf Jahren der Hitlerzeit einsetzt, kann RUMLER entlarvende Informationen über jeden Funktionsträger aus dem ganzen Kreis hervorzaubern. So behält er trotz seiner Demütigung im US-Lager HAMMELBURG ein Stück der alten Macht und kann damit Menschen erpressen. Wer möchte schon gern nach dem Krieg in seinem laufenden Entnazifizierungsverfahren bescheinigt bekommen, dass er in der Nazizeit an Propagandakursen der Nazi-Kreisleitung teilgenommen hat? Wollen sie nicht alle ahnungslos gewesen sein?

Auch der in SOPHIENTHAL im Jahr 1933 neu gewonnene Genosse und Oberforstverwalter GOTTLIEB M., den RUMLER gleich mit den Weihen eines Stützpunktleiters für SOPHIENTHAL ausgestattet hatte, nimmt im Jahr 1934 an einem solchen Kurs teil. Er hört dabei als Redner nicht nur RUMLER, der inzwischen Kreisschulungsleiter ist, sondern auch andere Referenten mit höheren Weihen von auswärts. Auch alle anderen Ortsgruppenleiter, Stützpunktleiter und örtlichen Propagandaleiter des Bezirks müssen nun in WEIDENBERG solche Kurse durchlaufen.

So ist z.B. aus den Spruchkammerakten von Oberlehrer PAUL KÖHLER aus GESEES im Hummelgau, ersichtlich, dass er seit 1933 in der NSDAP und in der SA war; er übernimmt später in GESEES zunächst das Amt des Propagandaleiters und wird bis Kriegsende Ortsgruppenleiter. Auch er absolviert in WEIDENBERG einen solchen

Kurs. Dieser Kurs dauerte zwei Tage. Inhaltlich erfahren wir nichts Näheres.

KÖHLER übernimmt aber z.B. am Höhepunkt des Kirchenkampfes 1937 den Parteiauftrag, seinen Ortspfarrer, den Nazigegner und bekennenden Christen THEODOR DIEGRITZ, während einer Predigt abzuhören. Diesen Auftrag kann KÖHLER unauffällig ausführen, weil er sonntags den musikalischen Dienst an der Orgel wahrnimmt. Seinen mehrseitigen Bericht schickt er anschließend an die Kreisleitung der Partei, und das hat gefährliche Folgen für den Abgehörten. Diegritz' kritische Haltung führt zur Reaktion der Partei. Im Krieg wird seine u.k.-Stellung[61], die nach einem Geheimerlass von MARTIN BORMANN eigentlich für alle Geistlichen gilt, aufgehoben. Auch seine Evang.-Luth. Landeskirche stimmt zu, sie möchte mit dem Staat keine Scherereien. DIEGRITZ wird zum Militär einberufen und zu einem gefährlichen Fronteinsatz abkommandiert. Zum Glück überlebt er diese Bestrafung.

Dieses Beispiel zeigt, dass die Kurse in WEIDENBERG dazu dienen, auch gutmütige Bürger ideologisch zu formen und zu willigen Werkzeugen das Naziregimes zu machen. Nach dem Krieg tut Lehrer KÖHLER sein gefährliches Doppelspiel von Herzen leid, er bittet Pfarrer DIEGRITZ um Vergebung, die dieser ihm auch großmütig gewährt. Vor der Spruchkammer, die Köhlers Spitzelbericht als Beweismittel vorliegen hat, bleibt er dank des „Persilscheins" des Pfarrers vor Schlimmerem bewahrt. Dieser Ruhestandslehrer war dann als Organist im Kirchendienst in GESEES noch bis weit über sein 90. Lebensjahr hinaus aktiv.

Rumler in „Gala": *Leiter einer „Hauptstelle" (Montage)*

RUMLER genießt die neue Ehre, die mit der Verantwortung für die Kreisschule verbunden ist. Er trägt deshalb seitdem häufiger „Gala", wie viele aufmerksame Weidenberger seinerzeit beobachten, und er hat an der Mütze eine entsprechende goldene Kordel, wie CHRISTIAN SCHILLER aussagt. Die Armbinde mit dem Hakenkreuz, die er dabei stets trägt, zeigt die Dienststellung eines „Leiters einer Hauptstelle" an. Die rote Paspelierung zeigt ihn sogar als einen Angehörigen der Gauleitung. – Ein Originalfoto von RUMLER mit diesem Outfit liegt nicht vor. Doch unterstreicht die Fotomontage die Wahrheit des alten Sprichwortes: „Kleider machen Leute".

[61] Mit dem geheimen Rundschreiben 53/41 vom 7. Mai 1941 an die Gauleiter, das im Bundesarchiv in Berlin archiviert ist, bekräftig der damalige Partei-Reichsleiter MARTIN BORMANN die in der Öffentlichkeit wenig bekannte Tatsache, dass evangelische Geistliche, wie ihre katholischen Kollegen, seinerzeit wie schon im Kaiserreich, so auch im Hitlerreich vom Kriegsdienst mit der Waffe freigestellt sind. Dass sich viele evangelische Pfarrer von DC und BK trotzdem freiwillig melden, behagt ihm nicht, da er die Kirchen verdächtigt, den militärischen Einsatz ihrer Geistlichen für eigene Zwecke zu missbrauchen.

Eine bunte und braune Schar ergreift Besitz von den alten Mauern

Mit dem Einzug der Kreisleiterschule eröffnen sich für die örtlichen Nazis im Alten Schlosses nun auch weitere „legale“ Nutzungsmöglichkeiten mit öffentlichem Charakter. So bezieht im Eingangsbereich der Hausmeister seine Wohnung. Weiter befinden sich im Erdgeschoss jetzt die Schulungsräume der NSDAP. Die alten offenen Gefängniszellen im Stil von Westerngefängnissen, die man vom Flur aus sieht, bleiben erhalten. BdM und HJ treffen sich eine Treppe tiefer. Wenn die Kinder und Jugendlichen zu ihren Heimabenden wollen, müssen sie an den Gitterstäben vorbei und gruseln sich. Auch die Volksschule hat im Schloss einen Handarbeitsraum.

Abgeholt von der großen Schwester: *Kuni Will, geb. Rhau mit ihren Brüdern Georg und Michael um 1940 am NSV-Kindergarten*

In das Hauptgeschoss im 1. Stock zieht ein

Vom NSV-Kindergarten im Alten Schloss geprägt: *Kindergartenjahrgang 1936*

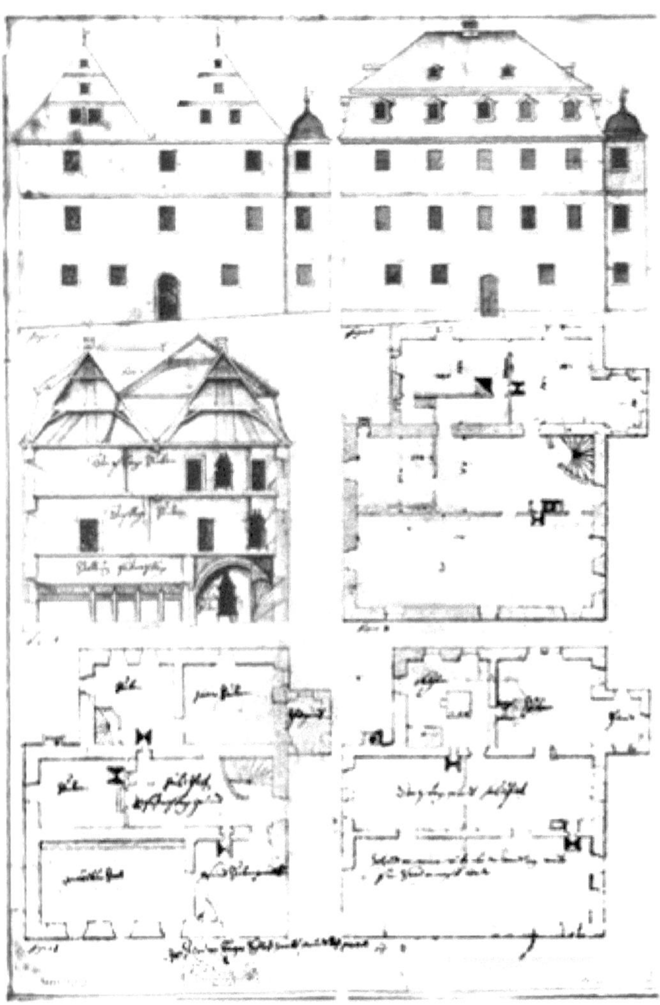

Uraltes Gemäuer: *Ein alter Plan des Weidenberger Schlosses*

großer Kindergarten ein, den die Nationalsozialistische Volkswohlfahrt NSV betreibt. Ein kleines Schild am Hauseingang mit dem Emblem der NSV weist auf den Träger hin. Die Fenster für diese Einrichtung sind zur St. Michaelskirche hin ausgerichtet. Wenn die 50 Kinder kommen und gehen oder hinunter auf ihren Spielplatz wollen, entsteht mehrmals am Tag auf der Holztreppe ein Getrappel wie von herunterkullernden Erbsen. Daran erinnern sich viele Kinder noch ein Leben lang. Auch dass ihr Tag mit einem „Morgengebet für den Führer" begann, ist manchen noch gegenwärtig, ebenso die Vorstellung, dass HITLER für sie „wie Gott" war: *„Händchen falten, Köpfchen senken, immer an den Führer denken".* Diese Kindertagesstätte war die erste ihrer Art in WEIDENBERG. Dass sie nicht allein sozialen Erwägungen diente, sondern die Eingangsstufe für eine Erziehung war, die das ganze Leben des Menschen erfassen sollte, war wohl auch den Eltern dieser Kinder nicht wirklich klar.

Wohnen im Schloss zum Supersparpreis

Im Jahr 1937 wird das Schloss kräftig umgebaut. Eine „gemeinnützige" Nutzung auch der beiden oberen Stockwerke ist im Gespräch. Wohnungen für Lehrer und weitere Familien sollen eingerichtet werden. So entsteht im selben Stockwerk, in dem der Kindergarten residiert, zur Südseite hin eine große Wohnung. Auch das zweite Geschoss wird vollständig für Wohnzwecke ausgebaut.

Für diese Wohnungen sollen nun Mieter gefunden werden. Wie es der „Zufall" so will, wird Ortsgruppenleiter RUMLER tatsächlich zunächst einmal unter seinen engsten Parteifreunden fündig. Der mittlere der drei oben genannten Brüder unter Weidenbergs ersten Nazimitgliedern, der Lehrer und erste Propagandist der Nazi-Ortsgruppe AUGUST K., zieht im Schloss ein und gründet hier seine Familie. Der Mietpreis, den er der Gemeinde entrichten muss, ist freilich ein Witz. Für die über die gesamte Hausbreite reichende Wohnung in der I. Etage des Altes Schlosses zahlt er monatlich gerade einmal 20 RM, also vergleichsweise einen Quadratmeterpreis von 0,10 RM! Dies würde etwa 1,30 €/m² nach heutigem Geldwert entsprechen, also kaum ein 1/6 der ortsüblichen Vergleichsmiete. Dabei sind Bad und WC inklusive.

Nach der gleichen Einnahmeliste der Marktgemeinde entrichtet zum selben Zeitpunkt die Familie des Totengräbers GRIEßHAMMER im Weidenberger Armenhaus eine Monatsmiete von 7 RM und die gleichfalls dort wohnende Familie SCHMIDT 5 RM, das entspricht 0,40 RM/m², also mehr als der Hälfte der ortsüblichen Vergleichsmiete, wobei hier noch zu bedenken ist, dass das Armenhaus keine Sanitäreinrichtungen, wie Bäder oder WCs besitzt; als Abtritt dient der seitlich gelegene Misthaufen! Das Wohnen damals unter den primitiven Verhältnissen im Armenhaus kostete also im Verhältnis viermal so viel, wie das Wohnen im gut ausgestatteten Schloss! Dies sind die „kleinen" Vorteile, mit denen die Partei ihre ehrenamtlich mitarbeitenden Funktionäre entschädigte.

Lfd Nr.	Namen der Mieter	Hs Nr	April RM	Mai RM	Juni RM	Juli RM	August RM
1	Bauer Karl	63	8✓	8✓	8✓	–	–
2	Kiessling	63	20✓ -	20✓	20✓	20✓	20✓-
3	Rumler	63					
4	Schmidt	25	5✓	5✓	5✓	5✓	5✓-
5	Griesshammer	25	7✓ -	7✓	7✓	7✓	7✓-
6	Brauhaus	84					
7	Einstellraum 218	218					
			40	40	40	32	32
1	Lehrerwohnungen Reg Hauptkasse	4/7				438 83✓	
2	Scheidler	4	9✓-	9✓-	9✓		18✓-
3	Bräunling	116					
			9	9	9	438 83	18 –

Schlossbewohner leben billiger als Armenhausbewohner: *Auszug aus dem Kassenbuch des Marktes Weidenberg, Mietzahlungen 1941 -* ***Mieter im Schloss****: Im EG links der Hausmeister und Elektriker KARL BAUER mit Frau und zwei Kindern (8 RM monatlich); im 1. Stock Lehrer AUGUST KIEßLING „Taubengustl" in den Räumen auf der gesamten Südseite (20 RM); im gesamten oberen Geschoss Ortsgruppenleiter GEORG RUMLER mit seiner Frau (wohnen mietfrei; ein Vertrag darüber für existiert nicht) -* ***Mieter im Armenhaus****: Fam. SCHMIDT mit Tochter (5 RM), Totengräber GRIESHAMMER (7 RM).*

Im Jahr 1934 wird RUMLER selbst in den Genuss so einer guten Parteigabe kommen, wenn er zum „Direktor" für die Leitung des Mainkraftwerks RÖHRENHOF bei BAD BERNECK gemacht wird. Und im Jahr 1937 darf auch er ins frisch ausgebaute II. Stockwerk des Alten Schlosses einziehen und darf hier in dieser riesigen Wohnung mit Ausblick auf ganz WEIDENBERG sogar ganz mietfrei wohnen, nachdem er sich selbst dazu die Erlaubnis erteilt hat. Das Schlossgebäude ist zu diesem Zeitpunkt immer noch in Staatsbesitz, aber die neuen Herren in MÜNCHEN kommen, zumal durch den hier immer noch spürbaren Einfluss des inzwischen tödlich verunglückten Kultusministers SCHEMM, ihren Parteifreunden gern weit entgegen.

Erst lange nach dem Zweiten Weltkrieg, im Oktober 1965, wird die Marktgemeinde WEIDENBERG die Mittel haben, das ganze Schlossareal samt Garten vom Freistaat Bayern zu erwerben. Sie wird es per Erbpacht der Nutzung durch das „Kuratorium für die Errichtung und Förderung von Bildungs- und Erholungsstätten e. V. in Bayreuth" zuführen. Hier wird dann zunächst die Ferienbetreuung für Berliner Schulkinder einziehen. Im Grund ist der Gemeinde aber klar, dass sie hier einen „Klotz am Bein" erworben hat. Sie ist deshalb froh, als sie im Jahr 2015 das sanierungsbedürftige Schloss samt Grundstück für 350.000 € an RODNY SCHERZER aus WEIL am Schönbuch verkaufen kann. Er bringt dort zunächst 50 Asylbewerber unter und will hier längerfristig eine Seniorenanlage einrichten. Sollte er das Konzept bis 2020 nicht vorlegen, muss er das Schloss zur Hälfte des Kaufpreises an die Gemeinde zurückverkaufen.

Damals, gut 30 Jahre zuvor, hilft die Großzügigkeit der Nazis und ihrer neuen Strukturen dem ehrenamtlichen Bürgermeister GEORG RUMLER, seine Finanzen zu ordnen. Er hat nun eine freie und großzügige Wohnung mit Gartenanteil. Und der neue nach seinen Vorstellungen zusammengesetzte Gemeinderat bewilligt ihm am 30. Juli 1933 mit einem Sold von jährlich 600 RM ein kleines Zubrot; das entspricht nach heutigem Wert etwa 600 € pro Monat und ist etwa ein Viertel bis Fünftel dessen, was der Bürgermeister einer kleinen Landkommune gegenwärtig als Aufwandsentschädigung bekommt, also nicht viel. Aber mit dem neuen Job beim Kraftwerk RÖHRENSEE und dem freien Wohnen im Schloss ist Rumlers Lebenssituation für damalige Verhältnisse doch recht ordentlich.

So erfüllt sich dank seiner Zielstrebigkeit sein zehn Jahre lang gehegter Traum vom angemessenen Lebensstatus und Wohnen eines Ortsgruppenleiters. Wie sagte er doch in einem seiner anekdotischen Worte rückschauend so pathetisch?: *„Ich habe den Nationalsozialismus für das Anständigste vom Anständigen erhalten, was andere draus gemacht haben, dafür bin ich nicht verantwortlich."*

Doch der Frage nach seiner eigenen Verantwortung entgeht er nicht, weil er, wie schon bisher, auch in seiner weiteren Amtszeit nicht ruht, Menschen, die sich ihm nicht fügen, zu schikanieren oder unter Druck zu setzen. Seinem Erzfeind SCHILLER gegenüber ergibt sich für ihn schon bald eine neue Gelegenheit.

4. Bedenkenlose Profilierungsversuche

Skrupellosigkeit beim Bau der „Neuen Straße"

Am Ende des ereignisreichen Jahres 1933, das die Nazis an die Macht gespült hat, will RUMLER nicht nur als Ortsgruppenleiter, sondern auch als Bürgermeister Entschlossenheit demonstrieren. Er nimmt, nach dem Schloss, sein zweites Prestigeprojekt in Angriff, den Bau der „Neuen Straße".

Viele Jahrhunderte hindurch gab es zwischen dem Weidenberger Untermarkt im Tal der Steinach und dem Obermarkt auf den Sandsteinfelsen des Gurtstein nur höchst unzureichende Verbindungen. Die kürzeste ist der steile Fußweg über die 123 Stufen der „Schied", die direkt von der Steinach zum Marktplatz führt. Eine andere direkte Verbindung ging geradeaus zum Reitweg und dann auf einem schmalen Knüppeldamm schroff hinauf. Wie der Name sagt, konnten hier die Reiter einzeln hinaufreiten, für Wagen war der Weg zu steil und zu schmal. Die beiden anderen Verbindungen sind Umwege, so die Straße vor dem Armenhaus an der Scherzenmühle den Buchert bzw. die Kantorsgasse hinauf; größere Fahrzeuge mussten ortsauswärts zur Schuhmühle fahren und sich von dort aus auf der engen und verwinkelten Alten Bayreuther Straße hinauf zum Obermarkt quälen.

Lange Zeit hindurch Verbindung nur für Fußgänger: *Die „Schied"*

So war der Wunsch der Weidenberger nach einer bequemeren Direktverbindung immer dringender geworden. Dem standen aber zwei Hindernisse im Wege: Einerseits würde die Topografie einen großen Aufwand erfordern. Zunächst müsste die Steinach bei der Löffler-Mühle von der Lindenstraße aus mit einem Brückenbauwerk überquert werden; die feuchten Wiesen müssten mit einem Damm in einer weiten Kurve überwunden werden; und am steilen Hang wären Abtragungen vorzunehmen und aufwendige Stützungsbauwerke zu errichten, um die Straße als Rampe emporzuführen und dabei ein Abrutschen des Hanges zu verhindern.

Zum Anderen waren die Grundstücke in der Planungszone in privater Hand und wurden landwirtschaftlich genutzt. Im Ganzen umfassten diese Flächen etwa 7,5 Tagwerk, das sind rd. 25.000 m^2. Das größte Grundstück in dieser Steinachniederung war eine Wiese mit Obstbaumbestand, das den Eltern der Geschwister CHRISTIAN und LOUISE SCHILLER gehört hatte und das nun deren Erbe war. Der Bau einer Straße würde dieses Grundstück zerteilen; auf den verbleibenden Teilflächen wäre eine sinnvolle landwirtschaftliche Nutzung nicht mehr möglich. Die Grundstücke müssten also eigentlich im Ganzen zu einem fairen Preis vom Markt WEIDENBERG den Besitzern abgekauft werden.

Nun war dieses wichtige Straßenbauprojekt schon in der Weimarer Zeit geplant gewesen, es wäre wohl in jedem Fall auch ohne das Hitlersystem in absehbarer Zeit verwirklicht worden. Und mit dem nötigen Fingerspitzengefühl wäre man sicher auch mit den Grundstückseigentümern zu einer gütlichen Einigung gekommen. Freilich war klar, dass man das große Schiller'sche Grundstück nur zum Teil zum Straßenbau brauchte, was sollte man also mit den Resten machen? So war die Meinung unter den Gemeinderäten durchaus geteilt.

Dennoch will RUMLER, beflügelt durch sein neues Bürgermeisteramt, sein Konzept um jeden Preis durchsetzen, das aus Sparsamkeitsgründen nur einen Teilerwerb des Grundstücks vorsieht. Er meint, als Bürgermeister und Ortsgruppenleiter nun auch die nötigen Machtmittel in der Hand zu haben. Er beginnt den Straßenbau, ohne überhaupt mit der Erbengemeinschaft SCHILLER Rücksprache zu nehmen und eine Verständigung zu versuchen.

Die Eigentümer wehren sich

SCHILLER sieht sich und seine Angehörigen um einen beträchtlichen Teil ihres Vermögens geschädigt. Er erhebt also mit seiner Familie massiven Protest und sucht juristischen Beistand. Als Reaktion auf diese Widerständigkeit will sich RUMLER ohne viel Federlesens vom Gemeinderat eine Vollmacht für ein Enteignungsverfahren geben lassen.

Das ist aber selbst einigen Parteigenossen im Gemeinderat zu viel. Die Mitglieder des Gemeinderates PONATER und PÖHLMANN bezeichnen Rumlers brutales Vorgehen als gesetzes- und rechtswidrig und lehnen es ab. Beide treten ostentativ aus dem Gemeinderat aus, PÖHLMANN am 15. März 1934 und PONATER am 8. Oktober des gleichen Jahres. MICHAEL PONATER gibt zwar damals für seinen spektakulären Rücktritt offiziell keine Gründe an, bestätigt aber später vor der Spruchkammer Schillers Angaben. Nach seiner Meinung waren hier Zwistigkeiten zwischen SCHILLER und RUMLER im Spiel, die bereits von dem unbefriedigenden Verlauf des Gesprächs bei Rumlers Autokauf herrührten, als sich SCHILLER erstmals unter Druck gesetzt sah; bereits damals habe sich das Verhältnis zwischen beiden eingetrübt.

SCHILLER bietet der Gemeinde den Erwerb des ganzen Grundstücks an, da es nach dem Bau der Straße ohnehin nicht mehr landwirtschaftlich nutzbar sei. Doch RUMLER will sich in der Gemeinde als Sparfuchs profilieren und bezeichnet den Widerstand der Schillerschen Erben als „Sabotage am Nationalsozialismus". So beschließt der Rumpf-Gemeinderat auf Rumlers Betreiben am 6. April 1934 tatsächlich, die Zwangsenteignung des Schillerschen Grundstückes durchzuführen, soweit sie für den Straßenbau erforderlich ist, und gibt, wie das Beschlussbuch der Marktgemeinde WEIDENBERG festhält, dem Bürgermeister Vollmacht, die erforderlichen Maßnahmen einzuleiten.

Eine Zwangsenteignung, die bei öffentlichen Bauvorhaben wie Bahn- oder Straßenbau rasch in den Blick kommen kann, wenn Grundstückseigentümer nicht vom Verkauf ihres Grundstücks zu überzeugen sind, bedeutet nicht ersatzlose und willkürliche Wegnahme, sondern sie ist eine gesetzliche Maßnahme, die regelt, wie zum Wohl der Allgemeinheit die Eigentumsrechte eines Einzelnen oder einer Gruppe eingeschränkt werden. Dabei muss aber ein sorgfältiger und gerechter Ausgleich der Interessen herbeigeführt werden, und zwar nicht *nach* Beginn eines Projekts, sondern *rechtzeitig vorher*. Für das erzwungene „Sonderopfer" muss der Betroffene angemessen entschädigt werden. Inzwischen ist aber der Straßenbau auf der Schillerschen Wiese längst begonnen und fortgeschritten.

SCHILLER verweist in seiner Antwort vom 4. Juni 1934 auf das Enteignungsrecht, das die Enteignung von Teilflächen nicht vorsieht. Er erklärt sich aber nun trotzdem bereit, den Anteil zu verkaufen, der für den eigentlichen Baukörper erforderlich ist, und den Rest trotz der stark beeinträchtigten Nutzungsmöglichkeiten zu behalten. Er fordert einen Preis von 2.400 RM für das Tagwerk (ca. 3.400 m^2), also umgerechnet einen Betrag von 0,70 RM pro Quadratmeter Grundfläche. Das würde nach heutigem Geldwert gut 7 €. für den Quadratmeter entsprechen, für ein Feld in Ortslage also ein durchaus günstiger Preis, der tatsächliche Wert dürfte wohl bei dem Fünffachen oder höher liegen. Ferner verlangt er einen Ersatz für den Schaden an der heurigen Ernte, die Wiederherrichtung aller Drainagerohre und Gräben zur Entwässerung der übrigbleibenden Wiese und einen Entschädigung für die umgehauenen Obstbäume. „Nachdem der Bau der Straße bereits weit fortgeschritten ist", bittet er um eine rasche Antwort.

Knapp einen Monat später, als die Straße schon fast fertig ist, antwortet RUMLER mit dem Geschäftsbogen des Gemeinderates letztverbindlich: Er durchkreuzt Schillers Preisvorstellung drastisch und bietet „für den zum Straßenbau benötigten Grund" pro Tagwerk 1.500 RM, entspr. damals knapp 0,50 RM pro m^2, mit Einschluss aller vorkommenden Nebenleistungen. Etwa 3,4 TW wurden benötigt. Ge-

Aufwändige Arbeitsbeschaffungsmaßnahme: *Kinder 1935 auf der neu gebauten Steinachbrücke an der Neuen Straße*

messen an seinen Forderungen erlitt Schiller also einen Vermögensschaden von umgerechnet etwa 30.000 €; nach dem tatsächlichen Wert von heute hätte er etwa 150.000 € von der Marktgemeinde erhalten müssen.

SCHILLER wurde wegen dieses Verlustes nicht zum armen Mann, er war der Bestverdienende in WEIDENBERG, und diesen Status demonstrierte er ja auch gern, indem er stets das größte Auto fuhr und sich auch vier Jahre später, nach seiner Hochzeit, die größte Villa am Ort bauen ließ. Dennoch beklagt er sich mit Recht, dass ihm hier Unrecht und Willkür in ganz hohem Maß widerfuhr, dem er nichts entgegensetzen konnte. Seitdem ballt er die Faust in der Tasche, wenn er RUMLER sieht; das Verhältnis zwischen beiden ist auf Dauer zerrüttet.

Ein Wutbrief über Ausbeutung und Sklavenarbeit

Es ist nicht die einzige Untat, die sich RUMLER mit der Umsetzung seines Prestigeprojektes „Neue Straße“ leistet. Wirtschaftlich war das Projekt eine „Arbeitsbeschaffungsmaßnahme“ und wurde entsprechend über das Arbeitsamt aus staatlichen Mitteln gefördert. Auch wenn die Bezahlung der Arbeiter sehr schlecht war, so wachten doch die Partei und ihre frühe Gewerkschaft NSBO mit Argusaugen über die Behandlung ihrer Arbeiter. Auch der „Deutschen Arbeitsfront“ DAF, die im Jahr 1933 nach Zerschlagung der alten Gewerkschaften gegründet worden war, ging es ums Prestige. Beide Parteiorganisationen hatten den Ehrgeiz, die besseren und gerechteren Arbeiterorganisationen zu sein.

So erhält die NSDAP-Kreisleitung Bayreuth-Eschenbach einen Brief mit einer geharnischten Beschwerde der Partei-Ortsgruppe GOLDKRONACH, die mit WEIDENBERG rivalisiert. Es geht um ein gleichzeitig in UNTERSTEINACH laufendes Straßenbau-Projekt. Den Goldkronachern ist zu Ohren gekommen, dass RUMLER die Arbeiter ausbeute, indem er sie unter Tarif bezahle.

Weil der Beschwerdebrief tiefe Einblicke in die tatsächliche rüde Behandlung der Arbeiter im Nazisystem vermittelt, sei er hier vollständig abgedruckt:

NSDAP Ortsgruppe Goldkronach, 30. Juli 1934
An die Kreisleitung Bayreuth

Betreff: Lohnverhältnisse beim Bau der Bezirksstraße Untersteinach-Weidenberg.

In den Kreisen der Arbeiter, die von Goldkronach auf der Bezirksstraße bei Untersteinach beschäftigt sind, herrscht große Erregung über die dortigen Lohnverhältnisse. Der Arbeiter bekommt 40 Pfg. Stundenlohn. Da in der Woche nur 40 Stunden gearbeitet werden darf, so erhält er nach Abzug der gesetzlichen Kürzungen nur den Betrag von 13,25 RM wöchentlich ausbezahlt. Hiervon müssen diese Arbeiter Miete, Wasser, Licht etc bezahlen, und von dem Übrigen sollen sie eine mehrköpfige Familie ernähren. Es ist ein Familienvater von sechs Kindern darunter. Um 5 Uhr früh verlassen sie Goldkronach, um zu ihrer Arbeitsstätte zu gelangen und um ½ 7 Uhr abends kommen sie wieder zurück.

Im Laufe der vergangenen Woche traten einige mit der Bitte an mich heran, diese Zustände an meine vorgesetzte Stelle weitermelden zu wollen und hegten dabei die Hoffnung, dass ihnen von Seiten der Partei bestimmt geholfen werden wird. Ich bitte daher die Kreisleitung, bei den zuständigen Stellen dahin wirken zu wollen, dass, wenn irgend möglich, diese wirklich unsozialen Zustände beseitigt werden. Die Leute fühlen sich direkt als Sklaven; mit irgendwelchen Redensarten ist hier keine Beruhigung zu schaffen.

Heil Hitler!

Rabenstein.

Gegen Rückgabe an Ortsgruppenleiter Bürgermstr. Pg. Rumler, Weidenberg zur gefl. Kenntnisnahme und Äußerung. Bth., den 3.8.34

Dieses Wutschreiben zeigt, dass die Menschen im Hitlersystem durchaus nicht alles klaglos hingenommen haben. Hier bringen sie zumindest materielle Ungerechtigkeiten durchaus drastisch zur Sprache. Der Monatslohn von 53 RM ist in der Tat auch unter damaligen Verhältnissen, wie wir gleich noch sehen werden, ein Ausbeuterlohn, der die „Errungenschaft" der 40-Stundenwoche kräftig konterkariert.

Die offen vorgetragene Bemerkung, dass die Menschen sich „direkt als Sklaven fühlen", ist außerordentlich wagemutig und könnte nach dem allumfassenden „Heimtückegesetz", das nach dem Reichstagsbrand erlassenen wurde, als Angriff auf das Regierungshandeln interpretiert werden und direkt ins KZ führen.

Auffallend ist auch die hier sichtbar werdende Konkurrenz unter den Funktionären und Ortsgruppen: Ortsgruppenleiter RABENSTEIN von GOLDKRONACH ist sichtlich bemüht, seinen Kollegen RUMLER bei der übergeordneten Kreisleitung BAYREUTH-ESCHENBACH kräftig anzuschwärzen. Rumlers seinerzeitiger Ehrgeiz bei der Gründung der Weidenberger Ortsgruppe und seine Angeberei mit angeblich hohen Mitgliederzahlen, die WEIDENBERG als besonders hitlertreu glänzen lassen sollten, sind ihm wohl in die Nase gefahren.

RUMLER wird von der übergeordneten Kreisleitung tatsächlich zur Rede gestellt und muss Farbe bekennen. Dann schreibt ihm auch noch die Arbeitsamtsleitung, die ebenfalls in Nazihänden liegt und mit „Heil Hitler!" grüßt, auf „Anregung der NSBO", RUMLER müsse eine Ortsbesichtigung über sich ergehen lassen. Die Urheberin dieser Peinlichkeit, die „Nationalsozialistische Betriebszellenorganisation", war eine kleine, frühe Nazi-Gewerkschaft aus der Zeit der Weimarer Republik aus dem linken Spektrum der Hitlerbewegung, ihr Leiter war der Generalsekretär der Partei GREGOR STRASSER, der mit seinen sozialistischen Ideen bereits vor der Machtergreifung zunehmend in die Gegnerschaft zu HITLER geraten war.

Wahrscheinlich ist der scharfe und offene Ton der Kritik gegenüber RUMLER als ein letztes Zucken der innerparteilichen Hitlergegner in dieser Zeit zu verstehen. Denn bereits am 30. Juni 1934 hat HITLER im Rahmen des vorgeblichen „Röhm-Putsches" dann auch seinen Rivalen GREGOR STRASSER ermorden lassen und sich damit einen seiner letzten offenen Kritiker vom Hals geschafft. Im folgenden Jahr 1935 wird die NSBO endgültig zugunsten der DAF aufgelöst. Nun wird es immer unmöglicher, interne oder externe Kritik am Hitlersystem zu äußern.

Enteignung und Ausbeutung für das Volkswohl:
Die fertiggestellte „Neue Straße" auf einer zeitgenössischen Ansichtskarte

Ein dürftiger Aufstieg

So liegen im Hitlersystem auch für einen Funktionär Tadel und Lob eng beieinander. Der interne Wettbewerb unter dem Führungspersonal ist ganz im Sinn von Hitlers darwinschen Vorstellungen von der Durchsetzung des Stärkeren im Rudel. Dazu gehört auch das Austeilen von Belohnungen. Denn nach dieser drastischen Kritik erfolgt für RUMLER umgehend die oben schon kurz angedeutete berufliche „Beförderung". Nach seinen eher dürftigen Jahren als selbstständiger Elektroinstallateur oder „-ingenieur" war er seit 1927 für das kleine Elektrizitätswerk in WEIDENBERG zuständig gewesen, das noch mit Gleichstrom aus dem Generator an der Scherzenmühle arbeitete. Doch am 1. August dieses Jahres 1934 macht ihn die Partei zum „Betriebsleiter und Vorstand der Weißmainkraftwerke Röhrenhof". Was steckt dahinter?

Ökologisches Leuchtturmprojekt in schwieriger Zeit:
Bau der Gefälleleitung des Weißmainkraftwerkes 1922-24

Dieses Wasserkraftwerk am Lauf des Weißen Mains oberhalb von BAD BERNECK erzeugt heute noch mittels einer Turbine „grünen" Wechselstrom für rd. 1.200 Haushalte, also fast so viel wie ein modernes Windrad bei Spitzenleistung, bei vergleichbarer Umweltverträglichkeit. Der wasserpolizeiliche Referent des Bezirks Berneck HANS DOHN hatte das Projekt in der schwierigen Zeit nach dem Ersten Weltkrieg mit viel Energie und Beharrlichkeit auf den Weg gebracht, der Bezirk war der Bauherr, die Ausarbeitung dieses Wasserkraftprojektes lag beim Münchener Ingenieur KARL FISCHER. Zur Finanzierung war Ende 1922 eine Aktiengesellschaft mit einem Kapital von 60 Millionen Mark gegründet worden.

Ein stattliches Turbinenhaus war zu errichten, damals noch größer als das heutige. Aufwendige Geländearbeiten waren erforderlich, um das Wasser des Mains am Einlaufwehr an der Glasermühle bei BISCHOFSGRÜN abzuzweigen und in einem über 5 km langen Kanal an das Kraftwerk heranzuführen. In einer dicken Druckgefälleleitung von 1,2 m Durchmesser und 265 m Höhenmetern stürzt dieses Wasser seit der Inbetriebnahme auf je eine Pelton-Freistrahlturbine und eine Francisturbine und erzeugt dort an den beiden angeschlossenen Synchrongeneratoren Strom mit einer Leistung von immerhin 1.380 kVA. Durch die Baumaßnahme konnten in der wirtschaftlich schwierigen Zeit etwa 1.000 Arbeitslose für zwei Jahre beschäftigt werden.

Vorher und während des Baus waren viele juristische und technische Hürden zu überwinden und hohe Auflagen zu erfüllen. Die ersten eingebauten Turbinen hatten erhebliche Konstruktionsmängel und waren schon nach kurzer Zeit unbrauchbar. Die galoppierende Inflation hatte die Baukosten ins Unermessliche steigen lassen, man hatte neues Privatkapital gewinnen müssen. Doch im Jahr 1922 konnte man schließlich eine Peltonturbine installieren, die heute noch läuft. Sie wird wohl auch ihr 100. Betriebsjahr erleben. Der Betrieb ist aber jetzt voll automatisiert. Damals bedurfte es zur Überwachung noch eines kundigen Technikers, des „Direktors".

Diesen Posten bietet der von den Nazis gelenkte Bezirk seinerzeit im Jahr 1934 GEORG RUMLER an. Der Betriebsrat der Weißmainkraftwerk Röhrenhof AG, Dr. KOLB, bestätigt nach dem Krieg, dass RUMLER „ausschließlich aufgrund seiner Stellung in der Partei" Vorstand der Gesellschaft geworden sei. RUMLER übt diesen Posten bis zum Kriegsende im Jahr 1945 aus.

RUMLER kann sich zwar nun mit einem wohlklingenden Titel schmücken, „Vorstand im Weißmainkraftwerk", doch zeigen seine bescheidenen Einkünfte die tatsächliche Armseligkeit seines neuen Amtes. Statt 170 RM im Jahr 1927 hat er nun, sieben Jahre später, ein steuerliches Einkommen von 190 RM und keine zusätzliche Aufwandsentschädigung. Der Tariflohn des einfachen Arbeiters liegt zu dieser Zeit bei 134 RM, wird allerdings, wie wir oben sahen, durch die Parteigenossen gern kräftig gedrückt. Inflationsbereinigt sind Rumlers Einkünfte kein Aufstieg, sondern ein Rückschritt. Man kann also nicht sagen, dass die Nazis alle ihre Funktionäre reich gemacht hätten, das galt allenfalls für die obersten Chargen. HITLER selbst war einer der wenigen wirklich Reichen innerhalb dieses Systems, allerdings durch eigene Leistung: Die Tantiemen aus dem Verkauf seines Buches „Mein Kampf" haben ihn zum mehrfachen Millionär gemacht. Auch GÖRING oder BORMANN schwammen im Geld, hatten es aber teils ererbt, teils erheiratet. Aber viele Leitende in der freien Wirtschaft waren auch damals reicher als die übrige Nazi-Führungselite.

RUMLER war sich der Dürftigkeit seines Postens als „Kraftwerksdirektor", mit dem er für seine Ehrenämter als Bürgermeister und Ortsgruppenleiter alimentiert wurde, wohl bewusst. Er vergisst deshalb in seinen Erinnerungen vor der Spruchkammer auch nicht zu erwähnen, dass er eigentlich zu Höherem berufen gewesen sei. Sein Mentor Gauleiter SCHEMM habe ihn eines Tages nach BAYREUTH vorgeladen und ihm eröffnet, dass er als Regierungsrat nach MÜNCHEN kommen solle, was er aber ablehnt habe. Er nennt keine Gründe.

Ob diese Geschichte also überhaupt stimmt, oder ob es sich um eine weitere der typischen „Rumler-Anekdoten" handelt, mit denen er sich fortwährend ins rechte Licht zu setzen sucht, bleibt naturgemäß ungeklärt. Deutlich wird einmal mehr, dass sich RUMLER als einen Idealisten darstellen will, der sich opferbereit ganz in den Dienst der Nazisache in WEIDENBERG stellt und der deshalb eine mögliche Berufungen in höhere Ämter ablehnt: *„Die Arbeit war so groß, dass ich mich mit anderen Sachen nicht mehr beschäftigen konnte. Ich habe mehr oder weniger nur als Bürgermeister gehandelt."*

Doch beschäftigt RUMLER für seine dienstliche Tätigkeit als Ortsgruppenleiter und Bürgermeister nun auch eine Sekretärin, MARGOT BEILOT. Sie ist verheiratet und wohnt zur Untermiete im Haus der Mühlenbesitzer LÖFFLER, heute Lindenstr. 3. Mit dieser Familie LÖFFLER war RUMLER auch auf persönlicher Ebene eng verbunden, manche sagen: als „Verehrer". Nach dem Krieg hat die Exsekretärin einen Konflikt mit SCHILLER. Er möchte sie dazu bringen, gegen RUMLER aussagen, nämlich dass RUMLER in der Nazizeit bewusst gegen SCHILLER gearbeitet habe. Doch sie erweist sich auch nach der Nazizeit noch als treue Gefolgsfrau und lehnt Schillers Ansinnen ab. Sie sieht sich deshalb Pressionen von Schillers Seite ausgesetzt.

Als sich dann unmittelbar nach dem Krieg die Parteien CSU und SPD neu bzw. wieder gründen, kocht ein aufsehenerregendes Machtspiel hoch. Denn SCHILLER kandidiert damals für die SPD um das Amt des Bürgermeisters. Da ist diese Geschichte vom intriganten SCHILLER für die machthungrige CSU ein gefundenes Fressen. Sie lässt sich vom immer noch fanatischen Altnazi RUMLER, der nichts aus seiner braunen Nazivergangenheit gelernt hat, gegen SCHILLER munitionieren. SCHILLER gewinnt diese Wahl. Aber die CSU unterlässt seitdem nichts, um ihn in ein schiefes Licht zu rücken; mit aller Kraft und vielen Intrigen drängt sie ihn schließlich aus dem Amt.[62]

---

[62] Alles nachzulesen u.a. im Spruchkammer-Akt CHR. SCHILLER, CSU-Beschwerden, Bd. 6-23, vergl. die 6. Folge des Projektes ‚Myrten für Dornen': „Mit Ost-Spionen und alten Seilschaften zum neuen Aufbruch? …"

Nazi-Selbstdarstellung zu Hindenburgs Tod

RUMLER ist seit Mai 1933 ehrenamtlicher Erster Bürgermeister der Gemeinde. Seit diesem 1. August 1934 ist er nun also hauptberuflich als „Kraftwerksdirektor" in Amt und Würden. Gleich anderentags lenkt ein viel beachtetes Ereignis die Aufmerksamkeit aller Deutschen quer über alle politischen Einstellungen hinweg auf sich und gibt auch RUMLER und seiner örtlichen NSDAP eine weitere Gelegenheit zur Selbstdarstellung: Die Nachrichten vermelden den Tod des amtierenden 86-jährigen Reichspräsidenten PAUL VON HINDENBURG.

Ihm hatte HITLER ja im Januar 1933 seine Berufung zum Kanzler zu verdanken. Und obwohl ja V. HINDENBURG den „kleinen Gefreiten" HITLER stets verachtete und ihm nicht mehr als die Leitung eines Postministeriums zugetraut hatte, hatte sich HITLER ihm gegenüber doch stets ganz devot verhalten, um so die Gunst der Stunde für seine der Machterweiterung zu nutzen.

Bereits der „Tag von Potsdam" am 21. März 1933 hatte HITLER die erste Gelegenheit gegeben. Er hatte den Reichspräsidenten missbraucht, um die alten kaiserlichen Eliten für sich zu gewinnen. Nun, mit Hindenburgs Tod, erklimmt HITLER eine weitere gewaltige Stufe. Sehr geschickt lässt er dem immer noch in ganz Deutschland hoch Verehrten alle erdenklichen Ehren zukommen, mit dem Hintergedanken, seine eigenen machtpolitischen Ziele zur Vollendung der Diktatur emotional durchzusetzen. Im sog. Hindenburg-Turm des 1927 errichteten Tannenbergdenkmals im westlichen Masuren wird HINDENBURG in Anwesenheit Hitlers und seiner Entourage und einer gewaltigen Menge Militär am 7. August 1934 beigesetzt. HITLER vergisst dabei nicht, die Geschichte Deutschlands zu beschwören, das ja im Ersten Weltkrieg dank solcher Leute wie V. HINDENBURG „im Felde und auf See unbesiegt" geblieben und nur durch den „Dolchstoß" seiner jüdischen und marxistischen Feinde untergegangen sei.

Hitlerrede für den toten Helden: *Beisetzung v. Hindenburgs im Tannenbergdenkmal am 7. August 1934*

Willkommene Gelegenheit zur Selbstdarstellung: *Die aktiven Weidenberger Nazis, aufgereiht auf dem Obermarkt am 7. Aug. 1934 zum Gedenken an die Beisetzung des Reichspräsidenten Paul v. Hindenburg*

Zu Ehren des Verstorbenen lässt Hitler am Tag der Beisetzung im ganzen Deutschen Reich um 11:45 Uhr für eine Minute den gesamten Verkehr ruhen. In allen Betrieben wird ebenfalls für eine Minute die Arbeit niedergelegt. An allen Orten finden „Trauerkundgebungen“ statt. Die deutsche Reichsregierung beschließt eine Amnestie für „geringfügige Straftaten“. Sie kommt hauptsächlich nationalsozialistischen Straftätern zugute, die in der „Kampfzeit“ blutige und zum Teil tödliche Angriffe auf ihre Gegner unternommen haben.

Auch die Weidenberger Nazis halten sich an die Parteianweisungen und nutzen die Gelegenheit zur Selbstdarstellung. Sie halten eine große Kundgebung auf dem Marktplatz vor dem Gasthof Vogel ab. Die NSDAP hat alle Bürger Weidenbergs eingeladen und marschiert selbst mit großem Gefolge aus allen Altersgruppen auf. Die Gasthaustreppe dient wieder einmal als „Kanzel“ für die weihevollen Reden. Etwa 210 Teilnehmer zählen die anwesenden Weidenberger NS-Gruppierungen von der SA, NSKK, HJ und BdM und dokumentieren so etwa die Stärke der Hitlerbewegung in Weidenberg zu diesem Zeitpunkt.

Bereits am Tag vor Hindenburgs Tod hat Hitler die Weichen zur endgültigen Machtverteilung in Deutschland neu gestellt. Als „Führer und Reichskanzler“ will er

Ende der gemeinsamen Regierung: *HITLER und FRANZ V. PAPEN*

jetzt das Amt des Reichspräsidenten mit übernehmen, das ihm HINDENBURG zwei Jahre zuvor noch als Kandidat von Mitte-Links streitig machen konnte. Unverfroren hatte sich HITLER zum greisen Hindenburg im Angesicht des nahen Todes an dessen Sterbebett begeben, um mitleidlos seinen Anspruch auf die Nachfolge zum Ausdruck zu bringen.

Nun, nach Hindenburgs Ableben, lässt sich HITLER zugleich auch zum Oberbefehlshaber über die Wehrmacht ausrufen; diese Gesamtheit der Streitkräfte im nationalsozialistischen Deutschland wird künftig auf ihn persönlich vereidigt. Der Hasardeur HITLER hat ein weiteres Vabanque-Spiel gewonnen.

HITLER überreicht seinem bisherigen Vizekanzler FRANZ VON PAPEN die noch von Reichspräsident PAUL VON HINDENBURG unterzeichneten Urkunden der Enthebung vom Amt als Reichsminister und Vizekanzler; VON PAPEN darf nun als außerordentlicher Gesandter und bevollmächtigter Minister in besonderer Mission in WIEN tätig sein. Das Amt des Vizekanzlers bleibt von jetzt an unbesetzt.

HITLER regiert nun allein. Er hat eine omnipotente Stellung als Staats-, Regierungs-, Partei- und Militärchef erlangt. Durch eine „Wahl" am 19. August lässt er sich in ganz Deutschland eindrucksvoll legitimieren: Nahezu 90 Prozent der Wählerinnen und Wähler stimmen ihm zu. Seitdem schreitet er bis in den Krieg hinein in geradezu unheimlicher Weise von Sieg zu Sieg. Der Rückhalt des nationalsozialistischen Regimes in der breiten Bevölkerung wächst stetig und ist auch in WEIDENBERG zweifellos enorm. Die Verehrung des „Führers" nimmt hier wie überall geradezu mythische Züge an.[63]

Das Ende des alten frei gewählten Gemeinderates in Weidenberg

Gleich am Tage nach der Volksabstimmung 1934 lässt HITLER eine Verordnung erlassen, nach der nun auch jeder Beamte einen Eid auf den „Führer" ablegen muss. Zu solchen „Beamten" werden nun auch alle Glieder des Gemeinderates gezählt. Sie sind aber jetzt nicht mehr demokratisch gewählt, sondern durch die örtliche Parteispitze in Gestalt des Ortsgruppenleiters berufen. Damit wird zugleich das Ende der alten demokratischen Gemeindestrukturen eingeläutet.

---

[63] Vergl. dazu das Kapitel „Als Hitlers Gottheit infrage stand ..." in der 4. Folge des Projektes ‚Myrten für Dornen'.

Der Niedergang der letzten demokratischen Bastion zieht sich bis zum Jahr 1935 hin. Bereits im „Vorläufigem Gesetz zur Gleichschaltung der Länder mit dem Reich" vom 31. März 1933 waren die Gemeinderäte dem Totalitätsanspruch der Nationalsozialisten unterstellt worden. Im ersten Anlauf waren die bisherigen Bürgermeister durch zuverlässige Nazis ersetzt und die Gemeinderäte aufgelöst und neu gebildet worden. Dabei sollten die Mehrheitsverhältnisse sich nach dem Ergebnis der Reichstagswahl vom 5. März 1933 richten. Die zukünftige Größe des Gemeinderates für WEIDENBERG war zunächst auf 12 Personen festgelegt worden.

Mit seinem Amtsantritt als neuer Bürgermeister von Gnaden der Partei im Mai 1933 hatte RUMLER diesen Umbau im Gemeinderat vorgenommen und zwei Drittel der gewählten Mitglieder durch vermeintlich zuverlässige Nazis ersetzt. Weitere Veränderungen werden nun im Sommer 1934 vorgenommen. Sie spiegeln sich in den oben beschriebenen radikalen Entscheidungen in der Grundstücksache gegen SCHILLER wider. In den Personalwechseln wird auch eine tiefe Erregung der bisherigen Mitglieder über den Verlust der demokratischen Selbstbestimmung spürbar. Manche Gemeinderäte sind unter Protest zurückgetreten, anderen hat RUMLER zu verstehen gegeben, dass er mit ihnen nicht zusammenarbeiten will. Dabei trifft es sogar Parteifreunde, auch Nazis der ersten Stunde, die offenbar zu verspäteten Einsichten über die Bosheit des Systems gekommen sind, sie werden nun zwangsweise entfernt.

In den Beschlussprotokollen des Gemeinderats spiegelt sich nur wenig von der einschneidenden Dramatik dieses Machtwechsels wider, die Verschleierungsstrategie der Nazis beginnt ja sehr früh. Außerdem waren alle Ebenen damals angehalten, strengstes Stillschweigen und Vertraulichkeit über die Geschehnisse zu wahren. Aber es gibt doch Quellen, die bei unseren Recherchen weiterhelfen. So hat Rumlers Gegner CHRISTIAN SCHILLER unmittelbar nach dem Krieg, in seiner Eigenschaft als Gemeinderat und zunächst Zweiter, dann Erster Bürgermeister, einige persönliche Aufstellungen des Ortsgruppenleiters und Bürgermeisters bei den wenigen erhaltenen Gemeindeakten aufgefunden und sichergestellt. Danach hat RUMLER folgende Veränderungen vollzogen:

Von den bisherigen 12 Gemeinderatsmitgliedern entlässt RUMLER acht und ersetzt sie durch Parteigenossen. Neu sind zunächst die NSDAP-Mitglieder Bauunternehmer HEINRICH DUMBACH, Hs.-Nr. 30, Kantor und Organist OTTO FREY, Hs.-Nr. 6, KfZ-Handwerksmeister HANS KIEßLING, Hs.-Nr. 73, Zementwarenhändler HEINRICH RIESS, Hs.-Nr. 210b, Land- und Gastwirt ADAM STOLL, Hs.-Nr. 109, Maurermeister und Kolonial- und Korbwarenhändler GEORG VOGEL, Hs.-Nr. 183, und Wagnermeister KONRAD WILL, Hs.-Nr. 90.

Den bisherigen Gemeinderat und Schmiedemeister KONRAD RUCKDESCHEL,

Zum II. Bürgermeister gemacht: *Altnazi KONRAD RUCKDESCHEL, Rumlers rechte Hand*

Hs.-Nr. 216, einen seiner treuesten Anhänger seit der ersten Stunde, hat RUMLER nun zum Zweiten Bürgermeister gemacht. Kaminkehrermeister HEINRICH SEYß soll als Gemeinderat auch weiterhin die Gemeindekasse führen.

Diese Gemeinderäte sollen nun nicht mehr entscheiden, sondern nur noch beraten; ihre Hauptaufgabe soll die Beobachtung der Stimmung und Linientreue der Bevölkerung sein, sie sollen also für die Partei als Spitzel und Zuträger dienen, ähnlich wie später in der DDR die „informellen Mitarbeiter" IM.

Doch auch in diesem neuen Gemeinderat, der ja nur noch aus Nazi-Parteigängern besteht, sind, wie oben gezeigt, einige Mitglieder mit Rumlers Vorgehen nicht einverstanden. So schrumpft nach den Turbulenzen vom Sommer 1934 die Schar weiter. Nach SIGMUND PÖHLMANN ist auch MICHAEL PONATER „Wackelkandidat". HANS ELBEL verlässt die Gemeinde ganz. Als am 20. August 1934 die Gemeinderäte als „Beamte" des Marktes Weidenberg vereidigt werden sollen, sind es zunächst nur noch neun: HEINRICH DUMBACH, OTTO FREY, HANS KIEßLING, HEINRICH RIESS, HEINRICH SEYß, KONRAD RUCKDESCHEL, ADAM STOLL, GEORG VOGEL und KONRAD WILL. Sie legen den vorgeschriebenen neuen Eid auf den „Führer" ab:

Ich schwöre: Ich werde dem Führer des Deutschen Reiches und des Volkes, Adolf Hitler, treu und gehorsam sein, die Gesetze beachten und meine Amtspflichten gewissenhaft erfüllen, so wahr mir Gott helfe.

Es fällt auf, dass in der Hitlerzeit die „religiöse Formel" der Eidesleistung ohne jedes Bedenken Anwendung findet und dass sie hier auf Gemeindeglieder angewendet wird, die im klassischen Sinn gar keine Beamten sind. Es soll in einem ultimativen Sinn eine Bindung der Verantwortung tragenden Bürger an den gottgleichen Führer ADOLF HITLER hergestellt werden.

Doch mit diesem Umbau ist die schwerwiegende Krise für den Gemeinderat noch nicht beendet. Das Jahr 1935 kündigt noch viel tiefere Einschnitte in die alten demokratischen Strukturen an. Es ist das Jahr, in dem die Nazis ihre Herrschaft endgültig durchsetzen und festigen und dabei auch das alte Modell von demokratischer Gemeinderatsarbeit in den Kommunen endgültig beerdigen (s.u.).

Neue Ämter für den Ortsgruppenleiter

Im Jahr 1935 übernimmt RUMLER über seine Ämter des Kreisschulungsleiters und Kreisredners hinaus weitere überörtliche Funktionen. So wird er Mitglied bei der

Nationalsozialistischen Volkswohlfahrt NSV und Kreisobmann im Deutschen Gemeindetag, der seine Zentrale in BERLIN hat.

Der „Deutsche Gemeindetag“ ist die Zwangsgemeinschaft, welche die Nazis allen Kommunen seit Mai 1933 verordnet hat, er löste die freiwilligen Zusammenschlüsse von Städten und Gemeinden ab.

Diese Arbeitsgemeinschaft der Bürgermeister soll die NS-Politik auf kommunale Ebene übertragen und der NSDAP helfen, gegebenenfalls auch unpopuläre Maßnahmen des Regimes durch kommunalpolitische Initiativen umzusetzen. Da die Nazis sich bei der Bevölkerung beliebt machen wollen und eine hohe Zustimmung zu erreichen versuchen, geht es ihnen nicht darum, negative Stimmungen zu unterdrücken. Sie wollen vielmehr von solchen Stimmungen rechtzeitig erfahren, um dann mit geeigneten populistischen Maßnahmen gegenzusteuern. Bei diesen Stimmungsanalysen erfüllen nun die Kommunalverwaltungen eine wichtige Brückenfunktion, sie stehen ja in engem Kontakt mit der Bevölkerung und erfahren deren Reaktionen – zustimmender wie ablehnender Art – unmittelbarer als jede andere Behörde. So sollen sie auch mitwirken, den Durchhaltewillen und die Moral der Bevölkerung zu steigern.

Es fällt auf, dass viele Kommunen die Ziele nationalsozialistischer Politik bei der Ausrichtung ihrer Bevölkerung weitaus radikaler verfolgen, als es die NS-Führung verlangt. Gerade bei der Judenverfolgung in den folgenden Jahren zeigt sich dann, dass viele Städte und Gemeinden geradezu in vorauseilendem Gehorsam handeln: Insbesondere gegenüber jüdischem Eigentum zeigen sie sich außerordentlich einnehmend und eignen sich jüdischen Besitz oft zu Spottpreisen an.

In WEIDENBERG gibt es in dieser Hinsicht nichts zu tun, es gibt anscheinend zu der Zeit keine jüdischen Geschäfte und Firmen oder überhaupt jüdische Einwohner. Aber mit Genugtuung stimmt RUMLER doch den Maßnahmen gegen Juden zu. Er abonniert später, am Höhepunkt der antisemitischen Ausschreitungen zu Anfang des Jahres 1939, das wöchentlich erscheinende antijüdische Hetzblatt „Der Stürmer“ gleich in fünf Exemplaren, also zum Weitergeben an seine Mitarbeitern, zu je 84 RPfg, also zum stolzen Preis von über 5 € pro Stück, Sonderausgaben auch für 20 Pfennig. Er be-

Preis 20 Pfennig

Stürmer

Sonder-Nummer

Wochenblatt zum Kampfe um die Wahrheit

HERAUSGEBER: JULIUS STREICHER

Nürnberg, im Januar 1936

1936

Alfred Fabian

Ein Bolschewik als Kulturlieferant der Geistlichkeit

Lebensweg eines jüdischen Großverbrechers

Fabian der bolschewistische Volkskommissar

In der Verbrecherwelt Berlins

Ein Jude als Besitzer der St. Benno-Bildkammer in Dresden

Ein seltsamer Tauf-Unterricht

Rassenschande ohne Ende

Infizierung deutscher Frauen

Kirchliche und Spezial-Filme

Im Konzentrationslager zu Kislau

Das Märchen vom anständigen Juden

Die Juden sind unser Unglück!

Alle 7 Tage neue Judenhetze für 20 Pfennig: *„Der Stürmer“*

kommt dafür eine persönlichen Danksagung der Nürnberger Verlagsleitung: *„Wir freuen uns, dass auch Sie mithelfen, Ihrer Gemeinde das Wissen vom Juden durch den „Stürmer" zu vermitteln. Damit haben Sie sich eingereiht in die Kampffront gegen Alljuda, den größten Massenmörder aller Zeiten."*

RUMLER vermerkt später mit Befriedigung, dass der ganze Gau BAYREUTH „judenfrei" sei; andere hatten hier inzwischen ganze Arbeit geleistet. Dagegen gibt es beim Aushorchen der Bürger in WEIDENBERG noch einigen Handlungsbedarf.

Ausbildung in der „Reichsschule Bernau"

Um sich für seine neuen und zukünftigen Parteiaufgaben fit zu machen, nimmt RUMLER vom 10. Februar – 2. März 1935 an einem dreiwöchigen Lehrgang der „Reichsschule" BERNAU bei BERLIN teil. Es ist der 14. Lehrgang, den die Nazis seit der Machtergreifung in diesen noch recht neuen und großzügigen Gebäuden abhalten. Sie haben die Anlagen dem Allgemeinen Deutschen Gewerkschaftsbund ADGB vier Monate nach der Machtergreifung weggenommen. Auch das ist eine ganz eigene Unrechtgeschichte, an der RUMLER jetzt Anteil bekommt.

Denn die 1928-30 errichteten Anlagen im sachlichen Bauhaus-Stil waren bis 1933 ein Stolz der alten Arbeiterbewegung gewesen und repräsentierten ein Stück Gewerkschaftsgeschichte. Als die Gewerkschaftler merkten, dass die Nazis keine freie Organisation neben sich duldeten, hatten sie sich für die Nazis geöffnet und ihre bisherige Bindung an die politischen Ziele der SPD gelöst. Außerdem vertrauten sie den vollmundigen Reden, mit denen HITLER die Bekämpfung der Arbeitslosigkeit versprach. Deshalb hatten sie sich auch noch am 1. Mai 1933 bereitwillig für die Mitgestaltung der Feierlichkeiten zum „Tag der nationalen Arbeit" angeboten. Sie hatten mit der Anerkennung dieses Tages als Feiertag eine langersehnte Gewerkschaftsforderung scheinbar erfüllt gesehen, nämlich endlich einen eigenen gesetzlichen Staatsfeiertag unter Lohnfortzahlung zu bekommen. Blind waren die Gewerkschaftler und Arbeiter zu Hunderttausenden zu den Veranstaltungen der Nazis geströmt. Sie hatten ihren Reden geglaubt, die eine Erfüllung weiterer sozialer Forderungen versprachen. Sie hatten gar nicht registriert, wie sehr die Nazis in Wahrheit, wie oben klar gezeigt, Ausbeuter der Arbeiter waren.

Doch zeitlich parallel zu den Vorbereitungen der Maifeiern hatten die Nazis bereits mit der gewaltsamen „Gleichschaltung" der Gewerkschaften und ihrer Einrichtungen begonnen. Denn sie hatten befürchtet, dass die Arbeiterschaft sich vielleicht gegen ihre Vereinnahmung wehren würde, und wollten deshalb alle Arbeiterorganisationen möglichst rasch ausschalten. Kaum war die Maifeier vorbei, hatten Hitlers Parteiarmee SA und die oben genannte „NSBO" mit ihren Nazianhängern in einer präzise vorbereiteten Aktion alle wichtigen Einrichtungen des Allgemeinen

Deutschen Gewerkschaftsbundes besetzt, dessen Vermögen beschlagnahmt, ihre führenden Funktionäre in „Schutzhaft" genommen und sie in die ersten Nazi-KZs, wie ORANIENBURG verbracht.[64] Alle anderen Gewerkschaften, wie der DGB, waren bis Ende Juni 1933 in die neu gegründete Deutsche Arbeiterfront (DAF) der Nazis eingegliedert worden.

Enteignete Gewerkschaftsgebäude: *Lehrgangsteilnehmer der Reichsschule Bernau marschieren vor dem Swimmingpool*

Zu den bedeutendsten Einrichtungen des ADGB zählte die Bernauer Gewerkschaftsschule, an der RUMLER nun im Jahr 1935 seinen Nazi-Lehrgang macht, sie galt als ein Musterbeispiel der damals modernen „Bauhausarchitektur". Die zahlreichen Gebäudekomplexe liegen noch heute unzerstört idyllisch auf einem riesigen

[64] Bereits zur Zeit des Ersten Weltkrieges, im Jahr 1915, hatte die Reichsregierung im Ruhrgebiet ein „Konzentrationslager" für internierte polnische Arbeiter der Fa. Krupp eingerichtet. Ihm folgten noch unmittelbar nach diesem Krieg etliche Internierungslager und provisorische Gefängnisse für deportierte Zwangsarbeiter, Kriegsgefangene und politische „Schutzhäftlinge". Zur massenhaften Sammlung von jüdischen Migranten aus Osteuropa zur Ausweisung wurden im Jahr 1920 drei „Konzentrationslager", u.a. in Ingolstadt, eingerichtet.

Die Nationalsozialisten errichteten dann im ersten Jahr ihrer Herrschaft praktisch flächendeckend in ganz Deutschland insgesamt zehn „wilde" Konzentrationslager, die unter Leitung der SA standen. Hier waren im März 1933 rd. 100.000 Regimegegner eingesperrt. KZ-Häftlinge unterlagen der sogenannten „Schutzhaft", die in der Regel ohne konkreten Tatvorwurf und ohne Beteiligung der Justizorgane verhängt wurde. Dem ersten, am 13. März 1933 errichteten, KZ Dachau – damals noch als „KL" abgekürzt – folgte bereits am 21. März des gleichen Jahres Oranienburg nördlich von Berlin. Hier hatte die örtliche SA-Standarte 208 vierzig Kommunisten der Umgebung in den verlassenen Räumen einer ehemaligen Brauerei festgesetzt. Dieses KZ Oranienburg bekam in den folgenden Monaten eine Schlüsselstellung bei der Verfolgung Oppositioneller aus der Reichshauptstadt.

Grundstück außerhalb von BERNAU in einer Kiefernwaldlichtung mit einem kleinen See in einer ruhigen eiszeitlichen Moränenlandschaft.

Um die bisher dort residierenden Gewerkschaftsmitarbeiter „weichzukochen", hatten große SA-Verbände hier vorher immer wieder Überfälle unternommen, Schüler verschleppt und die Heimleitung schikaniert. Doch seit 16. Juni 1933 waren diese großzügigen Gebäude und Anlagen nun fest in der Hand von NSDAP und DAF und dienten als „Reichsführerschule" für Parteischulungszwecke, so wie sie RUMLER dann bereits acht Monate später persönlich erlebt. Ab 1936, also im Folgejahr nach seinem Kurs, etabliert sich hier das Ausbildungszentrum für Angehörige der SS, des Sicherheitsdienstes (SD) und der Gestapo. Im Sommer 1939 üben hier Einheiten der SS den „polnischen Überfall auf den Sender Gleiwitz" – den fingierten Anschlag, der den Nazis als Vorwand für den Krieg gegen Polen dienen sollte.

Hier in BERNAU wird RUMLER mit der neuen „Gemeindeordnung" vertraut gemacht, die das alte demokratische System der Gemeindeverwaltung endgültig außer Kraft setzt. Er erhält das Rüstzeug, um dann gleich anschließend den letzten radikalen Umbau der Weidenberger Gemeindeverwaltung vorzunehmen.

5. Das Ende der Demokratie in Weidenberg

Mit der neuen „Deutschen Gemeindeordnung" stirbt die Demokratie endgültig

Grundlage der Verwaltung aller Städte und Gemeinden ist nun die „Deutsche Gemeindeordnung" vom 30. Januar 1935. Laut ihrer Präambel will sie als neues Grundgesetz des nationalsozialistischen Staates verstanden werden. Auf dem von dieser Gemeindeordnung „bereiteten Boden wird sich der Neubau des Reiches vollenden," so verkündet diese Präambel vollmundig.

Die Losung der Nazis, unter der sie seit ihrer Machtergreifung ihre Ideale einer vereinheitlichten Nation und der „Volksgemeinschaft" durchsetzen wollen, *„ein Volk – ein Reich – ein Führer"*, ist mit der Gemeindeordnung erstmals in ein Gesetz gegossen; unter dieser Losung wird drei Jahre später auch der Anschluss Österreichs vollzogen. Gemeinschaft müsse vor das Einzelschicksal gestellt werden; Gemeinnutz müsse vor Eigennutz treten; „die Besten des Volkes" müssten führen; in der „wahren Volksgemeinschaft" müsste auch der letzte „willige" Volksgenosse das Gefühl der Zusammengehörigkeit finden, so lauten die pathetischen Parolen dieses „Grundgesetzes".

Die Auswirkungen der „Gemeindeordnung" sind enorm: Sie schafft das vielgliedrige Gemeindeverfassungsrecht der deutschen Länder ab und ersetzt es durch eine zentralistische Regelung, die nun für das ganze Deutsche Reich gelten soll. Die absolute Stellung der NSDAP und das Führerprinzip sind seitdem gesetzlich verankert, und alle demokratischen Elemente, wie Wahlen zu den Ämtern des Bürgermeisters oder der Gemeinderäte sind ebenso aufgegeben, wie Abstimmungen im Gemeinderat.

Damit endet nach über 125 Jahre für WEIDENBERG auch kommentarlos das alte bayerische Gemeinderecht, das sich mit dem Königtum seit 1808 entwickelt hatte. Es hatte stufenweise bis zu einem ersten Höhepunkt im Jahr 1927 die gemeindliche Selbstverwaltung entwickelt. Stadt- und Landgemeinden waren verfassungsrechtlich gleichgestellt; zunehmend waren demokratische Grundsätze auf der kommunalen Ebene zum Tragen kommen; in allgemeinen, geheimen, gleichen und unmittelbaren Wahlen, an denen nun auch die Frauen Teilhabe hatten, waren in dieser Zeit die Mitglieder bestimmt worden; der Gemeinderat hatte mittels Bürgerentscheid sogar abberufen werden können. Seitdem hatte mit Art. 16 gegolten: „Der Gemeinderat vertritt die Gemeinde und verwaltet ihre Angelegenheiten".

Gegenüber dieser gewachsenen lupenreinen Demokratie vollziehen die Nazis einen Riesenschritt rückwärts. Nachdem sie bereits im ersten Jahr ihrer Herrschaft 1933 mit ihren Gleichschaltungsgesetzen dem Gemeinderat viele Rechte entzogen hatten, wird er mit der „Gemeindeordnung“ von 1935 nun vollends entmachtet und jegliche kommunale Selbstverwaltung beendet. Der Gemeinderat ist zwar formal nicht „abgeschafft“, es gibt ihn auch bis Kriegsende weiter. Seine Mitglieder aber sind nun von oben her durch die Parteibeauftragten bestimmt und nicht mehr von den Bürgern gewählt, und sie besitzen in ihrem Gremium auch kein Stimmrecht mehr. Sie sollen die Stimmung in der Bevölkerung erkunden; sie sollen den Bürgermeister lediglich „beraten“; und sie sollen für die parteigelenkten Maßnahmen des Bürgermeisters „Verständnis schaffen“.

Dieser „Gemeinderat“ besteht jetzt nur noch aus handverlesenen Nazis. Dem Parteiziel „Kooperation statt Konfrontation“ entsprechend sollen die Mitglieder ein gewisses Vertrauen in der Bevölkerung genießen, müssen aber durchwegs Mitglieder der NSDAP sein. Ihr Amt ist ein „Ehrenamt“, zu dem man berufen wird und das man nur unter besonderen Umständen ablehnen darf. Das macht es auch problematisch, die Mitwirkenden in solchen Gemeinderäten im Nachhinein pauschal zu verurteilen. Allenfalls, indem sie ihre Parteimitgliedschaft aufgegeben hätten, was ja durchaus möglich war, hätten sie sich einer Berufung entziehen können. Wenn sich aber Partei-Kandidaten bei der Mitwirkung verweigerten, sollte der Ortsgruppenleiter notfalls Druck ausüben.

Die Einsetzung in die jeweiligen Ämter erfolgt also nach dem Führerprinzip von oben nach unten. In Gemeinden über 10.000 Einwohnern ist der Bürgermeister hauptamtlich bestellt und wird je nach Ortsgröße absteigend vom Reichsminister des Inneren, dem Reichsstatthalter oder dem Regierungspräsidenten unter drei Kandidaten ausgewählt und berufen; er amtiert auf 12 Jahre. In kleineren Gemeinden wie WEIDENBERG wird der Bürgermeister vom Landrat auf Vorschlag des Vorsitzenden der Ortsgruppe, also in unserm Fall von RUMLER in Personaleinheit, berufen und übt sein Amt ehrenamtlich auf sechs Jahre aus.

Dieser Bürgermeister ist nun zugleich der örtlich Verantwortliche auf der Leiter der Führer-Hierarchie, er beruft persönlich die „Gemeinderäte" auf sechs Jahre. Dabei soll er insbesondere auf die politische Zuverlässigkeit als Nationalsozialisten, persönliche Eignung für das Amt und den Leumund der Berufenen achten. Es sollen Persönlichkeiten berücksichtigt werden, deren Wirkungskreis in der Gemeinde das besondere Ansehen oder die Eigenart dieser Gemeinde hervorhebt oder die das gemeindliche Leben wesentlich beeinflussen. Sie sollen *„die dauernde Fühlungnahme der Verwaltung der Gemeinde mit allen Schichten der Bürgerschaft sichern"*.

Wichtige Angelegenheiten der Gemeinde soll der Bürgermeister mit den Gemeinderäten auch weiterhin beraten. Eine Abstimmung der Gemeinderäte findet aber nicht statt, der Bürgermeister entscheidet grundsätzlich autoritär und alleinverantwortlich. Über den Inhalt der Beratung soll er eine Niederschrift aufnehmen und auch abweichende Äußerungen (!) der Gemeinderäte festhalten.

Das offizielle Beschlussbuch des bisherigen beschließenden Gemeinderates WEIDENBERG endet mit dem 1. April 1935, danach enthält dieses Buch leere Blätter bis zum Wiederbeginn der demokratischen Gemeinderatsarbeit im Jahr 1946. Für den 20. Febr. 1946 ist in dieses Buch die erste Sitzung des ersten neu gewählten Gemeinderates nach dem Krieg eingetragen. Sie steht jetzt unter Leitung von Bürgermeister SEILER, den die Amerikaner eingesetzt haben, und von CHRISTIAN SCHILLER als Zweitem Bürgermeister, den die Mehrheitsfraktion der SPD vorgeschlagen hat. Die Hauptpunkte dieser ersten Sitzung sind die „Verpflichtung des neuen Gemeinderats durch den Bürgermeister" und eine fällige „Vermögens-Übersicht".

Es wird dann noch drei weitere Jahre dauern, bis mit dem Inkrafttreten des deutschen Grundgesetzes am Tage seiner Verkündung, dem 23. Mai 1949, eine neue demokratische Ordnung in Deutschland beginnt. Und diese vier ersten Nachkriegsjahre werden auch in WEIDENBERG, wie in ganz Nachkriegsdeutschland, zu einem der chaotischsten und kompliziertesten Abschnitte der deutschen Geschichte werden.[65]

---

[65] Vergl. dazu das Kapitel „Mit Ost-Spionen und alten Seilschaften zum neuen Aufbruch? - – Die Entnazifizierung 1946-48 und der holperige Neustart der Parteien-Demokratie in Weidenberg" in der 6. Folge des Projektes ‚Myrten für Dornen': „Untergehen und Aufstehen – Der Alltag unter Kriegsbedingungen und das Danach".

Zurück in das wichtige Jahr 1935. Nach den Bestimmungen der Gemeindeordnung der Nazis legt Bürgermeister RUMLER in diesem Jahr nun ein „Beratungsbuch" an. Es enthält, ähnlich wie in den bisherigen Gemeinderatsprotokollen, die Daten der Besprechungen, die Namen der Teilnehmer und die Beratungsgegenstände. Demnach findet die erste Sitzung dieses nunmehr nur noch beratenden Siebener-Gemeinderates am Montag, dem 1. April 1935, unter Leitung von Bürgermeister RUMLER statt. An ihr nehmen die beiden Beigeordneten RUCKDESCHEL und KIEßLING teil, dazu die beratenden Mitglieder DUMBACH, FREY, RIEß, SEYß, STOLL, VOGEL und WILL.

In der Regel finden diese Beratungssitzungen monatlich statt. Die jeweiligen Wochentage wechseln aber. Der 13. Juli 1935, an dem die neue Hauptsatzung beraten wird, ist ein Samstag. Die letzte Sitzung vor Kriegsende ist am Montag, 9. Oktober 1944. An ihr nehmen neben RUMLER die Herren RUCKDESCHEL, FREY, RIEß und VOGEL teil.

RUMLER, der sich in den ersten beiden Jahren seiner Herrschaft noch vor seinen Gemeinderäten verantworten musste und dabei manchen Konflikt erlebt hat, wie etwa beim Bau der „Neuen Straße", dürfte ziemlich aufgeatmet haben, dass in seine Entscheidungen nun niemand aus der Gemeinde mehr hineinreden konnte. Doch auch der allmächtige Ortsgruppenleiter ist in seinem Handeln nicht ganz frei. Denn die übergeordnete Aufsichtsbehörde ist für ihn der Landrat, der natürlich ebenfalls ein Nazifunktionär ist. Sein Amt steht aber in den „Parallelstrukturen" des Nazisystems in einem gewissen Spannungsverhältnis zum Parteiamt des Gauleiters. Man kann, wenn es opportun erscheint, den einen gegen den anderen ausspielen. Und zu diesem Gauleiter SCHEMM hat ja RUMLER von Anfang an einen guten Draht. SCHEMM hat ihn ja 1929 in sein Amt als Ortsgruppenleiter eingesetzt.

Trauersitzung für den „Paten"

Hitlers Gemeindeordnung, welche die Demokratie endgültig abschafft, soll ab 1. April 1935 überall in Deutschland umgesetzt werden, sie wird später auch in fast allen „angegliederten" und im Krieg besetzten Gebieten Europas flächendeckend eingeführt. Nach Kriegsende ist diese Gemeindeordnung auch noch in den deutschen Ländern der Bundesrepublik in modifizierter Form bis in die 50-er Jahre hinein gültig.

Die letzte Sitzung des beschließenden „alten" Gemeinderates am 12. März 1935 erhält im Weidenberger Protokoll den Vermerk „Trauersitzung". Wir dürfen aber nicht meinen, hier wird das Ableben der Demokratie betrauert, obwohl wir dem Protokollanten von damals nicht ins Herz schauen können; es ist aber sehr unwahrscheinlich, dass er hier doppelbödig redet. Er dürfte wohl wirklich gemeint haben, was er an diesem Tag ziemlich bewegt weiter geschrieben hat: *„Der Gemeinderat*

Der „gute" Nazi? *Gauleiter* *HANS SCHEMM kurz vor seinem Tod 1935*

gedenkt des verstorbenen Gauleiters Hans Schemm durch Erhebung von den Sitzen".

Die Weidenberger Nazis betrauern den Tod ihres „Paten", des smarten Ortsgruppengründers HANS SCHEMM. Ohne ihn wäre weder die Weidenberger Nazigeschichte so verlaufen, wie sie verlaufen ist, noch die Geschichte Oberfrankens. Mit seiner pickelharten Naziideologie und zugleich volkstümlich-religiösen Art stellte SCHEMM die entscheidenden Weichen, sodass der Gau Bayreuth auch emotional eindeutig hitlergläubig wurde und sich meist linientreu zeigte. Hier hatte HITLER seit dem Deutschen Tag in BAYREUTH von 1923 eine zunehmend verlässliche Bastion, die ihn bei seinem Weg an die Macht ebenso stützte, wie sie ihm bis Kriegsende den Rücken freihielt.

Das Ereignis von Schemms Tod steht zugleich sinnbildlich für das Ende einer eigenen Zeitepoche in der Hitlerdiktatur, nämlich dem Übergang von der „Kampfzeit" der Nazis zur endgültigen Festigung ihrer Herrschaft nach der Ausschaltung sämtlicher Gegner. SCHEMM hat in dieser Zeit wirklich mit Leib und Seele und allen Kräften für Hitlers Sache gekämpft. Je nach Situation brutal oder geschmeidig, hat er sich wie kein anderer mit außerordentlichem Erfolg für einen volksnahen Hitlerismus eingesetzt und hat sich in der verklärenden Erinnerung vieler, auch kirchlich eingestellter Menschen, als „guter Nazi" festgesetzt. Und so umrankten damals schon bald Mythen seine Person. Unvermeidlich tauchten auch bald Gerüchte auf, die sich mit seinem jähen Tod verbanden.

Fest steht, dass Schemms Flugzeug am 5. März 1935, einem kalten Rosenmontag, eine Woche vor der „Trauersitzung" und dem Ende des alten Weidenberger Gemeinderates, abends auf dem Lainecker Flughafen kurz nach dem Start abgestürzt ist. Der Flugplatz LAINECK, vor den Toren von BAYREUTH jenseits der Autobahn A9 auf dem Gelände der späteren Markgrafenkaserne gelegen, war im Jahr 1925 als Prestigeprojekt des wirtschaftlichen Aufschwungs und Aufbaus nach der Inflationszeit eingeweiht worden, bestand aber nur bis Kriegsende 1945. Er hatte als Start- und Landebahn nur eine holprige Wiese mit Feuchtstellen, die von Maulwurfshügeln durchsetzt war.

Flugplatz für Festspielgäste und Funktionäre: *Einweihung von Flugfeld und Flughalle Laineck am 2. August 1925*

Die Wetternachrichten an diesem Dienstag lauteten auf kühl bei leichter Bewölkung mit strichweisem Schneefall. Am Morgen des Unglückstages hatte Schemms erfahrener Pilot MICHAEL SCHMITT seinen Chef mit dem offenen Messerschmitt-Sportflugzeug von hier nach COBURG geflogen. Wegen der gefühlt sehr frischen Temperatur musste man deshalb schon ordentlich warm angezogen sein. Gleichwohl hatte es sich der Pilot nicht nehmen lassen, über dem kleinen Schulhaus von NEUFANG nördlich von WIRSBERG, in dem SCHEMM vor seiner Bayreuther Lehrerzeit als Junglehrer unterrichtet hatte, einige Zusatzrunden zu drehen.

Nachdem SCHEMM nach BAYREUTH zurückgekehrt war, hatte er in seinem Stamm-Cafe „Rheingold" logiert. Um 17 Uhr wollte er weiter nach MÜNCHEN fliegen. Beim Starten war Schmitts Maschine aber ausgebrochen. Im Abheben hatte sie in der Luft mit einer Tragfläche den Windsack am Tower gestreift und war aus etwa 15 m Höhe abgeschmiert. SCHMITT, der hinter SCHEMM saß, wurde beim Absturz nur wenig verletzt. SCHEMM selbst aber war in der geborstenen Maschine eingeklemmt. Bei seiner

Hakenkreuz am Leitwerk: *Schemms offene Unglücksmaschine, im Hintergrund die Weidenberger Straße*

Bergung lebte er noch. „Jetzt muss ich sterben und hätte noch so viel zu arbeiten“, soll er zu seinen Rettern gesagt haben. Sie brachten ihn ins Krankenhaus. HITLER soll den berühmten Chirurgen FERDINAND SAUERBRUCH nach BAYREUTH beordert haben, um den Gauleiter zu retten, doch diese Hilfe sei zu spät gekommen. Um 22.40 Uhr starb SCHEMM.

Schemm – Scheusal oder Lichtgestalt?

Ein Mythos aus dem Bereich der oberfränkischen evangelischen Kirchengemeinden über SCHEMM besagt, der Gauleiter habe in seinen letzten Minuten nach dem Heiland gerufen, doch habe diese Nachricht nicht verbreitet werden dürfen. Eine andere Geschichte sagt, SCHEMM selbst habe das Ereignis seines Absturzes geahnt und als Entscheidung der göttlichen Macht verstanden, nach der er nun für den Fortgang von Hitlers Sache nicht mehr gebraucht werde.

Die nachhaltigste Legende freilich behauptet, dass SCHEMM Opfer eines Anschlags aus kirchenkritischen Nazikreisen geworden sei. Immerhin hatte SCHEMM ja mehrfach in seinen mitgeschriebenen freien Reden den Gott der Bibel über die Partei gestellt, was insbesondere in der pietistisch geprägten Frankenwaldregion, aber auch sonst in Oberfranken gut ankam. Der Kampf zwischen Kirche und Nationalsozialisten hatte zu dieser Zeit einen ersten Höhepunkt erreicht. Demnach hätte Schemms erfolgreicher, volksnaher und mit religiösen Formeln durchsetzter Kurs Gegner oder Neider auf den Plan gerufen, die SCHEMM auf unverfängliche Art umzubringen getrachtet und den Piloten für ihre Zwecke instrumentalisiert hätten.

SCHEMM sei wegen seiner religiösen Formeln innerhalb der Spitze der NSDAP schon länger argwöhnisch beobachtet worden. Der kirchlich engagierte ostpreußische Gauleiter und späteren Reichskommissars der Ukraine, ERICH KOCH hat zu dieser Zeit 1934/35 ganz ähnliche Erfahrungen gemacht und sich deshalb, als es für ihn gefährlich zu werden drohte, aus der Kirchenpolitik zurückgezogen.

Tatsächlich wird nach dem Unglück gegen den Gaupiloten SCHMITT ein Strafverfahren eröffnet, in dem er sich aber auf höhere Gewalt beruft. Er erhält wegen „fahrlässiger Tötung“ eine Gefängnisstrafe von drei Jahren, auch wird ihm zeitweise die Fluglizenz entzogen. Der Vorwurf eines Komplotts gegen SCHEMM wird aber in diesem Verfahren auffälligerweise nicht verfolgt, vielleicht, um Spuren zu verwischen. Es genügte ja, mit dem Piloten einen Sündenbock zu haben, dem man Fahrlässigkeit vorwerfen konnte. Wie hätte es denn ausgesehen, wenn hier Fährten eines Mordkomplotts aufgedeckt worden wären, die in hohe Parteispitzen führten?

Schmitts Verurteilung war aber wohl mehr „pro forma“, denn er wurde schon bald begnadigt und wieder für seinen Beruf zugelassen. Er war dann im Zweiten Weltkrieg ein erfolgreicher Major der Jagdfliegerei und am Ende sogar General.

Auf jeden Fall aber ist die allgemeine Trauer um SCHEMM seinerzeit sehr groß und bei vielen Anhängern auch ehrlich gemeint, so gewiss bei den Weidenberger Nationalsozialisten und insbesondere bei Ortsgruppenleiter RUMLER, der mit SCHEMM in einer persönlichen Beziehung verbunden war. Wer war dieser schöne, sportliche und leutselige Mann mit Ausstrahlung, dieser blonde Hüne und Prototyp des germanischen Menschen? War er nur ein Dorfschulmeister mit antisemitischem und mörderischem Gedankengut? War er ein nationalsozialistischer Blender und Schwerenöter oder eine verkappte Bestie, ein Rassist niedrigster Gesinnung? Was machte ihn zur Kultfigur des braunen BAYREUTH und verschafft ihm damals das Bild des „guten Nazi" bis hinauf in höchste evangelische Kirchenkreise?

Schemms besondere Spezialität für diesen religiös empfänglichen, aber konfessionell und landsmannschaftlich so unterschiedlich geprägten Raum Oberfrankens und der Oberpfalz bestand darin, die nationalsozialistische Ideologie religiös so einzufärben, dass viele ihm ohne Arg auf den Leim gingen. Er verband nationalsozialistische Ideologie und bildstarke deutschchristliche Predigt, wenn er etwa sagte:

„Der Nationalsozialismus ist nichts weiter als eine Heimkehrbewegung des deutschen Volkes zu seinem eigenen Volkstum, als ein Weihnachten, wie es vor zweitausend Jahren uns schon einmal geschenkt wurde, damals die Heimkehr zu Gott aus der Verirrung, heute die Heimkehr aus der Fremde des Materialismus, Bolschewismus, Liberalismus in die Heimat der deutschen Volksgemeinschaft".[66]

Es besteht kein Zweifel, dass nicht nur die Entstehung vieler NSDAP-Ortsgruppen, wie WEIDENBERG, in erster Linie Schemms rühriger Werbung zu verdanken ist. Auch die Schaffung und Durchsetzung eines stämmeübergreifenden Kunstgebildes, des „Gaues bayerische Ostmark", ist SCHEMM tatsächlich gelungen. Dass die hier herrschenden konfessionellen und landsmannschaftlichen Grenzen zwischen Katholiken und Protestanten, kernig-bayerischen Oberpfälzern und leutselig-bodenständigen Franken in so kurzer Zeit überwunden werden könnten, hätte bis dahin wohl kaum jemand für möglich gehalten. In unermüdlicher und fanatisch betriebener politischer Agitation hat der Bayreuther HANS SCHEMM auch den Ambergern, Regensburgern und Passauern in seinen predigtartigen Reden klar gemacht, dass sie, wie schon zu den Zeiten Karls des Großen, Hüter des Reiches gegen die Slawen zu sein hätten, nicht anders als die Bamberger oder Bayreuther. Die diffuse unterschwellige Angst seiner Hörer in der Gleichsetzung von Slawen mit Untermenschentum und Bolschewismusfurcht half ihm bei seinem Einigungsprojekt.

---

[66] Vergl. Helmut W. Schaller, „Gau Bayerische Ostmark (1933-1945): Ideologischer Anspruch – politische Wirklichkeit und Aufarbeitung". Pdf Bundesarchiv.

Ein smarter Helfer der Sache Hitlers:
HANS SCHEMM bei einer seiner politischen Predigten

Immer wollen seine religiösen Gedanken bestehende Schranken einreißen und in die diffuse Weite einer zukünftigen, vom Nationalsozialismus beherrschten Weltgemeinschaft führen: *„Ich kann mir nicht vorstellen, dass man den lieben Gott in das Gefängnis eines Dogmas einsperren kann." – „Blut ist das Band, das uns auf Erden zusammenschließt zu einer gottgewollten Einheit." – „Religion ist eine Sache des Unausgesprochenen, ist überhaupt nicht mit Worten darzulegen."*

So bleibt das Bild einer vielfältigen, schillernden, anziehenden und zugleich umstrittenen Persönlichkeit mit Extremen und vielen Zwischentönen, bei der man sich immer erst wieder nüchtern klar machen muss: Auch dieser HANS SCHEMM war in Wahrheit ein treuer Gefolgsmann und Helfer Hitlers bei der Durchsetzung seiner rassistischen Totalherrschaft, die so viel Verderben über die Menschheit gebracht hat. Dies wollten viele damals nicht erkennen.

So überrascht auch nicht, dass am Tage des Begräbnisses von SCHEMM im März 1935 der bayerische evangelische Landesbischof Dr. HANS MEISER die Glocken aller seiner Kirchen in Bayern und so auch in WEIDENBERG ohne Widerspruch von Seiten der Gemeinden läuten ließ.

Auch wurde oben schon darauf hingewiesen, dass MEISER dann im posthumen Spruchkammerverfahren dem beklagten SCHEMM nach Kriegsende im Jahr 1947 in einem ausführlichen „Persilschein" eine christliche Grundhaltung bestätigt. Der Bischof spekuliert darüber hinaus, dass SCHEMM eine Synthese zwischen Christentum und Nationalsozialismus angestrebt habe, die er aber wegen seines frühen Todes nicht mehr habe verwirklichen können. Ob das Ergebnis einer solchen Synthese wirklich so erstrebenswert gewesen wäre, wie der gutgläubige Bischof angenommen hat, muss man in Kenntnis der tatsächlichen Ziele und Taten Hitlers wohl ganz entschieden bezweifeln. Aber das gütige Bischofswort führte doch im Jahr 1949 immerhin vor der Hauptkammer München zu einem milderen posthumen Strafurteil über SCHEMM und zu mehr Geld für seine Erben.

Ein peinliches Ehrenbürgerrecht, das lange Zeit Bestand hatte

Viele Orte waren schon bisher in Oberfranken bekannt, die dem Gauleiter HANS SCHEMM zu Lebzeiten oder aus Anlass seines Todes die Würde eines „Ehrenbürgers" verliehen haben, so z.B. BAYREUTH, EGGENFELDEN, GEFREES, HOF, MARKTLEUTHEN oder KULMBACH.

Die Gemeinderäte vollzogen seinerzeit diesen Akt der Ehrung, um das Wohlverhalten der jeweiligen Kommune gegenüber der „nationalen Erhebung" zum Ausdruck zu bringen. Manche taten dies bereits im Jahr der Machtergreifung Hitlers 1933, andere aber auch erst in den Jahren danach. Die Stadt HOF z.B. ehrte SCHEMM aus persönlicher Verbundenheit nachträglich zum Tag seines Flugzeugabsturzes am 5. März 1935. Oft bezogen die Kommunen zugleich auch andere Größen der Zeit mit in die Ehrung ein, wie PAUL V. HINDENBURG oder ADOLF HITLER usw.

Nach Kriegsende war es den Gemeinden in ganz Deutschland peinlich, dass sie während der Hitlerzeit solche Ehrenbürgerrechte ausgesprochen und sogar Straßen und Baulichkeiten nach dem Führungspersonal der Nazis umbenannt hatten. Viele haben deshalb gleich nach dem Krieg beschlossen, sich von diesem Ballast der Vergangenheit zu befreien. Andere haben lange Zeit hindurch versucht, das Problem auszusitzen, entweder, weil sie bislang davon ausgegangen waren, dass die Ehrenbürgerwürde mit dem Tod des Inhabers ohnehin erlischt, oder weil das Bestehen dieser Würde schlichtweg „vergessen" oder in ihrer Problematik nicht erkannt oder heruntergespielt wurde. In manchen Orten sind Aufzeichnungen über die damaligen Parteigrößen und ihre Ehrung vielleicht auch im Chaos der Nachkriegszeit verschwunden.

Tatsächlich betrachtet die Bayerische Gemeindeordnung eine Ehrenbürgerwürde formal als höchstpersönliches Recht auf Lebenszeit. Es erfordert also ein gewisses politisches Fingerspitzengefühl, dass ein Bürgermeister und sein Gemeinderat die Brisanz solcher vergangenen Ehrungen erkennt und sich unaufgefordert davon distanziert und den diesbezüglichen Beschluss symbolisch aufhebt.

Alle oben genannten Gemeinden haben beispielhaft reagiert und sich zur bewussten Aufarbeitung ihrer Vergangenheit entschieden. Sie haben sich per Beschluss von der damaligen Ernennung distanziert bzw. sogar die Ehrenbürgerwürden explizit nachträglich aberkannt, eine Möglichkeit, die schon Hitlers Gemeindeordnung von 1935 vorsah.

So hat sich der Bayreuther Stadtrat in seiner Sitzung am 21. Dezember 1988 von der Verleihung der Ehrenbürgerwürde an HITLER und CHAMBERLAIN distanziert. Mit einem am 27. November 2013 einstimmig gefassten Beschluss ging der Stadtrat aber noch einen symbolischen Schritt weiter: Erstens rückte er ab „von den verlie-

Verwegenes Image: *HANS SCHEMM (links) gehörte als früher Helfer Hitlers einst zu den angesehensten Menschen in Oberfranken. Unser Bild zeigt ihn mit Bayreuths letztem Gauleiter LUDWIG RUCKDESCHEL (auf dem rechten Motorrad), der unter anderem wegen der Ermordung des Regensburger Dompredigers JOHANN MAIER nach dem Krieg ins Gefängnis wanderte.*

henen Ehrenbürgerwürden an Repräsentanten, Ideologen und Verfechter des Nationalsozialismus, insbesondere in der Zeit von 1933 bis 1945". Darüber hinaus erkannte er in dem Beschluss „exponierten Vertretern des NS-Regimes" die Ehrenbürgerwürde explizit ab. Er listete dabei folgende fünf Personen auf: ADOLF HITLER, den Rassentheoretiker HOUSTON STEWART CHAMBERLAIN, den ehemaligen NS-Gauleiter HANS SCHEMM, den Bayerischen NS-Ministerpräsidenten LUDWIG SIEBERT und den SA-Führer ADOLF HÜHNLEIN.

Vergleichbare Beschlüsse haben nach den Recherchen des Verfassers folgende bekannte Stadt- bzw. Gemeinderäte in Oberfranken vollzogen (in der Reihenfolge der Aufhebungsbeschlüsse): MARKTLEUTHEN bereits im Mai 1947, KULMBACH Ende 1947, HOF im Juni 2007, EGGENFELDEN im April 2011, MARKTSCHORGAST im Januar 2017 und GEFREES im März 2017. Es dürfte aber noch eine Reihe „schlummernder Beschlüsse" geben, z.B. in LAINECK und anderen kleineren Orten.

WEIDENBERG folgte ebenfalls im März 2017. Auslöser waren die Recherchen des Verfassers zum Projekt ‚Myrten für Dornen'. Dabei kam ein bis dahin verdrängter Tatbestand ans Licht: Auch die Marktgemeinde WEIDENBERG hatte zu den Gemeinden gehört, die seinerzeit solche Ehrungen vorgenommen haben, und zwar schon zu einem sehr frühen Zeitpunkt. Die Gemeinde hatte aber von sich aus nie etwas unternommen, dies herauszufinden oder gar zu ändern.

Als der Verfasser in einer frühen Phase seiner Nachforschungen zweimal persönlich beim Bürgermeister der Marktgemeinde vorsprach, um ihn von diesem und anderen wichtigen Ergebnissen zu unterrichten, erlebte er jedes Mal, dass das Problem mit der zwar juristisch richtigen, aber wenig sensibel erscheinenden Behauptung heruntergespielt wurde, diese Angelegenheit habe sich ja ohnehin nach den genannten Bestimmungen der Gemeindeordnung erledigt. Der Verfasser versuchte zwar, dahingehend zu appellieren, dass es sich hier auch um eine moralische Frage und eine Bringschuld gegenüber den Opfern handele, fand aber kein Echo.

Um was ging es? Bewusst hatte der Verfasser den Bürgermeister auf folgenden peinlichen Vorgang hingewiesen, der sich in WEIDENBERG kurz nach Hitlers Machtergreifung ereignet hatte: Da lädt bereits am 23. März 1933 der letzte frei gewählte, seit 1928 amtierende Bürgermeister GEORG KETTEL seinen ebenfalls noch in demokratischen Zeiten gewählten Gemeinderat zu einer „Ehrensitzung" ein. Auch NSDAP-Ortsgruppenleiter GEORG RUMLER und zwei weitere Nazis gehören als gewählte Mitglieder dieses Gemeinderates zu den Teilnehmern. Einstimmig beschließen sie:

„Verleihung Ehrenbürgerrecht an den kommissarischen Kultusminister Hans Schemm in dankbarer Anerkennung seiner außerordentlichen und großen Verdienste als Verkünder um die nationale Freiheitsbewegung in unserm Heimatkreis Oberfranken."

Der Beschluss ist unterschrieben von allen damals amtierenden Gemeinderäten, das heißt, auch die Abgeordneten der SPD und der Bürgerpartei haben der Ehrung dieses Naziführers bereits kurz nach Beginn von Hitlers Herrschaft freiwillig zugestimmt. Das Motiv dieser Entscheidung bleibt freilich rätselhaft, denn für eine Ehrung dieses strammen Nazifunktionärs hatte die Mehrzahl der Gemeinderatsmitglieder eigentlich keinen Anlass. Auch wenn er jetzt „ihr Gauleiter" war, war er doch nicht „ihr Mann".

Auch hatte der Schemm-Duzfreund GEORG RUMLER im Weidenberger Marktgemeinderat zu diesem Zeitpunkt noch nicht mehr Macht als jeder andere Gemeinderat auch. Und mit seinen beiden Nazikollegen war er in der absoluten Minderheit. Sollte also HANS SCHEMM tatsächlich bei allen Parteien einen so starken persönlichen Eindruck hinterlassen haben? Oder sollte RUMLER so überzeugend für ihn geredet haben? Oder war dieser Beschluss nur als ein Akt von Opportunismus zu verstehen, ähnlich wie bei den oben schon erwähnten zahllosen „Trittbrettfahrern" der Naziherrschaft? Wollte man nicht versäumen, sich bei den neuen Herren ins rechte Licht zu setzen? Wir können diese Fragen nicht beantworten, weil wir keinen der damals Beteiligten befragen oder ihm gar ins Herz schauen können.

In der nächstfolgenden Sitzung am 5. Mai 1933 greift dann schon Hitlers Gleichschaltungsgesetz. Nun ist RUMLER der neue Bürgermeister, und die Gemeinderäte sind nach dem Schlüssel des Wahlergebnisses der Reichstagswahl vom 5. März 1933 ganz neu zusammengesetzt, d.h. als einziger SPD-Mann ist jetzt noch CHRISTOPH HEINZ dabei, der aber später auch zur NSDAP übertritt. Die Stimmen für die „Bürgerpartei", welche bisher im Weidenberger Rathaus die absolute Mehrheit stellte, fallen nach Hitlers Regeln unter den Tisch, da diese Partei ja im Reichstag nicht vertreten war. Der gesamte Rest sind nun NSDAP-Leute.

Sie wollen jetzt eine „Ehrenurkunde für *unsern Ehrenbürger* Kultusminister Hans Schemm" ausarbeiten, wie es jetzt heißt. Sie gehen also davon aus, dass diese Ehrenbürgerwürde bereits durch den vorangegangenen Beschluss *in Kraft* ist und es nur noch eines symbolischen Zeichens, eben einer von Künstlerhand erstellten Urkunde bedarf, die man bei Gelegenheit überreichen kann. RUMLER erklärt sich bereit, die Abfassung zu übernehmen, erlebt mit dieser Selbstanpreisung aber eine Schlappe. Das Gremium, obwohl fast nur noch mit NSDAP-Parteimitgliedern wie ihm selbst besetzt, trauen ihm offenbar eine solche Arbeit nicht zu, sie stellen den Punkt zurück.

Die Entscheidung bleibt lange liegen. Ist der empfindliche RUMLER nun gekränkt? Wahrscheinlich schon, denn erst über ein Jahr später, in der Sitzung am 22. Mai 1934 wird der Tagesordnungspunkt „Ehrenurkunde für Schemm" wieder aufgenommen. Nun wird beschlossen, die Ausarbeitung einem Fachmann zu übertragen: HANS NEUNER in Bayreuth soll für 28 RM, also nach heutigem Geldwert über 250 €, die Urkunde erstellen.

Ob sich SCHEMM gefreut hat? Von der Überreichung der Urkunde und dem Echo erfahren wir aus dem Protokollbuch nichts mehr, denn mit dem historischen Datum des 1. April 1935 vollzieht der Protokollant im Beschlussbuch des Gemeinderates WEIDENBERG den letzten Eintrag, der den endgültigen Tod der Weimarer Demokratie und der alten demokratischen Gemeindeordnung bezeugt: *„Abgeschlossen 1. 4. 35".*

Eine Posse um die Zurücknahme von Schemms Ehrenbürgerwürde

Im Jahr 2017, also über 80 Jahre nach dem Ereignis, erlebt diese damalige Ehrung von Nazigauleiter SCHEMM ein bezeichnendes Nachspiel. Im Nordbayerischen Kurier hatte MELITTA BURGER in einem groß aufgemachten Artikel unter der Balkenüberschrift „Hitler ist noch immer Ehrenbürger" darüber berichtet, dass nun auch die oberfränkische Gemeinde MARKTSCHORGAST die Absicht habe, dem Schritt anderer Gemeinden zur Aberkennung dieser Ehrungen für HANS SCHEMM, ADOLF HITLER und anderen Nazis zu folgen. In MARKTSCHORGAST war es ein ehemaliger Ortsbürger gewesen, der per Internetrecherche von der peinlichen Liste der Ehrenbürger seines Heimatortes erfahren hatte. Per E-Mail hatte der Mann die Gemeinde verständigt und angefragt, „ob sie die Liste nicht überarbeiten mag". Die Gemeinde „mochte".

Diese ermutigende Nachricht bewegte auch den Verfasser des Projektes ‚Myrten für Dornen' dazu, seine bisher vergebliche Anfrage an die Gemeinde WEIDENBERG zu erneuern. So schrieb er am selben Tag:

„An den Gemeinderat der Marktgemeinde Weidenberg, z.Hd. Herrn Bürgermeister Hans Wittauer:

Trennung von braunen Ehrenbürgern.

Sehr geehrter Herr Bürgermeister, sehr geehrte Damen und Herren des Gemeinderates, die gegenwärtige Entscheidung des Gemeinderates von Marktschorgast zur nachträglichen Aberkennung des Ehrenbürgerrechts für ehemalige Nazigrößen wie Hans Schemm könnte auch für den Gemeinderat der Marktgemeinde Weidenberg ein Anstoß sein, eine gleichartige Entscheidung zu vollziehen und sich damit der Nazivergangenheit des Ortes zu stellen. Zum Wissen um die Ortsgeschichte gehört ja, dass damals der noch amtierende letzte frei gewählte Gemeinderat, in dem bis dahin nur drei Nazis saßen, kurz nach der „Machtergreifung" den Fehler beging, sich in einer „Ehrensitzung" am 23 März 1933 den neuen Herren anzubiedern, indem er einmütig dem agilen Gauleiter Hans Schemm, dem Begründer der Nazi-Ortsgruppe Weidenberg vom Februar 1929, das Ehrenbürgerrecht verlieh.

Ich möchte nicht, dass es in einigen Jahren heißt, die Kommunalverwaltung habe von diesem peinlichen Ehrenbürger nichts gewusst. Weidenberg scheint vielmehr die letzte Gemeinde zu sein, die den Schritt zur Aberkennung der Ehrenbürgerwürde für diesen zweifelhaften Herrn noch vor sich hat, nachdem die anderen Gemeinden diesen Schritt teils schon vor vielen Jahren, teils in letzter Zeit, vollzogen haben.

Ich möchte in diesem Zusammenhang darauf hinweisen, dass ich mich schon seit einigen Jahren immer wieder darum bemühe, den Herrn Bürgermeister der Marktgemeinde über die Rolle von Hans Schemm und die Tragweite der Nazizeit für Weidenberg hinzuweisen; dabei versuche ich auch, an die Geschichte von Opfern zu erinnern. Eine bewusste Bearbeitung dieser Phase der Ortsgeschichte scheint mir unumgänglich; bislang existieren dazu nur zwei tendenziöse Seiten im Buch des ehemaligen Nazi-Propagandisten Joachim Kröll von vor genau 50 Jahren.

Ein erster Einstieg für den Marktgemeinderat könnte die Beratung darüber sein, ob sich Weidenberg dem Beispiel von Marktschorgast anschließen will. In der Anlage finden Sie unter der Überschrift »Zur Ehrenbürgerwürde von Hans Schemm« historische Grundinformationen als Vorlage für die Entscheidungsfindung. Als Gesprächspartner stehe ich Ihnen jederzeit gern zur Verfügung ..."

Der Bürgermeister bestätigte zwar diese Mail, reagierte aber nicht auf ihren Inhalt. Daraufhin schrieb der Verfasser einen Leserbrief, der unter der Überschrift „Braune Begeisterung ist ein zählebiges Tabu" am 18. Januar 2017 im Nordbayerischen Kurier abgedruckt wurde und in zugespitzter Form das Schreibens an die Gemeinde zusammenfasste:

„Wenn eine Gemeinde wie Marktschorgast weit über 80 Jahre braucht, um sich von braunen Ehrenbürgern wie Hitler, von Hindenburg, Hans Schemm und anderen zu trennen, zeigt das, wie nachhaltig die mit zwölf Jahren eher kurze Naziherrschaft sich immer noch wie ein schroffer Fels in einem Strom allen Versuchen widersetzt, diese Zeit elegant zum umschiffen und in den Gang der allgemeinen Geschichte einzuordnen.

Die braune Begeisterung ist ein zählebiges Tabu. Viele Gemeinden und Bürger, die sich damals willig der neuen Herrschaft öffneten, haben das im Nachhinein begriffen und bemühen sich seitdem, Zeichen des Umdenkens zu setzen, andere noch nicht ...

Ich würde wünschen, dass auch die Marktgemeinde Weidenberg ... nun diesem Beispiel folgt. Denn die Nazigeschichte dieses Ortes ist bislang, abgesehen von zwei tendenziösen Seiten im Buch des Nazipropagandisten Joachim Kröll, gänzlich unbearbeitet. Bekanntlich betrieb in Weidenberg seinerzeit eine Clique leidenschaftlicher Jungnazis den Aufstieg des Ortes zur Nazihochburg. Die jungen Leute aus der bürgerlichen Mittelschicht waren vom damaligen Gemeinderat Georg Rumler geworben und vom cleveren Gauleiter Hans Schemm bereits Anfang 1929 in die Partei aufgenommen worden.

Kurz nach der Machtergreifung machte der noch amtierende letzte frei gewählte Gemeinderat, in dem bis dahin nur drei Nazis saßen, den Fehler, sich in einer „Ehrensitzung" am 23. März 1933 den neuen Herren anzubiedern, indem er einmütig dem agilen Gauleiter Schemm das Ehrenbürgerrecht verlieh. Diesen Fehler könnte man heute wenigstens symbolisch wieder gutmachen. Dabei sollte man sich nicht von dem gern gebrauchten Argument leiten lassen, dass Ehrenbürgerrechte mit dem Tod des Inhabers erlöschen. Vielmehr sollte man mit einer bewussten Entscheidung für die Aufarbeitung der Vergangenheit ein Zeichen dafür setzen, dass man willens ist, den Unrechtscharakter des Naziregimes zu erkennen und den Opfern dieses Regimes auch in Weidenberg seinen besonderen Respekt zu erweisen."

Dieser Leserbrief löste bei der Gemeindeverwaltung eine Flut von teils seltsamen Aktivitäten und in der Öffentlichkeit eine Fülle weiterer Zeitungsartikel und Leserbriefe aus. In der folgenden Gemeinderatssitzung warf der Bürgermeister den Fehdehandschuh in den Ring: *„Man unterstellt dem Markt Weidenberg eine Ehrenbürgerwürde durch zweifelhafte Recherchen"*, sagte Bürgermeister HANS WITTAUER laut

Zeitungsbericht vom 2. Februar 2017, *„Schemm war nie Ehrenbürger."* Mit seinen Behauptungen komme TAEGERT „gewaltig in die Nähe von Geschichtsfälschung".

In diesem Zusammenhang stellte der Bürgermeister also die haltlose Behauptung auf, SCHEMM sei diese „Ehrenbürgerwürde nie verliehen" worden. Die Nazis selbst hätten verhindert, dass Parteimitglieder von demokratisch gewählten Gemeinderäten die Ehrenbürgerschaft erhalten. Einen entsprechenden Erlass habe es angeblich im Mai 1933 von Reichsminister RUDOLF HEß gegeben.

Der Bürgermeister verriet dabei weder, wer in seinem Auftrag die angeblichen Nachforschungen angestellt hat, noch bei welchem Staatsarchiv sie stattfanden und auch nicht, welches ihr substantieller Inhalt war. Die naheliegenden Nachfragen des Verfassers beim Leiter des Staatsarchivs COBURG ergaben, dass „dort keine dergestaltigen Nachforschungen der Marktgemeinde Weidenberg stattgefunden" haben. Auch zweifelte der Archivleiter an, dass solche „ausschließende Recherchen" überhaupt erfolgreich sein könnten, da ja unter den unzähligen Schriftstücken eines sein könne, was das Gegenteil beweise, dass aber vielleicht nie aufgefunden würde. Er bestätigt aber, dass für solche Recherchen auch das Staatsarchiv BAMBERG infrage käme, wo die Unterlagen über den Gau bayerische Ostmark, den SCHEMM seinerzeit leitete, aufbewahrt werden.

Die entsprechende Rückfrage des Verfassers bei der Archivleitung in BAMBERG bestätigte dann, dass es „im infrage kommenden Zeitraum eine Weidenberger Recherche vor Ort gegeben" habe, über deren Inhalt und Ergebnis man natürlich nichts sagen könne. Die Archivleitung stellte aber fest, dass derjenige, der die historischen Fakten – also in diesem Fall die Gültigkeit des Beschlusses einer Ehrenbürgerwürde für HANS SCHEMM – anzweifele, dafür auch die notwendigen Beweise beibringen müsse. Ein allgemeiner Hinweis auf Nachforschungen reiche dafür nicht aus. Der Satz des Bürgermeisters, Schemm sei *nie Ehrenbürger von Weidenberg* gewesen und sein Argument, dies hätten „weitere Nachforschungen im Staatsarchiv ergeben" entbehre jeder Grundlage.

Aus den staatlichen Unterlagen dieser Zeit um 1933, wobei es sich vornehmlich um Belege aus dem Landratsamt BAYREUTH handeln müsste, sei nichts bekannt, so weiter die Archivleitung. Ein allgemeiner Erlass von RUDOLF HESS existiere erst aus dem Jahre 1935. Daraus lasse sich aber nicht eine Begründung für die Behauptung des Bürgermeisters ableiten. Nach eigener Einschätzung der Archivleitung reichten die Mittel des Staatsarchivs auch gar nicht aus, um einen sicheren Gegenbeweis gegen die tatsächliche Aussagekraft der drei Gemeinderatsbeschlüsse in WEIDENBERG in den Jahren 1933/34 zu erbringen.

Auf den Erlass, den die Marktgemeinde als „Beweismittel" für den angeblichen Nichtvollzug der Ehrenbürgerwürde Schemms verwendet, sei interessehalber ein Blick geworfen. Typisch für die eher „puritanische Denkweise" des „Führerstellvertreters" RUDOLF HESS wendet dieser sich gegen die Annahme von Ehrendoktortiteln durch das Personal der NSDAP. Sonstige Ehrungen sind weiterhin möglich, sollen aber vorher der Reichsleitung der Partei zur Genehmigung vorgelegt werden.[67]

Man darf fragen: Wie kommt der Weidenberger Bürgermeister darauf, aus dieser allgemeinen Ablehnung von Doktortiteln – an die sich die Nazis ohnehin nachweislich nicht hielten – den Nichtvollzug der Ehrenbürgerwürde für SCHEMM zu folgern, die zu diesem Zeitpunkt schon zwei Jahre beschlossen war? Wer war also der tatsächliche Geschichtsfälscher bei dieser Posse? Mit welcher Absicht wollte man durch solche Fake-News und bewusste Manipulationen Zweifel an den Ergebnissen der historischen Arbeit des Verfassers säen und ihn als unglaubwürdig hinstellen?

Dazu hat der Verfasser in einem weiteren Leserbrief Stellung genommen, nachdem die Gemeinde sich dann doch noch halbherzig zur Distanzierung von Schemms Ehrenbürgerwürde durchrang. Der Brief erschien am 2. Februar 2017 unter der Überschrift: „Dünnhäutige Reaktion nicht gerechtfertigt" im Nordbayerischen Kurier und blieb von der Gemeinde unwidersprochen:

Leider bemühe ich mich seit Jahren vergeblich, den Weidenberger Bürgermeister Hans Wittauer für eine Bearbeitung der bislang stiefmütterlich behandelten jüngeren Weidenberger Kirchen- und Ortsgeschichte zu interessieren. Insbesondere die Kernzeit der zwölf Jahre Nationalsozialismus scheinen für Einzelne offenbar immer noch ein Tabu zu sein.

Da ist es auch nur ein schwacher Trost, wenn der Gemeinderat jetzt plötzlich, genötigt durch das Vorangehen von Marktschorgast, meine schon länger geäußerte An-

---

[67] Der Ausriss der Kirchenlamitzer Zeitung hat folgenden Wortlaut: „Dr. ehrenhalber" – Nationalsozialisten brauchen keinen derartigen Titel – Berlin, 8. Mai [ohne Jahreszahl, wohl 1935]. Wie die NSK. mitteilt, hat der stellvertretende Führer der NSDAP, Heß, folgende Anordnung erlassen:

„Alle kommunalpolitischen Fraktionen der NSDAP sind verpflichtet, die Genehmigung der Reichsleitung (PKZ.) einzuholen, bevor Anträge auf Ehrung von Mitgliedern der nationalsozialistischen Bewegung (Verleihung des Ehrenbürgerrechtes, Straßenbenennungen usw.) eingebracht werden, sofern es sich nicht um den Führer selbst handelt. Dem Ersuchen um Genehmigung ist eine Begründung der beabsichtigten Ehrung beizufügen.

Die Reichsleitung erwartet, dass die Nationalsozialisten die Annahme des Titel „Doktor ehrenhalber" ablehnen, so wie ihn Adolf Hitler selbst bereits abgelehnt hat. Die nationalsozialistischen Führer haben sich ihren Namen aus eigener Kraft zu schaffen. Sie haben keine Veranlassung, vor ihren Namen einen Titel zu setzen, der ohnehin durch Verleihung an die Periode deutscher Ehrlosigkeit verantwortlicher Politiker an Wert verloren hat."

regung aufnimmt und sich als symbolischen Akt von der seinerzeitigen Verleihung der Ehrenbürgerwürde an Nazigauleiter Hans Schemm nachträglich distanzieren möchte.

Diese gute Entscheidung bleibt leider halbherzig und verwässert, weil man zugleich den absurden Versuch unternimmt, die Bedeutung des damaligen Beschlusses herunterzuspielen. Indem man mir „zweifelhafte Recherchen" und „Geschichtsfälschung" unterstellen will, versucht man nun bewusst vom Thema abzulenken, um mit der klassischen Methode des Rufmords meine Person zu diskriminieren und den Wert meiner historischen Arbeit abzuqualifizieren. Dazu betreibt die Gemeinde ihrerseits auf aktuellem Trump'schem Niveau öffentlich Geschichtsklitterung: Sie stellt die Behauptung auf, dieser Beschluss, dem damaligen Nazi-Gauleiter Hans Schemm die Ehrenbürgerwürde zu verleihen, sei ja nie „vollzogen" worden. Peinlicherweise sollen jetzt ausgerechnet die Nazis selbst als Zeugen für den Nicht-Vollzug des Beschlusses herhalten. Eine entsprechende Zeitungsnachricht aus dem Kirchenlamitzer Anzeiger vom 8. Mai 1933 [wohl tatsächlich 1935!] soll beweisen, dass die Nazis damals angeblich verhindern wollten, dass ihre Amtswalter und Funktionäre zu Ehrenbürgern gemacht werden. Richtig daran ist, dass die Nazis damals die Flut von Ehrenwürden und -titeln eindämmen wollten, mit denen Opportunisten glaubten, sich im NS-Staat einen Vorteil verschaffen zu können.

Der Nazi-Ortsgruppenleiter und Bürgermeister Rumler und seine Gemeinderäte ... konnten ... mit einer mittlerweise geänderten Besetzung des Gemeinderates nachweisen, dass sie aus Überzeugung Nazis und Alte Kämpfer schon seit dem Februar 1929 waren. Und so konnten sie schließlich mit Stolz in ihrer dritten Sitzung ein Jahr später am 22. Mai 1934 die Ehrenurkunde für Schemm doch noch zur Ausarbeitung durch Hans Neuner in Bayreuth für 28 Reichsmark in Auftrag geben.

Ob dieses Schmuckblatt dem viel beschäftigten Weidenberger Paten Hans Schemm noch persönlich ausgehändigt werden konnte, bleibt offen. Er starb ja schon neun Monate später bei einem Flugzeugabsturz in Laineck. Aber als regelmäßiger Gast im Hause Rumler am Weidenberger Obermarkt hat Schemm diese Ehrung sicher noch genossen.

Doch das spielt für die heutige Diskussion keine wirkliche Rolle. Denn das eigentlich Irritierende an dem ersten Beschluss vom 23. März 1933 besteht ja darin, dass es eben nicht allein Nazis waren, die damals den Nazi-Agitator Schemm zum Ehrenbürger von Weidenberg machen wollten, sondern der letzte demokratisch gewählte Gemeinderat in seiner Gesamtheit, also lauter Bürger wie du und ich.

Man muss sich ja fragen, was haben diese ehrenwerten Bürger beabsichtigt oder erhofft, indem sie sich ungezwungen dem braunen System in seiner Anfangsphase angedient haben? Von einer solchen leichtfertigen Beschlussfassung gilt es, sich heute in den gegenwärtigen verwirrenden politischen Debatten unserer Tage umso bewusster zu distanzieren.“

Die „Hauptsatzung“ bringt auch in der Gemeinde die Diktatur

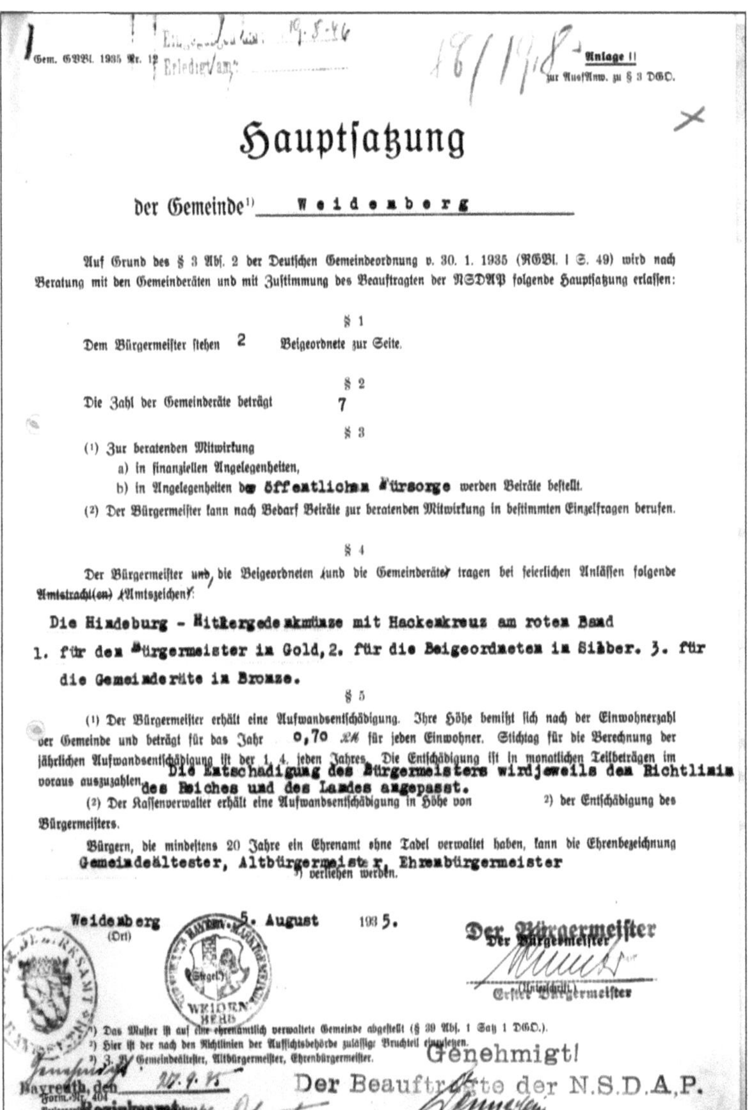

Gem. GVBl. 1935 Nr. 12 — Anlage II zur AusfAnw. zu § 3 DGO.

Erledigt/am: 19.8.46

Hauptsatzung

der Gemeinde[1] Weidenberg

Auf Grund des § 3 Abs. 2 der Deutschen Gemeindeordnung v. 30. 1. 1935 (RGBl. I S. 49) wird nach Beratung mit den Gemeinderäten und mit Zustimmung des Beauftragten der NSDAP folgende Hauptsatzung erlassen:

§ 1

Dem Bürgermeister stehen 2 Beigeordnete zur Seite.

§ 2

Die Zahl der Gemeinderäte beträgt 7

§ 3

(1) Zur beratenden Mitwirkung

a) in finanziellen Angelegenheiten,

b) in Angelegenheiten der öffentlichen Fürsorge werden Beiräte bestellt.

(2) Der Bürgermeister kann nach Bedarf Beiräte zur beratenden Mitwirkung in bestimmten Einzelfragen berufen.

§ 4

Der Bürgermeister ~~und~~, die Beigeordneten und die Gemeinderäte tragen bei feierlichen Anlässen folgende ~~Amtstracht(en)~~ Amtszeichen:

Die Hindeburg - Hitlergedenkmünze mit Hackenkreuz am roten Band 1. für den Bürgermeister in Gold, 2. für die Beigeordneten in Silber. 3. für die Gemeinderäte in Bronze.

§ 5

(1) Der Bürgermeister erhält eine Aufwandsentschädigung. Ihre Höhe bemißt sich nach der Einwohnerzahl der Gemeinde und beträgt für das Jahr 0,70 RM für jeden Einwohner. Stichtag für die Berechnung der jährlichen Aufwandsentschädigung ist der 1. 4. jeden Jahres. Die Entschädigung ist in monatlichen Teilbeträgen im voraus auszuzahlen. Die Entschädigung des Bürgermeisters wird jeweils den Richtlinien des Reiches und des Landes angepasst.

(2) Der Kassenverwalter erhält eine Aufwandsentschädigung in Höhe von [2]) der Entschädigung des Bürgermeisters.

Bürgern, die mindestens 20 Jahre ein Ehrenamt ohne Tadel verwaltet haben, kann die Ehrenbezeichnung Gemeindeältester, Altbürgermeister, Ehrenbürgermeister [3]) verliehen werden.

Weidenberg (Ort), 5. August 1935.

(Siegel) Weidenberg

Der Bürgermeister
(Unterschrift)
Erster Bürgermeister

[1]) Das Muster ist auf eine ehrenamtlich verwaltete Gemeinde abgestellt (§ 39 Abs. 1 Satz 1 DGO.).
[2]) Hier ist der nach den Richtlinien der Aufsichtsbehörde zulässige Bruchteil einzusetzen.
[3]) z. B. Gemeindeältester, Altbürgermeister, Ehrenbürgermeister.

Genehmigt!
Der Beauftragte der N.S.D.A.P.

Bayreuth, den 27.9.35
Bezirksamt

Form.-Nr. 404

Regelt das Ordentragen und die Aufwandsentschädigung des Bürgermeisters: *Die dürre Hauptsatzung der Gemeindeverwaltung von 1935*

Die nächsten Schritte im Umbau der Gemeindeverwaltung vollzieht RUMLER im Sommer/Herbst des Jahres 1935. Die neue „Gemeindeordnung“ ist Hitlers Grundgesetz des Dritten Reiches. Sie sieht den Erlass einer „Hauptsatzung der Gemeinde Weidenberg“ vor: Sie soll das „Führerprinzip“ hinsichtlich des Bürgermeisteramtes und Gemeinderates durchsetzen und die völlige Gleichschaltung der Gemeinderäte vollziehen. Der Bürgermeister ist zum autoritären Alleinherrscher bestimmt. Die Kompetenzen der übrigen Beteiligten sind nun ganz lächerlich und stehen eigentlich nur auf dem Papier.

Die Gemeindeleitung geschieht jetzt durch einen dreiköpfigen „beschließenden Ausschuss“. Federführender, allein beschließender Repräsentant der Gemeinde ist der Bürgermeister, ihm stehen als Berater zwei Beigeordnete als „Stellvertreter“ zur Seite. Allgemeiner Vertreter des Bürgermeisters ist der Erste Beigeordnete. Der Bürgermeister kann aber jede Angelegenheit an sich ziehen.

Orden für Gemeinderäte zu festlichen Anlässen: *HINDENBURG-HITLER- Gedenkmünze von 1933*

Des Weiteren ist nach den Vorschriften der Gemeindeordnung nun schriftlich geregelt, dass die Anzahl der Gemeinderäte in Weidenberg nicht mehr, wie bisher, zwölf betragen muss; sie kann vielmehr vom Bürgermeister nach eigenem Ermessen festgelegt werden. RUMLER entscheidet sich für ein Siebener-Gremium.

Ferner können Beiräte zur beratenden Mitwirkung für bestimmte Verwaltungszweige bestellt werden. In WEIDENBERG werden sie für finanzielle Angelegenheiten und für Angelegenheiten der öffentlichen Fürsorge vorgesehen.

Skurril muten die als wesentlich hervorgehobenen Bestimmungen der Weidenberger Hauptsatzung an, die das Tragen von Amtszeichen regeln. Sie legen fest, dass die Amtsträger bei feierlichen Anlässen die „Hindenburg-Hitler-Gedenkmünze mit Hakenkreuz am roten Band“ als ordensähnliche Auszeichnung zu tragen haben, und zwar der Bürgermeister in Gold, die beiden Beigeordneten in Silber und die sieben Gemeinderäte in Bronze.

Auch sagt die Hauptsatzung dem ehrenamtlichen Bürgermeister RUMLER eine Aufwandsentschädigung von 0,70 RM pro Einwohner und Jahr zu. Offen bleibt an dieser Stelle, ob die Messzahl alle Bürger beinhaltet – das wären für das Jahr 1935 1.307 Einwohner; dann müsste Rumler jetzt rd. 900 RM/Jahr bekommen, statt bislang 600 RM – oder ob nur die Wahlberechtigten gemeint sind, das dürften rd. 900 gewesen sein, und Rumler würde weiterhin 600 RM Ehrensold bekommen. Wie bescheiden dieser Sold ist, den man damals als „angemessen“ betrachtet hat, wird deutlich, wenn man die heutige Entschädigung auch von ehrenamtlichen Bürgermeistern vergleicht. Sie liegt mehr als fünfmal so hoch wie damals. Dagegen gehen die Beigeordneten und Kassenverwalter seinerzeit leer aus.

RUMLER plant auch schon für seine eigene weitere Zukunft. Denn der letzte Punkt der Hauptsatzung kann bestimmen, dass *Bürgern, die mindestens zwanzig Jahre ein Ehrenamt ohne Tadel verwaltet haben, eine Ehrenbezeichnung verliehen werden kann.* Von einer solchen Ehrenbezeichnung für sich geht RUMLER stets aus. Der Begriff, den RUMLER für seine Beiräte als zukünftige Ehrung vorsieht, ist *„Gemeindeälteste“.* Für sich selbst reserviert er die Bezeichnung *„Altbürgermeister“* und sogar *„Ehrenbür-*

germeister". Doch bis zu diesem Zeitpunkt bräuchte er noch 18 weitere Amtsjahre einer tadelsfreien Amtsführung, er müsste also bis zum Jahr 1953 Bürgermeister bleiben. Dem kommt aber das Kriegsende im Jahr 1945 zuvor. Und da machen ihm die Amerikaner dann mit seiner Verhaftung und den mehrfachen Spruchkammerverfahren in den ersten Nachkriegsjahren einen dicken Strich durch die Rechnung.

Immerhin lässt RUMLER sich in einem Nachtrag zum 5. März 1937 schon mal eine Ernennungsurkunde von seinen beiden Beigeordneten RUCKDESCHEL und KIEẞLING aushändigen, die ihn unter Berufung in das Beamtenverhältnis als Bürgermeister der Gemeinde WEIDENBERG zum „Ehrenbeamten" macht.

Diese diktatorische und zugleich inhaltsleere Hauptsatzung erlässt RUMLER am 5. August 1935 und leitet sie zur Genehmigung an den Beauftragten der NSDAP, DENNERLEIN, und an Dr. MEISTER vom Bezirksamt weiter. Insbesondere DENNERLEIN hat in dieser Struktur eine wichtige Funktion: Er soll den „Einklang der Gemeindeverwaltung mit der Partei" sicherstellen und wirkt deshalb bei der Berufung und Abberufung von Bürgermeistern, Beigeordneten und Gemeinderäten mit. Der Erlass der Hauptsatzung bedarf seiner Zustimmung, ebenso die Verleihung oder Aberkennung von Ehrenbürgerrechten oder Ehrenbezeichnungen.

Die Beigeordneten, die rechte und die linke Hand des Ortsdiktators

Nun kann RUMLER den nächsten Schritt tun: Zum 1. Oktober 1935 beruft er seine neuen Gemeinderäte. Diese Sieben sind seine „letzten Getreuen", lauter Nazis, die wir schon aus dem gleichgeschalteten Gemeinderat von 1934 kennen: HEINRICH DUMBACH, OTTO FREY, CHRISTOPH HEINZ, der nun nicht mehr für die inzwischen verbotene SPD amtiert, sondern für die NSDAP, HEINRICH RIESS, HEINRICH SEYẞ, GEORG VOGEL und KONRAD WILL. Ihre Namen sind kein Geheimnis, das einer be-

---

Weidenberg

Marktgemeinde Weidenberg, 1296 Einwohner.

Ortsgruppenleiter: Georg Rumler. **Bürgermeister:** Georg Rumler. **1. Beigeordneter:** Konrad Ruckdeschel. **2. Beige**
neter: Hans Kießling. **Gemeinderäte:** Heinrich Dumbach, Otto Frey, Heinrich Rieß, Adam Stoll, Georg Vogel, Ko
Will. **Gemeindeschreiber:** Ulrich Hübner. **Gemeindekassier:** Ulrich Hübner. **Gemeindediener:** Georg Bauer. **Leh**
Schulleiter Wolfgang Heinz, Lehrer Albrecht Sauermann, Karl Schamel, Lehrerin Marianne Reuß. **Evang. Pfarramt:** P
rer Theodor Hoffmann, Georg Redenbacher. **Postamt:** Weidenberg, Vorstand Therese Fürst. **Bahnstation:** Weidenb
Vorstand Georg Deuerling. **Oeffentl. Fernsprechstelle:** Weidenberg. **Gendarmeriestation:** Weidenberg, 4. **Freiwi**
Feuerwehr: Wehrführer Hans Schwenk, 1. **Arzt:** Dr. med. Fritz Müller. **Tierarzt:** Dr. med. Andreas Angstl.
theke: Gustav Schütz. **Hebamme:** Berta Lochmüller. **Sonstige Behörden:** Kreisschule der NSDAP. der Kreisleitung
reuth-Eschenbach, Kreisschulungsleiter Gg. Rumler. **Darlehnskassenverein:** Vorstand Johann Pimmler, Rechner
Ködel. **Ortsbauernführer:** Hans Böhner. **Obstbauverein:** Vorstand Hans Schröder. **Deutsches Rotes Kreuz:** Hal
Weidenberg, Halbzugführer Konrad Zerenner, 7.

Kein Geheimnis: *Das Weidenberger Adressbuch von 1939 führt in seinem Kopf auch die Namen der damaligen Funktionsträger auf. Fast alle sind Mitglieder der NSDAP.*

sonderen historischen Diskretion bedürfte. Sie stehen vielmehr im öffentlichen Adressbuch für den Landkreis Bayreuth vom Jahr 1939 im Kopf über dem Eintrag aller Weidenberger Bürgerhaushalte.

Diese Sieben legen ihren Eid auf Hitler ab. Sie wollen und sie sollen überzeugte Nazis sein. Denn auch wenn sie von ihrer Amtsgewalt her nichts zu sagen haben, stehen doch auch sie für das Ansehen von Hitlers Herrschaft in der Bevölkerung und halten Rumler über die Stimmung in der Bevölkerung auf dem Laufenden.

Nun müssen zur Vervollständigung der neuen Ortsherrschaft in Weidenberg nur noch die beiden Beigeordneten installiert werden. Auch sie sind uns bereits als Angehörige des Nazigemeinderats von 1934 und zugleich treue Nazis der ersten Stunde bekannt. Das Bezirksamt stellt in seinem Schreiben vom 23. Dezember 1935 den Sachverhalt dann so dar, als hätte der Kreisleiter, also die nächsthöhere Führungsebene, diese Kandidaten vorgeschlagen. In Wahrheit kommen auch diese Namen vom Ortsgruppenleiter Rumler; sie belegen, dass er in die Qualifikation dieser beiden Männer als überzeugte Nazis besonderes Vertrauen hegt, obwohl sie nach dem Krieg nichts mehr davon wissen wollten.

Landrat Schwarz teilt dazu Rumler mit: *„Der Herr Kreisleiter hat als Beauftragter der NSDAP nach Beratung mit den Gemeinderäten vorgeschlagen: 1. den Schmiedemeister Konrad Ruckdeschel in Weidenberg 216 zum ersten Beigeordneten, 2. den Mechanikermeister Hans Kießling in Weidenberg zum zweiten Beigeordneten der Gemeinde Weidenberg. Mit diesem Vorschlag besteht Einverständnis.“*

Beide sind in Wahrheit bereits im Oktober 1935 im Amt, denn Rumler ordnet in diesem Monat die Totalüberwachung alle Weidenberger Bürger an:

„Die neue Deutsche Gemeindeordnung hat jeder Gemeinde ihre volle Selbstverwaltung gegeben. ***Es ist deshalb notwendig, dass die Führung der Gemeinde bis ins kleinste vom Ablauf des gemeindlichen Lebens unterrich-***

V e r f ü g u n g .

Die neue Deutsche Gemeindeordnung hat jeder Gemeinde ihre volle Selbstverwaltung gegeben. Es ist deshalb notwendig, dass die Führung der Gemeinde bis ins kleinste vom Ablauf des gemeindlichen Lebens unterrichtet ist.

Ich verfüge deshalb:

A) Die beiden Beigeordneten finden sich wöchentlich 1 mal in der Wohnung des Bürgermeisters zu einer Besprechung ein;

B) Der 1. Beigeordnete beruft monatlich 1 mal die Gemeinderäte des Gemeindebezirks "Unterer Markt",
der 2. Beigeordnete desgleichen die Gemeinderäte des Gemeindebezirks "Oberer Markt" zu sich;

C) Erstmalige Zusammenkunft mit den Beigeordneten am Montag, den 26. Oktober 1936 abds. 8 Uhr.

Der Bürgermeister.
Rumler

Nazi-IM „bis ins Kleinste ... unterrichtet“:
Anweisung von Ortsgruppenleiter Rumler an seine Beigeordneten zu konspirativen Treffs

tet ist. *Ich verfüge deshalb:*

a) Die beiden Beigeordneten finden sich wöchentlich einmal in der Wohnung des Bürgermeisters zu einer Besprechung ein;

b) Der Erste Beigeordnete beruft monatlich einmal die Gemeinderäte des Gemeindebezirks „Unterer Markt", der Zweite Beigeordnete desgleichen die Gemeinderäte des Gemeindebezirks „Oberer Markt" zu sich;

c) Erstmalige Zusammenkunft mit den Beigeordneten am Montag, den 26. Oktober 1936 abds. 8 Uhr. - Der Bürgermeister: Rumler"

Die feine Ironie, dass damit *jeder Gemeinde ihre volle Selbstverwaltung gegeben* sei und dass die Überwachung ein Ausfluss dieser Selbstverwaltung sei, sollte man nicht übersehen. Auch fällt auf, dass die Namen der Beigeordneten zwar ebenfalls im Adressbuch stehen. Aber die Treffen dieses Gemeindeverwaltungs- und Überwachungsorgans aus Bürgermeister, Beigeordneten und Gemeinderäten finden nicht in offiziellen Räumen der Gemeinde statt, sondern konspirativ in den jeweiligen Wohnungen der Berufenen.

Vereidigt werden die beiden Beigeordneten durch RUMLER dann am 1. Januar 1936. Damit ist in WEIDENBERG der Umbau der Gemeindeverwaltung zur Ortsdiktatur juristisch abgeschlossen.

Verzeichnis

der Mitglieder des Ortsfürsorgeverbands:

1. Theodor Hofmann Pfarrer, Vorsitzender,
2. Georg Rumler, Bürgermeister,
3. Konrad Ruckdeschel, 2. Bürgermeister.
4. Konrad Will Wagnermeister.
5. Georg Vogel Maurermstr.
6. Otto Frey Organist,
7. Georg Ficht Rentner,

Nachträglich von Rumler gestrichen:
Pfarrer THEODOR HOFFMANN als Mitglied im Ortsfürsorgeausschuss 1935

Historisch interessant ist noch, dass auch die Namen der Beiräte für finanzielle und fürsorgerische Angelegenheiten, wie sie die Hauptsatzung vorsieht, tatsächlich in einem „Beratungsbuch-Auszug" am 6. März 1936 auftauchen, den CHRISTIAN SCHILLER nach dem Krieg sichergestellt hat. „Für finanzielle Angelegenheiten" werden als Beiräte benannt: der Zweite Beigeordnete HANS KIEßLING, sowie der Land- und Gastwirt und ehem. Gemeinderat ADAM STOLL. Er ist auch Nationalsozialist, taucht aber in der Siebenerliste nicht mehr auf.

Für „Fürsorgeangelegenheiten" werden bestellt: der Erste Beigeordnete KONRAD RUCKDESCHEL, der Gemeinderat KONRAD WILL, der Arbeiter GEORG FICHT, und der Kriegsbeschädigte GEORG VOGEL. Auch diese Besetzung ist interessant, denn sie löst die alten, noch nicht von der Parteidoktrin diktierten Besetzungen ab:

Bis 1933 war es auch üblich, dass in diesem Fürsorgeausschuss, der über das Wohl der Armen zu befinden hatte, zumindest einer der beiden Gemeindepfarrer mitwirkte.[68] So finden wir bis 1933 Pfarrer SCHEIDING und 1934 dann zunächst Pfarrer HOFFMANN als die jeweils erstgenannten Mitglieder in diesem Ausschuss. Hoffmanns Name ist dann aber von RUMLER nachträglich mit kräftiger blauer Farbe ausgestrichen worden. Das ist recht seltsam. Denn HOFFMANN war zwar im Jahr 1933 wegen des Aufnahmestopps der Nazis noch nicht in der NSDAP aufgenommen worden, hatte aber einen Aufnahmeantrag gestellt und diente sich seitdem über die Nazi-Gliederung der SA nach oben. Ihm wurde deshalb ausnahmsweise der Parteieintritt bereits zum 1. Mai 1935 gewährt. Warum ihn RUMLER dennoch nicht berufen hat, muss hier offen bleiben, HOFFMANN war doch voll auf der Parteilinie!

Vielleicht spielen hier auch persönliche gegenseitige Abneigungen eine Rolle. HOFFMANN war trotz seiner politischen Fehlleitung ein frommer Mann, RUMLER nicht; RUMLER konnte mit der Kirche und auch mit den Ideen eines „Deutschen Christentums", die HOFFMANN vertrat, gar nichts anfangen und verließ die Evangelische Kirche dann auch, ohne die Deutschen Christen noch eines Blickes zu würdigen. Er blieb der Kirchengemeinschaft standhaft bis an sein Lebensende fern.

Kein Hitler-Gruß beim Fasching

„Heil Hitler" – so ist seit dem Jahr 1933 in Deutschland jeder offizielle Brief unterschrieben. Mit jedem Monat und Jahr der fortschreitenden Diktatur verzichten auch die Menschen in WEIDENBERG zunehmend auf ihr vertrautes „Grüß Gott" bei Besuchen auf Ämtern und in Geschäften. Auch bei Begegnungen in der Öffentlichkeit grüßen sie sich stattdessen nun immer häufiger mit dem „Deutschen Gruß". Und die Lehrer erwarten schon von den jüngsten Schülern, dass sie bei der morgendlichen Begrüßung kräftig diesen „nationalsozialistischen Kampfgruß" schmettern.

Er kann lauten: „Heil Hitler" oder „Sieg Heil" oder einfach nur „Heil!" und wird im täglichen öffentlichen Leben bald von jedermann erwartet. Wer diesen Gruß nicht erwidert, stellt sich damit selbst außerhalb der viel gepriesenen „Volksgemeinschaft" und kann erheblichen Ärger bekommen.

Doch gibt es damals in WEIDENBERG ganze Familien, die diesen „Deutschen Gruß" verweigern. Zu ihnen gehört der schon erwähnte Ortsbürger CHRISTIAN DENNERT, der zu Eingang dieser dritten Folge des Projektes ‚Myrten für Dornen'[69]

---

[68] Vergl. dazu das Kapitel „Arbeit, Wohlstand und Armut bei den „Gaasla" – Soziales Leben, Beruf und Gewerbe in Weidenberg bis 1919" in der 2. Folge des Projektes ‚Myrten für Dornen', insbesondere S. 269.

[69] S.o. das Kapitel „Seit 1933 sind wir alle nicht mehr normal".

Kein „Deutscher Gruß" im Fasching: *Karnevalsumzug am Weidenberger Obermarkt im Jahr 1942*

als Opfer Rumlers benannt wird. Er und seine Frau IRMGARD DENNERT lehnen den Hitlergruß konsequent ab, und ihre vier Kinder folgen ihnen darin, zumindest eine Zeitlang. Trotzdem, oder vielleicht sogar gerade deshalb, sind sie seinerzeit bei Kollegen und Mitschülern akzeptiert und werden wegen ihres Mutes bestaunt. Manchmal freilich werden sie wegen ihres „Leichtsinns" auch von Mitbürgern belehrt. Nur dem Ortsgruppenleiter ist diese Familie ein Dorn im Auge, und unter dem Deckmantel der Fürsorge versucht er dem Familienoberhaupt zu schaden.[70]

Die meisten anderen machen mit, wie es die Partei befiehlt. Sogar der Verschönerungsverein WEIDENBERG, der sich sonst eines unangefochtenen Eigenlebens ohne Eingriff der Partei erfreut, sieht sich seit dem Jahr 1935 immerhin zu diesem „kleinen Kompromiss" genötigt; nun sollen auch seine Versammlungen, der „neuen Zeit" entsprechend, „mit einem Dank an den Führer und Reichskanzler" ausklingen

[70] Vergl. dazu insbesondere das Kapitel „Jenseits der roten Linie" in der 5. Folge „Spuren der Opfer ..."

und wenigstens „ein dreifaches Sieg-Heil!" erschallen. Letztlich können aber auch die starken Nazikritiker im Verein mit diesem Kompromiss leben, weil sie sich immer das Ihrige bei diesem Gruß denken. Und diese eigenen Gedanken gehören auch zum „kleinen Widerstand" des Volkes. Bis zuletzt setzte man sich mit Ironie und Witz gegen die Totalvereinnahmung der Bürger zur Wehr. Eine Verspottung Hitlers lag ja bei diesem Gruß schließlich nicht ganz fern.

So machten sich z.B. Schulkinder, wie Zeitzeugen erzählen, einen Spaß daraus, besonders zackig zu grüßen und so, praktisch unangreifbar, diesen Gruß zu verhöhnen. Auf den Straßen und im sonstigen Alltagsgebrauch schliff sich die Grußformel durch den häufigen Gebrauch ohnehin schnell ab. Der Text reduzierte sich häufig auf ein knappes „Hitler" oder sogar „Hei–tler".

Hinter vorgehaltener Hand pflegte das Volk noch eine ganz besondere Art der gegenseitigen Bestärkung, da bezeichnete man den „Führergruß" dann gern als einen „Genesungswunsch für einen kranken Österreicher", oder man fragte mit betonter Besorgnis zurück: „Geht es ihm denn schlecht?"

Um HITLER vor solcher Herabwürdigung zu bewahren, gebietet nun die besorgte Parteiführung, während der Karnevalstage die Verwendung des Hitlergrußes ganz zu unterlassen. Der bayerische Innenminister HERMANN ESSER, natürlich ein Nationalsozialist, fordert die Bayern auf, während des Faschings stattdessen zur Begrüßung die rechte Hand ans Herz zu legen, vergleichbar dem Gruß der Amerikaner beim Abspielen ihrer Nationalhymne. Nicht auszudenken, was sich wohl mancher Bürger bei diesem veränderten Gruß für Gedanken gemacht hat. Von „O Schreck" bis „lieber Gott, erlöse uns" mag wohl alles dabeigewesen sein.

Es ist ohnehin überraschend, dass im Krieg dann das subversive Faschingsvergnügen erlaubt bleibt, während der öffentliche Tanz wegen der Ernsthaftigkeit des „Völkerringens" sehr zum Leidwesen der Jugendlichen ganz verboten ist.

Rumlers anfälliges Bodenpersonal

Ansonsten ist seit dem Jahr 1936 auch unter den Nazis Schluss mit lustig. Sie räumen nun auch bei ihren eigenen Mitgliedern auf. Wohl in diesem Jahr verhängt der allgewaltige Ortsgruppenleiter RUMLER ein Parteiausschlussverfahren gegen den Kaufmann FRITZ F. wegen „Interesselosigkeit". Im Jahr 1933 hatte er ihn mit Druck und viel Mühen geworben. Andererseits ist derselbe Kaufmann dann nachweislich als neugieriger Beobachter beim Naziüberfall auf die Kirchenpingärtner Geistlichen im Jahr 1938 dabei, sodass man fragen kann, ob diese Geschichte von seinem Rauswurf nicht auch wieder eine von den typischen Anekdoten ist, mit denen Nazis später ihre Unschuld belegen möchten. Vielleicht hat RUMLER ja auch nur mit dem Parteiausschluss gedroht, um seinem Parteifreund nochmals Beine zu machen.

Zu denen, die später wundervoll solche Anekdoten und Legenden stricken können, gehört auch der Postenführer der Gendarmerie in WEIDENBERG und Kommissar der Landpolizei HEINRICH WAGNER. Er lernt RUMLER angeblich erst im Lauf des Jahres 1936 dienstlich kennen. Der Ortsgruppenleiter ist ja jetzt sein Chef. Nachdem der Nazi-Säulenapostel und Kampfgefährte der ersten Stunde HEINRICH SEYẞ aus WEIDENBERG weggezogen ist, macht RUMLER den Polizisten ab dem Jahr 1938 zu seinem neuen Propagandaleiter.

Diese Verquickung von öffentlichem Amt und Parteiamt ist gewollt. Die Polizei gehört ja zu den wichtigsten Instrumenten, derer sich die Nazis für ihre Zwecke zunehmend bemächtigt haben, um ihre totale und willkürliche Führergewalt gegenüber der Bevölkerung durchzusetzen. Im Juni 1936 hatte HITLER mit einem Erlass über die Einsetzung eines Chefs der Deutschen Polizei die rechtlichen Voraussetzungen geschaffen, dass der SS-Apparat der Nazis in der Person von HEINRICH HIMMLER mit der überkommenen Polizeistruktur der Weimarer Republik verklammert werden konnte. HIMMLER war nun in Personalunion „Reichsführer SS" und Chef der Deutschen Polizei. Auf der Gemeindeebene bediente sich der Ortsgruppenleiter nun mit gleicher Selbstverständlichkeit der Polizei für Parteiinteressen, wie als Ordnungshüter.

RUMLER setzt WAGNER in dieser Doppeleigenschaft als Gendarmen und Propagandisten überall dort ein, wo das Verhalten von Bürgern kontrolliert werden soll oder politische Zeugnisse über Ortsbürger erstellt werden sollen oder wo gewaltsame Übergriffe auf Bürger vollzogen werden. WAGNER ist also sozusagen Rumlers Werkzeug für die „Drecksarbeit". Das soll dem Ortsgruppenleiter erlauben, die eigenen Hände in Unschuld zu waschen. Insbesondere beim Überfall auf KIRCHENPINGARTEN darf WAGNER dann den Leitwolf spielen, während sich RUMLER um jeden Preis hinter ihm zu verschanzen versucht.

Dabei umgeben WAGNER stets abfällige Gerüchte aus der Bevölkerung, insbesondere dieses, dass er korrupt sei und zur Vorteilsnahme neige. Das schmälert natürlich sein Ansehen in der Öffentlichkeit enorm und bringt seine Partei in schlechten Ruf.

Nach dem Krieg will WAGNER vorsichtshalber zunächst nichts Böses über RUMLER sagen, denn er weiß, dass RUMLER allerhand Munition gegen ihn versteckt hält. So gibt er vor, den Ortsgruppenleiter als „gerecht" angesehen zu haben. Negativ sei allenfalls gewesen, dass RUMLER eindeutig die Interessen der Partei vertreten habe.

Und dann schüttet WAGNER doch noch sein Herz aus: Nachdem sich RUMLER als politischer Hoheitsträger der NSDAP größere Befehlsgewalt zueigen gemacht und auch der hiesigen Gendarmeriedienststelle Befehle erteilt und sonstige Anordnungen getroffen habe, sei WAGNER gegen solche Anmaßungen völlig wehrlos gewesen, zumal RUMLER beim damaligen Landrat Dr. SCHWARZ und bei der Kreisleitung der NSDAP „eine gute Nummer gehabt" habe bzw. sehr gut stand. Also habe sich WAGNER als Stationsführer der Gendarmerie vor RUMLER ebenfalls beugen und seinen Anordnungen Folge leisten müssen, um das gegenseitige Einvernehmen so zu gestalten, dass er weiter nicht zu Schaden käme.

Und eine besondere Sache habe es doch gegeben: So habe RUMLER ihn, seinen Propagandaleiter und besten Polizisten, einmal angezeigt. Der Hintergrund sei gewesen, dass WAGNER sich ausgerechnet bei Rumlers Erzfeind SCHILLER Geld für einen Klavierkauf geliehen habe; seitdem habe der Ortsgruppenleiter seinen Polizisten WAGNER gänzlich in der Hand gehabt.

Über die außerordentliche Bestechlichkeit dieses Polizisten und Parteisoldaten WAGNER liefen immer wieder eindeutige Gerüchte um. Er sei einer, der in der Zeit der Lebensmittelbewirtschaftung gern einmal ein paar Eier oder auch gleich zwölf Weihnachtsgänse auf einmal annimmt, um als Gegenleistung bei der vorgeschriebenen Fleischbeschau wegzuschauen. Das macht er mit Vorliebe auf dem Land, wo es bei den Bauern trotz Mangelbewirtschaftung im Krieg etwas zu holen gibt. Deshalb zeigt ihn der Kirchenpingärtner Pfarrer MICHAEL GEIGER dann auch einmal anonym an. Viele Gemeindeglieder haben sich bei ihm beschwert.[71]Aber WAGNER ist ja Parteimitglied, und außerdem ist er eine „Amtsperson", die im Regime Rückendeckung hat, und GEIGER hat seine Anzeige ja auch noch anonym gestellt. So wird WAGNER in der Nazizeit vor Gericht trotz zahlreicher mutiger Zeugenaussagen, die ihn bezichtigen, von den Anschuldigungen Geigers entlastet. Ja, er darf diesen Gerichtsspruch sogar auf Kosten Geigers aushängen.

Die Spruchkammer nach dem Krieg bescheinigt Wagner freilich die „Neigung zur Unwahrheit". Sie ist bei seiner Verurteilung aber noch gnädig und reiht ihn nur als „Mitläufer" ein.

Prestigesteigerung im öffentlichen Weidenberger Leben

Inzwischen ist RUMLER, obwohl ihn weiterhin keiner wirklich mag, im öffentlichen Leben Weidenbergs angekommen. Er ist in den Jahren 1936/37 am Höhepunkt

[71] Mehr dazu Buch „Spurensuche Frankenpfalz" des gleichen Verfassers im Kapitel „Die Weltkriege und die Zeit des Nationalsozialismus", S. 32ff. – Der gesamte Hintergrund dieser Vorfälle wird nach den neuesten Recherchen auch ausführlich dargestellt im Kapitel „Als Hitlers Gottheit infrage stand – Der Widerstand der Frankenpfälzer und der Überfall der Weidenberger Nazis nach den Hitlerwahlen 1938" in der 4. Folge des Projektes ‚Myrten für Dornen': „Christsein am Scheideweg …".

seiner Macht angelangt und darf nun bei allen möglichen öffentlichen und geschäftlichen Gelegenheiten präsentieren.

Seit 1936 mit Saal für Großveranstaltungen:
Gasthof Post an der Lindenkreuzung

Im Gasthaus zur Post an der Lindenkreuzung hat die Inhaberin, Frau TRINA DREß, einen geräumigen Saal eingerichtet, der nun auch der Partei für Großveranstaltungen zur Verfügung stehen soll. Im Spätherbst des Jahres 1936 erfolgt die Einweihung. Neben Ortsgruppenleiter RUMLER sind hohe Nazi-„Ehrengäste" eingeladen. Unter ihnen befindet sich auch der zu der Zeit amtierende Landrat Dr. SCHWARZ.

Einen weiteren Prestigeerfolg kann RUMLER bei seinem in Hassliebe gezeugten und geförderten Kind, dem Sportverein WEIDENBERG, verbuchen: Nachdem er dort bereits zweimal vom Thron gestoßen worden ist, kann er sich nun endlich am 25. April 1937 als Vereinsführer durchsetzen. Er kann den bisherigen „Führer" und Alt-Parteigenossen ALOIS FELBINGER absetzen und im Verein zu seinem Stellvertreter degradieren. Der Verein ist nun endgültig „gleichgeschaltet".

DER ANSTREICHER UND SEINE LEHRJUNGEN
Braune Herrschaft und Alltag in Weidenberg seit 1929

3. „PHYSICUS UND PHARMAZEUT“ – Das Weidenberger Gesundheitswesen bis in die erste Hälfte des 20. Jahrhunderts

BILDMOTIV „Arzt und Apotheker“:

Links: Der Arzt Dr. FRITZ MÜLLER mit seiner Frau ELSE.
Rechts: Der Apotheker GUSTAV SCHÜTZ mit seiner Frau BLANKA.

DRITTES BUCH:

„Physicus und Pharmazeut“

Das Weidenberger Gesundheitswesen bis in die erste Hälfte des 20. Jahrhunderts

INHALT

PROLOG

Arzt und Apotheker in Theologie und Geschichte

An sich besaß Pfarrer GEORG REDENBACHER eine robuste Natur. Doch mit dem Arzt hatte auch er mehrfach zu tun. Und mit dem Apotheker verband ihn sogar eine echte Freundschaft. REDENBACHER musste miterleben, dass seine Ehefrau MARGARETE an Krebs erkrankte. Bereits im Februar 1935 verstarb sie. Sie hatte durch ihre zunehmende Schwäche den Haushalt zuletzt nicht mehr allein versorgen können und war nur 44 Jahre alt geworden.

Wärmende Pelzweste für die Gesundheit: *Pfarrer REDENBACHER*

Sechs Jahre später, im Kriegsjahr 1941, betrifft es REDENBACHER dann selbst: Er ist durch die jahrelange wiederholte Alleinverantwortung für das Pfarramt ohne Kollegen und die mit Kriegsbeginn stark zunehmende Seelsorgetätigkeit tief erschöpft. Er hat kaum Urlaub nehmen können. Auch zeigen sich so viele Beschwerden an den inneren Organen, dass ihm der Doktor einen längerfristigen Krankheitsurlaub von gut drei Monaten verschreiben muss.

Im Frühjahr 1944 schließlich zieht sich Pfarrer REDENBACHER bei Glatteis an der Kirche einen komplizierten Beinbruch zu. Der Doktor muss ihn bis in den Sommer hinein krankschreiben.

Seitdem hat REDENBACHER genug von den Verschreibungen. Er macht um Ärzte einen großen Bogen und lässt schließlich auch eine bösartige Geschwulst an der Blase ohne Behandlung. An den Folgen stirbt er, die Schmerzen in vollem Bewusstsein ertragend, am 23. Februar 1951.

Pfarrer REDENBACHER braucht also eigentlich den Arzt und den Apotheker in WEIDENBERG wie andere durchschnittliche Bürger damals auch. Aber er schwört lieber auf seine wärmende Weste aus Lammwolle, die ihn vor Unbilden bewahren soll. Er hofft darauf, dass die Krankheiten irgendwie vorübergehen und verweist gern auf seine Bibel.

Medizin zwischen Religion und Scharlatanerie

ADAM und EVA brauchten jedenfalls keinen Arzt oder Apotheker, solange sie mit

Gott in Einklang lebten, darüber hatte auch REDENBACHER des Öfteren gepredigt. Erst als sie im Sündenfall mit Gott in Widerspruch gerieten und sich für das Unheil öffneten, mussten sie sich als Folge mit Leid und Krankheit, Vergänglichkeit und Tod auseinandersetzen.

Die Spannung von Religion und Heilung durchzieht die ganze menschliche Kulturgeschichte. Der Mensch ist voll Sehnsucht nach Heilung und ist bereit, alles dafür zu tun. Er sucht einen „Heiland“, will aber zugleich selber „sein wie Gott“ und leben, als ob es Gott nicht gäbe.

Das war immer die Stunde von Schamanen einerseits, aber auch Scharlatanen andererseits; ihnen strömten die Menschen seit jeher Heilung suchend zu. Es gab stets charismatische Heilkundige, deren guter Ruf sich weit verbreitete. So ist auch der berühmte Dr. EISENBARTH, der die „Leut nach seiner Art“ kurierte, durchaus nicht die Karikatur, als die ihn das bekannte Studentenlied ihn beschreibt, sondern diesen Mann hat es wirklich gegeben. Er war für seine Zeit ein fortschrittlicher Mediziner, ein geschickter Chirurg, aber auch ein geschäftstüchtigen Kaufmann.

Es gab aber stets auch solche, die nur vorgaben, heilkundig zu sein und dabei den Leuten das Geld aus der Tasche zogen. Dem Vertrauen zu Arzt und Pharmazeuten steht also stets die Skepsis gegenüber, ob hier nur der eigene Vorteil gesucht wird oder ob sie es wirklich gut mit den Menschen meinen.

Das Markusevangelium der Bibel beschreibt, wie JESUS durch seine charismatischen Kräfte eine Frau von einem bereits zwölf Jahre währenden Blutfluss heilt. Dabei schildert es auch die typische Not vieler chronisch Kranker: Sie hatte *„viel erlitten ... von vielen Ärzten und all ihr Gut dafür aufgewandt“*, ohne dass man ihr helfen konnte, sondern es war nur immer *„schlimmer mit ihr geworden“*. JESUS bezeugt ihr nach dieser spontanen Heilung: *„Dein Glaube hat dich gesund gemacht“* (Mark.5, 25ff). In der Sicht der Bibel hängt die Heilung notwendig mit dem Glauben zusammen. Kein Arzt kann wirklich von sich aus heilen. Vielmehr ist Gott der Geber und Erhalter allen Lebens, ihm soll der Mensch, der gesund werden will, sich öffnen.

Doch sieht die Bibel einen **guten Arzt** nicht als einen Konkurrenten für den Glauben an Gott. Er gilt vielmehr als Mitarbeiter und Instrument Gottes. Heilung kommt von Gott, der Arzt kann aber zu solcher Heilung den Weg ebnen. So ehrt, wer den Arzt achtet, damit Gott: *„Ehre den Arzt mit gebührender Verehrung ... Denn der Herr hat ihn geschaffen, und die Heilung kommt von dem Höchsten“*, so fordert das Buch Sirach in seinem 38. Kapitel. Andererseits warnt die Bibel die Menschen: *„Wer vor seinem Schöpfer sündigt, der soll dem Arzt in die Hände fallen!“* (Sirach 38,15). Wer Heilung sucht, soll im Glauben mit Gott in Verbindung bleiben und auf ihn hören: *„Ich bin der Herr, dein Arzt“* (2. Mose, 15, 26).

Vier Körpersäfte: *HIPPOKRATES von Kos (460-370 v. Chr.)*

Wer sich also, etwa bei einem Krebsleiden, gegen Gott verbittert: „Wie kann Gott mir das zumuten?", der denkt kontraproduktiv und schadet so seinem Heilungsbegehren; er soll sich vielmehr für Gott als Quelle der Heilung öffnen und ihm vertrauen.

Damit zeigt die Bibel in der Kulturgeschichte der Menschheit einen ganz eigenen, unverwechselbaren, ganzheitlichen Ansatz. Während die heidnische Heilkunst seit der Antike mit dem sagenumwobenen HIPPOKRATES von der „Körpersäftelehre" schwadroniert, das heißt, die Krankheiten einseitig von physikalischen Ursachen herleitet und damit bis in die Neuzeit viel Unheil in die Medizin bringt, sieht die Bibel den Menschen ganzheitlich und betont den unauflöslichen Zusammenhang von Heil und Heilung, seelischer und körperlicher Gesundheit.

Gott gibt den Menschen auch die Heilmittel an die Hand, über die der **Apotheker** verfügt: Seinem Propheten MOSES z.B. verleiht Gott während der Wüstenwanderung die Gabe, vergiftetes Wasser mit süßem Holz zu heilen. Und wiederum das Buch Sirach 38,1 beschreibt das Wesen der Pharmazie: *„Der Herr lässt die Arznei aus der Erde wachsen, und ein Vernünftiger verachtet sie nicht. ... Er hat solche Kunst den Menschen gegeben, um sich herrlich zu erweisen durch seine wunderbaren Mittel. Damit heilt er und vertreibt die Schmerzen, und der Apotheker macht Arznei daraus, damit Gottes Werk kein Ende nehme und es Heilung durch ihn auf Erden gibt".*

Medizin und Pharmazie müssen also nicht „ungläubig" sein, die Betrachtungsweisen ergänzen sich vielmehr. *„Medicus curat, natura sanat"* – so wird etwa gern der Ansatz des berühmten antiken Arztes HIPPOKRATES VON KOS in einem lateinischen Aphorismus übersetzt. Er besagt sinngemäß, dass die eigentliche Heilung sich *im Patienten* vollzieht und dass die ärztliche Therapie den Willen und die Bereitschaft zur Gesundung lediglich unterstützt. Er empfiehlt andererseits dem Patienten auch eine gewisse Demut, weil jede Krankheit einen natürlichen Verlauf hat. Der Heilungsweg ist nicht ohne Schaden abkürzbar, er braucht Zeit und Geduld.

Was Europas Apotheken und Ärzte neu durch die Araber lernten

Beides, die biblischen und die natürlichen Erkenntnisse über die Medizin, gingen im frühen Mittelalter in Europa weitgehend verloren; sie machten bis in die Neuzeit hinein viel Aberglauben und Quacksalberei Platz. Auch der Glaube an Christus und die Heiligen erstarrte im Mittelalter zur bloßen Formel; scheinreligiöse Beschwörungen sollten als Ersatz und Mittel gegen jede Krankheit herhalten.

Nur die Klöster bewahrten Reste von Kenntnissen über die alte Heilkunst. In einigen christlichen Klöstern beschäftigten sich weise Mönche und Nonnen speziell mit der Aufzucht und Verarbeitung von Heilkräutern. Ihre Räume zur Aufbewahrung von Heilkräutern bezeichneten sie mit dem griechisch-lateinischen Wort „apotheca", was nichts anderes bedeutet als die „Vorratskammer" des Klosterarztes.

Darüber hinaus sind es im Mittelalter nun Drogen und Heilkräuter aus der arabischen Welt, mit denen Gewürzkaufleute Handel treiben. Die Warenlager dieser Kaufleute werden oft ebenfalls schon als „abteke" bezeichnet, doch gleichen sie anfangs eher einem Kolonialwarenladen als einer Medizinaleinrichtung. Doch seitdem Kaiser FRIEDRICH II. im Jahr 1241 eine Medizinalordnung erlassen hat, kommt Ordnung in die Heilkunst: Medizin und Pharmazie werden nun deutlich getrennt. Ein Arzt darf keine Apotheke betreiben, vielmehr wird die Apotheke der Ort, *„dar men arzenie tho verkopende plecht"* – wo man Arzneien zu verkaufen pflegt.

Währenddessen hat sich die Medizin in Europa aber kaum weiter entwickelt. Einfache Ratschläge ersetzen detaillierte Krankheitsbeschreibungen. Da bietet der Orient in der ärztlichen Heilkunst lange Zeit ein ganz anderes Bild: Dort werden die antiken medizinischen Texte, die im alten Europa allmählich in Vergessenheit geraten waren, ins Arabische und Altsyrische übersetzt und so vor dem Verschwinden bewahrt. Ärzte sind im Orient damals hoch angesehen. Seit dem 8. Jahrhundert gibt es sogar Krankenhäuser mit guten hygienischen Verhältnissen und verschiedenen Stationen.

Die Europäer müssen das alles erst wieder mühsam von den Arabern lernen. Durch den viel gelesenen historischen Roman von NOAH GORDON „DER MEDICUS", der unter dem amerikanischen Titel „THE PHYSICIAN" 1986 erschienen, aber leider historisch nicht sehr genau ist, wird der Blick neu auf diese für das Abendland interessante Entwicklung gelenkt: Der englische Waisenjunge ROB hat bei einem Bader Aufnahme gefunden und als Schüler bei ihm gelernt; er will nun ein wirklich guter

Arzt und Heiler werden. So bricht er nach dem Tod seines Lehrers zu einer weiten gefährlichen Reise nach Arabien auf, um an der persischen Universität von ISFAHAN bei dem berühmten arabischen Universalgelehrten ABU-ALI-SINA zu studieren. Dieser SINA, latinisiert zu „AVICENNA" *(Bild)*, gilt als der größte Arzt seiner Zeit. Neben seinen Werken für Philosophie, Theologie und Naturwissenschaft hat er auch ein mehrbändiges Werk über die Medizin verfasst. Dieses Buch wird dann tatsächlich zum wichtigsten Lehrbuch für die Heilkunst in Europa bis ins 17. Jahrhundert.

Nun erfährt die Medizin in Europa einen großen Aufschwung. Universitäten werden gegründet und die alten antiken medizinischen Texte aus islamischen Quellen wieder gelesen. Studenten müssen nun sieben Jahre lang Vorlesungen besuchen und Prüfungen ablegen, um Arzt zu werden.

Daneben gibt es die „handwerkliche Medizin" der Chirurgen bei Operationen und Knochenbrüchen, die aber teilweise von den Badern mit übernommen wird; ihr Ansehen ist aber sehr viel geringer als das der studierten Kollegen.

Vom Arzneilager zum Chemielabor für Goldgewinnung

Medizin und Pharmazeutische Erkenntnisse befruchten sich seit der Renaissancezeit gegenseitig. Der Arzt und Therapeut THEOPHRASTUS BOMBASTUS VON HOHENHEIM, genannt PARACELSUS, fordert, gezielt nach neuen Arzneien zu forschen. Reisende bringen bis dahin unbekannte Pflanzen und Heilstoffe aus allen Teilen der Welt nach Europa. Die Erfindung des Buchdrucks ermöglicht die rasche Verbreitung von Arzneimittelliteratur.

Die Apotheken werden mit ihren Labors nun zunehmend zu Stätten der chemischen Forschung, sie sind der Ursprung der späteren deutschen Arzneimittelindustrie, die mit ihren bahnbrechenden Erfolgen die Welt erobert. Wohl wird die lange Zeit gesuchte Formel für die Schaffung von Gold nie gefunden, gleichwohl klingelt seitdem das Geld in den Kassen, und viele andere neue Formeln und Produkte werden gefunden.

So ist es der gelernte Apotheker JOHANN FRIEDRICH BÖTTGER, der als Gefangener des sächsischen Königs AUGUST „des Starken" im Jahr 1708 auf der Suche nach der Gold-Formel für die Vermehrung der Staatskasse das „weiße Gold", das Porzellan, für Europa neu erfindet, das die Chinesen schon gut 1000 Jahre vorher erfunden hatten; das Herstellungsverfahren war aber geheim gehalten worden.

Hand in Hand gehen auch die grundlegenden neuen Erkenntnisse über die Ursachen von Erkrankungen. Seit Ende des 19. Jh. wird die Bedeutung von Bakterien als Krankheitsursache erkannt. Mit gründlicher Asepsis wird die erste Methode zu ihrer Bekämpfung gefunden. Bereits 1909 kann PAUL EHRLICH das erste Antibiotikum „Salvarsan" entwickeln. Viele weitere erfolgreiche Sulfonamide folgen.

Nachdem der Nazi-Polizeigeneral und Organisator des systematischen Judenmords REINHARD HEYDRICH nach einem Partisanen-Attentat in Prag im Jahr 1942 an einer Sepsis gestorben war, versuchten die Nazis mit gezielten Menschenversuchen an KZ-Insassen die Wirkung von Antibiotika genauer zu erforschen. Die typischen Kriegsverwundungen sollten so beherrschbarer werden. Penicillin kam erst mit dem Zweiten Weltkrieg im Jahr 1940 in Amerika zum Durchbruch, ebenfalls gedacht als Heilmittel bei der Verwundung von Soldaten. Die Vermischung dieser Medizin mit geschäftlichen Interessen und Kriminalität im Wien der Nachkriegszeit schildert im Jahr 1949 der berühmte Film „Der dritte Mann".

Die neuen Instrumente des Arztes und seine Grenzen

Obwohl Ärzte also, wie gezeigt, bereits seit dem Mittelalter ein langes Studium absolvieren müssen, ändert das doch nichts an der hohen Sterblichkeitsrate in der Bevölkerung. Bis weit ins 20. Jahrhundert hinein sterben insbesondere Kinder, aber auch Erwachsene an einfachen Infektionen. Der Arzt wusste ja in Wirklichkeit nicht genau, was sich im Körper des Kranken abspielt. Wirksame Medikamente gab es lange nicht. Reden und Zuhören waren deshalb die wichtigsten Instrumente des Arztes. Er konnte oft nur abwarten und seinem Patienten gut zureden. Oft wendete er zweifelhafte Radikalmethoden an wie den Aderlass, um in aller Hilflosigkeit wenigstens einen Anschein von Tätigsein zu geben.

Mit den neuen chemischen und bakteriologischen Erkenntnissen sind den Ärzten aber nun wirksame Instrumente an die Hand gegeben: Jahrhundertelang gefürchtete Seuchen wie die Pest scheinen jetzt beherrschbar, nachdem einmal erkannt ist, dass sie vor allem über Flöhe durch Nagetiere als Wirte übertragen wird. Gegen viele Krankheiten wie gegen Pocken oder Kinderlähmung kann der Arzt nun impfen, gegen die gefürchtete Tuberkulose gibt es Medikamente. Große Fortschritte hat auch die Schmerzbekämpfung gemacht, seit die Wirkungsweisen von Salizylsäure, Lachgas oder Morphin erkannt sind. Vor allem aber die Anwendung der Antibiotika gegen infektiöse Krankheiten seit den 1930er Jahren erweist sich als wahrer Segen.

Doch das Verhältnis von Arzt und Patient verändert sich in Zeiten der Hightech-Medizin. Oft ist für das klassische Zuhören keine Zeit. Mancher Arzt erscheint als Halbgott in Weiß, vor dem man sich als Mensch auf seine Krankheit reduziert sieht und ehrfürchtig erstarren muss. Andererseits kommen Patienten heute oft auch mit fertigen Diagnosen aus Internet und Fernsehen zum Arzt und stellen klare Forderungen. Doch vieles, was in der Gegenwart getan wird, wie der übertriebene Gebrauch der Antibiotika sogar in der Tierzucht, erweist sich als Bumerang, viele Bakterien sind inzwischen resistent. Und weil die Menschen immer älter werden, nehmen nun auch die chronischen Leiden zu.

Vielleicht ist die Besinnung beider Seiten auf die christliche Deutung von Krankheit und Heilung an der Zeit. Der Mensch ist nicht Gott, und er überzieht seine Ansprüche, wenn er das ewige Leben ohne Krankheiten, Schmerzen und Leiden einfordert. Selbst sein zu wollen wie Gott und zugleich im Paradies zu leben, das sind zwar die Träume des Menschen, aber sie bilden einen unaufhebbaren Widerspruch in sich selbst, denn das Leben im Paradies und der Glaube an Gott gehören untrennbar zusammen; der Mensch ohne Gott hat das Paradies auf ewig verloren.

Andererseits sind solchen Menschen, die den Einklang mit Gott suchen, Heil und Heilung versprochen. Sie sollen den Arzt als Helfer Gottes ehren, ihn aber auch nicht als Zauberer überfordern.

Arzt und Apotheker im Fürstentum Bayreuth

Als „**Wundarzt**" ist um 1460 in Bayreuth ein „Meister Hans" bezeugt. Die lateinische Bezeichnung der Wundärzte ist „Medicus". Sie sind die „Handwerker" unter den Medizinern und damit die Vorläufer der Chirurgen. Sie versorgen äußere Wunden, lassen zur Ader, setzen bei muskulären Verhärtungen Schröpfköpfe auf, behandeln Tumore und Krampfadern, entfernen Blasensteine, nähen geplatzte Därme, amputieren Gliedmaßen, renken Gelenke ein, schienen Knochenbrüche und ziehen Zähne.

Der Übergang zu den **Badern**, Feldschern und Barbieren ist fließend. Sie sind eigentlich die „Ärzte der kleinen Leute", zu denen man geht, weil das Geld zum Besuch der studierten Ärzte nicht ausreicht. So gibt es in Bayreuth zu dieser Zeit auch Badstuben. In den Warmbädern tummeln sich Männlein und Weiblein zugleich, weshalb die hygienischen Verhältnisse dort als kritisch beurteilt werden.

Als „**Physicus**" wird der amtlich angestellte Arzt bezeichnet. Der erste Bayreuther Stadtarzt ist 1598 Dr. Tobias Bauerschmidt. Er wird als „Stadtphysicus" bezeichnet und *„zum Medico anhier berufen und bestellt"*. Über die Pflichten des Arztes wird protokolliert: *„Soll ohne erlaubniß nicht ausraisen und gebührende Pflicht thun, der herrschaft und gemeiner Stadt bestens fürdern, schaden warnen und wenden fleißig sein, den armen alß den reichen, auch der Apotheke fleißig wahrzunehmen etc."*

Der Physicus kann für die Stadt oder den ganzen Kreis zuständig sein und soll sich vor allem um die öffentliche Gesundheitsvorsorge kümmern. Er ist für die Seuchenbekämpfung zuständig und beaufsichtigt das Medizinalwesen, hat aber auch Arme zu behandeln. Sein Einkommen ist eher bescheiden. So bestreitet der Physikus seinen Lebensunterhalt in der Regel mit einer privaten Arztpraxis und nimmt die Beauftragung als Amtsarzt nur nebenbei wahr.

Das Verhältnis des Physicus zum niedergelassenen Arzt ist oftmals schwierig, denn als Vertrauensarzt überprüft er die Atteste der niedergelassenen Ärzte. Oft wird er als „Praxisräuber“ angesehen.

„**Arzt**“ ist die in Deutschland gängigste Bezeichnung für den freiberuflich tätigen Mediziner. Der Ausdruck zog im Mittelalter in die deutsche Sprache ein und ist eine Verballhornung des griechischen Ausdrucks „Archiatros“, was eigentlich so viel wie „Oberster Heiler“ bedeutet. Der alte Ausdruck „Hiatros“ = Heiler ist z.B. noch in Psych–iater = Seelen–Heiler lebendig. Der Arzt soll vorbeugen, diagnostizieren, behandeln und nachsorgen. Er unterliegt aber in Deutschland der Zulassungspflicht und Aufsicht, der „Approbation“. Umgangssprachlich wird er nach seinem akademischen Titel auch „Doktor“ genannt.

Für die **Apotheken** ist im Markgrafentum damals KULMBACH das Vorbild. Von dort wird im Jahre 1573 FRIEDRICH HAINOLD als erster Apotheker nach BAYREUTH berufen. Und kurze Zeit später, im Jahr 1579, errichtet JOHANN DROSENDORF die erste „Officina pharmacutia“ zu Bayreuth, die obere Apotheke zum goldenen Reichsadler.

Offizin einer Apotheke Ende des 17. Jh.: *Links der Verkauf und die Buchhaltung, in der Mitte die Herstellung und rechts die Alchemie.*

Der in der Wortverbindung „Officina pharmacutia“ erscheinende Begriff „**Pharmazie**" leitet sich vom griechischen Wort „pharmakon", Heilmittel, ab, während die „**Offizin**" den kombinierten Arbeitsraum bezeichnet, der aus Alchemie, Herstellung, Buchhaltung und Verkauf besteht.

Der „**Apotheker**" ist eigentlich zunächst der Verwalter dieser „Offizin". Mit der Trennung der Berufe von Arzt und Apotheker durch den Stauferkaiser FRIEDRICH II. entstand das neue Berufsbild, das sich durch Apothekenordnungen weiter verfestigte. Wie der Arzt unterliegt auch der Apotheker den gesetzlichen Einschränkungen bei der Niederlassung, die sich in WEIDENBERG auch in hochoffiziellen Ausschreibungen, Vorladungen und Auswahlverfahren für Bewerber dokumentieren. Erst im Jahr 1958 begründete das Bundesverfassungsgericht mit seinem „Apotheken-Urteil" die Niederlassungsfreiheit für Apotheker und beendete damit endgültig die jahrhundertelangen gesetzlichen Beschränkungen. Andererseits bleibt das deutsche „Fremdbesitzverbot", nach dem nur ein ausgebildeter Apotheker eine Apotheke besitzen darf, auch nach einem Urteil des Europäischen Gerichtshofes 2009 bestehen und gilt mit den Prinzipien des europäischen Binnenmarkts als vereinbar, weil dieses Verbot dem Gesundheitsschutz diene.

Das Gesundheitswesen in der Markgrafschaft Bayreuth im 17. und 18. Jh.

Wie überall hatte der 30-jährige Krieg auch in der Markgrafschaft BAYREUTH tiefe Einschnitte hinterlassen; die Bevölkerung war infolge Pest und Seuchen stark dezimiert. Und unter den Überlebenden war im täglichen Kampf ums Dasein manche Sittenlosigkeit eingerissen. Eine „Commission zur Visitation der Apotheken" 1673 und eine erste Apothekerordnung 1681 sollen die medizinischen Verhältnisse verbessern. Zu dieser Zeit wohnen im ganzen Fürstentum Bayreuth 77.764 Seelen.

Der Ruf neuer Heilquellen verbreitet sich zu dieser Zeit. Im Jahr 1660 wird zwischen WEIDENBERG und WARMENSTEINACH ein Heil- und Wunderbrunnen „im Fichtelwald" beim heutigen Brunnenhaus entdeckt. Er tritt zu den damals bereits bestehenden Heilquellen in OBERNSEES bei der Rupertuskapelle, ST. JOBST auf dem Oschenberg und die ST. GEORGEN- UND HELENENQUELLE in EMTMANNSBERG in Konkurrenz. Markgraf GEORG ALBRECHT mit seiner Gemahlin ELISABETH und deren Bruder CHRISTIAN, Herzog zu Schleswig-Holstein, besuchen den neuen Brunnen im Steinachtal am 9. Juli 1660, und der damalige Stadtphysicus DR. ADAM SCHAFFER (1655-1675) verfasst hierüber eine ausführliche Schrift mit dem Titel *„Kraft und Würckung des Wassers"*. Im 1728 wird dort auch ein Gasthaus erbaut.

Noch um das Jahr 1750 soll der Brunnen und das Gasthaus während der Sommermonate von Hunderten von Kranken besucht worden sein. Nach dem Niedergang dieses Brunnens zog in die dortigen Baulichkeiten eine Spiegelglasschleiferei ein, die zur Energiegewinnung das Gefälle der Steinach nutzte.

Spiegelglas statt Medizin: *Der alte Bahnhof Zainhammer mit dem ehem. Brunnenhaus im Hintergrund im Tal der Warmen Steinach*

Doch wie oben gezeigt, lockt die Sehnsucht der Menschen nach Heilung auch viele Scharlatane an. So wucherte um das Jahr 1730 der Missbrauch im Medizinalwesen in BAYREUTH so sehr, dass am 13. März 1732 *„immediate [sofort] be- fohlen wurde, alle Ärzte, Quacksalber, Marktschreier und andere dergleichen Empirici, die ohne Erlaubnis und ausgestandenes Examen, Curen und Operationen vornehmen, aus dem Lande zu jagen, dann alles Praktiziren und Arzneiverkaufen zu verbieten."*

MARKGRAF FRIEDRICH III. (1735-1763) versucht nach seinem Regierungsantritt, den Ideen der beginnenden Aufklärung entsprechend dem Medizinalwesen eine seriöse Gestalt zu geben. Bereits im Jahr 1735 kann in BAYREUTH der Bau des Hospitals vollendet werden. Nun wird ein Medizinalkollegium gebildet, das umfassende Medizinalordnungen verabschiedet. Sie enthalten umfangreiche Bestimmungen, u.a. über *„Recepte von Barbieren, Badern und unbefugten Praktikanten..."*.

Auch Friedrichs Nach-Nachfolger, der letzte Bayreuther MARKGRAF CHRISTIAN FRIEDRICH CARL ALEXANDER VON ANSBACH (1769-1792), der den Weidenbergern trotz damals herrschender Not durch Hungerskrisen und Teuerung in Mitteleuropa gleich beim Neubau der schon einmal in der Markgrafenzeit neu gebauten, aber leider ruinösen ST. MICHAELSKIRCHE ab 1769 hilft und sie auch nach den Marktbränden von 1770 und 1771 beim Wiederaufbau ihrer Häuser unterstützt, tut viel zur Hebung der Kultur und für den Fortschritt im Medizinwesen. Er gründet die Universität ERLANGEN und erlässt u.a. *„Verordnungen, welche eine vernünftige Beschützung der Gesundheit, des Lebens und des Eigentums"* zum Zweck haben. Neue Heilbäder wie ALEXANDERSBAD werden errichtet und seinem Namen gewidmet, ältere wie BAD STEBEN werden erweitert.

Weitere administrative Gesundheitsgesetze zur Abwendung oder Unterdrückung epidemischer Krankheiten bei Mensch und Tier erlässt dann FREIHERR CARL AUGUST VON HARDENBERG als verlängerter Arm der neuen preußischen Regierung im ehemaligen Fürstentum BAYREUTH. Die Medizin und die Pharmazie erleben seitdem ihre wissenschaftliche Neuorientierung. Die im März 1808 hier gegründete „physikalisch-medicinische Gesellschaft" führt Ärzte, Chirurgen, Physiker, Chemiker und Pharmazeuten zur Förderung und Erweiterung der Medizin zusammen.

1. Das Gesundheitswesen in Weidenberg im 19. Jh.

Der erste Arzt und der erste Apotheker in Weidenberg

WEIDENBERG ist in der markgräflichen und in der anschließenden preußischen Zeit Unteramt von BAYREUTH und zählt als solches zunächst nur gut 2.000 Einwohner. Einen Durchbruch in der Einwohnerzahl, und damit mehr Hoffnung auf eine eigenständige medizinische Versorgung bringt die Erhebung Weidenbergs zwischen den Jahren 1813 und 1820 zum Landgerichtsbezirk. Damit steigt auch die Einwohnerzahl auf mehr als das Doppelte, nämlich genau 4.431.

Der Gerichtsbezirk ist zu dieser Zeit zugleich Verwaltungsbezirk. Und so ist damit auch die Stelle eines Landgerichtsarztes verbunden. Dr. SAUERNHEIMER aus BAYREUTH ist in dieser Eigenschaft für den Landgerichtsbezirk WEIDENBERG tätig. Daneben ist als Landarzt FRIEDRICH CONRAD MÜLLER in WEIDENBERG selbst ansässig.

Im Jahre 1835 erhält das Landgericht WEIDENBERG einen Gerichtsphysikus, d.h. Amtsarzt; neben seinen Amtsgeschäften betreibt dieser in WEIDENBERG auch eine **ärztliche Praxis**.

Dieser Umstand ermutigt im gleichen Jahr 1835 auch zwei Apotheker, sich um die Erlaubnis zur Errichtung einer **Apotheke** in WEIDENBERG zu bemühen. Sie stellen deshalb Gesuche an die Regierung des damaligen „Obermainkreises" als zuständige Behörde. Zwei Jahre später 1837 wird der neue Bezirk „Oberfranken" gebildet; er ist geografisch völlig anders strukturiert als der vorhergehende „Main-" bzw. „Obermainkreis", nämlich nicht mehr willkürlich nach den bayerischen Hauptflüssen in Ost-West-Richtung, wie noch im französisch-aufklärerisch orientierten Bayern, sondern vor allem landsmannschaftlich nach den Volksstämmen und in Nord-Süd-Richtung.

Diese Neustrukturierung war nötig geworden, weil sich die Bevölkerung immer wieder gegen die ersten Neueinteilungen Bayerns zwischen 1806 und 1817 aufgelehnt hatte, bei denen die rivalisierenden Stämme der Franken und pfälzischen Bayern unbedachterweise zueinander gewürfelt worden waren. Im neuen Oberfranken blieb BAYREUTH die Bezirkshauptstadt, die es schon seit 1812 war. Hier bestehen zu dieser Zeit bereits vier Apotheken. In WEIDENBERG dagegen gab es bis dahin als medizinische Einrichtung lediglich zwei ältere Badstuben, und zwar je eine im Untermarkt und im Obermarkt, die beide von **Badern** betreut wurden. Sie finden aber in den Häuserverzeichnissen von 1800 und danach noch keine Erwähnung, sodass ihre Standorte heute schwer zu ermitteln sind. Erst 1896 gibt das Weidenberger Gewerbeverzeichnis als Bader KARL HERRMANN an, der auch einen Baderlehrling beschäftigt. Er zieht von Haus-Nr.49 bald ein paar Häuser hinauf nach Haus-Nr.58 um und montiert dort sein Bader-Schild.

Die neue Apotheke wird im Anwesen Haus-Nr.3a errichtet, also direkt am Eck des heutigen Marktplatzes zum Gurtstein. Für diesen Standort meldet die Weidenberger Häuserchronik um 1800 als Besitzer JOHANN JACOB KASTNER und vermerkt für 1810 einen JOHANN KASTNER als Chirurgen, d.h. Bader. Möglicherweise handelt es sich um seinen Sohn. Das Wohnhaus wird in dieser Zeit als *„68' lang und 25' breit"* beschrieben, also etwa 20 auf 8 Meter. Es sei *„2 Stockwerck hoch, ein Stockwerck von Mauer, das 2te von Fachwerck"*, ist also zu diesem Zeitpunkt keinesfalls mit dem heutigen Bau identisch. Das Gebäude wird dann, nach dem Brand am Obermarkt 1836, als *„neu erbaut 1839"* bezeichnet und als *„Wohnhaus (Stein) Holzlege (Stein, Holz) Keller unter H.No. 3 b"* beschrieben. Das Haupthaus wird nun als *„zweigeschossiger Sandsteinquaderbau mit Halbwalmdach"* bezeichnet. Als Eigentümer wird um 1900 FRANZ HANDSCHUH benannt. Es seien *„1 Haushalt, 5 Bewohner"*. Ohne Jahreszahl wird dann als Eigentümer *„FRANZ NUSCH Apotheker"* bezeichnet, der tatsächlich das Haus von 1870-1880 innehat.

Weidenbergs erster Apotheker beginnt im Provisorium

Diese Häuserchronik macht uns also ein Stück Apothekengeschichte lebendig und korrigiert auch das bisher darüber vorhandene Wissen, wie es noch ADAM KIEẞLING in seiner Beschreibung 1986 in „Seinerzeit" voraussetzt. Hier am Eck des oberen Marktes stand also wohl nicht, wie er meint, das Kommunbrauhaus, sondern eine Bader-Praxis. Im Jahr 1835 bewerben sich gleich zwei Apotheker um die Errichtung der ersten Weidenberger Apotheke, nämlich ADOLPH FRIEDRICH HEINRICH GUMMI aus KULMBACH und ADOLPH DIETSCH aus SEMBACH/Pfalz.

Der siegreiche Bewerber zieht noch nicht in einen Neubau ein, wie KIEẞLING meint, sondern er muss noch mit dem Altbau Vorlieb nehmen. Er wird dabei wohl auch erschrockener Zeitzeuge und Leidtragender des erneuten Marktbrandes von 1836. Denn die Häuserchronik berichtet erst im Jahr 1839 von einem an gleicher Stelle als massives Steinhaus errichteten Neubau. Es ist die Amtszeit von Pfarrer

CHRISTIAN WOLFHART, als auf dem Gurtstein am 14. Oktober 1836 das verheerende Feuer ausbricht, dem beinahe auch die MICHAELSKIRCHE, dazu acht Häuser in der Nähe der Kirche zum Opfer fallen. In Mitleidenschaft gezogen wird dabei anscheinend auch das alte Bader-Haus.

Kein leichter Start also für den Gewinner der Ausschreibung, den Pharmazeuten GUMMI, dem die Regierung des damaligen Obermainkreises, sowie die Weidenberger Marktverwaltung und der königliche Landgerichts-Physikus Dr. MÜLLER den Vorzug gegeben haben, nachdem der Mitbewerber DIETSCH ausgeschieden war; sein Approbationszeugnis hatte nicht beigelegen, und somit hatte man seine Qualifikation nicht beurteilen können.

Zwar ist an der „sicheren Subsistenz“, d.h. an einem hinreichenden Auskommen Gummis, angesichts einer Seelenzahl von jetzt 4.500 nicht zu zweifeln, zumal sich diese mit der beabsichtigten Vergrößerung des Landgerichtsbezirks noch bedeutend vermehren würde. Auch hatte sich das Landgericht WEIDENBERG in einem Schreiben am 9. Januar 1836 an die Kgl. Regierung des Obermainkreises noch stolz geäußert, dass man für den Pharmazeuten GUMMI einen *„schicklichen Platz zur Etablierung einer Apotheke ausgemittelt"* habe. Aber die Einrichtung der Apotheke in diesem alten Gebäude dürfte nicht leicht gewesen sein.

Es dauert schließlich bis zum 15. September, bis nach Überprüfung der eingerichteten Apotheke durch den Landgerichtsarzt am 20. September 1836 endlich die Konzessionsurkunde an Weidenbergs ersten Apotheker ausgehändigt werden kann. Kaum drei Wochen später bricht ganz in der Nähe der oben geschilderte Brand aus, der auch in der neu eingerichteten Apotheke seine Spuren hinterlässt …

Neo-Renaissance-Schmuckstück mit Postreiter:
Die 1839 neu erbaute Apotheke um 1900 zur Zeit von Apotheker FRANZ NUSCH

Der Anfang der Weidenberger Apotheke geschieht also in einem Provisorium, in einer Baustelle. Erst im Jahr 1839 kann GUMMI das repräsentative neue Sandsteingebäude einweihen, das nun stolz den Namen „Apotheke" eingemeißelt trägt und das heute noch jeder kennt. Sein damals höchst moderner Baustil der Neu-Renaissance, welcher seit etwa 1830 in Deutschland den Historismus ablöst, soll Fortschrittlichkeit und Berufsstolz beweisen. Denn eines ist inzwischen klar und zeigt sich auch sonst in den prachtvoll gestalteten Bürgerhäusern der Apotheker allerorten anschaulich: Die Stellung des Apothekers hat sich seit dem Spätmittelalter nachhaltig gewandelt. Vom einstigen „fliegenden" Drogen- und Gewürzhändler ist er zum angesehenen und wohlhabenden seriösen Bürger aufgestiegen. Auch die Apotheke ist längst nicht mehr nur geheimnisvoller Basar für Heilpflanzen, Drogen und Gewürze, sondern sie bietet eine qualifizierte Heilberatung mit einem eigenen Labor, in dem der Apotheker sein Erfahrungswissen in wirksame Arzneien und klingende Münze umwandelt.

Bereits mit der politischen Strukturänderung von 1837 zur Schaffung Oberfrankens hat sich wie erwartet auch das Einzugsgebiet der Apotheke wesentlich vergrößert. Zwar waren die pfälzischen Orte, wie KIRCHENPINGARTEN, KIRCHENLAIBACH, LIENLAS, NEUBAU, OBERWARMENSTEINACH oder REISLAS schon beim alten Obermainkreis dabei, gehörten aber noch zum Landgericht KEMNATH; nun gehören sie zum Landgericht WEIDENBERG. Menschlich betrachtet bleibt aber die alte Rivalität zwischen den Franken und Bayern in der „Frankenpfalz" noch lange spürbar.

Ein Rezept zur Apothekenübernahme: Die Apothekerswitwe heiraten

Am 22. November 1850 bahnt sich ein erster Besitzerwechsel an. Apotheker KARL ANTON LEYPOLD aus Thüngersfeld bei WÜRZBURG richtet ein Gesuch an die Regierung um Verleihung der Konzession in WEIDENBERG. Entsprechend der heute noch gültigen Regel, dass der Apotheker seine Apotheke auch besitzen muss, hat er die Apotheke samt Haus und Inventar von ADOLPH GUMMI gekauft. Zwei Monate später erhält er per Regierungsbeschluss die Konzession. Doch tragischerweise stirbt LEYPOLD bereits ein Jahr später. Zunächst vertritt ihn sein Vorgänger GUMMI, ihm folgt ein Apotheker KLINGER aus WÜRZBURG.

Dann will im Jahr 1851 AUGUST BAUER die Apotheke übernehmen. Er hat aber nicht das notwendige Geld, um das Haus zu kaufen. Auch besitzt er am Marktort WEIDENBERG noch kein Bürgerrecht, das ihm erlaubt, ansässig zu werden. So teilt er der Regierung von Oberfranken mit, er sei nun *„gesonnen, mich mit der Witwe Leypoldt dahier zu verehelichen und die Apotheke zu übernehmen".* Nachdem ein Kind des Vorgängers erbberechtigt ist, kann erst ein aufwendiger „Ehe- und Einkundschaftsvertrag" samt einer Hypothekenbelastung für das Kind die Ehe und den Erwerb der Apotheke sicherstellen. BAUER führt dann die Weidenberger Apotheke 15 Jahre hindurch.

Dann wechselt der Besitz der Apotheke gleich mehrfach. Nächster Inhaber wird am 28. November 1866 der 26jährige Apotheker SCHEIDEMANDEL aus ARZBERG. Er richtet am 24.10.1866 sein erstes Gesuch an das ehemalige Landgericht, das sich nun stolz „Königliches Bezirksamt" nennt. Ihm wird auf seinen Antrag hin erlaubt, sich mit der Apothekerstochter ELEONORE HEINRICH aus Burgkunstadt zu verehelichen. Die 1868 durchgeführte *„Super-revisorische Apothekenvisitation durch den Kreis-Medicinalreferenten"* befindet seine Apotheke für mustergültig:

"Es existiren ausführliche Räume, Gerätschaften und Warenlager. Im unteren Stockwerk ist Offizin, d.h. Verkaufsraum und Labor. Im 1. Stockwerk ist Materialkammer und im Boden eine Kräuterkammer, die auch als Stoßkammer dient, sowie der jetzt noch bestehende Arzneikeller ... Arzneistoffe befinden sich hinsichtlich ihrer Qualität und ihrer Quantität untadelhaft vor."

Beanstandet wird nur, dass der *„Arzneikeller nicht vom Hauskeller getrennt [ist], sodass daselbst aufbewahrte Arzneistoff auch dem übrigen Hauspersonal zugänglich ist."* SCHEIDEMANDEL trennt die Räume abschließbar und findet bei der erneuten Überprüfung Zustimmung.

Doch bereits vier Jahre später verlässt der junge SCHEIDEMANDEL mit seiner Ehefrau ELEONORE den Marktort wieder, wohl um die Apotheke der Schwiegereltern in BURGKUNSTADT zu übernehmen. Um seine Nachfolge bewirbt sich beim Bezirksamt der Pharmazeut FRANZ NUSCH aus WEIDELBACH, Krs. Dinkelsbühl. Er erwirbt die Weidenberger Apotheke und erhält am 21. Dezember 1870 die Konzession.

Zehn Jahre später, am 19. August 1880, wird die Apotheke an FRANZ HANDSCHUH aus SAAL verkauft. Er ist noch um 1890 als Besitzer in der Häuserchronik eingetragen.

Nach anderen Unterlagen wird aber die Apotheke bereits 1886 in der Pharmazeutischen Zeitschrift ausgeschrieben. Der Apotheker FRIEDRICH HÄFFNER aus CRAILSHEIM habe am 21. August 1886 das Anwesen WEIDENBERG Nr. 3a käuflich erworben; ihm sei am 25. November 1886 die Konzession erteilt worden, nachdem der Kreismedizinalausschuss in einem Gutachten an die Regierung von Oberfranken festgestellt habe, dass in WEIDENBERG die Nachfrage nach einer Apotheke vorhanden sei, ein Apotheker dort eine sichere Existenz finde und auch keine „zunächst-gelegene Apotheke empfindlich geschädigt" werde.

Ob der Gebäudekauf rechtskräftig geworden ist, oder ob das Haus tatsächlich im Jahr 1890 noch in der Hand seines Vorgängers HANDSCHUH war, bleibt offen. Denn in diesem Jahr 1890 wechselt die Leitung der Apotheke zum siebenten Mal. Es taucht wieder der Name von FRANZ NUSCH als neuer Eigentümer auf. Offen ist, ob es sich bei diesem NUSCH um die gleiche Person handelt, die bereits von 1870-1880 die Apotheke geleitet hatte; möglicherweise ist es aber sein Sohn. Er erhält am 14. Mai 1891 die Konzession für die Weidenberger Apotheke.

Zwanzig Jahre ist FRANZ NUSCH hier nun tätig. Von Anfang an lässt er sich auch von den Plänen zur Ortsverschönerung begeistern und stellt sich für die Mitarbeit im Gründungsvorstand des Weidenberger Verschönerungsvereins zur Verfügung, in dem seinerzeit die ganze Hautevolée des Ortes versammelt ist. Den Vorsitz des V.V.W. hat seinerzeit der II. Pfarrer PHILIPP KARL SCHMIDT, weitere Mitglieder sind unter anderem der I. Pfarrer OTTO HERATH, der königliche Amtsrichter LUDWIG CRONENBERG, der approbierte Bader und „Chirurg" KARL HERMANN, und der Bürgermeister MICHAEL SCHRECK. Das Fernziel ist die Erhebung Weidenbergs zum Kurort, was freilich nie erreicht wird.[72]

Ein Sohn von NUSCH studiert übrigens Theologie. Hier dokumentiert sich die Nähe mancher Apotheker und ihrer Familien zur Kirche, die auch in WEIDENBERG auffällt. Als Pfarramtskandidat heiratet er die Tochter von Bürgermeister MICHAEL SCHRECK, der von 1887-1915 sehr engagiert und zukunftsorientiert die Geschicke des Marktes WEIDENBERG leitete. NUSCH jr. übernimmt als Pfarrer die Leitung der Evang.-Luth. Gemeinde OSTERNOHE in der Hersbrucker Schweiz. Er ist übrigens nicht der einzige Pfarrer, der aus WEIDENBERG stammt.[73]

Am 7. Sept. 1912 gibt Franz NUSCH aus Altersgründen die ihm verliehene persönliche Konzession zurück. Mittlerweile scheint die Weidenberger Apotheke sehr angesehen und attraktiv zu sein, denn auf die nun folgende Ausschreibung durch die Regierung von Oberfranken melden sich gleich acht Apotheker! Indessen ist zwar im Jahre 1884 die Stelle eines Bezirksarztes eingezogen worden, wie der Chronist und Lehrer JOHANN ERHARD REBLITZ im Jahr 1900 über die ärztlichen Verhältnisse in WEIDENBERG mitteilt.[74] Es ist aber zu dieser Zeit wohl ein praktischer Arzt da,

[72] Vergl. zur Arbeit dieses wohl rührigsten Vereins in der Weidenberger Vereinsgeschichte das Kapitel „Als Weidenberg Kurort werden wollte ..." in der zweiten Folge des Projektes ‚Myrten für Dornen'.

[73] Vergl. dazu auch die Pfarrerlisten im Kapitel „Die Pfarrbeschreibung 1913/14 ..." in der ersten Folge des obengenannten Projektes, sowie die ausführlichen Lebensbeschreibungen im Kapitel „Beim Marktbrand nicht mit verbrannt – Geschichte der Kirchen Weidenbergs, der Gemeinde und ihrer Pfarrer anhand der Epitaphien und neuer Recherchen" in der zweiten Folge.

[74] Vergl. den vollständigen Text dieser Geschichtsschreibung im Kapitel „Beschreibung der Marktgemeinde Weidenberg 1900 von Lehrer Joh. Erhard Reblitz" in der ersten Folge des genannten Projektes.

denn dieser wird von ihm als Stellvertreter des Bezirksarztes zu BAYREUTH für WEIDENBERG bezeichnet, sodass die Apothekerei sich weiter lohne. Den Apotheker selbst erwähnt REBLITZ eigentümlicherweise aber nicht.

So wird am 9.Januar1913 „im Namen Seiner Majestät des Königs von Bayern" von der Bayreuther Regierung die Neubesetzung der Apotheke in WEIDENBERG verhandelt und entschieden. Zwei Bewerber haben verspätet ihre Gesuche eingereicht, die übrigen fünf Bewerber aus München, Ludwigshafen, Schwabach, Ansbach und Heidelberg werden abgewiesen. Dem 40-jährigen HERMANN VOCKE aus Partenkirchen wird als neuntem Apotheker seit 1836 die Konzession für die hiesige Apotheke zugesprochen.

Apotheke am Marktbrunnen um 1920:
Das alte Apothekengebäude lugt in der Bildmitte links am Aufgang zum Gurtstein

2. Der Doktor – ein Samariter in vielen Notlagen

Ein Auto für den Doktor

Seinerzeit waren der Herr Doktor und der Herr Apotheker im Ort noch wirkliche Institutionen, man begegnete ihnen mit entsprechendem Respekt. Ihrem Status entsprechend pflegten sie auch einen gehobeneren Wohn- und Lebensstil. Diesen gesellschaftlichen Rang konnte man auch daran ablesen, dass z.B. der Doktor für seine Visiten schon recht früh ein Automobil benutzte, eine Anschaffung, die in der Frühzeit der Automobile ein Vermögen kostete und damit für die breite Masse eine Utopie war.

Natürlich bezog der Doktor sein Auto vom örtlichen Opel-Händler. Der hatte zunächst den „Laubfrosch" im Programm und dann seit 1931, nach dem Verkauf von Opel zu Beginn der Weltwirtschaftskrise an den US-Hersteller General Motors, den „Opel 1,2". Dieser schon recht stattliche Wagen hatte einen Hubraum von 1,2 l und 22 PS, fuhr 85 km/h und verbrauchte nach Werksangaben 9 l Benzin auf 100 km.

Kind auf der Motorhaube: *Der kleine* *Hans Günther Müller 1931 mit Onkel und Mutter auf Vaters neuem „Opel 1,2"*

Als sich dann die Kraftfahrzeugpreise dank rationeller Serienfertigung deutlich verbilligten, da hoffte natürlich jeder auf seinen „Volks"-Wagen. Für dieses knuffige Fahrzeug wurde in der Hitlerzeit eifrig Werbung gemacht, jeder sollte es sich einmal leisten können. Hitlers Autobahnen – diese waren in Wahrheit bereits ein Projekt der Weimarer Republik – sollten auf diese Automobilisierung Appetit machen.

Dieses neuartige Auto mit windschlüpfriger „Käferform" war ebenfalls bereits zur Zeit der Weimarer Republik, im Jahr 1925, projektiert worden; verschiedene Firmen hatten Muster erstellt. Es wurde dann ab dem Jahr 1933 im Auftrag Hitlers bei Ferdinand Porsche konstruiert. Es sollte nicht mehr als 990 RM kosten, also nach heutigem Geldwert etwa 10.000 €, Platz für die „deutsche Familie" mit zwei Erwachsenen und drei Kindern bieten, eine Höchstgeschwindigkeit von 100 km/h erreichen und im Durchschnitt nicht

Werbung mit Sparkarte und Alpenpanorama: *Der „KdF-Wagen der Deutschen Arbeitsfront*

mehr als 7 Liter Kraftstoff auf 100 km verbrauchen. Tatsächlich wurde dieser „KdF-Wagen“ dann im Jahr 1938 serienreif vorgestellt. Er war ein wichtiges populistisches Projekt der Nazi-Freizeit-Organisation „Kraft-durch-Freude“, die nach dem Muster von Mussolinis faschistischem „Nationalen Freizeitwerk“ gleich nach der Machtergreifung 1933 gegründet worden war. In Hitlers „Wohlfühl-Diktatur“ war nicht nur gemeinsame Freizeit- und Urlaubsgestaltung als Ausgleich für die Arbeit vorgesehen, sondern eben auch, um Kaufkraft abzuschöpfen, das Angebot, ein eigenes Auto zu erwerben.

Hitler war begeistert von dem putzigen Fahrzeug und ließ für die Produktion im gleichen Jahr 1938 durch die DAF, die Nazi-Einheitsgewerkschaft „Deutsche Arbeitsfront“, eine Extrafabrik bauen. Für die Arbeiter wurde auch eine neue Extrasiedlung namens „Stadt des KdF-Wagens“ bei Fallersleben gegründet.

Die bunte Werbung mit dem Alpenpanorama weckte das Fernweh vieler Deutscher, und ein attraktives Sparprogramm verlockte auch viele kleine Leute aus Deutschland und Österreich, ihr Geld beim „Volkswagen-Sparen“ zu investieren. Wer mindestens 5 RM pro Woche ansparte, dem wurde spätestens binnen vier Jahren die Lieferung seines KdF-Wagens versprochen. Viele klebten ihre Sparkarten auch schneller voll, um möglichst bald in den Besitz ihres eiförmigen Traumautos zu gelange, nicht ahnend, dass Hitler in Wahrheit längst sein Kriegsprojekt vorbereitete, für das die Autobahnen eigentlich gedacht waren.

Die New York Times war es, die diesem charaktervollen Gefährt zum ersten Mal die Bezeichnung *„Käfer“* gab und die Vision von *„Tausenden und Abertausenden von glänzenden kleinen Käfern, die bald die deutschen Autobahnen bevölkern werden“*, weltweit verkündete. Doch dieser Traum des kleinen Mannes platzte dann doch viel rascher, als die größten Skeptiker befürchtet hatten: Hitler selbst machte den automobilen Höhenflügen seiner Volksgemeinschaft mit seinem Kriegseintritt bereits ein Jahr später ein Ende. Fortan ließ er im neuen Werk mit Hilfe von Zwangsarbeitern „Kübelwagen“ für die Wehrmacht und später Teile für seine

V1-Raketen bauen. 336.000 Sparer sahen von ihrem Geld nach dem Krieg nur noch Minimalsummen wieder, ein gutes Geschäft für die Nazis im Wert von umgerechnet etwa 3 Milliarden Euro.

Anders erging es den Bessergestellten: Die Kaufleute, Ärzte oder die „Hoheitsträger", wie die Ortsgruppenleiter, konnten sich nach dem „Opel 1,2" auch den „P4" oder den rechtzeitig zur Olympiade 1936 erscheinenden „Opel Olympia" leisten und auch im Krieg noch einige Zeit fahren, bis dann die Benzinrationierung auch ihrer automobilen Euphorie ein Ende bereitete.

Doktorbuben müssen brav sein

In Weidenberg gab es zu dieser Zeit zwei Ärzte, einen ständigen Arzt, und einen weiteren in Vertretungszeiten, der des Öfteren wechselte. Im Jahr 1928 ist Dr. SCHILFART der ständige Arzt. Im September dieses Jahres kommt der damals 29-jährige Landshuter Dr. FRITZ MÜLLER nach WEIDENBERG, um seine erste Praxisstelle anzutreten.

Dr. MÜLLER gehört als röm.-katholischer Christ seinerzeit zu der kleinen Minderheit von Katholiken, die sich zur damals noch kleinen röm.-katholischen MICHAELSKIRCHE in ROSENHAMMER halten und von KIRCHENPINGARTEN aus seelsorgerlich betreut werden. Er stammt aus der Familie eines approbierten Baders aus Niederbayern. Im uralten freiherrlichen ANDERMANNSDORF, das zur gräflichen Hofmark HOHENTHANN gehört, ist er geboren und aufgewachsen. Diese Orte sind von vergleichbarer Einwohnerzahl wie WEIDENBERG.

FRITZ MÜLLER hat noch im Ersten Weltkrieg sein Abitur abgelegt und dann an der Universität in MÜNCHEN das Studium der Medizin aufgenommen. An der Hochschule hat er sich, wie viele seiner Kommilitonen, dem Verbindungsleben als Corpsstudent angeschlossen und dort auch als Chargierter Verantwortung übernommen.

Seine Ehefrau ELSE, die evangelisch ist, hat er als junger Assistenzarzt in MANNHEIM kennengelernt. Zu dem Zeitpunkt, als Dr. MÜLLER sen. nach WEIDENBERG kommt, hat sein Vorgänger noch seine Wohnung und seine Praxis am Obermarkt in der Nähe des Textilgeschäftes RUMLER. So bezieht Dr. MÜLLER zur Miete das stattliche Schnorr'sche Haus am Untermarkt, das zu

Corpsstudent: *FRITZ MÜLLER um 1921 in München*

Schnorr'sches Palais: *Der Doktor wohnt standesgemäß*

dieser Zeit Familie MÜNCH gehört. Hier im Schnorr- bzw. Münchhaus wird im folgenden Jahr 1929 HANS GÜNTHER MÜLLER geboren, der als Erwachsener nach seiner Ausbildung zum Mediziner im Jahr 1966 die Praxis seines Vaters übernehmen wird.

Der kleine HANS GÜNTHER erlebt also das Aufkommen des Nationalsozialismus, sowie Hitlers ganze Herrschaftszeit, wird aber dennoch einmal rückblickend sagen, dass er in WEIDENBERG eine „behütete Kindheit" erlebt habe. Dabei hat er die „schwarze Pädagogik" der Nationalsozialisten am eigenen Leibe verspüren müssen, die „flinke, harte und zähe" Buben für ihre Welteroberungspläne haben wollte.[75] Die Erziehungsziele entsprachen damals den Erziehungsvorstellungen vieler bürgerlicher Elternhäuser. Nicht nur in den Häusern der einfachen Leute waren regelmäßige Schläge als Erziehungsmittel für die Kinder damals noch an der Tagesordnung, auch in den gehobenen Familien galt körperliche Züchtigung seinerzeit noch als anerkanntes pädagogisches Instrument. Die „Doktorsbuben" sollten stets brav und für die anderen Kinder ein Vorbild sein, was ihnen naturgemäß oft nicht leicht fiel. So blieb es auch nicht aus, dass bei manchen unumgänglichen Streichen die väterliche Strenge handgreiflich spürbar wurde.

Schulbild 1937: *HANS GÜNTHER MÜLLER*

[75] Vergl. zur „Schwarzen Pädagogik" im Nationalsozialismus vom gleichen Verfasser die autobiographischen Bücher „Die Kima und ihr Lutz 1909–1945 (Bd. I) – Das Schweigen durchbrechen", S. 72 und 222, sowie Bd. II, „Auf dich traut meine Seele – Die Eisenbahnlogistik für Hitlers Feldzüge des Schreckens und das Los der Kriegskinder", S. 114ff.

Der Bader ergänzt Krankenhaus und Arzt

Neben den Ärzten gibt es in WEIDENBERG seinerzeit auch noch den Bader, den erfahrenen Praktiker und „Arzt der kleinen Leute“. Zu ihm gehen solche Patienten, denen der studierte Mediziner zu teuer ist oder die sich besondere Anwendungen wünschen. Solange in WEIDENBERG das Krankenhaus existiert, [76] also von 1871-1920, ergänzt die Heilkunst des Baders die dort geleistete medizinische Arbeit. Denn solche Bader üben eine vielfältige arztnahe Tätigkeit aus, die später von Heilpraktikern, Kosmetikern, Spezialisten für Maniküre und Fußpflege, Masseuren, Orthopäden und Physiotherapeuten übernommen wird.

Mehr als Haareschneiden: *Des Baders Schild am Obermarkt um 1925. Links die Apotheke*

Ein solcher Bader betreibt nicht nur sein Friseurgewerbe. Er ist darüber hinaus ein Allround-Krankenhelfer: Chirurg, Zahnarzt und auch Fußpfleger in einer Person. Bei entsprechender Erfahrung renkt er auch herausgesprungene Gelenke ein,

[76] Vergl. dazu das Kapitel „Arbeit, Wohlstand und Armut bei den „Gaasla – Soziales Leben, Beruf und Gewerbe in Weidenberg bis 1919“ in der 2. Folge des Projektes ‚Myrten für Dornen‘: „Licht und Schatten der neuen Zeit ...“

näht klaffende Wunden oder legt heilkräftige Pflaster auf. Oft hat er nicht einmal eigene Praxisräume. Dann kommen die Kunden zu ihm in die Wohnung, oder er sucht selbst die Patienten auf, die seine Dienste suchen und nach ihm rufen.

In WEIDENBERG sind seinerzeit solche Bader der Friseurmeister KARL HERRMANN, der noch mit Blutegeln hantierte, und sein Sohn OTTO. Familie HERRMANN hat bis um 1900 noch mit anderen Familien zusammen im 1776 erbauten stattlichen Eckhaus Nr.49 von PETER MUHLEIS und seiner Ehefrau BARBARA geb. SCHOEFFEL am Marktplatz gewohnt, die eine Handlung mit Konzession für Branntweinbrennerei betrieben. In dieses Haus ist dann der Schneider GEORG RUMLER sen. mit seinem Musterverlag und Textilhaus eingezogen. Seitdem teilten die Herrmanns ihr Anwesen Nr. 58 (heute Nr. 13) ein paar Häuser weiter den Obermarkt hinauf mit dem Drechslermeister ERNST FUCHS. Draußen an der Straße haben sie ihr Bader-Schild ausgehängt, das im Kreis einen achtzackigen Stern trägt. Es signalisiert den Passanten schon von weitem, dass hier neben dem Haarschnitt auch preiswerte, seriöse medizinische Hilfe erwartet werden kann.

Auch Dr. MÜLLER stammt ja aus der Familie eines solchen „approbierten", d.h. amtlich zugelassenen Baders; Fritz Müllers Vater KASPAR war in diesem Beruf geprüft, erprobt und zugelassen. Noch bis in die 50-er Jahre des 20-Jahrhunderts wird in Deutschland dieser Beruf des Baders ausgeübt und war auch gesetzlich geregelt.

Erste-Hilfe-Kurse für Rotes Kreuz und NSKK

Dem kleinen HANS GÜNTHER macht es Vergnügen, wenn er mit der Mutter in Papas stattlichem Opel 1,2 mitfahren darf. Doch für die Familie hat ein Landarzt manchmal wenig Zeit, er ist viel unterwegs.

Gleich nach der Eröffnung seiner Praxis im Jahr 1932 hat sich Dr. FRITZ MÜLLER der Sanitätskolonne WEIDENBERG des Roten Kreuzes angeschlossen. Seitdem wirkt er bis zu seinem Ruhestand im Jahr 1964 als ihr Kolonnenarzt. Er kümmert sich um die Einsatzfähigkeit der Gruppe und schult Hunderte von Männern, Frauen und auch Jugendlichen in unzähligen Erste-Hilfe-Kursen, damit sie in der Lage sind, sachgerecht Erste Hilfe

Mit Vater, Mutter und Tante unterwegs: *Der kleine HANS GÜNTHER MÜLLER um 1932 im Auto des Doktors*

zu leisten. Auch viele Angehörige von Betrieben und Berufskraftfahrer lassen sich von ihm ausbilden.

In der Nazizeit bemüht sich Dr. FRITZ MÜLLER zwar anfangs, eine gewisse Distanz zum Hitler-System einzunehmen, öffnet sich aber doch zunehmend freiwillig den einschlägigen Organisationen. So lässt er sich, wahrscheinlich über seine Kundenkontakte mit dem Autohaus KIEẞLING, überreden, ab November 1933 Mitglied beim örtlichen NSKK, dem Nationalsozialistischen Kraftfahrkorps, zu werden, das in diesem Jahr gegründet worden ist. MÜLLER wird dort Sanitäts-Obertruppführer, ist also für das Sanitätswesen des Weidenberger NSKK verantwortlich. Das NSKK ist eine paramilitärischen Unterorganisation der Nazipartei; ihr örtlicher Führer ist seinerzeit CHRISTOPH KIEẞLING; Truppführer ist sein Bruder HANS KIEẞLING; beide sind im Autohaus ihres Vaters beschäftigt.

Dr. MÜLLER bedrückt insbesondere das hohe Unfallrisiko beim Zweiradfahren. Denn obwohl der Straßenverkehr in seiner Zeit in keiner Weise mit dem heutigen Massenverkehr zu vergleichen ist, so ereignen sich doch auch damals immer wieder schreckliche Unfälle mit tödlichem Ausgang oder schweren Verletzungen. Hinzu kommt, dass die Jugend schon seit der Zeit vor dem ersten Weltkrieg vom technisch immer weiter entwickelten Motorrad begeistert ist und sich gern zum Leichtsinn verführen lässt.

Der NSKK-Führer CHRISTOPH KIEẞLING ist für manche jungen Leute natürlich ein Leitbild, denn er ist praktizierender Rennfahrer und beteiligt sich an Eis-Speedways, z.B. auf dem Bayreuther Röhrensee. Auch nimmt er an größeren Straßenrennen teil, z.B. auf dem „Schleizer Dreieck“. Dieser Motorsportkurs bei Schleiz in Thüringen folgt auf knapp 8 km dem normalen Verlauf von Straßen, die für Rennen abgesperrt werden und lockt bereits seit dem Jahr 1923 oft über 100.000 Zuschauer an.

Rennfahrer Nr. 72: *CHRISTOPH KIEẞLING, Motorradrennen in Schleiz 1932*

Darüber hinaus haben die Nazis in WEIDENBERG unter der Leitung der Kießlingbrüder eine ganze Motorradstaffel ins Leben gerufen, die natürlich gern auf den Straßen unterwegs ist. Am

Wochenende unternehmen sie, vergleichbar den Motorrad-Rockergruppen heute, Ausfahrten, die damals manchmal auch politischen „Aktionen“ und Demonstrationen dienen. So fahren sie z.B. im Frühjahr 1938 in die Frankenpfalz hinauf und rauben am hellichten Tag die heilige Fahne der katholischen „Jungfrauenkongregation“ in Kirchenpingarten, deren eigenständiges Vereinsleben den Nazis nach der Gleichschaltung ein Dorn im Auge ist. Ein aufsehenerregender Konflikt mit weitreichenden Auswirkungen ist die Folge.[77]

Dr. MÜLLER sucht Wege, insbesondere die Jugendlichen vor Leichtsinn zu bewahren, um sie nicht erst als Patienten kennenlernen zu müssen. Als aktives Mitglied beim NSKK, dem MÜLLER bis Kriegsende angehört, bedeuten ihm die Nazi-Parolen eigentlich nichts. Ihm liegt vielmehr am Herzen, die Teilnehmer zu einem verkehrsgerechten Verhalten zu erziehen.

Der Marktarzt betätigt sich allerdings auch als Mitglied in anderen Nazi-Organisationen. So tritt er im Jahr 1934 in den bereits zwei Jahre zuvor gegründeten Reichs-Ärztebund ein, der eine freiwillige, stark ideologisch geprägte Standesorganisation der Mediziner ist. Im gleichen Jahr wird er Mitglied im „Reichsbund für Leibesübungen“, der Nazi-Dachorganisation für die Sportverbände. Im folgenden Jahr 1935 meldet er sich bei der NSV an, der „National-sozialistischen Volkswohlfahrt“, die die freien Wohlfahrtsverbände in Deutschland verdrängen soll. Noch weitere Nazi-Organisationen finden sich in seinen Aufstellungen für die Spruchkammern, die nach dem Krieg über die Nazivergangenheit der Deutschen richten sollen. Insbesondere Dr. Müllers freiwilliger Eintritt in die NSDAP am 1. Mai 1935 fällt dabei auf, der MÜLLER bis Kriegsende treu bleibt. Nachdem er sich schon in den Parteigliederungen „bewährt“ hat, betrifft ihn der Parteiaufnahmestopp seit 1933 nicht.

Im Jahr 1939 „darf“ auch der 10-jährige Sohn des Doktors, HANS GÜNTHER, zu Hitlers „Jungvolk“. Für die meisten Jungen in seinem Alter war die Teilnahme bei der Hitlerjugend ein begehrter Zeitvertreib, zumal die Nazis bewusst erlebnisorientierte Elemente der bündischen Jugendarbeit wie „Kluft“ mit kurzer Hose und Halstuch, Geländespiel, Zelt , Lager und Gesang übernommen hatten.

Es ist nicht anzuzweifeln, dass bei Dr. MÜLLER stets das Berufsinteresse als Mediziner im Vordergrund stand und nicht die Partei-Ideologie. So bescheinigte ihm im Verfahren am 2. Dez. 1946 die Spruchkammer Bayreuth-Land, dass er nur „nominell“ Mitglied in all diesen Vereinigungen gewesen sei und „als Nazi nicht hervorge-

[77] Vergl. dazu das Kapitel „Als Hitlers Gottheit infrage stand – Der Widerstand der Frankenpfälzer und der Überfall der Weidenberger Nazis nach den Hitlerwahlen 1938“ in der 4. Folge des Projektes ‚Myrten für Dornen‘: „Christseins am Scheideweg ...“

treten" sei. Sie gruppierte ihn deshalb nur als „Mitläufer" ein, legte ihm aber doch eine Sühne von immerhin 1.7oo RM auf.

In Anbetracht des überaus anstrengenden Dienst hat sich die Doktorsfamilie im Sommer 1939 ihren ersten Urlaub überhaupt gegönnt. Sie verbringt ihn, wie die meisten Deutschen, im Inland. Es ist für längere Zeit zugleich der letzte Urlaub. Denn mit dem Beginn des zweiten Weltkriegs, nur wenige Wochen später, wird Dr. Müller als Militärarzt eingezogen und bleibt dies auch bis Kriegsende. So ist er im Jahr 1944 Oberstabsarzt bei der Wehrmacht und leitet zuletzt das Wehrmachtslazarett in Karlsbad.

Ihn vertritt in seiner Praxis in Weidenberg Dr. Kauper. Dieser Arzt ist es auch, der Ende September 1943 das spätere Weidenberger Opfer von Gestapo und Volksgerichtshof, Christian Dennert, bei seiner schweren Erkrankung untersucht und ihn vergeblich vor einer allzu schnellen Rückkehr an seine Arbeitsstelle, das Metallwerk Tabel in Creußen, warnt. Ein knappes halbes Jahr später wird er für Dennert ein Gutachten ausstellen, das ihn beim Volksgerichtshof entlasten und vor dem todbringenden Urteil bewahren soll.

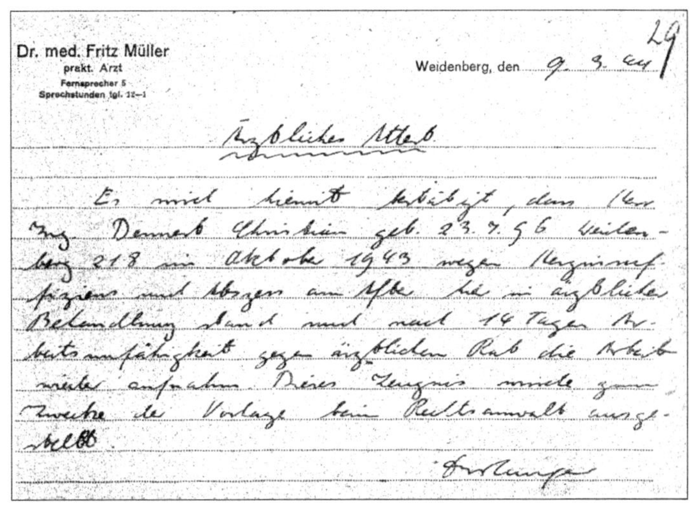

Dr. med. Fritz Müller
prakt. Arzt
Fernsprecher 5
Sprechstunden tgl. 12–1

Weidenberg, den 9. 3. 44

Ärztliches Attest.

Es wird hiermit bestätigt, dass Herr Ing. Dennert Christian geb. 23. 7. 96 Weidenberg 218 im Oktober 1943 wegen Herzinsuffizienz und Abszess am After bei mir in ärztlicher Behandlung stand und nach 14 Tagen Arbeitsunfähigkeit gegen ärztlichen Rat die Arbeit wieder aufnahm. Dieses Zeugnis wurde zum Zwecke der Vorlage beim Rechtsanwalt ausgestellt.

[illegible]

Hilfe für ein Gestapo-Opfer: *Attest von Dr. Kauper für Christian Dennert am 9. März 1944*

Allerdings kann er den letztlich ungeklärten Tod Dennerts im Zuchthaus von Tegel nicht verhindern.[78]

Mit Auto, Kutsche, Schlitten und Fahrrad zu den Patienten

Die Ärzte halten damals auch zweimal in der Woche abwechselnd an den Orten Warmensteinach und Fichtelberg ihre Sprechstunde ab. Dr. Müller besitzt zwar stets einen aktuellen Mittelklasse-PKW, den er immer vom Weidenberger Autohändler Kießling bezieht, nach dem Opel „Laubfrosch" und dem Opel 1,2 ab

[78] Vergl. dazu das Kapitel „Jenseits der roten Linie – Ein Weidenberger in den Klauen von Gestapo und Volksgerichtshof: Die Akte Dennert-Weidenberg 1930-1944 in der 5. Folge des Projektes ‚Myrten für Dornen': „Spuren der Opfer".

Mit dem neuem Opel Olympia ins Hohe Fichtelgebirge:
Dr. FRITZ MÜLLER auf Visite 1937

1936 den neuen „Olympia". Auch seine Frau hat, selten in dieser Zeit, einen Führerschein. Doch Warmensteinach und Fichtelberg sind damals im Winter mit dem Auto sehr schwer erreichbar, die Straßen dort oben sind aber auch sonst meist in ruinösem Zustand, sodass man Angst haben muss um Reifen, Achsen und Federn.

Auch schlucken die Kraftfahrzeuge damals recht viel Benzin. Nachdem mit fortschreitendem Krieg das Benzin schließlich bis auf 20 Liter pro Monat rationiert wird, weist der Weidenberger Ortsgruppenleiter GEORG RUMLER im Jahr 1944 dem Doktor eine Kutsche mit zwei Gespannpferden zu. Die Pferde gehören der Familie PUMPLE, die eben aus dem Banat nach WEIDENBERG geflüchtet ist; der Eigentümer selbst betätigt sich als Kutscher für den Doktor.

Im Ort WEIDENBERG werden die Kranken notfalls auch mit dem Fahrrad aufgesucht, um Benzin zu sparen. In schneereichen Wintern wird auch mal ein Schlitten angespannt. Oder der Doktor holt seine Schier heraus, um auf den Brettern in schwer erreichbare Orte zu gelangen; daran erinnern sich nicht ohne Bewunderung insbesondere einige ältere Einwohner aus LESSAU. Ihr im zerklüfteten Taleinschnitt der „Würgerin" gelegenes Dorf jenseits des steilen Höhenrückens der Bocksleite war zu der Zeit noch nicht leicht zu erreichen, doch auf ihren Doktor

Im Winter mit dem Schlitten: *Besuch des Doktors in Lessau um 1922*

konnten sie sich immer verlassen. Als sich Dr. MÜLLER wegen seiner Verstrickungen in der NS-Zeit nach dem Krieg vor der Spruchkammer verantworten musste und in dieser Zeit Berufsverbot hatte, kam er doch heimlich zu seinen Patienten, um sie zu versorgen. Er bat sie aber, ihn nicht zu verraten. Niemand hat damals sein Schweigen gebrochen, wie Zeitzeugen heute schmunzelnd erzählten.

Der Doktorsohn und spätere Nachfolger in der Praxis HANS GÜNTHER MÜLLER ist damals stolz, wenn er seinen Vater bei Patientenbesuchen begleiten darf. Dabei keimt in ihm bald der Wunsch auf, selbst einmal Arzt zu werden.

Dabei ist ja die Arbeit eines Landarztes nicht leicht und kennt oft keinen Feierabend, sie ist auch geprägt von psychischen Belastungen. GÜNTHER bemerkt ja, mit welchen tragischen Ereignissen sein Vater im Lauf der Jahre konfrontiert wird. Es geht durchaus nicht nur um Kinderkrankheiten oder fiebrige Erkältungen. Immer wieder erlebt er tragische Situationen, wo ärztliche Hilfe auch zu spät kommt oder nichts ausrichtet.

Nicht jedem kann der Doktor helfen

Da stirbt eine Bäuerin in KIRMSEES im Alter von 40 Jahren nach dem Versuch, selbst einen Schwangerschaftsabbruch vorzunehmen.

Da stürzt ein 55-jähriger streitbarer Steinschleifermeister bei einer Schlägerei im Wirtshaus mit dem Kopf so hart auf den Fußboden, dass er einen tödlichen Schädelbasisbruch erleidet.

Als besonders gefährlich erweist sich immer wieder die Landwirtschaft. Immer wieder stürzen Mitarbeiter von der Tenne oder von hoch beladenen Wagen. Manchmal geht es noch scheinbar glimpflich mit Knochenbrüchen ab, wie etwa im September 1939 in der Einöde GRUND. Dort erleidet die 41-jährige ANNA MARGARETA einen Unfall, der aber drastische Folgen hat. Sie verliert beim Heumachen auf dem Scheunenboden den Halt und stürzt durch die Scheunenluke auf den harten Boden. Der Unterschenkel ist mehrfach gebrochen, die Knochen sind zersplittert. Man bringt sie nach BAYREUTH ins Krankenhaus. Der Erfolg ist dürftig. Am Ende steht der gebrochene Knochen schräg heraus, das Bein ist extrem krumm. Nachdem sie schon von Geburt an durch eine Hüftluxation behindert ist, fühlt sie sich nun vollends als Krüppel.

Diese Geschichte entwickelt sich nun tragisch weiter: Bisher fühlte sich ANNA MARGARETA trotz ihrer Behinderung akzeptiert, auch wenn ihr Anteil bei schweren körperlichen Arbeiten natürlich nicht dem der anderen am Hof entsprach. Nun aber ist ihr ein Stück Lebenssinn genommen, sie fühlte sich nur noch geduldet und eigentlich im Wege und verfällt in schwere Depressionen. Der Arzt diagnostiziert eine „Geisteskrankheit“ und befürwortet die Einweisung in die Heilanstalt in BAYREUTH.

Damit ist, ohne dass die Beteiligten das zu diesem Zeitpunkt ahnen, das Schicksal von ANNA MARGARETA besiegelt.

Denn inzwischen ist im ganzen Deutschen Reich die Euthanasieaktion der Nazis angelaufen, welche Deutschland von „Ballastexistenzen" reinigen soll. Das Ende dieses Jahres wird diese geplagte Frau nicht mehr erleben. Über die Heilanstalt ERLANGEN wird sie mit vielen anderen zusammen in die Tötungsanstalt Schloss Hartheim bei LINZ gebracht. Wohl spätestens am 23. November 1940 wird sie durch die Hand des dortigen Chefs bzw. seines Stellvertreters mit Kohlenmonoxidgas ermordet und anschließend vom „Brenner" verbrannt. Die Knochenreste werden vermahlen und die Asche in die nahen Flüsse Donau und Traun geschüttet. Für das dortige Personal ist es die Vorübung zum Mord an den Juden.

Tödliche Stürze, Unfälle und Kriminaldelikte

Manchmal sind solche Stürze in der Landwirtschaft aber auch gleich tödlich. Da verunglücken zwei Rentner, die noch mit 80 und sogar 84 Jahren ihren Familien beim Heumachen helfen wollen. Hoch auf dem Heuwagen verlieren sie das Gleichgewicht und stürzen herunter. Der Arzt kann ihnen nicht mehr helfen.

Gefährlicher Unfallort: *Heuwagen mit Ochsengespann bei Weidenberg*

In DÖBERSCHÜTZ lehnt sich ein 80-jähriger Auszügler zu weit aus dem Fenster und stürzt hinab.

In WEIDENBERG verunglückt ein 74-Jähriger tödlich beim Treppensturz.

Eine 56-jährige Rentnerin ertrinkt in der Steinach und wird unterhalb der Schuhmühle aufgefunden. Sie war wegen eines schweren Nervenleidens in Behandlung. Der Doktor soll die Todesursache klären. Doch ob ein Unfall oder Absicht vorliegt, bleibt unaufgeklärt.

Im letzten Kriegsjahr fällt der 50-jährige Bezirkskaminkehrer vom Baum und stirbt an einem Schädelbruch. Die Ehefrau ist so schockiert, dass sie eine Totgeburt erleidet.

Im gleichen Jahr wird eine Rentnerin in SCHAFHOF von einem Hund gebissen und stirbt an den Folgen.

Besonderes Aufsehen erregen natürlich Verkehrsunfälle und Kriminaldelikte. Da fährt ein junger Mann aus GOSSENREUTH auswärts mit dem Auto gegen einen Baum und stirbt an den Unfallfolgen.

Der Weidenberger Gendarmeriemeister wird am Sonntag früh vor seiner Haustüre von einem Lastwagen aus FICHTELBERG angefahren. Dr. MÜLLER versorgt ihn und weist ihn in das Bayreuther Krankenhaus ein. Doch die Verletzungen sind zu schwerwiegend, in der Klinik stirbt der Polizist.

Auch ein 54-jähriger Görschnitzer verunglückt durch einen Autounfall tödlich.

Von heimtückischen Mordfällen ist in WEIDENBERG nie die Rede, wohl aber von Mord im Affekt. In FENKENSEES ersticht an einem Kirchweihdienstag der Dienstknecht in einer Eifersuchtstat den 53-jährigen Bierwirt und seine 20-jährige Tochter, sowie den Seybothenreuther Gemeindediener. Auch der Täter stirbt. Die ärztliche Sektion ergibt, dass er am Vortag in einem Streit mit dem Wirt durch dessen Gummiknüppel eine schwere Gehirnverletzung erlitten hat.

Die beiden damals amtierenden Pfarrer tun sich hart, wie sie diesen Fall moralisch und von den Fakten her einzuordnen haben. Pfarrer REDENBACHER, der in Urlaubsvertretung für den für Fenkensees zuständigen Kollegen THEODOR HOFFMANN die Beerdigung von Gastwirt und Tochter vornimmt, trägt als Bemerkung im Kirchenbuch ein, dass der Gastwirt *„zotige Lieder des Mörders“* abgewehrt, sich gegen ihn gestellt und ihm *„deshalb den Gummiknüppel (!) zu fühlen“* gegeben habe. Tags darauf sei der Dienstknecht *„zu planmäßigen Mord“* in das Gasthaus gezogen und habe auch die Tochter erstochen, die ihrem Vater höchstwahrscheinlich zu Hilfe geeilt sei; auch den Gemeindediener habe er umgebracht.

Anders sieht es Pfarrer HOFFMANN, der mit der Meinung seines Kollegen offensichtlich nicht einverstanden ist. Nachdem er seinen Dienst nach dem Urlaub wieder aufgenommen hat, fügt er im Kirchenbuch eine eigene Anmerkung hinzu und erklärt überraschenderweise den Täter praktisch zum Opfer: *„Nach anderer Darstellung soll [der Täter] ein ruhiger und fleißiger Mensch gewesen sein.“* Er habe in der Trunkenheit zotige Lieder gesungen, darüber habe es Streit mit dem Wirt gegeben, *„der ihn im Verlauf desselben mit dem Gummiknüppel halb tot schlug.“* Der Täter habe dann am nächsten Tag die Tat ausgeführt. Er sei aber *„derartig geschlagen worden, dass - wie die ärztliche Sektion ergab - eine schwere Gehirnverletzung* *vorlag und [er] nicht mehr Herr seiner Sinne war."* Nachdem der Täter den Folgen der selbst erlittenen Verletzung erlag, fand diese Tat nie einen irdischen Richter.

Ein anderes Tötungsdelikt trifft eine Weidenbergerin, ereignet sich aber auswärts. Wegen angeblicher dienstlicher Schwierigkeiten erschießt ein Gendarmerie-Hauptwachtmeister in einem Hotel in COBURG seine 26-jährige aus Weidenberg stammende Ehefrau, angeblich mit deren Einverständnis, und richtet sich anschließend mit seiner Waffe selbst.

Wenn Menschen selbst aus dem Leben scheiden

Auch Suizidfälle ereignen sich in WEIDENBERG immer wieder und beschäftigen natürlich, neben der schockierten Öffentlichkeit, zunächst den Arzt. Manchmal sind sie verdeckt und erscheinen dann wie Unfälle. Oft bleiben die Motive unerkannt, weil die Betroffenen ihre Einsamkeit und Verzweiflung nicht eingestehen wollen. Hilflos und betroffen stehen viele auch den offenbaren Fällen von Suizid gegenüber:

So nimmt sich ein 48-jähriger im Wald bei MENGERSREUTH durch Erhängen das Leben, der Grund ist der Bevölkerung nicht ersichtlich.

Besonderes öffentliches Aufsehen erregt ein Suizid, der sich im Jahr des Kriegsendes in WEIDENBERG ereignet und bei dem der Arzt ebenfalls nicht mehr helfen kann: In einem Zimmer der Gastwirtschaft LOCHMÜLLER des Bäckers HAGEN nimmt sich ILSE DOERENKAMP das Leben.

Die evangelische 35-Jährige ist in zweiter Ehe mit dem seinerzeit 63-jährigen Eigentümer der Kölner Firma „Klosterfrau Melissengeist", dem 1882 geborenen Konsul WILHELM DOERENKAMP, verheiratet. Er hatte das Werk im Jahr 1933, bedingt durch die Weltwirtschaftskrise, als Hauptgläubiger eines Zwangsvergleichs übernommen und die früheren Eigentümer hinausgedrängt. Im Jahr 1944 hatten alliierte Bombenflugzeuge beim Angriff auf die Stadt KÖLN dieses Werk in Schutt und Asche gelegt. Wie andere Bombenopfer auch, hatte die Familie DOERENKAMP in WEIDENBERG Zuflucht gesucht; Zimmerermeister MAIER hatte sie aufgenommen.

Erfolgreicher Geschäftsmann:
Konsul WILHELM DOERENKAMP

Der Ehemann hatte aber eine 33-jährige Geliebte. In ihrer Eifersucht nimmt die Ehefrau Gift und erhängt sich anschließend am Fensterkreuz. Die Weidenberger sind von diesem Suizid sehr erschüttert. Der Unternehmer heiratete wohl später seine Geliebte, setzte dann aber nicht sie, sondern einen Generalbevollmächtigten als Firmenleiter ein und bestimmte seine Tochter HILDE aus erster Ehe als Erbin. DOERENKAMP starb im Jahr 1972 im hohen Alter von 90 Jahren, die Tochter starb 91-jährig im Jahr 2011.

Auch der Pfarrer muss zum Doktor

Viele tragische Fälle begegnen dem Arzt im Lauf der Jahre, die ihm auch ganz persönlich nahe gehen. So sucht ihn eines Tages MARGARETE REDENBACHER auf, die Ehefrau des Pfarrers, und klagt ihm ihre ständigen Schmerzen. Dr. MÜLLER muss ihr eröffnen, dass sie unter einem heimtückischen und rasch fortschreitenden Krebs leide. Sie ist erst 44 Jahre alt, als Pfarrer REDENBACHER am 10. Februar 1935 von ihr Abschied nehmen muss. Der bekenntnistreue Pfarrer ist durch den Todesfall seelisch so angegriffen, dass er seinen Kollegen THEODOR HOFFMANN trotz dessen Nazi-Verstrickung und Mitgliedschaft bei den hitlertreuen „Deutschen Christen" D.C. bittet, die Beerdigung vorzunehmen.

Schmerzlicher Abschied: *MARGARETE REDENBACHER*

Auch GEORG REDENBACHER selbst muss sich immer wieder unter die Obhut des Arztes begeben. Des Öfteren in dieser Zeit ist er überarbeitet, besonders von dem Zeitpunkt im Jahr 1939 an, an dem sein Kollege wegen des Misserfolges der D.C. resigniert und freiwillig zum Militärdienst geht. Seitdem ist REDENBACHER für beide Pfarrstellen allein verantwortlich. Ab der zweiten Augustwoche 1939 will er deshalb ein paar Wochen Urlaub nehmen, nachdem in den Jahren zuvor dafür keine Gelegenheit war. Doch der Apotheker, der mit dem Pfarrer ein sehr gutes Verhältnis hat, holt ihn bereits am 10. September persönlich zurück: Jetzt, nach Deutschlands Kriegseintritt, brauche die Gemeinde ihren Pfarrer umso mehr, versucht er ihm klarzumachen.

Leidgeprüft: *GEORG REDENBACHER*

Ende August des folgenden Jahres 1941 ist REDENBACHER aber so erschöpft und krank, dass ihm Müllers Vertreter Dr. KAUPER bis zum Jahresende eine Auszeit verschreiben muss. Im Februar 1944 erleidet REDENBACHER dann noch beim Weg zur Kirche auf der eisglatten Straße einen komplizierten Beinbruch, an dem er lange laboriert.

Am Ende von Pfarrer Redenbachers Lebenszeit wird Dr. MÜLLER diesen beliebten Seelsorger auch bei einem geduldig ertragenen Krebsleiden und bis zu seinem Tode begleiten.

Wenn Kinder sterben

Als nicht minder tragisch empfinden viele Weidenberger die Todesfälle von Kindern durch Unfälle. Noch häufiger sind damals freilich bei Kindern gesundheitliche Schwächen durch Mangelernährung, fehlendes Schuhwerk, unzureichende Kleidung und gefährliche Krankheiten. Der Doktor wird immer wieder mit erschütternden Fällen konfrontiert, bei denen er doch seine Hilfslosigkeit eingestehen muss.

So ertrinkt das knapp 2-jährige Kind eines Steinschleifers in der Steinach.

Ein 8-jähriges Bauernkind stürzt in GOSSENREUTH mit dem Kopf in der Küche auf ein emporstehendes Eisenband und erleidet eine offene tödliche Hirnverletzung.

In FISCHBACH verbrüht sich ein knapp 4-jähriges Bauernkind.

In WEIDENBERG stirbt der 11-jährige Sohn eines Kriegsblinden bei einem Unfall.

Tiefe Trauer löst in der Bevölkerung auch der Tod der beiden Geschwister OTTO

Ärztlicher Sanitätsdienst auch beim Wiesenfest:
Kinderumzug 1935 mit Hakenkreuzfähnchen vor der „Spezereihandlung" FRIEDRICH GEORG DREß

und MARIANNE HOFMANN aus. Sie waren zu Kriegsbeginn 1939 mit anderen Kindern und ihren Familien aus dem Raum SAARBRÜCKEN als Gäste in WEIDENBERG herzlich aufgenommen worden, als Hitler die westlichen Regionen des Saarlandes evakuieren ließ, weil er dort einen Angriff der Franzosen befürchtete. Als die Kinder am 25. Juli 1940 an der Brücke von Rosenhammer spielen, stürzt der kleine OTTO ins Wasser der Steinach. Seine nur wenig ältere Schwester MARIANNE will ihn retten und ertrinkt bei dieser vergeblichen Rettungsaktion wie ihr Bruder.

In der Steinach ertrunken: *MARIANNE und OTTO HOFMANN 1940 (Bild: Kath. Pfarrchronik)*

Allein in den 11 Jahren zwischen 1936-1947 sterben 14 Kinder in der Gemeinde Weidenberg an „Lebensschwäche“. Sie werden oft nur wenige Stunden oder Tage alt. Bei einigen nehmen die Hebammen kurz vor ihrem Tod noch eine Nottaufe vor, andere sterben ungetauft.

Als schockierende Erfahrung für ihr Leben empfinden es die Schüler, wenn sie von einem Klassenkameraden oder Spielgefährten Abschied nehmen müssen. Die Mediziner stehen manchen heute heilbaren Krankheiten damals noch hilflos gegenüber. So stirbt eine 13-jährige Bauerntochter aus FISCHBACH an den Folgen der Grippe. – Ein 1-Jähriger aus WEIDENBERG wird von einer tödlichen Maserninfektion mit Lungenentzündung betroffen.– Ein 10-jähriger Junge und ein 14-jähriges Mädchen aus der Marktgemeinde sterben an „Genickstarre“, oder wie wir heute sagen würden: an Hirnhautentzündung. – Ein 10-jähriges Arbeiterkind stirbt an den Folgen von „Epilepsie“.

Notlazarett: *Weidenberger Schule 1945*

Besonders tragisch ist auch der Fall des 1942 in HAMBURG geborenen Arbeiterkindes HOLGER BREMER. Nach einem Bombenangriff auf seine Heimatstadt, bei dem die Eltern des Kindes umkommen, hat eine Hamburgerin, die selbst ihr Haus verloren hat, das verwaiste Kind aufgenommen und ist mit ihm im Jahr 1943 nach DÖBERSCHÜTZ gekommen, um sich selbst und das Kind in Sicherheit zu bringen. Der stark geschwächte Junge ist aber an Diphterie erkrankt. Auch ihm ist medizinisch nicht zu helfen. Der Arzt weist ihn in das Kinderkrankenhaus in BAYREUTH ein. Dort stirbt der kleine Junge am 12. Dezember des gleichen Jahres.

Nach den Bombenangriffen auf BAYREUTH im April 1945 strömen auch viele Geschädigte nach WEIDENBERG, um hier vor allem bei Verwandten Zuflucht zu suchen. In der Schule wird ein Notlazarett eingerichtet. Die Kinder sind nicht böse, dass in dieser Zeit der Unterricht ausfällt.

Tragische Soldatenschicksale in den letzten Kriegstagen

In den letzten Tagen des Zweiten Weltkrieges, die WEIDENBERG erlebt, wird der Beistand des Arztes auch für einige Soldaten erbeten, obwohl der Ort von Kampfhandlungen sonst weitgehend verschont bleibt. Trotz des nahen Kriegsendes war es doch noch vereinzelt zu Schusswechseln gekommen. Schwere Verwundungen waren die Folgen. In einigen Fällen kann der Doktor nicht mehr helfen.

Manche dieser Todesfälle erscheinen einfach tragisch und leichtfertig. So bringen sich zwei deutsche Wehrmachtsangehörige, der 21-jährige ALFONS BACH aus KLEIN-DÜRKOWITZ im Kreis Ratibor in Schlesien und der 27-jährige HANS KÖPP aus BERLIN, selbst unnötig in Lebensgefahr. In der Nacht zum 15. April 1945 erblicken die beiden jungen Soldaten, die sich auf dem Rückmarsch befinden, einen US-Panzer, der an der Straße nach SEYBOTHENREUTH beim Friedhof ST. STEPHAN die vorgerückten US-Truppen sichert. Neugierig gehen sie auf das dort lauernde Fahrzeug zu. Die Panzerbesatzung befürchtet einen Angriff und eröffnet ohne zu zögern mit ihrem Maschinengewehr das Feuer. Der Jüngere der beiden Deutschen ist sofort tot, der Ältere kann von den Amerikanern noch in die Praxis von Dr. MÜLLER gebracht werden. Er stirbt dort aber zwei Tage später an seinen Verwundungen.

Unterschätzte Gefahr: *US-Panzer bei Weidenberg 1945*

An diesem 15. April sind die Amerikaner in WEIDENBERG einmarschiert. Auf dem Gelände der Granitwerke SCHILLER am Bahnhof gibt es zu der Zeit ein Barackenlager der Flieger, das die Nazis im vorletzten Kriegsjahr dort eingerichtet hatten. Hier haben die Amerikaner russische Kriegsgefangene untergebracht, die in diesen Tagen von deutschen Bewachern durch WEIDENBERG geführt und von den Amerikanern befreit worden waren. Sie haben aber zu ihrer Sicherheit, wie auch die Deutschen, Ausgehverbot. Trotzdem verlässt ein junger Russe das Lager, in der Meinung, dass sich Sieger frei bewegen können. Die amerikanischen Soldaten verkennen die Situation und schießen auf ihn. Sie bringen ihn ins Lager zurück, dort verstirbt der Verletzte. Zwei Tage später setzt ihn der evangelische Pfarrer zusammen mit den beiden toten deutschen Soldaten im nun wieder zugänglichen Friedhof ST. STEPHAN bei. Der Name dieses jungen Russen war unbekannt, auch seinen Geburtstag und seinen Herkunftsort kannte man nicht. Sichtbar prangte aber auf seiner Kleidung die Nummer, die ihm die Deutschen als Gefangenen aufgenäht hatten: „Stalag 349 Nr. 23265".

Transport im offenen Güterwagen: *Russische Kriegsgefangene 1942 auf dem Weg nach Deutschland*

Diese Nummer ermöglicht es, sein Schicksal zu rekonstruieren. So war dieser russische Soldat beim Vormarsch der Deutschen im Jahr 1942 in der Ukraine in deutsche Gefangenschaft geraten und bis Oktober 1943 im dortigen „Stammlager" 349 in UMAG unter primitivsten Bedingungen im Freien eingesperrt gewesen. Als der sowjetische Gegenstoß den deutschen Rückzug erzwang, war er wohl mit dem Güterzug in ein Lager nach Deutschland verlegt und dort zur Zwangsarbeit eingesetzt worden.

In diesen Tagen, als die Amerikaner einmarschierten, war seine Kolonne, die auch andere Zeitzeugen beobachtet haben, gerade durch WEIDENBERG geführt worden. Nach ihrer Befreiung durch die Amerikaner standen sie vor einem ungewissen Schicksal. Denn es war bekannt, dass der russische Diktator JOSEF STALIN viele solcher Zwangsarbeiter bei ihrer Heimkehr nach Russland in Straflager einsperren oder gar erschießen ließ, denn sie galten als „Kollaborateure" der Deutschen und Feiglinge, weil sie sich in deutsche Gefangenschaft begeben hatten, anstatt bis zum letzten Blutstropfen zu kämpfen. Anderen wurden daheim die Arbeitsmöglichkeiten vorenthalten und auf vielfache Weise gedemütigt.

So rissen sie sich erst einmal die Abzeichen für Ostarbeiter von der Bekleidung und versuchten sich aus geplünderten deutschen Warenlagern neu einzukleiden, fanden aber fast nur Damenbekleidung vor, eine kabarettreife Szene! Sie übernachteten in dem gleichen Barackenlager auf dem Gelände der Firma SCHILLER, in dem auch die heimatvertriebenen sg. „Batschka-Deutschen“ untergebracht waren.[79] Das Pfarramt WEIDENBERG teilte dem Roten Kreuz die Nummer, den Todestag und den Begräbnisort des jungen Russen mit. Ob die Nachricht jemals seine Angehörigen erreicht hat, ist leider unbekannt.

Der letzte Kriegstote, mit dem der Weidenberger Doktor zu tun bekam, war der 46-jährige Unteroffizier JOSEF BRAUN aus HAUERZ im Allgäu, im Zivilleben Schlossermeister. Er hatte sich beim Rückmarsch von seiner Einheit abgesetzt und vor den Amerikanern im Wald an der Bocksleite versteckt, war aber entdeckt und beschossen worden, als er sich nicht ergab. Er starb am 17. Mai 1945 an einem erlittenen Kopfschuss. Da zu diesem Zeitpunkt noch nicht bekannt war, dass er katholisch war, beerdigte auch ihn der evangelische Pfarrer REDENBACHER. Seine Ehefrau ließ ihn später exhumieren und in die Heimat überführen.

Gemeinsame Praxisverantwortung:
Dr. FRITZ MÜLLER mit Ehefrau und Mitarbeiterin ELSE um 1950

Der Doktor bekommt die erste Weidenberger Bürgermedaille

Zum Glück sind solche Dramen, wie die oben geschilderten, nicht der alltägliche Normalfall im Arztleben. Viel häufiger erlebt der Doktor ein überschaubares Krankheitsbild oder diagnostiziert eine vorübergehende Unpässlichkeit bei seinen Patienten. In vielen Fällen helfen schon das Gespräch und ein passendes Medikament. So kann Dr. FRITZ MÜLLER nach dem Krieg noch viele Jahre in WEIDENBERG erfolgreich praktizieren. Seine Ehefrau ELSE, die in der Praxis mitarbeitet, ist

[79] Vergl. das Kapitel „Gäste und Fremdlinge – Evakuierte, Zwangsarbeiter, Flüchtlinge und Heimatvertriebene in Weidenberg 1939-1950 in der 6. Folge des Projektes ‚Myrten für Dornen‘: „Untergehen und Aufstehen – Der Alltag unter Kriegsbedingungen und das Danach“.

ihm dabei eine treue und zuverlässige Helferin.

Weidenbergs erster Träger der Bürgermedaille:
Dr. Fritz Müller mit Bürgermeister Otto Fleischmann 1967

Nach 40 Berufsjahren geht der Doktor schließlich im Jahr 1966 in den Ruhestand. Als erstem Bürger des Marktes Weidenberg wird ihm im Jahr 1967 im Rahmen einer Feierstunde im Sitzungssaal des Rathauses durch Bürgermeister Otto Fleischmann die Bürgermedaille verliehen. Anwesend sind der Gemeinderat, Vertreter der örtlichen Vereine, der Lehrerschaft und der Geistlichkeit. Seine bewegten Dankesworte verbindet der verdiente Marktarzt mit einer Spende für den Kindergarten, dessen Kinder er ebenfalls jahrelang gesundheitlich mit betreut und bei ihnen die notwendigen Untersuchungen durchführt hatte.

Sein Sohn Hans Günther Müller, der im Jahr 1948 in Bayreuth sein Abitur gemacht hat, studiert wie sein Vater in München Medizin und übernimmt nach seiner Zeit als Oberarzt im Städtischen Krankenhaus in Bayreuth im Jahr 1966 die Praxis des Vaters. Seine Ehefrau Hannelore hilft ihm als Bürokraft und „guter Geist“ in der Praxis.

Zwei Jahre später, 1969, stirbt der Senior-Doktor.

Mit seinem Enkel Dr. Michael Müller besteht diese angesehene Praxis in Weidenberg nunmehr in der dritten Generation.

3. Der Apotheker – Berater und Gastgeber

Apothekerskinder als Rezept- und Medikamentenboten

Die Medikamente, die der Doktor verschrieben hat, liefert dann der Weidenberger Apotheker Gustav Schütz. Dabei müssen die Apothekerskinder mithelfen. Das ist kein ganz einfaches Unterfangen.

Zum Glück sind der Marktort Weidenberg und das ganze obere Steinachtal bis Warmensteinach seit kurz vor der Wende zum 20. Jahrhundert an die Eisenbahn angeschlossen. Der Zug, der damals in der Regel dreimal täglich verkehrt, ist das gewohnte Verkehrs- und Transportmittel für fast jeden und alles. Hat der Doktor für einen Warmensteinacher Patienten beim Hausbesuch ein Rezept ausgeschrieben, so können es seine Angehörigen dem Zugschaffner mitgeben. Die Apothekerskinder holen die gesammelten Verschreibungen einmal am Tag am Bahnhof in Weidenberg ab. Nach diesen Verordnungen richtet der Vater Gustav Schütz in seiner Apotheke am Obermarkt die Medikamente her.

Damals werden noch viele Medikamente vom Apotheker persönlich in der Apotheke zubereitet. Auch hierbei assistieren die Apothekerskinder. Die Tochter Marianne soll die von den Ärzten verschriebenen Medikamente heraussuchen, sie persönlich beschriften, z.B. *„für Hermann Meyer in ...“,*

Helferin beim Medikamententransport:
Apothekerstochter Marianne Schütz 1940

Verkehrsmittel Bahn seit 1896 Bayreuth-Warmensteinach:
Rezepte und Medikamente am selben Tag

sie dann einwickeln und in eine Extrakiste verpacken. Dann bringen die Kinder diese Fracht möglichst noch am selben Tag zum 19:00-Uhr-Zug. Der Schaffner nimmt die bestellte Ware nach WARMENSTEINACH mit hinauf. Die Kunden können sie dann gegen ein geringes Entgelt beim Kaufmann BÖHNER abholen, ein hervorragend eingespieltes Botensystem, das dank des als selbstverständlich erwarteten Engagements der Kinder auch zuverlässig funktioniert.

Für die Kinder bedeutet diese Mitarbeit neben dem erheblichen Zeitaufwand aber auch eine körperliche Anstrengung, denn der mehrfache tägliche Weg führt über die „Schied", d.h. über die 123 Stufen der Treppe vom Obermarkt zum Untermarkt hinunter und wieder hinauf. Die nicht so steile „Neue Straße" wird ja erst 1934 gebaut, und eigentlich benutzen Fußgänger sie kaum. Denn für den direkten Fußweg zwischen Ober- und Untermarkt ist ja die Treppe da. Und als Alternative, wenn sie zum Beispiel ein Wägelchen dabei haben, können die Kinder auch den Knüppeldamm auf dem Reitweg benutzen, der ist etwas weniger steil und notfalls mit einem Karren zu befahren.

123 Stufen: *Täglicher Weg über die Schied*

Erfolgreiche Rezepturen aus ganz Deutschland

Mariannes Mutter BLANKA SCHÜTZ, eine geb. LOHSE, stammte aus einer Bamberger Kaufmannsfamilie. Sie hatte in diese älteste Apotheke Weidenbergs eingeheiratet und war zunächst eine verheiratete VOCKE. Denn der im Jahr 1872 in PARTENKIRCHEN geborene Apotheker HERMANN VOCKE hatte die Weidenberger Apotheke im Jahr 1913 von seinem achten Vorgänger FRANZ NUSCH nach Ausschreibung durch die Bezirksregierung übernommen. ADOLPH FRIEDRICH HEINRICH GUMMI aus Kulmbach hatte sie im Jahr 1836 gegründet; im Jahr 1839 war das Apothekengebäude nach dem Brand am Obermarkt neu erbaut worden.

VOCKE war aber aus dem Ersten Weltkrieg lungenkrank heimgekommen und somit berufsunfähig. Die Stelle musste neu ausgeschrieben werden. Am 23. Januar 1921 war VOCKE im Alter von erst 49 JAHREN verstorben.

In GUSTAV SCHÜTZ hatte seine Witwe einen kompetenten Fachmann und Nachfolger gefunden. GUSTAV war gelernter Apotheker, er stammte aus GROẞGRÜND-

In Festbeflaggung: *Die Weidenberger Apotheke um 1931 vor dem Ausbau des Daches*

LACH im Nürnberger Knoblauchsland. Am gesamten Ersten Weltkrieg hatte er als Soldat teilgenommen. Am 16. März 1921 übernahm er die Weidenberger Apotheke. Die beiden heirateten, und gemeinsam führten sie die Einrichtung nun erfolgreich weiter. 1924 kommt ihr erstes Kind HERMANN zur Welt, zwei Jahre später die Tochter MARIANNE.

Um mehr Platz für die Familie und den intensiven Apothekenbetrieb zu bekommen, lassen sie um das Jahr 1932 vom fast 100-jährigen, bislang zweistöckigen Haus den Dachstuhl abheben und ein drittes Geschoss aufsetzen. Weil es als Mansarddach gestaltet ist, passt es sich der Umgebung, insbesondere dem Schulhaus, optisch perfekt an. Aber den bisherigen Charakter des aparten Neo-Renaissancestils verliert das nun eher wuchtige neobarocke Gebäude dabei völlig.

GUSTAV hatte von seiner Ausbildungszeit, die ihn durch ganz Deutschland geführt hatte, aus vielen Gegenden spezielle Rezepturen mitgebracht; mit ihnen konnte er bei vielen Leiden helfen. Er ist ein Apotheker aus Leidenschaft. So kommen die Patienten statt zum Doktor oft auch gleich zum Apotheker. Sie fragen ihn dann ganz direkt: *„Muss ich damit zum Doktor, oder haben Sie etwas für mich?"*

So ist der Apotheker im Ort ein wichtiger und respektierter Mann. Die Leute offenbaren ihm ihr Leid und besprechen mit ihm die Therapiemöglichkeiten.

Zweimal in der Woche kommen auch Vertreter von verschiedenen Pharma-Firmen aus NÜRNBERG. Bei ihnen kann man alles Fehlende bestellen. Per Express wird es nach WEIDENBERG geschickt. Auch diese Holzkisten mit Medikamenten holen die Kinder mit ihrem hölzernen Wägelchen von der Bahn ab und schaffen sie den Reitweg hoch.

Ja, diese als selbstverständlich betrachtete Mithilfe bedeutete viel Stress für die Kinder. Für Freizeit ist da nicht viel Raum. Und doch ist der Betrieb damals trotz allem noch eine „gemütliche Apotheke". Als Ausgleich winken Wanderungen mit den Eltern in die Umgebung oder Fahrten mit dem schicken neuen Auto.

Denn auch das zählt zum gehobenen Status eines Apothekers in dieser Zeit: Wie auch der Doktor besitzt er als einer der wenigen Bessergestellten in WEIDENBERG bereits zu Beginn der dreißiger Jahre ein eigenes Auto. Von Anfang an ist das ein Mercedes Cabriolet, also ein Schönwetterfahrzeug, bei dem man das Dach ganz auffalten kann. Denn eigentlich braucht der Apotheker das Auto ja nicht, außer für Ausflugsfahrten mit der Familie. Da geht es mit dem Mercedes Typ 170 bei maximal 90 km/h aus gemütlichen 32 PS dahin, auf den verbreiteten Schlaglochwegen meist aber viel langsamer.

Frühes Automobil: *BLANKA SCHÜTZ mit Kindern vom Ehemann GUSTAV fotografiert um 1931*

Doch im Jahr 1939 wird die Sache schon schneller, jetzt wartet ein helles 230-er Coupé vor der Apotheke, das weist schon 55 PS auf, verbraucht 15 l Benzin auf 100 km und fährt damit auf der Autobahn schon beachtliche 116 km/h.

Dieses Tempo kann der Apotheker auch gebrauchen, als er am 10. September 1939 GEORG REDENBACHER aus dem Urlaub an der Ostsee zurückholt, weil die Gemeinde ihren Pfarrer im gerade begonnenen Krieg doch dringend als seelsorgerlichen Beistand braucht. Von BAYREUTH über den Berliner Ring bis nach STETTIN kann er seinen Mercedes auf der neu erbauten Autobahn voll ausfahren. Auch dem Pfarrer, der als Verkehrsmittel sonst nur ein Fahrrad hat, gefällt‘s.

Eine „gemütliche“ Apotheke mit Rat und Tat für Jedermann

Der Weidenberger Pfarrer ist in der Apotheke ein häufiger Gast, zumindest was die Person von GEORG REDENBACHER, dem Inhaber der II. Pfarrstelle, anbetrifft. Er wohnt ja nicht weit weg im Zweiten Pfarrhaus am Pfarrgässchen bei der Oberen Markstraße unterhalb des Alten Schlosses und besitzt ein riesiges Grundstück mit Kirchblick, das unmittelbar am Schlosspark angrenzt und bewirtschaftet werden muss. Das tut der Pfarrer gern. Wann es seine karge Freizeit erlaubt und er nicht in der Steinach angelt oder im Pfarrhaus seine Schmetterlingssammlung ordnet, ist er im Garten und setzt oder beschneidet seine Bäume oder legt umrankte Irrgärten an.

Dieser Pfarrer ist bei den Weidenberger Bürgern wegen seiner leutseligen und fantasievollen Art sehr beliebt, und er versucht manchmal auch den Apotheker von

Mercedes Coupé vor dem Haus: *Apotheke (re.) um 1937 mit ausgebautem Mansardgeschoss, hinten die Schule*

seinen abenteuerlichen Ideen zu begeistern. Doch davon erzählen die Geschichten über Pfarrer REDENBACHER im Extrakapitel.[80]

Man nimmt sich in der Apotheke damals überhaupt viel Zeit für die Kunden, und man plaudert mit ihnen während des Kundengespräches über dieses und jenes. Auch die Lehrer kommen oft von der Schule herüber; sie setzen sich mit dem Apotheker gern ins Nebenzimmer und diskutieren dann über das Zeitgeschehen, soweit sie es ohne Angst vor Denunziation tun können.

Die Mehrzahl der Lehrer ist freilich von der „neuen Zeit" überzeugt, wie sie das Hitler-Regime euphorisch nennen, sie versuchen auch bald, den Apotheker zum Partei-Eintritt zu überreden, was dieser mit Neugier und offensichtlichem Interesse zur Kenntnis nimmt. Einzelne Pädagogen sind auch kritisch eingestellt. Trotz ihrer vordergründigen Linientreue, die sie als Lehrer gegenüber dem NS-Regime zeigen müssen, um ihren Beruf ausüben zu dürfen, sehen sie als studierte und wache Zeitgenossen doch sehr deutlich, was in Deutschland damals nicht stimmt. Als gemeinsamen Trost trinken sie ganz gern das Schnäpschen, das der Apotheker selbst in persönlichen Versuchsreihen entwickelt hat und ihnen kredenzt.

Aber es gibt ja in WEIDENBERG nicht nur die Honoratioren, Bessergestellten oder Einflussreichen. Sondern traditionell finden sich in diesem Marktort, der seine allgemeine Armut noch nicht allzu lange überwunden hat, immer noch viele arme

[80] Vergl. das Kapitel „Das Bekenntnismarterl von 1937 der Margarete Schilling im Kirchenkampf und andere Geschichten vom Pfarrer Redenbacher" in der 4. Folge des Projektes ‚Myrten für Dornen': „Christsein am Scheideweg – Weidenberg im Kirchenkampf".

Schnelle Taschentücher für eine schnelle Zeit: *„Tempo"-Werbung 1929*

Leute. Aus dem gemeinsamen Besuch der Grundschule kennt die Apothekerstochter MARIANNE z.B. drei der acht Kinder der Familie L. Sie leben unter prekären Verhältnissen im damaligen Armenhaus der Gemeinde bei der Scherzenmühle unten an der Steinach. Die Kinder wirken auf MARIANNE bisweilen ein bisschen verschlampt. Mariannes Mutter, die Apothekersgattin BLANKA SCHÜTZ, geht manchmal hinunter und bringt den Kindern Kleidung oder auch einen Suppentopf mit Essen.

Einmal, es dürfte um das Jahr 1934 gewesen sein, kommt der neunjährige EDUARD, der älteste Junge der Familie aus dem Armenhaus, in die Apotheke. Er schnieft ziemlich, sodass der Apotheker zu ihm sagt: *„Schnäuz dich."* Da antwortet der Junge: *„Ich habe kein Taschentuch, das hat der Bruder."* Wahrscheinlich hat er den zweijährigen RICHARD oder dessen Zwillingsbruder WILHELM gemeint. Da gibt ihm der verdutzte Apotheker ein Päckchen Papiertaschentücher mit.

Solche Taschentücher aus Zellstoff sind damals seit 1929 ganz neu auf dem Markt und bedeuteten eine kleine Revolution. Die jüdische Familie ROSENFELDER hatte sie für die temporeichen 20-er Jahre entwickelt und sie auch so genannt: „Tempo". In ihrer Nürnberger Papierfabrik werden sie seinerzeit produziert. Als die Familie ROSENFELDER im Jahr 1933 Deutschland unter dem Druck der ersten „Arisierungswellen", die solche Betriebe nach Hitlers Rassevorstellungen von Juden „reinigen" sollen, verlässt, kauft GUSTAV SCHICKEDANZ, der nachmalige Gründer des Versandhauses Quelle, das Aktienpaket und die restlichen Anteile des Unternehmens „Tempo" auf und führt die Produktion erfolgreich weiter.

Der Bub aus dem Armenhaus jedenfalls zieht stolz mit dem unverhofften Geschenk des Apothekers von dannen. Nun hat er ein ganz modernes Produkt der vornehmen Leute seiner Zeit, das seine Geschwister nicht haben. In der Kriegszeit werden solche Taschentücher dann zu einer raren Kostbarkeit, die sich kaum noch jemand leisten kann, denn für die Verwendung der erforderlichen Rohstoffe bestehen nun andere Prioritäten.

Die Apothekersleute und viele andere Weidenberger haben nie erfahren, dass der Vater dieses Jungen und der Verantwortliche für diese große Familie, MARTIN L., im

Jahr 1942 in der dritten Phase der Euthanasiemorde fern von zu Hause in der Heil– und Pflegeanstalt KAUFBEUREN umgekommen ist. Er war eines Tages einfach verschwunden und kehrte nie wieder.[81]

Bekannt wurde damals nur, dass die überforderte Mutter nun bei einem Bauern als Magd Arbeit suchen musste. Die meisten ihrer Kinder fanden als „Dienstkinder" bei verschiedenen Bauern im Umkreis um WEIDENBERG Aufnahme, d.h. sie verrichteten nun Kinderarbeit. Sie lebten in WAIZENREUTH oder in der „Einzelnen" in ALTENREUTH oder am EINZIGENHOF bei BRÜDERES oder in UNTERSTEINACH, um dort einfache Hilfsdienste zu tun und als Lohn Unterkunft und Verpflegung zu bekommen. Manche blieben dort ihr weiteres Leben lang und waren dankbar dafür.

Ansprechpartner für Nazis und Nazigegner

BLANKA und GUSTAV SCHÜTZ:
Apotheker aus Leidenschaft, um 1944

Die Apothekerin BLANKA SCHÜTZ und ihr Mann GUSTAV sind damals Ansprechpartner für die ganze Bandbreite der Bevölkerung, Arm und Reich, Arbeiter, Handwerker, Händler und Akademiker, Auswärtige und Einheimische. Und auch politisch sind in ihrer Kundschaft alle vertreten, nach dem ersten Weltkrieg die national und konservativ Eingestellten ebenso, wie die Kommunisten aus der Arbeiterschaft in Schillers Granitwerk und im Porzellanwerk Sophienthal.

Seit Anfang 1929 identifizieren sich auch in WEIDENBERG einige vor allem jüngere Leute der aufstrebenden Mittelschicht mit den Nationalsozialisten. Sie gründen nach einer zündenden Rede des smarten Gauleiters HANS SCHEMM die NS-Ortsgruppe WEIDENBERG, die unter der Leitung des frisch ernannten Ortsgruppenleiters GEORG RUMLER steht, und verhelfen so den Nazis in der Marktgemeinde zu Einfluss.

Die Nazi-Willkürherrschaft nach der Machtübernahme 1933 bedeutet dann das offizielle Verbot auch für die örtliche KPD und SPD. Doch bleiben viele ältere Weidenberger Bürger in den folgenden Jahren ihren überkommenen Einstellungen treu und halten sich dem Sog der Na-

[81] Vergl. das Kapitel „Martin - Leben im Armenhaus, Sterben an Hungerkost – Spurensuche Opfer der Armut und der ‚wilden Euthanasie' aus Weidenberg" in der 5. Folge des Projektes ‚Myrten für Dornen': „Spuren der Opfer – Anteilnahme und Verleugnung".

zi-Ideologie gegenüber zurück. Als im Jahr von Hitlers Machtergreifung 1933 der 1. Mai auch in WEIDENBERG mit viel Brimborium zur Sympathiewerbung für die Nazis erstmals als „Tag der nationalen Arbeit“ bei vollem Lohnausgleich gefeiert werden soll, sieht man fast nur die alten schwarz-weiß-roten oder gar weiß-blauen Fahnen von den Häusern herab über den Massenumzügen wehen. Es sind zunächst noch wenige Fanatiker, wie GEORG RUMLER oder der Kaufmann HANS FÜẞMANN, die am Obermarkt demonstrativ die neuen roten Fahnen mit dem Hakenkreuz-Emblem heraushängen.

Noch ohne Hakenkreuzfahne und mit gedämpfter Begeisterung: *Apotheker SCHÜTZ beobachtet vor seiner Apotheke den HJ-Aufmarsch zum 1. Mai 1933 am Obermarkt*

Die Skepsis der Arbeiter ist berechtigt: Bereits am folgenden Tag, dem 2. Mai 1933, lässt HITLER die alten Gewerkschaften zerschlagen, am 22. Juni lässt er die SPD verbieten und am 14. Juli per Gesetz alle übrigen Parteien abschaffen. Die KPD ist bereits zwei Wochen nach dem Reichstagsbrand vom 28. Februar 1933 verboten worden, unter dem Vorwand, sie habe veranlasst, den Reichstag anzuzünden; ihre Anhänger sind in den Untergrund gegangen. Die Nazis haben durchblicken lassen, dass dies erst der Anfang des Terrors sein würde, der alle treffen sollte, die sich ihnen in den Weg stellten. Die Neubildung oder das Weiterbestehen von Parteien sind nun mit Gefängnisstrafen bis zu drei Jahren bedroht. Die totale Gleichschaltung des Lebens in Deutschland wird von diesem Zeitpunkt an vollzogen.

Natürlich kennt man in WEIDENBERG die Nazis und ihre Exponenten; sie dominieren vor allem in der Lehrerschaft, bei den Beamten und bei den Händlern. Auch der Apotheker GUSTAV SCHÜTZ hat dem drängenden Werben des Ortsgruppenleiters RUMLER schließlich nachgegeben und ist zum 1. Mai 1933 in die NSDAP eingetreten. Er gehört damit für längere Zeit zu den letzten, die überhaupt in die Partei aufgenommen werden. Denn, was bis heute kaum im Allgemeinwissen verankert ist: Bereits am 19. April 1933 hatte die Parteiführung unter dem Eindruck des Massenansturms von Millionen von Deutschen auf die Parteibüros eine zeitlich unbefristete und reichsweite Aufnahmesperre für die NSDAP verhängt.

Dieser Aufnahemstopp trat am 1. Mai in Kraft und wird offiziell erst am 1. Mai 1939 partiell aufgehoben. Die Parteioberen befürchten eine Verwässerung der Parteiideale durch solche Menschen, die sich vom Parteieintritt berufliche oder persönliche Vorteile versprechen. Auch hegt man die Befürchtung, dass Feinde der Nazibewegung einen Parteieintritt nutzen könnten, um die NSDAP zu unterwandern.

Es sind die „alten Kämpfer" von vor 1933 in WEIDENBERG, also die Ortsgruppengründer von 1929, die sich selber als die Elite Hitlers fühlen und die Neuen verächtlich als „Trittbrettfahrer" abtun. Nur über die Meldung und aktive Teilnahme bei den Partei-Untergliederungen HJ, SS, SA, NSKK usw. ist es ab jetzt in den nächsten Jahren überhaupt möglich, Parteimitglied zu werden. Viele Nachzügler in WEIDENBERG nutzen diese Möglichkeit und melden sich ersatzweise bei der SA oder dem NSKK an. So wird Pfarrer THEODOR HOFFMANN, dem der direkte Weg in die Partei verschlossen ist, gleich nach seinem Dienstantritt in WEIDENBERG im Herbst 1933 Mitglied in der SA und auf diesem Weg am 1. Mai 1935 Parteigenosse. Das gleiche gilt, wie oben bereits geschildert, für den Weidenberger Doktor FRITZ MÜLLER, der zum gleichen Termin auf dem Weg über seine aktive Tätigkeit beim NSKK die NSDAP-Mitgliedschaft erwirbt.

Es ist also eine gern geglaubte Legende, wenn behauptet wird, die deutsche Bevölkerung sei zu ihrem millionenfachen Parteieintritt „gezwungen" worden. Vielmehr hat sich jeder aus eigenem Antrieb und aktiv um seine Mitgliedschaft bemühen müssen, wobei freilich Funktionäre, wie der Ortsgruppenleiter GEORG RUMLER, das Ihre dazu getan haben, damit sich in seinem Machtbereich möglichst viele bei der Partei anmelden. Im einen Fall genügte als „Denkanstoß" schon, an die „Ehre" des betreffenden Ortsbürgers zu appellieren, um ihn zum Parteibeitritt zu bewegen. Im anderen Fall übte der ehrgeizige Ortsgruppenleiter auch moralischen Druck aus oder drohte bisweilen mit seiner Amtsmacht, ja, er erpresste Ortsbürger regelrecht. Das ändert aber nichts an der Qualität des Parteieintritts als persönliches Bekenntnis zur Hitlerdoktrin. Der Eintritt wurde in jedem Einzelfall mit Unterschrift des Eintretenden vollzogen und war deshalb ein ganz persönlich gemeinter Akt.

RUMLER tat deshalb auch alles, diese Mitgliederkartei als eine wichtige Dokumentensammlung über das Kriegsende hinaus ganz persönlich zu hüten; er wollte jederzeit Druckmittel gegen spätere Feinde in der Hand haben. Obwohl er zwischenzeitlich die Kartei in PEGNITZ durch seine kleinen Nichten verstecken ließ, tauchten Teile davon doch bei Durchsuchungen im Textilhaus RUMLER nach dem Krieg auf und wurden vom beteiligten Polizisten RUCKRIEGEL nach dessen eidesstattlicher Aussage angeblich an das Landratsamt BAYREUTH übergeben. Dort sind sie aber heute unauffindbar, so sie denn überhaupt jemals dort angekommen sind.

Unter dem Anpassungsdruck des Nazi-Systems

So steht der Apotheker GUSTAV SCHÜTZ an diesem schicksalsträchtigen 1. Mai 1933 mit seiner Frau vor seiner Apotheke; er beobachtet ein wenig skeptisch das Geschehen vor seiner Haustür und fragt sich, ob er mit seinem für diesen Tag beglaubigten Parteibeitritt den richtigen Schritt vollzogen hat. Doch er bleibt bis zum letzten Kriegstag Hitlers Partei treu.

Als die Spruchkammer Bayreuth-Land am 20. Jan. 1948 im schriftlichen Verfahren die Verstrickung des Apothekers GUSTAV SCHÜTZ in der Nazizeit würdigt, zählt sie im Sühnebescheid zwar seine Mitgliedschaften in der Partei und in fünf Untergliederungen auf. Sie bestätigt ihm aber zugleich, dass diese Aktivitäten lediglich „nominell" gewesen seien und er politisch nicht hervorgetreten sei. Er kommt mit einer Eingruppierung als „Mitläufer" davon, muss aber eine kräftige Sühne von 1.000 RM leisten.

Es sind im Übrigen fast nur Männer, kaum Frauen, die sich in diesen Jahren der NSDAP und ersatzweise ihren Gliederungen in immer größeren Zahlen anschließen. Weiblich sind nur die Jüngeren beim „Bund deutscher Mädel" BdM und etliche Mitglieder bei der „Nationalsozialistischen Volkswohlfahrt" NSV. Obwohl die Bevölkerung bei den Reichstagswahlen am 5. März 1933 auch in WEIDENBERG mehrheitlich na-

BdM-Mädchen (re.) beobachten die Hindenburg-Trauerfeier 1935: *NSKK mit Motorrädern*

Nazitäter: *„Unser Schorsch" GEORG RUMLER*

tionalsozialistisch gewählt hat, übersteigt doch die Anzahl der aktiven Parteimitglieder trotz ihres demonstrativen Auftretens kaum jemals 15 % der erwachsenen Gesamtbevölkerung.[82]

Doch die Nazis wollen eine „Elite" sein, sie fallen auf. Das „Nationalsozialistische Kraftfahrerkorps" NSKK mit seinem Truppführer HANS KIEßLING beispielsweise brummt mit seinen etwa 12 Motorrädern und gut 24 Mitgliedern vor allem am Wochenende durch die Straßen und baut sich auch bei Kundgebungen Achtung heischend in der vordersten Reihe auf.

Der aktivste aber ist der von Gauleiter HANS SCHEMM persönlich eingesetzte Ortsgruppenleiter und Bürgermeister GEORG RUMLER, „unser Schorsch", wie ihn die Leute nennen, wenn sie ihn anerkennen wollen, aber auch „Kanalfurz", wenn sie ihn verspotten wollen. In den Augen vieler ist er ein 120%-iger Nazi, mit zackigem Auftritt und Kommandoton, der gern Uniform trägt und darin aufgrund seiner schmächtigen Figur doch ähnlich verloren wirkt, wie Hitlers treuester Vasall JOSEPH GOEBBELS. Als typischer „Emporkömmling" macht RUMLER sich gern wichtig. Das repräsentative Alte Schloss hat er seit dem Jahr 1934 zu seinem Wohn- und Amtssitz erkoren. Im obersten Geschoss hat er seine großzügige Wohnung eingerichtet. Er hat keine Kinder, aber eine große Modellbahn in Spur 0 und ein Fasanengehege. Das Schloss ist vielfältiger Treffpunkt der Naziaktivitäten für alle Altersgruppen und den ganzen Landkreis.

Der 10. April 1938 wird auch in WEIDENBERG zu einem ganz besonderen Ereignis hochgepuscht. Den ganzen Tag schon waren die Jugendlichen in HJ und BdM eingespannt als Wahlhelfer für das Hitler-Referendum über die Annektion Österreichs; es war verbunden mit der letzten Reichstagswahl für Hitlerdeutschland. Am Abend dieses aufgeregten Wahltages beobachtet die damals 11-jährige Apothekerstochter MARIANNE um 18:30 Uhr von ihrem Fenster in der Apotheke aus einen unheimlichen Aufzug: Der Weidenberger SA-Trupp formiert sich auf dem Weidenberger Marktplatz. GEORG RUMLER stößt hinzu. Uniformierte SA-Leute treten vor dem Weidenberger Wahllokal an, der damaligen Volksschule am Obermarkt, und besteigen die bereitstehenden Lastwagen, von denen inzwischen mindesten drei oder

---

[82] S.o. den Abschnitt „Rechenexperimente mit Parteigenossen-Zahlen" in dem Kapitel „Seit 1933 sind wir alle nicht mehr normal – Georg Rumler und der Aufstieg der Nazis in Weidenberg von 1929 bis zu ihrem Durchbruch 1933" oben in dieser 3. Folge des Projektes ‚Myrten für Dornen'.

mehr aufgefahren sind. Sie wollen die katholischen Pfarrer von KIRCHENPINGARTEN wegen des unbefriedigenden Wahlergebnisses in der Frankenpfalz mit einer „Demonstration" einschüchtern. Ortsgruppenleiter RUMLER fährt mit dem eigenen Auto dem Konvoi in die Frankenpfalz voraus, der Fabrikant CHRISTIAN SCHILLER und andere Kaufleute haben sich mit ihren Autos angeschlossen. Sie haben viele Sympathisanten und neugierige Weidenberger Bürger in ihrem Schlepptau. Denn in der Frankenpfalz hat HITLER „nur" 84,85% statt der erwarteten 99,9% der Wählerstimmen erhalten, das hat allerhand Aufregung verursacht.

Seit die Weidenberger SA kurz vorher, wie oben schon geschildert, der katholischen Jungfrauenkongregation ihre heilige Fahne weggenommen hatte, weil die Gruppe die Gleichschaltung verweigerte, war die Stimmung in der Frankenpfalz klar nazikritisch. RUMLER hat die Absicht, den katholischen Pfarrer MICHAEL GEIGER und seinen Kaplan ALOIS WINTER zu „verhören". Sie hätten angeblich die Kirchenpingärtner Bevölkerung zur Stimmabgabe gegen HITLER aufgehetzt; damit hätten sie das reichsweit schlechteste Ergebnis dieser Hitlerwahl herbeigeführt

Aber auch von WEIDENBERG war damals bekannt, dass sowohl viele von den Arbeitern, die vor der Machtübernahme der SPD und dem Kommunismus nahe standen, als auch etliche vor allem ältere Mitbürger aus der eher konservativ eingestellten Bevölkerung den Nazis missbilligend gegenüber standen. Man getraut sich zu dieser Zeit aber nicht mehr, sich in der Öffentlichkeit ablehnend zu äußern.

Vielmehr, „halt's Maul, sonst kommst du nach Dachau", so rät man einander hinter vorgehaltener Hand. Vorsicht ist geboten bei Meinungsäußerungen. Denn die wichtigtuerischen örtlichen Nazis drohen Kritikern mit Anzeigen und Verhaftung. Sie wagen in WEIDENBERG allerdings nicht, eine regelrechte Hatz auf Gegner zu machen. Aber es sind im Marktort doch nur verschwindend wenige Bürger, die offen Kritik an den Nazis üben; sie erleben in dieser Zeit böse Verfolgungen.

Naziopfer: *CHRISTIAN DENNERT mit seiner Frau IRMGARD um 1934*

Ortsbekannt ist der Fall des Rechenschieberfabrikanten CHRISTIAN DENNERT. Diese Tragödie bewegt damals auch die Apothekerfamilie SCHÜTZ und viele andere im Ort.

DENNERT war eigentlich von einer deutsch-nationalen Einstellung geprägt. Aber nach seinem Umzug und Neuanfang in WEIDENBERG war er aus Enttäuschung über die mittelstandsfeindliche Politik der Nazis bald in Widerspruch zur NSDAP geraten. Er hatte den berechtigten Eindruck gewonnen, dass sie nicht die kleinen Fabrikanten förderten, sondern um die Gunst der betuchten Großkonzerne buhlten, die ganz andere Spendensummen für die stets klamme Parteikasse der NSDAP überweisen konnten, als die oft winzigen Familienbetriebe.

Früher Tod: *Gemeinsames Klassenbild 1934 mit HILKE DENNERT (vorn li.), MARIANNE SCHÜTZ (oben re.)*

Dennerts Familie wird in dieser Zeit von einer mehrfachen Tragödie betroffen. Ihre drittälteste Tochter HILKE geht zusammen mit der Apothekerstochter MARIANNE in die gleiche Volksschulklasse, und so begegnen sie einander durch Jahre hindurch täglich. Sie sollen auch miteinander konfirmiert werden.

HILKE ist ein ausgesprochenes nettes und hübsches Mädchen, aber seit einer Ohrentzündung leicht schwerhörig. Kurz vor ihrer Konfirmation im Frühjahr 1941 tritt eine erneute Entzündung auf. An den Folgen der unzureichenden medizinischen Behandlung stirbt sie unerwartet. Ihr Tod schockiert die Mitschüler und Mitbürger in WEIDENBERG, die Trauer am Ort ist groß.

Auch trifft ihr Tod die Familie in einer ohnehin schon prekären wirtschaftlichen Situation, die zudem belastet war durch politische Nachstellungen. Auch dieses Geschick von Hilkes Vater CHRISTIAN DENNERT berührt die Menschen außerordentlich. Sein Geschäft ist durch gezielte Benachteiligung von Seiten der Nazis niedergegangen, sodass er schließlich aufgeben muss. Als er im Metallwerk in CREUßEN Arbeit findet, macht er auch dort, wie schon vorher in WEIDENBERG, leichtfertig regimekritische Äußerungen. Er wird von Mitarbeiterinnen denunziert und vom eigenen Chef CARL TABEL bei der Gestapo telefonisch und schriftlich angezeigt. Nach ungünstigen politischen Zeugnissen durch den Weidenberger Polizeiwachtmeister WAGNER und den Ortsgruppenleiter RUMLER wird DENNERT 1943 vor den Volksgerichtshof in BERLIN geschleppt.

Den Menschen offenbart sich seinerzeit ihre ganze Ohnmacht und Hilflosigkeit gegenüber Hitlers Unrechtsregime. Als DENNERT im Zuchthaus TEGEL unter mysteriösen Umständen stirbt, sind die Menschen im Markt WEIDENBERG erschüttert und vereinen sich zu großer Anteilnahme. Sie bedauern seine Ehefrau und seine Familie von ganzem Herzen und fragen, wo sie helfen können. Das entsprechende Kapitel „Jenseits der roten Linie“ in der fünften Folge über die Opfer im Projekt ‚Myrten für Dornen‘ erzählt ausführlich von diesem Skandal der Nazizeit und von der herzlichen Solidarität vieler Weidenberger Mitbürger.

Die Kinder wählen Hitlerjugend und BdM

Die Dennerts gehörten übrigens zu den wenigen Weidenberger Familien, die ihre kritische Einstellung an ihre Kinder weiterzuvermitteln versuchten. So durften die vier Kinder dieser Familie nicht den überall erwarteten „Hitlergruß“ anwenden. Allerdings erlaubten die Eltern ihnen immerhin, an Veranstaltungen von HJ und BdM teilzunehmen, um den Kinder die Sorge zu nehmen, sich als Außenseiter zu fühlen.

Führer bei HJ und BdM:
HERMANN und MARIANNE SCHÜTZ 1943

Ohnehin war die Teilnahme an den Gruppen dieser Staatsjugend für alle Kinder und Jugendliche von 10-18 Jahren verpflichtend, Per „Gesetz über die Hitlerjugend“ vom 1. Dezember 1936 und mit den Ergänzungsbestimmungen von 1939 war „die gesamte deutsche Jugend innerhalb des Reichsgebietes ... in der Hitlerjugend zusammengefasst“. Sie sollte dort nun „körperlich, geistig und sittlich im Geiste des Nationalsozialismus zum Dienst am Volk und zur Volksgemeinschaft“ erzogen und „auf ihre künftigen Pflichten vorbereitet“ werden.

Trotz dieses Gesetzes gab es in WEIDENBERG auch andere Familien, die dem Nazi-System damals ebenfalls reserviert gegenüber standen und ihren Kindern die Mitgliedschaft in der Nazijugend verboten. Soweit bekannt, mussten die betreffenden Kinder dafür aber keine offiziellen Benachteiligungen in der Schule oder durch eine andere Stelle in Kauf nehmen. Natürlich verstanden die Kinder die Haltung ihrer Eltern nicht. Sie beneideten die Kinder, die zu den Treffen der Hitlerjugend hingehen durften und fühlten sich dann tatsächlich als Außenseiter.

Trotz der gesetzlichen Verpflichtung empfanden viele Jugendliche ihre Teilnahme beim „Jungvolk“ bzw. bei den „Jungmädeln“ der Hitlerjugend als freiwillig. Die Mitgliedschaft war bei den meisten Jugendlichen zu dieser Zeit „in“. Denn sie bot ihnen die Chance, sich wenigstens stunden- oder tageweise der Mitarbeit im familiären Betrieb bzw. der Landwirtschaft zu entziehen. Als die Apothekerskinder HERRMANN und MARIANNE SCHÜTZ sich in ihrer typischen naiven Jugendbegeisterung den starken Einflüssen dieser Nazijugend öffneten, wollten die Eltern ihnen auch keine Steine in den Weg legen. Und so erlaubten sie beiden, dass sie sich der Hitlerjugend zunächst an ihrem Gymnasialort BAYREUTH anschlossen.

Der junge HERRMANN hatte aufgrund seiner offenen Art und seiner vielseitigen Begabungen einen guten Draht zu anderen Gleichaltrigen und Jüngeren. Er übernahm in WEIDENBERG bald die Führung der HJ und wurde zum Idol vieler Pimpfe im Jungvolk und vieler Hitlerjungen in der Weidenberger HJ-Gefolgschaft. MARIANNE ließ sich von der Begeisterung ihres großen Bruders anstecken, weil sie ihn mochte und schätzte, und versah auch selbst bald Führungsaufgaben: Sie übernahm als 15-Jährige die Leitung einer Jungmädelschaft für 10-14-jährige Mädchen.

Bis 1943 auch HJ-Fähnleinführer:
HERMANN SCHÜTZ, 1944 verwundet

Die Kinder und Jugendlichen damals waren mit Begeisterung bei der Sache. Das hing aber nicht mit der eher als trocken und als abstoßend empfundenen Ideologie der Nazis zusammen. Vielmehr ließen sie sich gern täuschen, weil begeisternde Elemente von der verbotenen „bündischen Jugendarbeit“ übernommen wurden. Diese Jugendbewegung hatte die Jugend schon seit der Wende zum 20. Jahrhundert und dann auch nach dem Ersten Weltkrieg mit ihren typischen erlebnispädagogischen Bausteinen in ihren Bann gezogen. Geländespiel, Fahrt, Lager, Lieder, besondere Kleidung und Symbole waren ihre Markenzeichen. BALDUR VON SCHIRACH, Hitlers „Jugendführer“, hatte die Methode den alten Bünden weggenommen und der Hitlerjugend trotz vieler unfähiger eigener Führer als Monopol übertragen.

Auch erkannten die Hitlerjungen nicht den schamlosen Missbrauch ihrer Begeisterung für zukünftige Kriegszwecke. „Kraft und Zähigkeit", die nach dem HJ-Programm bei den Jungen gefördert werden sollten, entzündeten schon altersbedingt die Bubenherzen, so als ginge es nur um ein Online-Rollenspiel wie etwa „guildwar" heute und nicht um realen Krieg. Nicht einmal dann, als ihr Idol HERMANN SCHÜTZ wirklich als Soldat eingezogen wurde und beim Heimaturlaub eine schlimme Augenverletzung mitbrachte, ging den Kindern ein Licht auf.

Von der HJ zur SS: *HERMANN SCHÜTZ als 20-Jähriger Sturmmann* 1944

Nach dem Krieg bescheinigte dann die Spruchkammer Bayreuth-Land diesem jungen Mann im schriftlichen Verfahren, dass er unter die „Jugendamnestie" falle, ohne ihn zu fragen, ob er eine solche Amnestie überhaupt wolle. Zwar hielt man ihm vor, er sei jahrelang in Nazi-Organisationen aktiv gewesen. So sei er seit seinem 10. Lebensjahr bei der Hitlerjugend und dort von 16-18 Jahren Fähnleinführer gewesen. Auch habe er seit Oktober 1943 bis Kriegsende dann als Sturmmann bei Hitlers Waffen-SS gedient. Gleichzeitig sei er auch Mitglied der NSDAP gewesen. Er sei, wie so viele andere seiner Generation, zwar persönlich überzeugt gewesen, aber andererseits auch gedankenlos ins Nazi-System verstrickt worden, weil er von Kindheit an hineingewachsen war. Wegen seiner Jugend sei er dafür nicht weiter zu bestrafen.

Es war der amerikanische General LUCIUS D. CLAY, der Stellvertreter von General DWIGHT D. EISENHOWER, welcher der deutschen Jugend in ihrer Gesamtheit diese politische Unmündigkeit bescheinigte. Wer nach dem 1. Januar 1919 geboren sei, trüge keine Mitschuld an den Verbrechen der Nationalsozialisten, so ließ er im Jahr 1946 großzügig allen Deutschen in der amerikanischen Besatzungszone verkünden. Auf diese Weise sollten die Spruchkammern entlastet werden. Sie hatten nun auf einen Schlag viele Tausende Fälle weniger zu bearbeiten.

Trotzdem ist zumindest eine Zugehörigkeit doch auffällig: die von der Spruchkammer festgestellte Meldung von HERMANN SCHÜTZ zur Waffen-SS. Sie war eine aus

Überzeugung getroffene freiwillige Entscheidung und dürfte damit noch eindeutiger zu beurteilen sein, wie die Entscheidung des Dichter GÜNTER GRASS, der schon als 17-Jähriger 1944 zur Waffen-SS kam. GRASS bekennt, dass er diese Einheit, die wegen ihrer Härte und Rücksichtslosigkeit beim Gegner gefürchtet war, damals in seinem jugendlichen Überschwang als „Elite" angesehen habe; aber im Nachhinein sei er dankbar gewesen, nicht in Unrecht- oder Tötungsaktionen hineingezogen worden zu sein. Viele Freunde und Kollegen von GRASS zeigten Verständnis, kritisierten aber, dass er mit seinem literarischen Werk und seiner Person den Anspruch einer moralischen Institution aufgebaut habe, zugleich mit diesem Geständnis aber zu lange hinter dem Berge gehalten habe. Die Ehrenbürgerwürde der Stadt DANZIG blieb ihm trotz manchen Gegenstimmen erhalten.

Auch dem Ruf von SCHÜTZ tat seine Zugehörigkeit zur Waffen-SS, die ja in WEIDENBERG bekannt war, keinen Abbruch. Aus diesem Marktort waren ja auch andere Männer bei der SS, darunter zum Leidwesen der Familie des Naziopfers CHRISTIAN DENNERT auch dessen ältester Sohn, der damit in einen bewussten Gegensatz zur bekannten nazikritischen Einstellung seiner Familie trat. Aus einer anderen Weidenberger Familie stammt ein namentlich bekanntes Mitglied der „schwarzen SS". Der Mann tat sogar Dienst im Konzentrationslager DACHAU.

Die Mädchen in der Weidenberger Jungmädel-Gruppen dachten weniger radikal, sondern mehr pragmatisch. Zwar waren auch sie voll von der Person Hitlers überzeugt, aber weniger von der Nazi-Ideologie. Sie waren vielmehr froh, dem häuslichen Zwang zur Mitarbeit in Haus und Hof entronnen zu sein und bauten oft eine verschworene eigene alterstypische Jungmädchenwelt auf, in der ihnen die offizielle Heilslehre der Nazis ziemlich egal war. Bei den Heimabenden im Alten Schloss wurde viel gebastelt, gespielt und gesungen; und es wurde fröhlich und naiv geübt, dem zukünftigen Ehemann als dem kriegerischen Helden ein behagliches Heim einzurichten. Aber vor allem durften die Mädchen unter ihresgleichen sein, ohne dass Erwachsene Aufsicht ausübten oder Ansprüche stellten – das zog!

Auch erschien den jungen Mädchen manches, was die obere Führung der Hitlerjugend ideologisch zu vermitteln versuchte, als zu dick aufgetragen. So erregte es nur Kopfschütteln oder Heiterkeit, wenn sie z.B. lernen sollten, dass nicht nur der Mann, sondern *„auch die deutsche Frau ihr Schlachtfeld"* hat, wie es HITLER im Jahr 1935 beim Frauenkongress in NÜRNBERG verkündet hatte. Sie verstanden auch nicht, wieso eine Frau *„mit jedem Kind, das sie der Nation zur Welt bringt, … sie ihren Kampf für die Nation"* kämpft.

Ganz schrecklich und bedrückend empfanden aber einige Mädchen die Propagandafilme, die sie sich in WEIDENBERG in Gebhardts Kino anschauen mussten; mit

Zerrbildern wie „Jud Süß“ sollten sie zu Antisemitismus und menschlichen Vorurteilen erzogen werden, doch bewirkte das erzwungene Anschauen in diesen jungen Mädchen oft nur das Gegenteil, nämlich Mitgefühl.

Gottesdienst und Kundendienst

Dass man sich trotz aller Beeinflussung auch in der Nazizeit treu zur Kirche hielt, war für die Bevölkerung und die meisten Honoratioren im Markt WEIDENBERG seinerzeit noch selbstverständlich; die Kirche war eine Bastion. Und auch wenn dieses Faktum in den einzelnen Folgen des Projektes ‚Myrten für Dornen‘ aus methodischen Gründen wiederholt zur Sprache kommt, so verdient es doch Beachtung hinsichtlich der damals noch selbstverständlichen Kirchlichkeit: Der Ortsgruppenleiter war wirklich der *einzige gebürtige* Weidenberger, der sich zum Leidwesen seiner Familie damals von der Evangelischen Kirche distanzierte und dann im Krieg auch austrat; mit ihm solidarisierte sich seine Ehefrau, die eine Woche später am 28. Juli 1941 die Röm.-kath. Kirche verließ. GEORG RUMLER hielt bis an sein Lebensende an seinem Trotz fest, auch in dieser Hinsicht ein einmaliges Beispiel in WEIDENBERG.

Der Apotheker GUSTAV SCHÜTZ dagegen hält seinerzeit sonntags seine ganze Familie zum Gottesdienstbesuch an. Meist geht er auch selber mit. Die Familie SCHÜTZ hat ihren Stammplatz auf der Empore unter der Orgel. Das ist zu der Zeit immer noch ein privilegierter Platz. Denn an dieser Stelle waren in der spätgotischen Michaelskirche und auch in ihrem ersten Nachfolgebau von 1717-23 die ersten Adelslogen eingerichtet worden, um die dann ein skurriler Streit zwischen den örtlichen Reichsrittern und den Amtsleuten der Markgrafen entbrannt war.[83] Nach den Adligen hatten die bestverdienenden Geschäftsleute des Marktortes diese Plätze übernommen.

Nazi-Pfarrer mit Schmiss und Hitlerbärtchen: *THEODOR HOFFMANN*

Seine Zugehörigkeit zur NSDAP ist für den Kirchgang des Apothekers kein Hinderungsgrund. Denn die Partei betont ihre religiöse Einstellung und hat unter ihren Mitgliedern auch manche Pfarrer. Obwohl GUSTAV SCHÜTZ die leidenschaftlichen Predigten von Pfarrer REDENBACHER besonders schätzt, will er, dass die Familienmitglie-

[83] Vergl. den Abschnitt „Eine Posse zwischen Markgraf und Reichsrittern im Streit um die Adelslogen 1729“ in der 2. Folge des Projektes ‚Myrten für Dornen‘:„Licht und Schatten der neuen Zeit ...“, S. 156 ff.

der auch an solchen Gottesdiensten teilnehmen, die der hitlertreue D.C.-Pfarrer THEODOR HOFFMANN leitet.

HOFFMANN ist seit dem Jahr 1933 Inhaber der I. Weidenberger Pfarrstelle. Er betätigt sich zugleich ohne Auftrag seiner Kirche und gegen den Willen seines Landesbischofs HANS MEISER im ganzen Bayreuther Raum als Initiator der hitlerhörigen „Deutschen Christen“ (DC). HOFFMANN ist auch von Anfang an Mitglied des Nationalsozialistischen Evangelischen Pfarrerbundes NSEP und der Weidenberger SA. Im Jahr 1935 wird er dann auch Mitglied der Nazipartei, nachdem diese ihren Aufnahmestopp gelockert hat, den sie aus Angst vor Verwässerung ihrer Ideen zwischenzeitlich verhängt hatte.

Doch von Hoffmanns Predigten sind die Familienmitglieder eher enttäuscht. „Das ist doch kein richtiger Pfarrer“, sagen damals die Leute. Seine Predigten gingen mehr über die Natur als über die Bibel, erinnert sich MARIANNE SCHÜTZ. Von unmittelbarer Nazi-Ideologie fällt ihnen aber im Gottesdienst nichts auf.

HOFFMANN versteht es, seine HITLER preisende Botschaft geschickt hinter scheinbar lutherischen und frommen Vokabeln zu tarnen. In seinen Zeitungskolumnen wird er aber damals deutlicher, da vergleicht er HITLER mit LUTHER und sogar mit JESUS. Aber diese Zeitungen liest in WEIDENBERG kaum jemand.

Auch wenn nicht die Rede davon sein kann, dass WEIDENBERG eine „Bekenntnisgemeinde“ ist, wie es etliche andere lutherische Gemeinden im Bayreuther Raum vorleben – z.B. praktiziert das benachbarte EMTMANNSBERG damals eine bewusste D.C.-Gegnerschaft –, so ist doch am Marktort der Gottesdienst spürbar besser besucht, wenn Pfarrer REDENBACHER predigt, als wenn Pfarrer HOFFMANN an der Reihe ist. Anders auch als die evangelische Kirchengemeinde in CREUßEN, die bis zur Ankunft des mutigen Pfarrers ERNST ROHMER im Jahr 1935 als hitlerfanatische Gemeinde gilt und erst dann eine Kehrtwende vollzieht, ist WEIDENBERG eher typisch fränkisch, eben bedächtig abwartend und enttäuscht, wenn einer menschlich nicht Stich hält.

So reagieren nicht nur viele D.C.-Mitglieder im Bayreuther Land enttäuscht, sondern auch manche Weidenberger Bürger sind ernüchtert, als HOFFMANN nach dem Höhepunkt des Kirchenkampfes 1937/38 resigniert die Mission für die „Deutschen Christen“ aufgibt. Sie haben sich gegenüber diesem Pfarrer als Seelsorger, der er durchaus auch war, geöffnet, weil sie das Amt des Geistlichen achteten, und sie entdecken ihn nun als Schwächling und substanzlosen Verführer. Hoffmanns Bewegung der „Deutschen Christen“ verliert jeden klaren Kurs und zerfällt bereits im Jahr 1938. Seine Anhänger unter den „Alten Kämpfern“ in WEIDENBERG treten aus dieser innerkirchlichen Sekte bewusst wieder aus. Kurze Zeit später verlässt HOFF-

MANN die Gemeinde ganz und meldet sich erneut zum Militär, das ihm bereits im Ersten Weltkrieg als Zufluchtsort in einer unübersichtlichen Situation seines Lebens dienen musste.

Noch mehr enttäuscht sind die Weidenberger, als sie nachträglich erfahren, dass HOFFMANN im Jahr 1943 nach seinem endgültigen Weggang von WEIDENBERG nach HERSBRUCK zusammen mit seiner Frau ganz aus der lutherischen Kirche ausgetreten ist. Diesen Schritt hat der ältere der beiden Söhne Hoffmanns, OTTO, im gleichen Jahr 1943, aber schon einige Zeit vor dem Entschluss seiner Eltern, noch in WEIDENBERG vollzogen. Der Weidenberger Kirchenvorstand hatte nach dem Krieg seinem treulosen Pfarrer zwar goldene Brücken gebaut, indem er der Landeskirche gegenüber für Hoffmanns Wiederaufnahme als Geistlicher eingetreten war. Doch die vom Landeskirchenrat verlangte „Probezeit" erschien HOFFMANN zu ehrenrührig. Er ließ sich verblüffenderweise von der katholischen Kirche anwerben, die er in seiner Weidenberger Zeit noch bekämpft hatte, und arbeitete bis zu seinem Ruhestand als katholischer Religionslehrer im Raum NÜRNBERG.

Apotheker SCHÜTZ hört sich also damals noch salomonisch die Predigten beider Pfarrer an. Doch er verschwindet oft vor dem letzten Segen, und alle wissen auch, warum. Denn nach dem Gottesdienstbesuch sollen die Menschen, die von auswärts von den Dörfern kommen, die Apotheke offen vorfinden; so können sie sich in der arbeitsreichen Woche den Weg nach WEIDENBERG sparen. Dieser damalige spezielle Kundendienst erinnert ein bisschen an den heutigen „Sonntagsdienst der Apotheken". Irgendwie empfindet man es heute immer noch als selbstverständlich, dass man in seiner Nähe auch am Wochenende eine geöffnete Apotheke vorfindet.

Apothekers Feierabend

Aber wenn die Apotheke dann nach dem letzten Kunden am Sonntag geschlossen wird, dann nehmen sich die Apothekersleut‘ auch Zeit für die Familie. Wie auch unter der Woche in der Mittagspause, so lockt insbesondere am Sonntag die wärmende Sonne zu einer Ruhepause

Verdiente Ruhezeit: *Familie SCHÜTZ auf der sonnigen Bank vor der Apotheke am Obermarkt im Jahr 1941*

Wanderziel Frankenpfalz um Weidenberg: *Apothekerfamilie SCHÜTZ mit Tochter MARIANNE beim Ausflug um 1944*

auf der Bank vor der Apotheke. Und nach dem ausgiebigen Mittagessen am Sonntag brechen die Eltern und die beiden Kinder oft zu ausgiebigen Spaziergängen in der reizvollen Landschaft ringsum WEIDENBERG auf.

Die Apothekerstochter MARIANNE wundert sich im Nachhinein ein bisschen über die Wanderziele: Seltsamerweise haben die Wege der Familie nie ins hohe Fichtelgebirge geführt, z.B. zum Ochsenkopf, Bleamlalm oder Nusshart, alles Ziele, die doch für viele heute beim Wandern im Fichtelgebirge ein Muss sind. Doch es gibt ja auch im Vorraum des Fichtelgebirges eine Menge zu entdecken. Nicht zufällig rechnet sich WEIDENBERG mit seinen Dörfern und Weilern zur angrenzenden Frankenpfalz, der „Riviera des Fichtelgebirges“, die viel Sonne und wunderbare Aussichten bietet.

Mit Recht bemühen sich ja damals die weitsichtigen Bürger im Weidenberger Verschönerungsverein unter Leitung ihres ersten Vorsitzenden Pfarrer REDENBACHER, diese Vorzüge ihrer Heimat werbewirksam in Fremdenverkehrsprospekten anzupreisen. Schon vom Kulm direkt oberhalb von WEIDENBERG oder von der Bocksleite genießt man ein erhabenes Panorama mit freiem Ausblick, den das eigentliche Hohe Fichtelgebirge wegen der dichten Nadelwälder ja eher an nur wenigen Stellen bietet.

Daneben besitzt die Apothekerfamilie zu dieser Zeit in der „Hohen Leite" auch ihren Apotheker-Garten. Er beherbergt seltene Pflanzen aller Art. Ob sie aus diesen Pflanzen oder den Wurzeln oder Früchten Arzneien herstellten, ist nicht überliefert, doch vorstellbar.

Und wie gestalteten die Apothekersleut‘ seinerzeit ihren Abend? Dieser verläuft anders als heute, wo Vater und Mutter vor dem Fernseher hocken und die Kinder in ihrem Zimmer verschwinden, um dort ungestört ihren Chat im Internet oder ihre persönlichen Twitter- oder Facebook-Kontakte zu pflegen: Damals sitzt die Familie

„Himmel und Erde müssen vergehn“: *Weidenberger Gesangverein 1944, viele Männer fehlen; manche Frauen trauern um verlorene Männer und Söhne*

noch zu gemeinsamem Tun vereint zusammen. Besonders erinnert sich MARIANNE, dass dann oft miteinander gesungen wurde, vor allem Volkslieder.

Vater GUSTAV selbst war ein aktives Mitglied im Weidenberger Gesangverein. Und dem gemeinsamen Gesang kam in den belastenden Erfahrungen der Kriegszeit und der verbreiteten Trauer um die gefallenen Männer große Bedeutung zu. Viele Witwen kamen schwarz gekleidet zu den Übungsabenden und ließen sich durch den gemeinsamen Gesang doch animieren, den Kopf wieder zu heben:

„Himmel und Erde müssen vergehn, aber die Musica bleibet bestehn“.

Bei so trostreicher Wirkung der Musik ist es auch kein Wunder, dass alle Mitglieder der Apothekerfamilie SCHÜTZ von der Musik geprägt sind und an ihrer Ausübung bis heute ihre Freude haben. Manches haben sie z.B. an der Kirchenmusikschule professionell geübt; und so beteiligen sie sich musikalisch aktiv am Geschehen in ihrem Wohnort und in ihrer jeweiligen Kirchengemeinde.

Ein gastfreies Haus für Jung und Alt

Auf Flucht vor den Bomben: *„Kinderlandverschickung" 1943/44*

In der Apotheke war immer etwas los. Meist waren auch Gäste von auswärts im Haus. Gastfreundschaft wurde damals als selbstverständlich betrachtet und gehegt. In den sich anbahnenden Kriegsereignissen wurde solche Gastfreundschaft auch zunehmend erwartet. Seit das ursprüngliche Neorenaissance-Haus im Jahr 1937 ein barock anmutendes Mansard-Doppelgeschoss bekommen hatte, gab es in der Apotheke genug Platz.

So erinnerte sich MARIANNE, dass Familie SCHÜTZ auch Kinder aus der „Kinderlandverschickung" aufnahm. Unter dieser Bezeichnung waren bereits seit Ende des 19. Jahrhunderts bedürftige und gesundheitlich gefährdete Stadtkinder zu Erholungsaufenthalten zu Pflegestellen aufs Land geschickt worden. Solche Erholungsmaßnahmen dauerten anfangs aber meist nicht länger als drei Wochen und wurden bis zur Machtübernahme der Nazis von den klassischen Wohlfahrtsverbänden wie Diakonie oder Caritas organisiert. Seit Mai 1933 drängte sich zunehmend die „Nationalsozialistische Volkswohlfahrt" NSV in diese Aufgaben hinein.

Als dann aber im Zweiten Weltkrieg immer mehr Bomben auf deutsche Städte fielen, ordnete ADOLF HITLER im Jahr 1940 die sg. „erweiterte Kinderlandverschickung" an. Nun ging es weniger um Erholung, als um Sicherheit: Familien in den besonders gefährdeten Großstädten sollten ihre Kinder zu fremden Familien auf dem Land schicken.

Ganze Schulklassen mit ihren Lehrern wurden so aufs Land verbracht. Die Kinder verweilten nun länger und hatten dann in der Fremde auch regulären Schulunterricht. Manche Kinder blieben sogar über mehrere Jahre und schlossen neue

Freundschaften; einzelne, besonders Halb- und Vollwaisen, blieben auch für immer und fanden in der Fremde neue Familien.[84]

Als die Zerstörungen in HAMBURG, KÖLN und vielen anderen Städten immer gewaltigere Ausmaße annahmen, kamen die Kinder in „Lager", das waren größere Sammeleinrichtungen, die meist in bestehenden festen Gebäuden, vielfach Gaststätten und Dorfschulen, eingerichtet wurden. Lagerleiter waren Lehrer, die auch für den Unterricht verantwortlich waren. Aber die Organisation und die außerschulische Betreuung oblagen der Hitlerjugend.

Diese Hitlerjungen waren häufig Oberschüler im Alter von 17 oder 18 Jahren, die für drei bis vier Monate von ihrer Stammschule abgeordnet und in einem zweiwöchigen Kurs auf ihre Aufgabe vorbereitet wurden. Sie regelten den Tagesablauf der Kinder vom Flaggenappell bis zum Zapfenstreich. Das gab der HJ die Möglichkeit, die Kinder gezielt zu indoktrinieren. Viele Eltern wollten das nicht und leisteten trotz der Gefährdung durch Bomben passiven Widerstand; denn sie befürchteten, dass die Kinder ohne die Hilfe ihrer Eltern dem ungehemmten ideologischen Einfluss des Regimes ausgesetzt waren. Der Propagandaaufwand an Vorträgen, Filmen, Büchern oder Plakaten, den die Nazis treiben mussten, um die Eltern zu überreden, war deshalb enorm.

Bis Kriegsende wurden so rund drei Millionen Mädchen und Jungen fern von ihren Familien untergebracht. – Die Kinder, die in der Weidenberger Apotheke Aufnahme fanden, mussten freilich solche Kasernierung und Indoktrinierung nicht fürchten, sie erlebten Familienanschluss und persönliche Zuwendung.

Diese kleinen Gäste waren nicht die einzigen, die in diesem schönen großen Haus am Obermarkt Zuflucht fanden. Zu den Kinderland-Kindern kamen mit dem fortschreitenden Bombenkrieg auch noch Kinder oder ganze Familien, die z.B. in KÖLN ausgebombt waren. Viele Bombengeschädigte mussten auch über das Kriegsende hinaus in WEIDENBERG bleiben und abwarten, wie es weitergeht. Der oben bei der Tätigkeit des Arztes geschilderte tragische Fall der 35-jährigen Ehefrau des „Klosterfrau-Melissengeist"-Chefs, die sich in WEIDENBERG am 30. September 1945 aus Gram um den Seitensprung ihres Ehemannes das Leben nahm, bewegte damals jeden.

Dramatische Erlebnisse zu Kriegsende

Auch MARIANNE erlebt in diesen chaotischen Jahren um das Kriegsende dramatische Situationen. Einmal, es ist schon nachts und die Kinder schlafen eigentlich schon, sieht sie mit Schrecken, wie ein Junge aus einer solchen Gastfamilie auf das

---

[84] Vergl. zu diesem Themenkomplex auch das Kapitel „Ferien ohne Heimkehr – Gestrandet bei der Kinderlandverschickung" in der 6. Folge des Projektes ‚Myrten für Dornen'.

Fensterbrett klettert. Entsetzt springt sie hinzu und packt den Jungen. Sie hat größte Angst, dass er sich auch das Gleiche antun könnte, wie die bekümmerte Kölnerin. Nachher stellt sich heraus, dass der Junge „mondsüchtig" war. MARIANNE ist erleichtert, dass nichts passiert ist.

Vor dem Einschmelzen bewahrt: *Weidenberger Glocken 1944*

Zu Beginn des strengen Winters 1943/44 beobachtet MARIANNE entsetzt, dass die drei Glocken vom Turm der Michaelskirche geholt und vor dem Brunnen am Obermarkt gegenüber der Apotheke aufgestellt werden. MARIANNE fotografiert das verstummte Geläut im Schnee. Sie ist besorgt, denn sie hat gehört, die Glocken sollen wegen ihres kriegswichtigen Metalls eingeschmolzen werden. Tatsächlich wurden diese Glocken dann auch wirklich abtransportiert. Wunderbarerweise entgingen sie aber ihrem drohenden Schicksal. Der ehemalige Ziegeleibesitzer KIEẞLING fährt nach Kriegsende mit seinem Lastwagen nach HAMBURG und findet die drei Weidenberger Glocken unversehrt auf dem „Glockenfriedhof" wieder.

Auch der Bombenkrieg wirft seine Schatten über WEIDENBERG. Am Sonntag, dem 11. April 1945, war die Bezirkshauptstadt BAYREUTH erneut von den Alliierten bombardiert worden, weil sie dort Rüstungsindustrie vermuteten. Z.B. wurden in den Räumen der alten Spinnerei in der Nordstadt „sehende Bomben" entwickelt, die ähnlich wie Marschflugkörper ihr Ziel mittels Fernsehübertragung erreichen sollten. Der Erbe des Festspielimperiums vom Grünen Hügel und Günstling Hitlers, WIELAND WAGNER, war hierhin abgeordnet und konnte dem Kriegsdienst so entgehen.

Über 1.000 Menschen werden bei diesem Bombardement auf BAYREUTH getötet, Zehntausende verwundet. In der Stadt werden alle Lazarette aus Sorge vor neuen Angriffen geräumt, die Leute sollen, auch wenn sie noch so hilflos sind, zu auswärtigen Verwandten gebracht werden.

MARIANNE sieht, „alles löst sich auf". Im ersten Stock der Weidenberger Schule ist ein Not-Lazarett eingerichtet. Viele Hilfesuchende kommen auch zur Weidenberger Apotheke. MARIANNE hilft mit, Verletzte mit Verbänden und Lebensmitteln zu versorgen. An anderen Tagen steht sie an einem Verkaufsstand und teilt Essen aus.

Am 14. April 1945 dringen die Amerikaner nach WEIDENBERG vor. Auch an diesem Tag steht MARIANNE zusammen mit ELI GERMAN aus HAMBURG wieder in BdM-Uniform an der „Gulaschkanone“ am Untermarkt. ELI ist aus der bombenzerstörten Stadt mit ihrer Familie nach WEIDENBERG evakuiert worden und nun im Ersten Pfarrhaus untergebracht, das seit dem Auszug von Pfarrer HOFFMANN und seiner Familie leer steht. Denn der neu ernannte I. Pfarrer HELLMUT HEIM will vorerst seine bisherige Pfarrstelle in CHAM nicht verlassen, um seine „u.k.-Stellung“ nicht zu verlieren, die ihn vom Wehrdienst befreit.

Es ist schon gegen Abend. Ein Motorradmelder kommt vom Obermarkt herunter und schreit: „Hinter uns kommen die Amis, alle sollen von der Straße verschwinden.“

MARIANNE ist erschrocken. Wieso kommen die Amerikaner von Süden her, von SEYBOTHENREUTH, und nicht von Westen, von BAYREUTH, wie alle erwarteten? Der fanatische Ortsgruppenleiter RUMLER verkündet Durchhalteparolen und predigt immer noch den Endsieg. Wird es am Obermarkt, womöglich an MARIANNES Elternhaus, zu einem Blutvergießen kommen?

Über ein Nebengässle erreicht sie atemlos den Platz vor der Schule. Hier haben flüchtende deutsche Soldaten ihr Gepäck achtlos hingeschmissen. Da mahlen und klirren die Ketten der amerikanischen Panzer von der Oberen Marktstraße herab. Die Panzerkommandanten haben offenbar das aufgeschlichtete Gepäck gesehen und vermuten, dass die deutschen Soldaten sich hier versteckt halten. Eine Maschinengewehr-Salve trifft das Gepäck, es beginnt sofort zu brennen. Das Feuer des Panzers trifft auch die Fassade der Apotheke, Sandstein splittert, Fenster gehen zu Bruch.

Kriegsspuren: *Panzer-MG-Einschläge an der Apothekenecke*

Die Apotheke ist an diesem Tag voll mit fremden Leuten, insbesondere Evakuierten. Die Sache hätte für alle schlimm ausgehen können, sie waren ja dem Beschuss durch die Maschinengewehre der Panzer direkt ausgesetzt. Doch niemand wird in dieser dramatischen Situation getötet oder schwer verletzt. Alle sind glimpflich davongekommen. Mit nassen Tüchern löschen die Anwohner die Gepäckstücke auf dem Marktplatz.

Die Einschläge in der Sandsteinfassade am Eck der Apotheke sind noch heute sichtbar. Sie erinnern an das Kriegsende, das für WEIDENBERG bereits mit diesem Abend des 14. April 1945 begann, gut drei Wochen, bevor endlich auch im übrigen Deutschland die Waffen schwiegen.

Den Amerikanern gefällt das hübsche Apothekenhaus, das sie eben beschossen haben. Sie konfiszierten es gleich am nächsten Tag trotz der zerborstenen Fenster. Im ersten Stockwerk richten sie dann ein Nest für ihre deutschen Liebchen ein. Es sind nicht wenige Frauen, die damals überraschend schnell zur Stelle sind und sich den Siegern anbieten, im Tausch von Liebe gegen Zigaretten oder Nylonstrümpfe.

Großes Abenteuer für kleine Buben: *Weidenberger Jungen 1945 auf amerikanischem Armeelastwagen*

Besonders die Kinder erleben aber die Anwesenheit der Amerikaner wie ein großes Abenteuerspiel. Die Buben dürfen auf den offenen Lastwagen mitfahren und die Zelte der Soldaten besuchen. Sie bekommen Bonbons und Kaugummi geschenkt. So verlieren sie rasch jede Furcht vor den Fremden.

Für alle Weidenberger wird aber nun abends eine Sperrstunde verhängt, das heißt, ab einem gewissen Zeitpunkt darf abends niemand mehr auf die Straße hinaus. Doch in ihrer Zeit als BdM-Mädchen hat MARIANNE auch eine Schwesternausbildung gemacht. Mit ihrer Schwesterntracht darf sie unbehelligt nach der Sperrstunde hinaus. So kann sie die Kranken und Evakuierten mit Essen versorgen. Auch der Vater GUSTAV ist in der von den Amerikanern besetzten Apotheke geblieben, er unterstützt die Hilfsaktion. Es gab damals viele, die den Bedürftigen halfen.

„I am a Jew"

Überhaupt spielte sich auch jetzt nach der amerikanischen Besetzung immer wieder alles in der Apotheke am Obermarkt ab. Die Angst vor dem Gegner hatte sich rasch gelegt.

Doch einmal noch hat sich MARIANNE wirklich gefürchtet. Denn diese weit vorgeschobene Einheit des berühmten Generals PATTON zog zwar bald zu weiteren Vorstößen in Richtung Böhmen aus WEIDENBERG in die Frankenpfalz ab, kam aber zweimal zurück. Die Amerikaner befürchteten nämlich einen gefährlichen Gegenstoß von deutschen Truppen aus dem Raum Fichtelgebirge–Steinwald, der aber zum Glück ausblieb. Die Kampfkraft der Deutschen war erloschen. Nur einzelne Fanatiker insbesondere unter den SS-Leuten leisteten jetzt noch bewaffneten Widerstand oder bauten Barrikaden. Da kam es zu einem weiteren Zwischenfall, der böse hätte enden können.

Brachte sich selbst in Lebensgefahr:
Hitlerjunge HANS RABENSTEIN

Der Hitlerjunge HANS RABENSTEIN war in diesen Tagen gerade 16 Jahre alt geworden; wegen der vielen Tieffliegerangriffe hatte die Leitung seines Ausbildungsplatzes, die Fliegerschule BINDLACH, ihn und seine Alterskameraden nach Hause geschickt. Doch HANS hatte noch seine HJ-Uniform an. Als er das Rattern der Panzerketten hörte, bekam er Angst. Er fürchtete, die Amerikaner könnten ihn als Nazi verhaften oder erschießen. So hatte er sich spontan einigen fliehenden SS-Soldaten angeschlossen. Diese hatten versucht, sich in Richtung HAHNENGRÜN zurückziehen. Da hatte ihn von Weitem ein amerikanisches Panzergeschoss getroffen und lebensgefährlich verletzt. Unter größten Vorsichtsmaßnahmen hatte man ihn zum Doktor schleppen können. Nur eine Notoperation hatte ihn retten können. Jeder in WEIDENBERG wusste von diesem unglücklichen Beschuss und machte sich jetzt Sorgen ums eigene Leben.

Da kommt einer der amerikanischen Offiziere zur Apotheke. Er suche den Pfarrer, sagt er auf Amerikanisch. Weil GUSTAV SCHÜTZ auf die schulischen Englischkenntnisse seiner Tochter vertraut, schickt er sie hinaus auf den Marktplatz, sie solle mit dem Offizier sprechen und ihn zum Pfarrer hinführen.

MARIANNE kennt natürlich Pfarrer Redenbachers Haus. Das II. Pfarrhaus liegt etwas zurückgesetzt von der Oberen Marktstraße unterhalb des alten Schlosses am Pfarrgässchen. Hier hatte sie ja fünf Jahre zuvor ihren Konfirmandenunterricht er-

Läuterung durch Begegnung mit einem Juden: *BdM Mädchen MARIANNE mit Freundin ELI GERMAN*

lebt, sie hatte des Pfarrers Schmetterlingssammlungen bewundert und auch seine Seidenraupen gefüttert.

Viele neugierige Weidenberger sehen nun diesen amerikanischen Offizier mit MARIANNE von der Apotheke kommen. Alles, was die Amerikaner in diesen Tagen tun, bedeutet für die Bevölkerung ein Spektakel, sie verfolgen es mit Vorliebe von ihrem sicheren Fenster aus. Als sie die Apothekerstochter mit dem Amerikaner sehen, befürchten sie das Schlimmste, denn allen ist ja Mariannes Vergangenheit als BdM-Führerin bekannt: „Jetzt haben sie das Mädchen geschnappt!", denkt jeder und malt sich die Bestrafung aus. Auch MARIANNE selbst geht es nicht anders.

Schweigend schreitet der groß gewachsene und gut aussehende amerikanische Offizier mit der 18-jährigen MARIANNE über den Marktplatz und folgt ihr dann den Obermarkt hinauf auf dem Weg zum Pfarrer. Unterwegs bleibt der Mann plötzlich stehen, beugt sich zu dem Mädchen hinunter und sagt etwas zu ihr.

MARIANNE wird den Satz nie mehr vergessen: „I am a Jew" – ich bin ein Jude. Sie glaubt nicht richtig gehört zu haben. Sie ist völlig irritiert, und sie ist zugleich tief beschämt. Sofort kommen ihr die in langen Jahren eingetrichterten Vorbehalte in den Sinn. Hatte sie nicht durch die NS-Propaganda gelernt, dass Juden ganz anders aussähen, klein, verkrümmt, hässlich? Und hatte sich nicht die Fratze des „Jud Süß" im Nazifilm vom Jahr 1940 des Regisseurs VEIT HARLAN tief in ihr Gemüt eingeprägt? Auf Anweisung der HJ-Führung hatte sie ja diesen Film zusammen mit ihren Jungmädeln in Gebhardts Kino anschauen müssen: das Zerrbild eines jüdischen Finanzbeamten, der angeblich ein sexuell verkommener Vergewaltiger ohne Moral und ein geldgieriger und skrupelloser „Volksschädling" sein sollte, eine Bedrohung für die „arische" Gesellschaft? Waren nicht auch in den einschlägigen Wochenschauen der Nazizeit die Juden im Warschauer Ghetto als hässlicher Ausschuss der Gesellschaft und als eklige Ratten geschildert worden?

MARIANNE muss in diesem Augenblick tief schlucken. Es ist nicht einfach für sie, den Widerspruch des Gelernten mit der Erfahrung dieser Begegnung in Einklang zu bringen. Zum selben Zeitpunkt sind ja HITLER und seine Leute noch an der Macht und verkünden weiter laut ihre Parolen vom nahen Sieg über das finstere Weltjudentum und über alle Mächte, die den Ariern feindlich gesonnen sind. Aber nun macht MARIANNE erstmals die Erfahrung einer konkreten Begegnung mit einem Juden, in der Gegenwart des Jahres 1945, am eigenen Heimatort. Deswegen hat sie diesen Vorfall und seine Lehre auch bis ans Ende ihres Lebens nie mehr vergessen.

Angst und Schrecken: *Englischer Spitfire-Tiefflieger*

Als sie zum ersten Mal im nun schon fortgeschrittenen Alter von 84 Jahren als Zeitzeugin für das Projekt ‚Myrten für Dornen' darüber spricht, schildert sie diese unerwartete Begegnung als ein Aha-Erlebnis, das ihre eigene Läuterung und Bekehrung vom Nationalsozialismus eingeleitet habe. Sie sieht es zugleich auch als eine Mahnung für die heutigen Menschen vor allen unreflektierten Vorurteilen. Was der Offizier damals wirklich bei Pfarrer REDENBACHER wollte, weiß MARIANNE aber bis heute nicht.

Dies ist für MARIANNE ein Höhepunkt in den aufregenden Erfahrungen der letzten Kriegstage. Doch auch andere Erinnerungen verblassen nicht, weil sie mit Todesängsten besetzt sind. So hat sie kurz vor dem Vorrücken der Amerikaner noch mithelfen sollen, Eigentum der Tante über den Pensenberg nach WEIDENBERG in die Apotheke zu schaffen. Der kleine Schatz an Dingen war in einem hölzernen Wägelchen verborgen, das MARIANNE nun hinter sich herzog. Doch dann waren die Tiefflieger der Alliierten gekommen, die überall die Angriffe ihrer Bodengruppen einleiteten. Sie hatten nichts anderes als schlimmen Schrecken verbreiten sollen, um den Feind zur Aufgabe zu bewegen. Diese Piloten und ihre Flugzeuge waren besonders gefürchtet, denn sie schossen auf alles, was sich regte.

Da hatte MARIANNE das Wägelchen erst einmal bei einem Bauern stehen lassen müssen und hatte im dichten Wald des Pensen Zuflucht gesucht. Sie kannte das weitläufige Waldgebiet gut, deshalb hatte sie trotz der dichten Bäume auch keine Angst, sich zu verlaufen. Erst als sie die kahle Bocksleite überqueren muss, ergreift sie Furcht. Doch irgendwie gelingt es, das Hab und Gut der Tante in WEIDENBERG in Sicherheit zu bringen.

Aber nach der Angst gibt es nun Ärger. Denn da sind ja diese Mädchen der Amerikaner im Obergeschoss der Apotheke, und die bedienen sich bei allem, was sie vorfinden. Da hat die Tante große Sorge, dass dabei auch ihre eben unter Ängsten gesicherten Güter Schaden leiden könnten, und sie trägt diesen Verdacht dem amerikanischen Offizier vor. Doch der braust nur heftig auf und raunzt: „Ein amerikanischer Soldat begeht keinen Diebstahl!" Um seinen guten Willen zu demonstrieren und die Sache aufzuklären, lässt er aber dann doch das ganze Haus durchsuchen.

Dabei entdeckt er auch das Kellergewölbe unter der Apotheke, das tief hinab reicht in den steinernen Untergrund des Weidenberger Obermarktes. Wer soll den Offizier hier hinunter begleiten? Wieder trifft es MARIANNE.

Weil es kein Licht gibt, fürchtet sie sich sehr, doch tapfer steigt sie mit den Fahndern in den Untergrund hinab. Nachher klärt sich alles auf, nichts ist verschwunden. Aber die Angst, als 18-jähriges Mädchen mit diesem fremden Offizier in die unbekannte Dunkelheit hinabzusteigen, ist in Mariannes Erinnerung auch nach fast 70 Jahren lebendig geblieben. Es ist eben doch auch für ein überzeugtes BdM-Mädel leichter mit Worten zu wiederholen, was die Nazi-Ideologie lehrte, als es dann in der Wirklichkeit auch zu sein: *„Geachtet wird ein Mädel, das mutig und tapfer ist"*.

Der vielbetrauerte Tod des Apothekers

Das tatsächliche Kriegsende mit der Kapitulation Deutschlands kommt dann erst drei Wochen später, am 8. Mai 1945. In der ärmlichen Nachkriegszeit geht der Alltag in der Apotheke wie in den letzten Kriegsjahren gewohnt weiter. Mangelkrankheiten grassieren. So gut es geht, versuchen Arzt und Apotheker den Menschen beizustehen. Mit der Währungsreform am 20. Juni 1948 ist das Schlimmste überwunden. Die Menschen blicken wieder nach vorn. Nun leistet sich das Apothekers-Ehepaar auch eine lange ersehnte Urlaubsreise in die Allgäuer Alpen.

Urlaub im Allgäu: *Eines der letzten gemeinsamen Bilder von BLANKA und GUSTAV SCHÜTZ 1949*

GUSTAV SCHÜTZ darf noch die Gründung der Bundesrepublik Deutschland am 23. Mai 1949 miterleben. Knapp ein Jahr später, am 9. April 1950, einem Samstag knapp drei Wochen nach Ostern, stirbt der Apotheker. Er erliegt einem Schlaganfall und einer Lungenentzündung. Die anstrengenden Notzeiten haben ihn ausgezehrt. Er ist nur 64 Jahre alt geworden und hat sich selber nicht helfen können. Sein Freund, der 70-jährige Pfarrer REDENBACHER, ist zu diesem Zeitpunkt seit einem halben Jahr nicht mehr im Amt. Seinem Nachfolger Pfarrer JOHANN FÖRSTER, der auf der I. Pfarrstelle seit 1949 die Amtsgeschäfte übernommen hat, liegt daran, dem Apotheker SCHÜTZ als einem treuen Gemeindeglied eine tröstliche Trauerfeier zu bereiten. Er stellt seine Predigt unter das hoffnungsvolle Bibelwort der österlichen Freudenzeit aus 1. Kor. 15, 20:

„Nun aber ist Christus auferstanden von den Toten als Erstling unter denen, die entschlafen sind".

Alle sind damals in die Kirche gekommen, die ganze Ortsprominenz mit dem amtierenden Bürgermeister GEORG HAGEN an der Spitze und natürlich die ganze trauernde Familie SCHÜTZ, unter ihnen auch Mariannes Bruder, der spätere Nachfolger in der Leitung der Apotheke, HERMANN SCHÜTZ; er ist damals noch in Ausbildung zum Apotheker. Der Abschied von einem beliebten und wichtigen Ortsbürger und strengen Familienoberhaupt berührt alle.

Nachfolger: *HERMANN SCHÜTZ als Student 1952*

Gustavs Witwe BLANKA führt die Geschäfte weiter. Ein auswärtiger Apotheker, VONHOFF, hilft für einige Zeit mit aus, um den Betrieb am Obermarkt aufrecht zu erhalten; er übernimmt dann später die Marktapotheke in KEMNATH. Im Jahr 1957 übernimmt Blankas Sohn HERMANN SCHÜTZ die Weidenberger Apotheke.

Erinnerung: *Alte Apotheke am Obermarkt im Winter 1955*

Da sich die Nachfrage stärker zum Untermarkt hin verlagert, hält er dort nach einem geeigneten Grundstück zur Verlegung der Apotheke Ausschau. In der Nähe der Lindenkreuzung unterhielt der „Schmieds-Hans", HANS VOGLER, seinerzeit eine Schmiede, die auf den Hufbeschlag von Pferden spezialisiert war. Das Wohngebäude war vorher im Eigentum der

Erinnerung: *Die ehemalige Hufschmiede VOGLER an der Lindenkreuzung, heute Platz der neu gebauten Apotheke*

Familie HOFMANN, die hier bereits seit Generationen das Schmiedehandwerk ausgeübt hatten; das Haus war unmittelbar nach der Inflationszeit 1924 neu gebaut worden.

Als VOGLER seinen Betrieb aufgibt, erwirbt Apotheker HERMANN SCHÜTZ dieses Grundstück und errichtet hier die Apotheke neu, mit größeren Räumen und modernerer Ausstattung. Sie wird heute von Gustavs Enkel GEORG SCHÜTZ in der dritten Generation betrieben.

ANHANG

Dank:

Meinen Zeitzeuginnen und Zeitzeugen danke ich von Herzen. Sie haben mich freundlich, offen und vertrauensvoll aufgenommen, mir Zeit zum Gespräch zur Verfügung gestellt und mir Einblick in ihre persönlichen Dokumente und Fotos und damit in wichtige Abschnitte ihres Lebens gewährt. Ohne sie wäre dieses wichtige historische Projekt ‚Myrten für Dornen' über die Weidenberger Kirchen- und Ortsgeschichte 1919-1949 niemals zustande gekommen. Auch wenn ich nicht von allen Bilder habe – in ihren Beiträgen bleiben sie und auch die nicht Abgebildeten für uns lebendig.

HORST BÄR

BERNHARD DUMBACH

Dr. URSULA BRAUN, geb. KÖNIG

KARL EDLER

WERNER FISCHER

GEORG FÖRSCH

Werner Füßmann

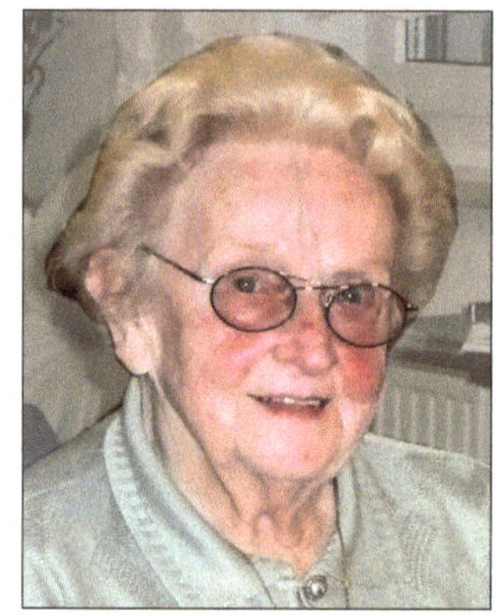

Frieda Gluche, geb. Ponater

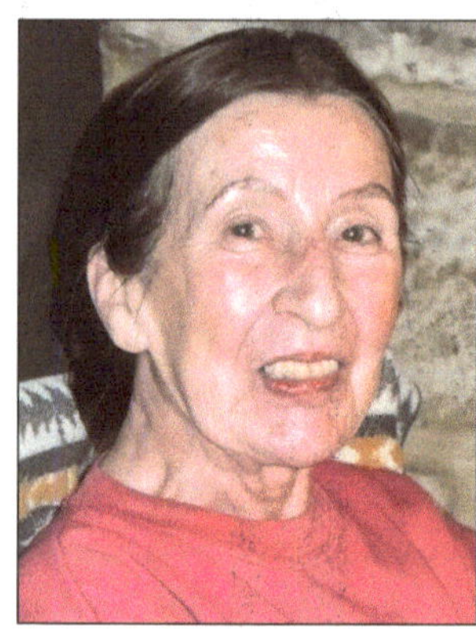

Elfrun Häfner, geb. Schiller

Werner Hartung

Fritz Haug

Günter Heinlein

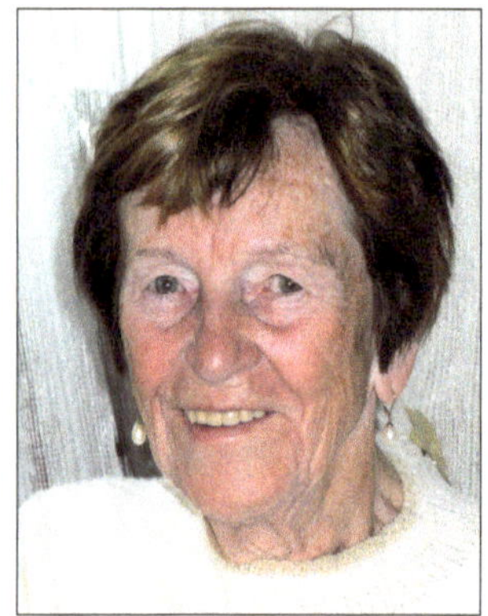

Susanne Hübsch, geb. Schiller

Anni Jobst, geb. Rumler

Albert Jobst

Peter Kaulfuß

Dieter Kießling

Johannes Killinger

Mathilde Kretschmer, geb. Rothe

Betti Küfner, geb. Schwenk

Hans Lindner

Grete Lochmüller

Dr. Hans Günter Müller

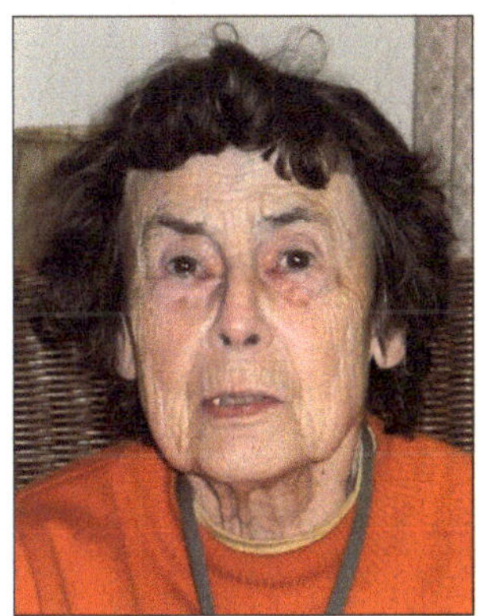

Marianne Mönch, geb. Schütz

Helmut Paulus

Otto Pöhlmann

Dr. Wolfgang Popp

Irmtraud Prüske, geb. Gebhardt

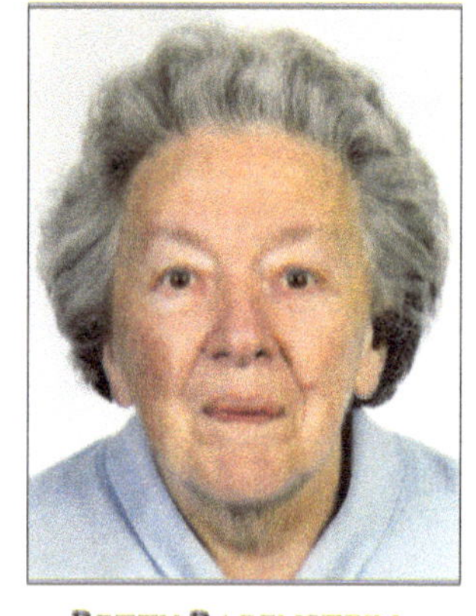

Betty Rabenstein, geb. Schiller

Hans Rabenstein

Norbert Sack

Normann Schiller

Tim Schimek

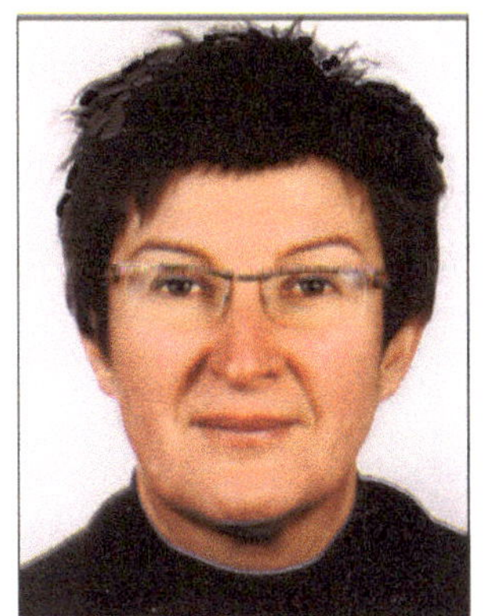

BRIGITTE SCHMIDT, geb. LINDNER

WERNER SCHMIDT

Dr. GABRIELE STAUFENBIEL, geb. NIEDERWALD

KUNI WILL, geb. RHAU

ANNA WITTAUER

HANS WITTAUER

ALBINA WOLF

FRAU ZIMMERMANN

MICHAEL ZIMMERMANN

Über den Verfasser und sein Projekt

Der Autor JÜRGEN JOACHIM TAEGERT, geboren im Kriegsjahr 1941, ist evangelischer Pfarrer im Ruhestand und Verfasser zahlreicher Publikationen, die sich in bewusst ökumenischer Perspektive mit der Verbindung von Geschichte, Kultur, Landschaft und menschlichem Geschick befassen und die zugleich helfen wollen, das Schweigen zwischen den Generationen aufzubrechen.

Die durchgängig verwendete Methode ist die „Geschichtsaneignung von unten", die der möglichst sachlichen und nachvollziehbaren Darstellung des einzelnen Lebensschicksals Vorrang einräumt vor einer allgemeinen Zeitanalyse. Die gründlich recherchierten Lebensbilder der vorgestellten Personen werden dabei stets im Kontext der jeweiligen Zeitgeschichte betrachtet.

Mit dem Projekt „**MYRTEN FÜR DORNEN**" setzt der Verfasser seine Arbeiten zur Erforschung der sperrigen Hitlerzeit fort, die sich bis heute jeder Einordnung in den „normalen" Gang von Geschichte widersetzt und vielerorts immer noch tabuisiert wird. Dieses auf sechs Folgen angelegte Geschichtsprojekt hat seinen historischen Schwerpunkt in der Beschreibung der ereignisreichen 30 Jahre von 1919-1949, in denen Pfarrer GEORG REDENBACHER in WEIDENBERG wirkte, greift aber bei der Betrachtung der geschichtlichen und soziokulturellen Entwicklungslinien weit darüber hinaus und zurück bis in die Anfangszeit der Weidenberger Kirchen und früheren Lebensverhältnisse. Das Projekt will mithelfen, die blinden Stellen der Geschichtsbetrachtung für den Bereich der Marktgemeinde WEIDENBERG aufzuarbeiten.

Ein ausführliches Verzeichnis weiterer Schriften des Verfassers, die in vieler Hinsicht eine Ergänzung zum Projekt „Myrten für Dornen" darstellen, findet sich im Anhang der zweiten Folge dieses Projektes „Licht und Schatten der neuen Zeit ..."

Literatur- und Quellenliste Projekt ‚Myrten für Dornen', Folge 3: „Der Anstreicher und seine Lehrjungen":

AAS, NORBERT (Herausgeber), Zwischen Weltanschauungskampf und Endzeitstimmung, Die Evangelische Kirche Bayreuths im Nationalsozialismus. Bumerang-Verlag Bayreuth, 2010.

ADRESSBUCH für Bayreuth-Land, ed. Wilhelm Hinkel. Buchdruckerei und Adressbuchverlag Wertheim a. Main, August 1939

V. ALBERTINI, DR., RUDOLF, u.a., Hitlers Eintritt in die Politik und die Reichswehr, Dokumentation, in: Vierteljahrshefte für Zeitgeschichte, Jg. 7 (1959), Heft 2; http://www.ifz- muenchen.de/heftarchiv/1959_2_4_deuerlein.pdf. – Vergl. auch: Hitlers Karrierestart – Vom V-Mann zum Massenmörder, Der Spiegel 25.11.2011, http://www.spiegel.de/ einestages/ hitlers-karrierestart-a-947399.html

ARBEITSKREIS DORFGESCHICHTE, Ommersheimer Zivilpersonen erzählen, Ommersheimer Dorfchronik Bd. 2, 2009

BENZ, WOLFGANG: Geschichte des Dritten Reiches. bpb-Schriftenreihe Band 377/ 2000, 288 S.

BENZ, WOLFGANG (Hrsg.), Wie wurde man Parteigenosse? Die NSDAP und ihre Mitglieder. Fischer Taschenbuch 2009

BROSZAT, MARTIN und MEHRINGER, HARTMUT, Bayern in der NS-Zeit, Bd. 5. Die Parteien KPD, SPD, BVP in Verfolgung und Widerstand, Oldenbourg 1983

BRUNSWIK, HANS, Feuersturm über Hamburg, Die Luftangriffe auf Hamburg im Zweiten Weltkrieg und ihre Folgen. Motorbuch Verlag Stuttgart 1994

CHRONIK 100 Jahre Sankt Michaelskirche Rosenhammer Weidenberg, 20. Mai 2001

DÖTTERL, MATTHIAS (posth.) und TAEGERT, JÜRGEN-JOACHIM, Wo König und Herzog einfache Leute sind, Spurensuche Frankenpfalz im Fichtelgebirge, Geschichte, Schlösser, Sprache, Kultur. Kirchenpingarten 2009

FALTER, JÜRGEN, Junge Kämpfer, alte Opportunisten: Die Mitglieder der NSDAP 1919-1945. Campusverlag 2016

FREI, NORBERT, Der Führerstaat, Nationalsozialistische Herrschaft 1933 bis 1945. Beck'sche Reihe 2013

GREIS, FRIEDHELM und OSWALT, STEFANIE (Herausgeber), Aus Teutschland Deutschland machen, Ein politisches Lesebuch zur „Weltbühne". Lukas-Verlag 2008

HAFFNER, SEBASTIAN: Anmerkungen zu Hitler, 28/1981, 192 S

HARTMANN, GERHARD, Kirche und Nationalsozialismus. Topos Verlag Kevelaer Verlagsgemeinschaft Topos plus 2007

HEIBER, BEATRICE und HELMUT, Die Rückseite des Hakenkreuzes, Absonderliches aus den Akten des „Dritten Reiches“. Marix-Verlag 2005

HERWIG, MALTE, Die Flakhelfer: Wie aus Hitlers jüngsten Parteimitgliedern Deutschlands führende Demokraten wurden. Ppb 320 S., DVA 2013

HIERY, HERMANN und SPÖRRER, FRANK, Creussen, unter Mitarbeit von MÜHLNIKEL, MARCUS, Geschichte einer oberfränkischen Stadt 1800-2000. Creußen 2003.

HOFMEISTER, HANS, Ansprachen gehalten zum 50jährigen Stiftungsfest des Veteranen- u. Kriegervereins Weidenberg am 6. Juli 1924. Verlag Ellwanger Bayreuth, mit Predigt von Georg Redenbacher

HOSER, PAUL, Nationalsozialistische Deutsche Arbeiterpartei (NSDAP), 1920-1923/1925-1945, in: Historisches Lexikon Bayerns 2012

JOHN, JÜRGEN, MÖLLER, HORST, SCHAARSCHMIDT, THOMAS, Herausgeber: Die NS-Gaue, Regionale Mittelinstanzen im zentralen Führerstaat? Schriftenreihe der Vierteljahrshefte für Zeitgeschichte Oldenbourg 2007 (Google-Book)

KAHL-FURTMANN, G. [GERTRAUD], Hans Schemm spricht, Seine Reden und sein Werk. Gauverlag Bayer. Ostmark Bayreuth 111941

KATER, MICHAEL H., Frauen in der NS-Bewegung. Vierteljahrshefte für Zeitgeschichte Jg. 31, Heft 2, 1983

KERSHAW, IAN, Der Hitler-Mythos, Führerkult und Volksmeinung. DVA 1999

KERSHAW, IAN, Hitler: 1889-1945. DVA 42000

KERSHAW, IAN, Der NS-Staat, Geschichtsinterpretationen und Kontroversen im Überblick. Nicol Verlag 2009, 416 S

KIEßLING, ADAM, Weidenberg in alten Ansichten. Europäische Bibliothek Zaltbommel-Niederlande 1984

KRÖLL, JOACHIM, Geschichte des Marktes Weidenberg. Marktgemeinde Weidenberg 1967

MAY, HERBERT, ed., Zwangsarbeit im ländlichen Franken 1939-1945. Windsheim 2008

MAYER, BERND und PAULUS, HELMUT, Eine Stadt wird entnazifiziert, Die Gauhauptstadt Bayreuth vor der Spruchkammer. Ellwanger Bayreuth 2008

MENSING, BJÖRN, Pfarrer und Nationalsozialismus, Geschichte einer Verstrickung am Beispiel der Evangelisch-Lutherischen Kirche in Bayern. 2. durchges. Auflage, Rabenstein Bayreuth 1999

MILLER, ALICE, Am Anfang war Erziehung, Suhrkamp 1983, 26 Auflagen (u.a. über „Schwarze Pädagogik" und die Kindheit Hitlers) – Text auch im Internet: „Die Kindheit Adolf Hitlers, - vom verborgenen zum manifesten Grauen" http://www.alice-miller.com/bucher_de.php?page=2a

MÖLLER, HORST, DAHM, VOLKER, MEHRINGER, HARTMUT, Die tödliche Utopie, Bilder, Texte, Dokumente, Daten zum Dritten Reich. Institut für Zeitgeschichte, München 1999

OFFERMANNS, ALEXANDRA, Die wussten, was uns gefällt – Ästhetische Manipulation und Verführung im Nationalsozialismus, illustriert am BdM-Werk „Glaube und Schönheit". Münster2004

PATEL, KIRAN KLAUS, Soldaten der Arbeit, Arbeitsdienst in Deutschland und den USA. Vandenhoek und Ruprecht Göttingen 2003

RAPHAEL, LUTZ, Imperiale Gewalt und mobilisierte Nation, Europa 1914-1945. C.H.Beck München 2011

SCHALLER, HELMUT W.: Gau Bayerische Ostmark (1933-1945): Ideologischer Anspruch – politische Wirklichkeit und Aufarbeitung. Pdf Bundesarchiv (https://www.bundesarchiv.de/imperia/md/content/bundesarchiv_de/oeffentlichkeitsarbeit/aktuelle_meldungen/schaller_ostmark.pdf)

SCHMÄLZLE, FRANK, Mitwisser und Mittäter, Nordbayer. Kurier 24.10.12 [zur Arbeit von Helmut Paulus, s.d.]

SCHMITZ-BERNING, CORNELIA, Vokabular des Nationalsozialismus, de Gruyter, ^{2}2007

TAEGERT, JÜRGEN JOACHIM, Die Kima und ihr Lutz I – Das Schweigen durchbrechen – Wie Hitler bürgerliche Berufsanfänger einfing. Ppb. 296 S., BoD 2016

TAEGERT, JÜRGEN JOACHIM, Die Kima und ihr Lutz II – Auf dich traut meine Seele, Die Eisenbahnlogistik für Hitlers Feldzüge des Schreckens und das Los der Kriegskinder. Ppb. 308 S., BoD 2016

THAMER, HANS-ULRICH, Nationalsozialismus, Informationen zur politischen Bildung 251 und 266/2002

TOLAND, JOHN, Adolf Hitler, Biographie 1889-1945, Gustav Lübbe Verlag Bergisch-Gladbach 1977, Weltbild 2005

WEHLER, HANS-ULRICH, Der Nationalsozialismus, Bewegung, Führerherrschaft, Verbrechen, 1919-1945, München 2009

WILFERT, JOHANNES, Emtmannsberg im Spiegel seiner Geschichte, 1987

WILD, MICHAEL, Nationalsozialismus: Aufstieg und Herrschaft, Informationen zur politischen Bildung 314/2012

ZENTNER, CHRISTIAN, Adolf Hitlers Mein Kampf, List TB 1991

QUELLEN in hektografierter oder kopierter Form oder als Vorträge:

WEIDENBERGER HEFTE Nr. 1 – 12 1985-1988, Herausgeber: Markt Weidenberg. Bearbeitung: Achim Müller-Spertina, Sophienthal. – Insbesondere: Nr. 11-1987, S.24ff Müller-Spertina, A., Das Armenwesen im Weidenberger Raum im 19. Jahrhundert

SEINERZEIT, in Amtliches Mitteilungsblatt der Gemeinde Weidenberg:

KIEßLING, ADAM, Alte Gewerbe. SZ 19 / 1984

ders., Das Weidenberger Amtsgericht. SZ 14/-91 – 2/92

ders., Rosenhammer - aus der Geschichte des Weidenberger Ortsteils. SZ 11-13 / 1991

ders., 80 Jahre Verschönerungsverein Weidenberg, Eine Chronik zum Geburtstag 1983. SZ Nr. 3-5 / 1983

SZECH, FRANZ JOSEF und MAYER, LUDWIG, Thomas & Co., Porzellanfabrik Sophienthal - das Schicksal einer Fabrik. SZ 11 / 1992 – 5 / 1993

ARCHIVE:

BUNDEARCHIV BERLIN: Unterlagen zur Nazimitgliedschaft von Einzelpersonen und zu Opfern der Naziherrschaft

LANDESKIRCHLICHES ARCHIV NÜRNBERG: Personalakten von ehemaligen Weidenberger Pfarrern, sowie Akten zum historischen Kirchbau in Weidenberg ab 1710

STAATSARCHIV BAMBERG: Akten zu den Entnazifizierungsverhandlungen 1946-59

STAATSARCHIV COBURG: Akten, Meldebögen und Listen zu den Entnazifizierungsverhandlungen 1946-59

UNGEDRUCKTE PRIMÄRQUELLEN:

KIEẞLING, ADAM, Häuserchroniken des Ober- und Untermarktes, um 1982

HERATH, OTTO und SCHALLER, HANS, Allgemeine Pfarrbeschreibung der evangelisch-lutherischen Pfarrei Weidenberg, 1913-1914 – Vollständig eingelesen und kommentiert in Folge 1 des Projektes „Myrten für Dornen"

LISTEN der Pfarrer der Ersten und Zweiten Pfarrstelle 1927-1989, Ergänzungsband zur Pfarrbeschreibung, Evangelisch-Lutherische Kirchengemeinde Weidenberg 1989 – Vollständig eingelesen, kommentiert und bis in die Gegenwart ergänzt in Folge 1 des Projektes „Myrten für Dornen"

Für Bildersammlungen, Dokumente und Urkunden danke ich:

BÄR, Horst; DENNERT, Alfred; BAUER, Heinz; BRAUN, Dr. Ursula, geb. König;
DÜRR, Helmut; DUMBACH, Bernhard; EDLER, Karl; EISMANN, Bernd u. Benjamin;
FISCHER, Werner; FÖRSCH, Georg; FÜẞMANN, Werner; FÜNFSTÜCK, Wolfgang;
GAEVERT, Bernhard; GEBHARDT, Johann; GLUCHE Frieda; HÄFFNER, Elfrun;
HARTUNG, Werner; HARTZ, Norbert; HAUG, Fritz; HEINLEIN, Günter;
HÜBNER, Helma, geb. Rumler; HÜBSCH, Susanne;
JOBST, Albert und Anni, geb. Rumler; KAULFUẞ, Peter; KIEẞLING, Dieter;
KIEẞLING Gunter; KILLINGER, Johannes; KOHLER, Peter; KRETSCHMER, Mathilde;
KÜFNER, Betti; KREUTZER, Lisette; LINDNER, Hans; LOCHMÜLLER, Grete;
MARQUART, Georg; MÖNCH, Marianne, geb. Schütz; MÜCKE, Botho; MÜLLER, Katja;
MÜLLER, Dr. Hans Günther; ORDNUNG, Helga; PÖHLMANN, Horst; PAULINI, Karin;
PÖHLMANN, Otto; PILZ, Otto; POPP, Dr. Wolfgang; PREIẞINGER, Gerlinde;
PRÜSKE, Irmtraud; RABENSTEIN, Hans und Betty;
RUCKRIEGEL, Henriette, geb. Rumler; SACK, Norbert; SCHILLER, Norman;
SCHIMEK, Tim; SCHMIDT, Brigitte, geb. Lindner; SCHMIDT, Edeltraut;
SCHMIDT, Werner; SCHÖFFEL, Hans und Helga; STILLER, Michael;
STAUFENBIEL, Dr. Gabriele Ruth; WANNEMACHER, Martin und Esther;
WILL, Bernd; WILL, Hansi; WILL, Kunigunde, geb. Rhau;
WITTAUER Johann und Anna, geb. Lautner; WOLF, Albine; ZIMMERMANN, Michael

GESAMTPLAN für die sechs Folgen des Projektes „Myrten für Dornen" über die Weidenberger Kirchen- und Ortsgeschichte zur Veröffentlichung 2018/19:

Folge Nr.	*Überschriften der jeweiligen Folge:*	*Die Bücher und Inhalte der jeweiligen Folge:*
1	**„AM VORABEND DER URKATASTROPHE(N)"** **– Quellen zur Weidenberger Geschichte** ISBN 978-3-9472-4715-8	**1. „TANNEN FÜR HECKEN UND MYRTEN FÜR DORNEN"** – Das evangelische Bekenntnismarterl der Margarete Schilling 1937 auf der Weidenberger Bocksleite **2. „DIE PFARRBESCHREIBUNG 1913/14"** – eingelesen, kommentiert und fortgeführt bis in die Gegenwart **3. „DIE GESCHICHTE VON WEIDENBERG UND UMGEBUNG"** 1896 von Pfarrer Johannes Michael Einfalt **4. „BESCHREIBUNG DER MARKTGEMEINDE WEIDENBERG"** 1900 von Lehrer Joh. Erhard Reblitz **5. DER „WEITBERÜHMTE MARCK WEIDENBERG"** samt Umgebung 1692 von Magister Johann Will **6. „DER STUMME SCHREI ZUM HIMMEL"** – Die Steinkreuze um Weidenberg und in der Frankenpfalz **7. „KULTURATTACHÉ UND GESCHICHTSGEWISSEN"** – Eine Erinnerung an Adam Kießling
2	**„LICHT UND SCHATTEN DER NEUEN ZEIT"** **– Alltags-Erleben und Kirche in Weidenberg in der Vorahnung der Katastrophe**	**1. „WO SIND DENN DIE RITTER?"** – Georg Redenbacher (1880–1951), ein Original von Pfarrer, schrullig, kauzig, leutselig, souverän **2. „PFARRERSEIN IN WEIDENBERG – EIN BESCHAULICHES LEBEN?"** – Geschichte der Kirchen Weidenbergs, der Gemeinde und ihrer Pfarrer anhand der Epitaphien und neuer Recherchen

2	ISBN 978-3-9472-4716-5	3. **ARBEIT, WOHLSTAND UND ARMUT BEI DEN „GAASLA"** – Soziales Leben, Beruf und Gewerbe in Weidenberg bis 1919 4. **„ALS WEIDENBERG KURORT WERDEN WOLLTE"** – Pfarrer Redenbacher und der Verschönerungsverein Weidenberg (ein Durchgang durch die Geschichte der Marktgemeinde Weidenberg 1903-2013)
3	**„DER ANSTREICHER UND SEINE LEHRJUNGEN" – Braune Herrschaft in Weidenberg seit 1929** ISBN 978-3-9472-4717-2	1. **„SEIT 1933 SIND WIR ALLE NICHT MEHR NORMAL"** – Georg Rumler und der Aufstieg der Nazis in Weidenberg von 1929 bis zu ihrem Durchbruch 1933 2. **„BEI MIR IST NIEMAND ZU SCHADEN GEKOMMEN"** – Die Herrschaft der Nazis in Weidenberg und ihre Gegner **3. „PHYSICUS UND PHARMAZEUT"** – Weidenberger Gesundheitswesen bis in die erste Hälfte des 20. Jahrhunderts
4	**CHRISTSEIN AM SCHEIDEWEG – Weidenberg im Kirchenkampf** ISBN 978-3-9472-4718-9	1. **„BLOß KEINE ATHEISTEN ..."** – Zehn Wunder bei der Entwicklung der Protestantischen Landeskirche in Bayern und im Kirchenkampf im Dritten Reich 2. **„DAS TROJANISCHE PFERD DER NAZIS"** – Pfr. Theodor Hoffmann und die Deutschen Christen 1933-1942 3. **„DAS BEKENNTNISMARTERL VON 1937"** der Margarete Schilling im Kirchenkampf und andere Geschichten vom Pfarrer Redenbacher 4. **„ALS HITLERS GOTTHEIT INFRAGE STAND"** – Der Widerstand der Frankenpfälzer und der Überfall der Weidenberger Nazis nach den Hitlerwahlen 1938 5. **„DIE WEIDENBERGER HIMMELSBRIEFE"** – Ein vergessener stummer Schrei nach Segen

5	**„SPUREN DER OPFER“ – Anteilnahme und Verleugnung** ISBN 978-3-9472-4719-6	1. „ANNA MARGARETA – GEDENKEN DES UNBEGREIFLICHEN“ – Spurensuche nach einem Opfer des NS-Euthanasie-„T4-Programms“ aus der Kirchengemeinde Weidenberg 2. „MARTIN – LEBEN IM ARMENHAUS, STERBEN AN HUNGERKOST“ – Spurensuche nach einem Opfer der Armut und der „wilden Euthanasie“ aus Weidenberg 3. „JENSEITS DER ROTEN LINIE“ – Ein Weidenberger in den Klauen von Gestapo und Volksgerichtshof: Die Akte Dennert-Weidenberg 1930-1944
6	**„UNTERGEHEN UND AUFSTEHEN“ – Der Alltag unter Kriegsbedingungen und das Danach** ISBN 978-3-9472-4720-2	1. „HASENJAGEN, ABER GELERNT HABEN WIR NICHTS“ – Schule und Konfirmation im Dritten Reich und der kleine Widerstand im Alltag 2. „BDM-MÄDCHEN MARIANNE UND HITLER-JUNGE HANS“ – Hitlers Griff nach der Jugend 3. „FERIEN OHNE HEIMKEHR“ – Gestrandet bei der Kinderlandverschickung 4. „GÄSTE UND FREMDLINGE“ – Evakuierte, Zwangsarbeiter, Flüchtlinge und Heimatvertriebene in Weidenberg 1939-1950 5. „WARTEN AUF DIE SIEGER – Die Amerikaner kommen 6. „MIT OST-SPIONEN UND ALTEN SEILSCHAFTEN ZUM NEUEN AUFBRUCH?“ – Die Entnazifizierung 1946-48 und der holperige Neustart der Parteien-Demokratie in Weidenberg 7. „EIS VON DER OMA, KINO VOM OPA“ – Die Weidenberger „Rosenau- Lichtspiele“ im Wandel der Zeiten 1926-1971